本书为北京市高端服务业发展研究基地研究成果，
已列入中共北京市委党校、北京行政学院学术文库系列丛书。

北京市哲学社会科学规划办公室资助出版

北京高端服务业发展研究报告2018

朱晓青 主编

中国社会科学出版社

图书在版编目（CIP）数据

北京高端服务业发展研究报告. 2018 ／朱晓青主编 . —北京：
中国社会科学出版社，2019.4

ISBN 978 - 7 - 5203 - 4368 - 8

Ⅰ.①北… Ⅱ.①朱… Ⅲ.①服务业—经济发展—研究报告—
北京—2018 Ⅳ.①F726.9

中国版本图书馆 CIP 数据核字（2019）第 077178 号

出 版 人	赵剑英
责任编辑	张靖晗
责任校对	邓晓春
责任印制	张雪娇

出　　版	中国社会科学出版社
社　　址	北京鼓楼西大街甲 158 号
邮　　编	100720
网　　址	http://www.csspw.cn
发 行 部	010 - 84083685
门 市 部	010 - 84029450
经　　销	新华书店及其他书店
印　　刷	北京君升印刷有限公司
装　　订	廊坊市广阳区广增装订厂
版　　次	2019 年 4 月第 1 版
印　　次	2019 年 4 月第 1 次印刷
开　　本	710 × 1000　1/16
印　　张	24.5
插　　页	2
字　　数	387 千字
定　　价	89.00 元

目　录

前　　言

　　2017 年党的十九大提出我国进入新时代，要满足人民对美好生活的需求，就必须在质量变革、效率变革、动力变革的基础上，建设现代化经济体系和现代产业体系，不断增强经济创新力和竞争力。这是北京高端服务业发展的大格局和新要求。同年 9 月，经中央批复实施的《北京城市总体规划（2016 年—2035 年)》（以下简称《总规》），明晰了北京规划建设的主旨和发展战略目标，对北京高端服务业发展的空间布局提出了新要求。2018 年 7 月，北京市委市政府发布《北京市关于全面深化改革、扩大对外开放重要举措的行动计划》（以下简称《行动计划》），要求深入贯彻习近平总书记对北京重要讲话精神，紧紧围绕落实好首都城市战略定位，建设国际一流和谐宜居之都，推进首都减量发展、创新发展和高质量发展，突出重点领域，抓住关键环节，进一步深化改革、扩大对外开放，靠改革开放为首都经济发展提供强劲动力和激发创新活力。上述三个方面的内容是推进北京高端服务业优质高效发展的基本指南，必须深刻认识，认真贯彻落实。

　　从产业构成维度分析，现代产业体系主要由现代农业、智能化工业和高端服务业构成。依据主导产业发展理论，在以服务业为主导的产业体系中，产业升级的基本方向就是确立以高端服务业为主导的产业结构，使高端服务业成为现代产业体系的核心。之所以如此，主要原因是高端服务业涵盖金融业、科技服务业、信息服务业、商务服务业和文体娱乐业五大服务行业门类，具有高智力（集中体现脑力复杂劳动）、知识密集（反映高频率的知识创新、整合、应用、传播和储存）、高技术导向和应用、高诚信、特色化或差异性、集聚性或集群性、创新性和新兴性的投入特性，同时也具有高效益、高产业带动力和绿色环保的产出特性，使之与低端服务业相区别，既不易被智能化服务所取代，也能够在产业优化升级中充分发挥引领、融合、集聚、辐射、降杠杆和补短板的作用。

北京作为我国北方地区的首位城市，现实产业结构以服务业为主导。2017 年北京服务业占 GDP 的比例为 80.6%，位居全国省级区域的首位；其中，高端服务业占 GDP 的比例为 47.2%，也位居全国省级区域的首位。特别是经过产业结构的不断调整和优化升级，北京工业和以批发零售业为代表的传统服务业规模在逐步缩减，金融业成为北京第一大支柱产业，占 GDP 的比例高达 16.6%，超过工业 15.3% 的水平；科技服务业和信息服务业占 GDP 的比例分别为 10.2% 和 11.3%，超过批发零售 8.9% 的水平，这说明北京具有北方地区乃至全国其他城市不可比拟的发展高端服务业的竞争优势和要素资源基础，能够做大、做强、做优高端服务业，使之成为主导产业。①

北京把未来产业发展的主攻方向定位于高端服务业，力求率先确立高端服务业的主导产业地位，不仅符合北京产业优化升级的内在需要，符合京津冀协同发展、环渤海合作发展、提振北方地区经济发展的需要，也是我国高质量发展、建设现代化经济体系和现代产业体系的具体体现。这就要求北京必须摒弃"一亩三分地"的传统思维方式和集聚资源、促增长的传统做法，不能什么产业都发展，形成"虹吸效应"，导致自身发展质量不高、周边地区出现"大树底下不长草"的问题；必须树立只做"白菜心"、减量发展、创新发展、高质量发展、协同发展的新思维，采取疏解、整治、促提升的新做法，坚决"腾笼换鸟"，主要靠科技和人才的支撑，着力打造"三城一区"，着力构建"高精尖"的产业结构，加快发展高端服务业，率先在全国省级区域内确立高端服务业的主导产业地位，把北京建设成为代表国家 21 世纪形象的世界楷模城市和具有国际影响力的文化中心、科技创新中心，带动京津冀协同发展和环渤海合作发展，有效解决南北地区经济发展不平衡的问题。在此新形势下，深入研究高端服务业相关理论及北京高端服务业发展的现状、主要特征、机遇挑战、重点难点、空间布局、发展趋势、政策环境、典型案例等重大问题，在理论层面，有助于丰富和发展具有首都经济特点的高端服务业发

---

① 北京市统计局：《北京市 2017 年国民经济和社会发展统计公报》，2018 年 2 月 27 日，北京市统计局网站。

展理论；在实践层面，可以为加快非首都功能疏解，早日形成与"四个中心"定位相适宜、与"一核一主一副、两轴多点一区"城市空间结构相融合的"高精尖"产业体系提供重要决策参考。

客观讲，自2014年以来，按照习近平总书记视察北京的系列讲话精神，北京在疏解、整治、促提升中，着力构建"高精尖"产业结构，高端服务业发展取得显著成效。特别是党的十九大以来，北京认真落实建设现代化经济体系和现代产业体系的发展目标，遵循《总规》主旨及其有关高端服务业发展的新要求，牵住疏解的"牛鼻子"，着力创新发展、绿色发展和高质量发展，高端服务业发展的成效尤其突出。但用高质量发展、建设现代化经济体系和现代产业体系、着力解决南北地区发展差距的新形势和新要求来衡量，用《总规》设定的发展目标、主旨和有关推进北京高端服务业发展的总体布局和新要求来衡量，用《行动计划》提出的有关深化改革、扩大对外开放、营造北京高端服务业良好政策环境的路线图和新要求来衡量，用人民的满意度和获得感来衡量，北京高端服务业发展仍面临一些亟待解决的突出问题，需要系统分析，揭示成因，切实把握问题的症结和根源。

在新时代，变革动能和效率，建设现代化经济体系和现代产业体系，努力实现科技强国、质量强国和现代化强国的大格局下，依据《总规》主旨、总体产业布局和发展目标的新要求，结合《行动计划》部署的深化改革、扩大对外开放的新举措，北京必须进一步落实好习近平总书记视察北京的系列讲话精神和新发展理念，坚守高质量发展的要义，用21世纪眼光，审时度势，提高对高端服务业发展的认识水平，抓住机遇，迎接挑战，本着问题导向与目标导向、减量发展与协同创新发展相结合的原则，瞄准国际标准，理清新思路，制定新目标、部署新任务，实施新战略，全力推进北京高端服务业的优质高效发展。

北京高端服务业发展研究基地（以下简称研究基地），是2015年7月经北京市社科规划办批准设立的，是北京市首个专门以高端服务业为研究对象的智库平台。自设立以来，研究基地重点围绕金融业、科技服务业、信息服务业、商务服务业和文体娱乐业五大高端服务行业，聚焦相关重大发展问题，先后承担了北京市社科基金特别委托项目"首都功能定位下的北京高端服务业发展问题研究"，重点项目"京津冀协同发展中高端服务业对接协作研究""北京市高端服务业空间布局形成机理与优化调控研究""北京制造业与科技服务业融合发展路径研究""北京支持雄安新区高端服务业发展研究",以及"促进北京科技成果转化的协同创新模式研究""北京科技服务业创新发展路径研究""北京文化创意产业集群内的网络结构问题研究""北京三大科学城发展模式比较研究""金融支撑北京新两翼高端服务业发展路径研究"等一般项目,取得了一系列研究成果。本书作为研究基地的阶段性研究成果之一,是第二部有关北京高端服务业发展的年度研究报告。

本书分为总报告、分报告和专题报告三大部分,主要建树和重点内容提炼概述如下。

(1)总报告。朱晓青教授介绍了北京高端服务业发展面临的大格局和新要求,概括了北京高端服务业发展的总体情况,分析了北京高端服务业发展现存突出问题及其成因,提出了加快北京高端服务业发展的新思路、新目标和新战略。朱晓青教授强调新思路要提高对高端服务业的认识,实施新的产业发展运作模式,深化改革、完善激励创新的政策体系,强化治理能力和生态体系建设,优化产业布局;新目标为到2020年北京高端服务业增加值占GDP的比例超过50%,使之成为主导产业;中心任务是创新发展、集聚发展、融合发展、区域协同发展和国际化发展;新战略为五大战略,即创新发展战略、集聚发展战略、融合发展战略、区域协同发展战略和国际化发展战略。

(2)分报告。主要内容围绕高端服务业内部五大行业展开,即科技服务业、信息服务业、金融业、商务服务业和文体娱乐业。针对这五大行业,分报告详细分析了各行业当前发展现状、成就、存在的困难与问题,以及未来发展的政策建议。贺艳副教授介绍了北京科技服务业发展的基本原则和主要任务,概括了北京科技服务业发展情况,分析了北京科技服务业当前存在的问题,提出了有针对性的对策建议,包括发挥科技创新主体的作用,推动科技金融服务业发展,推进科技服务业集聚发展,建设科技服务业人才培养体系,提升科技服务业知识产权服务水平,推动科技服务业国际化发展,推动京津冀科技服务业协同发展等。刁琳琳副教授介绍了2017年北京信息服务业整体运行特征,概括了2017年北京信息服务业发展呈现的新趋势、新特点,提出了"腾笼换鸟"背景下加快推动北京信息服务业发展的对策建议。建议强调要以"补短板"为重点，推动北京信息服务业发展，要借助重点强化平台载体建设，完善产业发展的体制政策环境，强化区域和市域统筹协调，促进区域产业链的培育与融合。李诗洋副教授对北京市金融行业 2017 年以来的发展现状进行了描述和总结，分析了目前北京金融业发展存在的问题和困难，在此基础上，探讨了北京市如何结合首都功能定位，防范金融风险、维护金融业稳定发展、引导金融更好服务实体经济发展的问题，并提出了相应对策建议。谢天成副教授介绍了北京商务服务业发展的现状，分析了北京商务服务业发展面临的机遇和挑战，概述了高精尖商务服务业的内涵与范围，提出了北京市加快高精尖商务服务业发展的相关对策建议，包括建立高精尖商务服务业的企业数据库，加大培育与扶持力度；创新服务业态，加快商务服务业行业融合发展；落实《总规》、优化高精尖商务服务业空间布局；创新商务服务业开放，提升商务服务业国际影响力等。陆园园副教授概括了北京文体娱乐业发展的现状，分析了北京文体娱乐业发展面临的新形势，明确了北京文体娱乐业的发展目标，提出了推动北京文体娱乐业发展的对策建议。

　　（3）专题报告。主要内容以创新发展、区域协同发展和国际化发展为主线，聚焦典型案例研究，突出问题和目标导向，以深刻阐明北京高端服务业创新发展、区域协同发展、新两翼发展、融合发展、绿色发展和国际化发展的运作模式、政策规制范式、基本路径和经验启示。盖艳梅副教授对"一带一路"战略与北京高端服务业国际化发展相衔接做了研究，介绍了北京高端服务业国际化发展的现状，分析了北京高端服务业发展的难点问题，提出了加快北京高端服务业国际化发展的战略思考。曾宪植教授研究了京津冀高端服务业发展的对接协作路径，强调高端服务业应成为京津冀的主导产业集群，探讨了如何实现京津冀高端服务业的对接协作，提出了京津冀高端服务业发展对接协作的基本形式和实现路径。孙玉秀副教授对北京支持雄安新区发展高端服务业的策略进行了探讨，分析了雄安新区发展高端服务业的主要任务，概述了雄安新区推进高端服务业发展的困难与挑战，提出了北京支持雄安新区高端服务业发展的策略构想。朱晓青教授从产业发展和政府治理两个维度，阐明了福州市鼓楼区发展高端服务业的主要做法，说明这些做法成功有效，值得借鉴推广。李中讲师、博士研究了北京制造业与生产性服务业融合发展的实践与反思，界定了生产性服务业的概念，分析了生产性服务业与制造业的融合发展，提出了具体的对策建议，包括加快推动制造业服务化发展进程，深化改革、营造公平竞争的体制机制，健全生产性服务业发展的制度环境，发展服务外包、构建产业发展集群，加强财税金融政策的服务支撑力度等。衣光春讲师、博士对北京三大科学城建设做了研究，介绍了三大科学城建设的进展，分析了建设中面临的诸多挑战，包括无现成经验可循、避免同质化、机制体制创新、人才引进等，并有针对性地提出了对策建议。朱晓青教授和郭浩硕士研究了汤原县发展高端服务业的做法、经验、问题与对策，介绍了汤原县发展高端服务业的主要做法和经验，分析了汤原县发展高端服务业存在的主要问题，提出了相应对策建议，包括完善公共服务设施，加强农业科技队伍建设，按照C2B模式构建完整产业链，大力推行普惠性金融保险政策，完善土地流转政策等。钟勇副教授以北京市通州区国际种业科技园区为例，探讨创新发展现代农业，分析了建立通州国际种业科技园区的必要性，介绍了科技园区基本发展情况和主要做法，提出了三点经验与启示，即抓住机遇、定位准确，科学规划、开拓创新、大胆实践，构建了一个园区主导的研发转化生态系统。王昊教授对北京建筑垃圾资源化利用产业发展问题做了研究，介绍了北京建筑垃圾资源化利用产业发展的现状，分析了北京建筑垃圾资源化利用产业发展面临的问题及成因，提出了北京建筑垃圾资源化利用产业发展的对策及建议，包括建立健全建筑垃圾资源化利用的法律法规体系，构建建筑垃圾多部门共同监督管理的平台机制，加大建筑垃圾资源化利用的政策引导和扶持力度，切实加强建筑垃圾的源头控制等。杨东德副教授以北斗星通公司的创新之路为例，介绍了北斗星通公司的基本情况，探讨了北斗星通公司从合作创新到自主创新的发展之路，揭示了创新发展的要义，以期对我国众多此类公司的创新发展提供借鉴。李诗洋副教授以桑德集团为例，介绍了桑德集团作为大型综合绿色环保企业的基本情况，概括了桑德集团在环保领域的产业实践，提出了桑德集团依托绿色技术创新，推动环保产业发展的经验和启示，包括注重技术研发，产学研合作提升企业核心竞争力，注重以人为本的管理理念等。薛文平讲师以大公国际资信评估有限公司（以下简称大公资信）为例，介绍了大公资信打造有公信力的中国信用评级机构的实践，提出了大公资信的实践，对打造有公信力的本土信用评级机构带来的诸多启示，包括打造有公信力的本土评级机构离不开政府的扶持，对三大国际评级机构做强要有警觉，本土评级机构尽快成熟要有自觉，本土评级机构的健康成长离不开严格的监管等。刘铭铭研究员采取"解剖麻雀"的方式，对科源飞机公司的现状、主要问题、未来发展目标和思路做了全面分析，归纳总结了成功经验与教训，并借鉴有关理论和经验，遵循目标导向与问题导向、战略思路与实操措施相结合的原则，有针对性地提出了解决问题的对策建议，以用于指导我国低空通用航空业的发展。

　　本书作为研究基地相关研究成果的一次集中展现，是研究基地各位老师辛勤耕耘、深入研究、总结提炼、反复打磨研究成果的结晶，也是研究基地发挥集体智慧、努力探索研究新情况、新问题、新经验、新理论、新思路和新办法的初步尝试，意在"登高望远"，指明方向，"抛砖引玉"，引起各方面对北京高端服务业发展的高度关注，为有关领导和理论工作者进一步拓展研究北京高端服务业发展的新思路提供参考借鉴。恳请广大读者多提宝贵意见和建议，支持研究基地更好地开展学术研究，为北京高端服务业的创新发展、集聚发展、融合发展、区域协同发展、国际化发展、绿色发展和高质量发展群策群力。

　　本书在撰写出版过程中，有幸得到有关领导和学者的大力支持。特别是北京市社科规划办基地处处长刘军同志，以及中共北京市委党校的常务副校长王民忠同志、副校长吴兵同志、校委委员袁吉富同志和科研处处长鄂振辉同志，为本书的资助出版提供了很大帮助与支持。中国社会科学出版社的张靖晗同志为本书出版作了精心安排。姜文武、武小东、赵天翔、宋小娜、黄亚娟、王功涛、胡晓琴、库元坤、于久臣、迟莉莉、齐军亚、刘铭铭、贾小佳、郑俊俊、段虎、刘卫军、李梓萌、闫洪伟、张红梅、陈红、郭浩、孙秀霞、何旭、殷剑锋等同志先后参与了本书的资料收集、实地调研、案例分析、文字编辑等方面工作。在此，对这些同志表示衷心感谢！

朱晓青　陆园园
2018 年 9 月 7 日

第一部分　总报告

北京高端服务业发展的总体情况、新要求和新战略[*]

朱晓青^{**}

一 北京高端服务业发展面临的大格局和新要求

2017 年党的十九大提出我国进入新时代，要满足人民对美好生活的需求，就必须在质量变革、效率变革、动力变革的基础上，建设现代化经济体系和现代产业体系，不断增强经济创新力和竞争力。这是北京高端服务业发展的大格局和新要求。同年 9 月，经中央批复实施的《北京城市总体规划（2016 年—2035 年）》（以下简称《总规》），明晰了北京规划建设的主旨和发展战略目标，对北京高端服务业发展的空间布局提出了新要求。2018 年 7 月，北京市委市政府发布《北京市关于全面深化改革、扩大对外开放重要举措的行动计划》（以下简称《行动计划》），要求深入贯彻习近平总书记对北京重要讲话精神，紧紧围绕落实好首都城市战略定位，建设国际一流和谐宜居之都，推进首都减量发展、创新发展和高质量发展，突出重点领域，抓住关键环节，进一步深化改革、扩大对外开放，靠改革开放为首都经济发展提供强劲动力和激发创新活力。上述三个方面的内容是推进北京高端服务业优质高效发展的基本指

* 本文系北京市社会科学基金研究基地重点项目"北京市高端服务业空间布局形成机理与优化调控研究"（16JDYJA019）的成果内容。

** 朱晓青，北京高端服务业发展研究基地首席专家，中共北京市委党校经济学教研部教授。

南，必须深刻认识，认真贯彻落实。

（一）认清高质量发展，建设现代化经济体系和现代产业体系

我国进入新时代，标志着我国经济社会发展已经迈上了具有里程碑意义的新台阶。新时代最显著的特征，就是我国社会主要矛盾已经发生根本转变，即由人民日益增长的物质文化需要同落后的社会生产之间的矛盾，转化为人民日益增长的美好生活需求和不平衡不充分的发展之间的矛盾，说明我国生产能力不再落后，人民需求不再局限于物质文化层面，要契合人民的新需求，我国就必须集中精力解决发展不平衡、优质供给不充分的主要矛盾。

面对新时代，我国未来发展仍然需要牢牢把握社会主义初级阶段这个基本国情。也就是说，我国现在仍然是发展中国家，经济基础仍然不稳固、不丰厚，生产力发展尚未达到发达国家的水平，仍然需要深化改革和进一步完善与生产力发展不相适应的生产关系和上层建筑。基于这种现实判断和发展逻辑的认识，我国新时代的发展，就必须以习近平新时代中国特色社会主义思想为指导，坚持党对一切工作的领导和基本方略，以经济建设为中心，坚持改革开放，自力更生，艰苦创业，努力实现现代化。

现代化（Modernization）是相比过去，去短扬长，顺应未来发展大趋势、紧跟和引领世界发展潮流的过程，也是一个"集大成"的概念。其中，思想现代化是灵魂，科技和管理手段现代化是两翼，产业体系现代化是基础和关键，治理能力和治理体系现代化是保障。按照马克思主义的生产力决定生产关系的理论，实现现代化的基本路径，就是提高人的创新能力，完善人与人的关系和体制机制，运用最先进的科技和管理手段，推动产业不断发展，最终实现建立现代化产业体系和实现人的全面自由发展的目标。因此，现代化的基础和关键是产业体系现代化。

事实上，我国早在1954年就首次提出了实现工业、农业、交通运输业和国防四个现代化的任务。1964年周恩来总理在第三届全国人大一次会议的政府工作报告中第一次宣布，从"三五"计划开始，我国国民经济发展可以按照两步走考虑：第一步，建立一个独立的比较完整的工业体系和国民经济体系；第二步，全面实现农业、工业、国防和科学技术的现代化，使我国经济走在世界的前列。并将其作为在 20 世纪内奋斗的目标。1975 年周恩来总理在第四届全国人大一次会议的政府工作报告中重申了这一目标，极大地振奋了全国人民的精神。1978 年党的十一届三中全会也重申落实"四个现代化"的任务。1987 年党的十三大正式确定了分"三步走"实现现代化的战略部署，即第一步实现国民生产总值比 1980 年翻一番，解决人民的温饱问题；第二步到 20 世纪末，使国民生产总值再增长一倍，人民生活达到小康水平；第三步到 21 世纪中叶，人均国民生产总值达到中等发达国家水平，人民生活比较富裕，基本实现现代化。这说明 20 世纪 50 年代以来，我国始终坚持建设现代化的方向，建设现代化经济体系的步伐从未停止。特别是党的十八大以来，我国建设现代化经济体系的步伐明显加快，取得显著成效。

针对我国现代化建设的发展进程，党的十九大站在新的历史起点上，明确提出到 2035 年我国基本实现现代化，到 2050 年把我国建设成为富强、民主、文明、和谐、美丽的社会主义现代化强国。这一中长期现代化发展目标有两大突出特点：一是不再提 GDP 翻番和高速增长，突出强调优质高效发展和建设美丽中国，以满足人民对优质供给和优美生态环境的需要；二是把党的十三大原定的基本实现现代化的目标，提前了 15 年，并强调到 2035 年生态环境根本好转，美丽中国基本实现，充分体现了绿色发展的优先、前提和关键作用，表明我国加快现代化发展步伐，绝不走先污染后治理的老路，必须根本改变生产和生活方式，节约集约资源，保护生态环境，实现优质高效发展。

要实现建设现代化的战略目标，我国经济发展方式必须发生根本改变，由高速增长阶段转向高质量发展阶段，确立建设现代化经济体系的发展目标，大力推进质量变革、效率变革、动力变革，提高全要素生产率。坚定不移贯彻新发展理念，以供给侧结构性改革为主线，加快建设实体经济、科技创新、现代金融、人力资源协同发展的产业体系，着力构建市场机制有效、微观主体有活力、宏观调控有度的经济体制，推动新型工业化、信息化、城镇化、农业现代化同步发展，加快建设创新型国家，实施乡村振兴战略，实施区域协调发展战略，加快完善社会主义市场经济体制，发展更高层次的开放型经济，以实现优质高效发展，不断增强经济创新力和竞争力。

　　由此说明，建设现代化经济体系是我国实现现代化的主要任务和核心目标，完全符合新时代高质量发展的大逻辑。

　　1. 对高质量发展的基本认识

　　质量的一般含义是指对产品或服务优劣程度的评价。产品优、服务好，就是高质量。从供给维度讲，优质产品可以用生产技术标准和生态安全指标衡量，标准化程度高，客观性强；对服务好而言，虽然有些服务项目可以用客观的服务技术标准衡量，但由于服务本身具有无形性、品质差异性以及生产与消费同步性的突出特点，使服务好的评价往往难以做到标准化，常用诚信度高、便捷舒适、时间节约、对比无差异、精准合意、感知体验好等主观性很强的指标衡量。从消费维度讲，优质产品或服务的评价，主要采用物美价廉、技术性能可靠、工艺精湛、品牌美誉度高、诚信便捷、合意感知效果好等主观判定标准。从总体统计维度讲，高质量的产品和服务具有很大的差异性，要保留这种差异性，就难以用统一标准进行统计汇总，不像统计高速度可以用汇总的 GDP 指标衡量。因此，高质量的总体评价必然带有多重性和很强的主观判定性，无法用单一的统计总量指标衡量。

　　我国经济由高速增长阶段转向高质量发展阶段，意味着我国经济发展不能再片面追求 GDP 增长指标，必须探索建立合意性的高质量发展的指标体系。这种指标体系的根本目标，就是建设现代化经济体系。现代化经济体系反映了高质量发展的本质要求和路径指南。围绕建设现代化经济体系，可以从多维度探讨高质量发展的判定标准。

　　从宏观经济运行维度判定，增速适度、就业充分、物价稳定、国际收支平衡是高质量发展的重要标志。这意味着我国在经济发展中，不能再出现高速度、高失业、高物价、进出口贸易长期大规模失衡的状况。从产业体系维度判定，生产体系比较完整，农业、工业和服务业的现代化水平显著提高，生产方式实现了数字化、网络化、智能化和绿色化，能够占领产业链的中高端，能够确立产业的创新力、品牌影响力和核心竞争力优势，能够形成我国做得好、别人离不开的技术、产品和零部件，能够打造"实时监控＋大数据＋电商物流＋金融"的产业融合网络和精准服务平台，能够确保产品或服务的合意性和满意度。从经济结构维度判定，就是城乡、区域、产业之间，实体经济与金融、实体经济与房地产等比例协调，不能片面追求数量扩张型的工业发展，要确立现代服务业或高端服务业的主导产业地位，有效形成以创新为驱动力和绿色低碳循环为前提的发展方式，以及与之相联系的新型工业化、信息化、城镇化、农业现代化同步发展的大格局。从效率维度判定，就是资本、劳动、土地、资源、能源、环境等要素利用效率高，尤其是人才、科技、大数据、区块链等新要素的效率高，交易成本低，交易规制合意、适用。从收入维度判定，就是基本公共服务均等化，形成了以中等收入为主体的分配体系，基尼系数达到公平水准。

上述对高质量发展的判定标准，虽然较为宏观和概括，但实际内容则说明高质量发展与高速增长之间的确存在本质差别。我国要转变发展方式，就必须按照高质量发展的判定标准或指标体系，理清思路，把握方向，针对问题，采取有效战略措施，努力建设现代化经济体系和质量强国。

2. 建设现代化经济体系与确立现代产业体系的内在逻辑关系

建设现代化经济体系，一方面是我国高质量发展的本质要求；另一方面，是事关我国能否抓住新一轮世界科技革命和产业变革的机遇，赢得国际竞争主动，能否顺利实现"两个一百年"奋斗目标的国家大事。这两个方面的内容，对解决我国新时代的社会主要矛盾、建设社会主义现代化强国都具有重大意义。

概括讲，现代化经济体系，就是代表当代生产力水平的经济体系。从作为"体系"的多维角度分析，现代化经济体系，是社会经济活动各个环节、各个层面、各个领域相互内在联系所形成的一个有机整体。基本架构主要包括八个方面。一是以创新为引领的现代产业体系。现代产业体系，靠创新驱动而不是自然资源竭泽耗用，靠人力资本支撑而不是人力资源低成本使用，靠结构优化升级占领价值链高端而不是单纯规模扩张导致供求比例失衡，靠实体经济、科技创新、现代金融、人力资本协同进步而不是相互脱节。同时，这种产业体系，必定是绿色低碳可持续的，而不是高耗高污染的，使之能够成为现代化经济体系的基础和关键。二是统一开放、竞争有序、各具特色的市场体系。即要求实现市场准入畅通、市场退出便捷、市场秩序规范、市场竞争充分、市场价格信号真实和市场供求自动调节，这是现代化经济体系配置资源的主要机制。

只有建立这样的市场体系，才能给企业提供自主经营、公平竞争的优良环境，才能给消费者创造自由选择、自主消费的空间，才能实现商品和要素自由流动和平等交换，为高质量发展奠定微观基础。三是效率优先、兼顾公平的收入分配体系。这是现代化经济体系的激励和平衡机制。从收入分配关系看，起点公平，投资有回报，企业有利润，员工有收入，政府有税收，各生产要素和市场主体能够按照市场评价取得公平合理的收入，形成以中等收入为主体的橄榄型社会结构和基本公共服务均等化的社会分配关系，逐步实现共同富裕，这是现代化经济体系的重要标志。四是分工协作、相互促进的城乡区域发展体系。这是现代化经济体系在空间布局方面的体现。主要内容是从整体上优化生产力布局结构，统筹人口、经济、自然生态环境的均衡空间布局，优化开发区要突出高端服务业发展，重点开发区要提升绿色工业和智能制造业水平，农产品主产区要提供绿色农产品，生态功能区要提供优美生态环境和优质生态产品，城市群要优质高效集聚经济和人口，乡村振兴要各具特色宜居宜业，由此形成国土资源节约集约利用、要素密集程度较大、生态容量适度、城乡融合发展、区域良性互动、陆海统筹的区域均衡发展新格局。五是生态优先、资源集约节约的绿色发展体系。这是现代化经济体系的生态环境基础。这一基础，以牢固树立和践行"绿水青山就是金山银山"的理念为指导，遵循人与自然和谐共生的方略，着力解决生态环境突出问题，实现绿色、低碳、可持续的人与自然和谐发展的现代化建设新格局。六是现代化的基础设施体系。即资源循环利用，交通、能源、物流、信息、教育、医疗、文化等基础设施安全高效，实现网络化、便捷化、智能化、共享化，这是建设现代化经济体系的公共设施基础。七是多元平衡、安全高效的全面开放体系。这是现代化经济体系与外部世界的联系机制。在新时代，全面开放体系是更高层次的开放型经济体系或自由投资贸易体系，要求深度融入全球贸易分工与协作，增强国际竞争力和影响力，与世界经济实现良性循环，推动对外开放和"走出去"朝着优化结构、占领产业价值链高端、提高效益的方向转变。八是充分发挥市场机制和更好地发挥政府调控作用的经济体制。这是现代化经济体系的制度基础。要促使市场在资源配置中起决定性作用，就必须深化体制机制改革，着力提升政府治理能力和治理体系的现代化水平，更好地发挥政府作用，实现市场机制有效、微观主体有活力、宏观调控有度的经济体制，以解放和发展生产力。归纳上述八个方面的内容，确立现代化产业体系是建设现代化经济体系的基础和关键，完善经济体制是建设现代化经济体系的根本保障，这两条最为重要，是建设现代化经济体系的"两翼"和核心内容。

就建立现代化产业体系而言，党的十九大突出强调必须着力加快建设实体经济、科技创新、现代金融、人力资源协同发展的产业体系。这种产业体系，实际涵盖了第一产业（农业，属于实体经济）、第二产业（主要是工业，属于实体经济）和第三产业（服务业，属于非实体经济），其中在服务业中，特别强调了科技服务业、信息服务业、金融业、商务服务业、教育培训业和文体娱乐业与实体经济的相互促进、协同发展的作用。它的本质要求就是增加优质生产要素（包括科技、资金、自然资源、人才和管理）供给，推动实体经济发展。也就是说，要以创新、协调、绿色、开放、共享五大新发展理念为指导，把科技创新、现代金融、人才培养和人力资源优化配置作为效率变革的主动力，使之与工农业生产相结合，充分发挥人才的主导作用，弘扬企业家精神、劳模精神和工匠精神，通过创新发展和现代科技、管理手段的运用，提升产业发展的智能化、绿色化和品牌化水平以及劳动生产率和收益水平，以实现质量变革，达到优质高效发展的目的。同时，从供给侧结构性改革的维度讲，现代产业体系要降低生产成本，依托创新要素，补短板，发挥乘数效应和融合效应，增加有效供给（包括优质生态产品的供给）；要紧跟"互联网＋"和人工智能新时代的步伐，主攻方向转向现代服务业和高端服务业发展，促进工农业生产的高端化和服务化进程，占领产业价值链的中高端，逐步确立以现代服务业和高端服务业为主导的产业结构，以实现新型工业化、信息化、城镇化、农业现代化同步发展以及区域经济协调发展。

进一步从路径依赖维度讲，确立现代化产业体系的根基是优化生产要素供给，包括人、土地和创新三大基本要素；保障条件是体制机制、营商环境、创新创业生态完善；核心产业和产业的主动力是现代服务业和高端服务业；动力变革是依托创新要素、产业内在升级因素和主导产业转换引擎；质量变革是实现品牌化、差异化、绿色化、高端化、融合化和智能化；效率变革是提高科技水平、管理水平和劳动生产率水平；目标是协同实体经济和服务业高质量发展，为建设现代化经济体系奠定坚实的基础。由此归纳，可以明晰建设现代化经济体系与确立现代产业体系的内在逻辑关系（见图 1 – 1）。

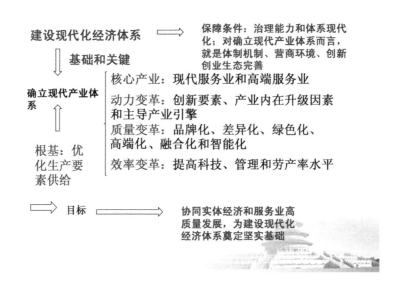

图 1 – 1　建设现代化经济体系与确立现代产业体系的
内在逻辑关系图

3. 确立现代化产业体系与发展高端服务业的关系

从产业构成维度分析，现代产业体系主要由现代农业、智能化工业和高端服务业构成。依据主导产业发展理论，在以服务业为主导的产业体系中，产业升级的基本方向就是确立以高端服务业为主导的产业结构，使高端服务业成为现代产业体系的核心。之所以如此，主要原因：一是高端服务业涵盖金融业、科技服务业、信息服务业、商务服务业和文体娱乐业五大服务行业门类，具有高智力（集中体现脑力复杂劳动）、知识密集（反映高频率的知识创新、整合、应用、传播和储存）、高技术导向和应用、高诚信、特色化或差异性、集聚性或集群性、创新性和新兴性的投入特性，同时也具有高效益、高产业带动力和绿色环保的产出特性，使之与低端服务业相区别，既不易被智能化服务所取代，也能够充分发挥引领、融合、集聚、辐射、降杠杆和补短板的作用；二是在现实信息化和智能化时代，互联网技术的不断演进，包括物联网、大数据、云计算、区块链、移动互联网以及人工智能（AI），已经把全球资源整合在一起，世界正进入以互联网为主导的发展新经济和构筑现代化产业体系的新时代，分散互动的智能化生产、主动个性化消费、集约门对门的物流、电商平台与互联网金融一体化，已经实现生产与消费的直接互动对接（虚拟现实 VR），形成网络化的产业，冲破原有的产业边界和运作模式，引导经济发展潮流，这也预示着高端服务业对其他产业的引领、带动作用和溢出效应不断加强；三是现代农业和智能化工业的发展必须依靠高端服务业支撑。如果没有高端服务业在推进质量变革、效率变革、动力变革方面所发挥的引领作用及其乘数效应，就不可能有农业现代化和工业智能化的发展，这也是在现实经济发展中会出现工农业生产服务化倾向的根本原因。同时，高端服务业的发展，不仅可以促进工农业生产的高质量发展，提高全要素生产率，而且可以激励高端服务业进一步加深与工农业生产的融合发展，产生新的产业、业态和经营组织模式。包括信息技术与各个领域交叉融合的速度加快，促使工农业生产与高端服务业深度融合，催生出智慧农业、智能制造的新产业和新业态；经济活动从以制造为中心向以服务为中心的转变，大数据、云计算、人工智能等新技术手段的广泛应用，极大推动了制造业的智能化、信息化进程；资源开放、资源共享、资源重组再造、众筹、众扶，不断衍生出新的共享经济业态等，使工农业生产方式及其服务方式不断演化升级和更新换代。

　　正是由于高端服务业是现代产业体系的核心，所以我国在进入服务经济时代之后，要避免出现"中等收入陷阱"，强化科技创新驱动力，增加优质产品供给，努力推进高质量发展和绿色发展，就必须着力发展高端服务业，逐步确立高端服务业的主导产业地位。否则，我国现代产业体系就难以确立。

　　4. 立足高质量发展，北京要率先确立高端服务业的主导产业地位

　　新时代，建设现代化经济体系和现代产业体系，实现优质高效发展，我国就必须着力解决区域经济发展不平衡、不充分的问题。以往我国区域经济发展战略，比较重视东部率先、东北振兴、中部崛起和西部大开

发，主要针对的问题是东北和中部的"塌陷"以及西部的贫困落后。但现在我国经济南北地区发展不平衡的问题又凸显，亟待解决。按照一般对北方省级区域的统计标准，北方地区涵盖东北、华北、西北和山东、河南，共15个省级区域。2012年北方地区的GDP和一般公共预算收入分别为24.7万亿元和2.5万亿元，占全国同类指标的比例分别为47.6%和41.1%；2017年北方地区的GDP和一般公共预算收入分别为33.3万亿元和3.4万亿元，占全国同类指标的比例分别为40.3%和37.0%。两组数据对比，北方地区占全国GDP的比例下降7.3个百分点，占全国一般公共预算收入的比例下降4.1个百分点，这说明南北地区的差距拉大，北方地区经济发展滞后。①

为解决北方地区经济发展滞后问题，国家出台了京津冀协同发展规划和环渤海合作发展规划。其中，京津冀协同发展规划是习近平总书记亲临指导制定的，并与长江经济带、"一带一路"发展战略相联系，构成我国新时代发展的三大战略。京津冀协同发展战略，要求建立以首都为核心的世界级城市群，成为全国创新驱动经济发展的新引擎，在我国"两横三纵"21个城市群的战略格局中，具有后来居上的巨大发展潜力。特别是在我国生态重点保护区规划中，京津冀展现的巨大资源开发优势和绿色发展优势，能够为其高质量发展奠定坚实基础。

要在京津冀建设以首都为核心的世界级城市群，必然要疏解非首都功能，形成北京新两翼发展的大格局。北京城市副中心建设已经先行一步，承担起北京市的政务功能，使之与"都"的政务功能聚集地在空间上相分离；雄安新区规划建设作为非首都功能集中疏解地，主要安置中央企事业单位，形成"反磁力中心"，能够有效解决北京集聚功能过多的问题。

北京现实发展面临的京津冀协同发展和环渤海合作发展的大格局，要求北京必须摒弃"一亩三分地"的传统思维方式和集聚资源、促增长的传统做法，不能什么产业都发展，形成"虹吸效应"，导致自身发展质

---

① 根据《中国统计年鉴2013》和《中国统计摘要2018》提供的数据计算。

量不高、周边地区出现"大树底下不长草"的问题；必须树立只做"白菜心"、减量发展、创新发展、高质量发展、协同发展的新思维，采取疏解、整治、促提升的新做法，着力构建"高精尖"的产业结构，加快发展高端服务业，率先在全国省级区域内确立高端服务业的主导产业地位，把北京建设成为代表国家 21 世纪形象的世界楷模城市和具有国际影响力的文化中心、科技创新中心，带动京津冀协同发展和环渤海合作发展，有效解决南北地区经济发展不平衡的问题。

北京作为我国北方地区的首位城市，北京现实产业结构以服务业为主导。2017 年北京服务业占 GDP 比例为 80.6%，位居全国省级区域的首位，其中，高端服务业占 GDP 比例为 47.2%，也位居全国省级区域的首位。特别是经过产业结构的不断调整和优化升级，北京工业和以批发零售业为代表的传统服务业的规模在逐步缩减，金融业成为北京第一大支柱产业，占 GDP 比例高达 16.6%，超过工业 15.3% 的水平；科技服务业和信息服务业占 GDP 比例分别为 10.2% 和 11.3%，超过批发零售 8.9% 的水平，这说明北京具有北方地区乃至全国其他城市不可比拟的发展高端服务业的竞争力优势和要素资源基础，能够做大、做强、做优高端服务业，使之成为主导产业。①

北京把未来产业发展的主攻方向定位于高端服务业，力求率先确立高端服务业的主导产业地位，不仅符合北京产业优化升级的内在需要，符合京津冀协同发展、环渤海合作发展、提振北方地区经济发展的需要，也是我国高质量发展、建设现代化经济体系和现代产业体系的具体体现。通过北京高端服务业发展的示范、引领、融合和带动作用，我国就能够找到瞄准国际标准、加快发展高端服务业和现代服务业的有效路径，这对我国建设现代化经济体系和现代产业体系，无疑具有重要借鉴意义。

（二）明晰《总规》主旨，把握北京高端服务业发展的总体布局和新要求

面对新时代高质量发展的新目标和新要求，北京在推进现代化建设

---

① 北京市统计局：《北京市 2017 年国民经济和社会发展统计公报》，2018 年 2 月 27 日，北京市统计局网站。

和确立现代产业体系进程中，必须认真贯彻习近平总书记的系列讲话精神，明晰《总规》主旨和设定的中长期发展目标，把握北京高端服务业发展的总体布局和新要求，全力打造以高端服务业为主导的"高精尖"产业体系。

1. 习近平总书记系列讲话的理论体系严谨，为首都建设描绘了蓝图

党的十八大以来，习近平总书记对首都建设与发展发表过多次讲话。其中，最重要的讲话有三次，即 2014 年 2 月 26 日、2017 年 2 月 24 日和 2017 年 6 月 27 日。这三次讲话的主旨是"建设一个什么样的首都，怎样建设首都"。事实上，习近平总书记在提出问题时已经以严谨的理论逻辑，明确给出了答案，为怎样建设首都描绘了清晰的蓝图。这张蓝图就是一张"设计图"，按照总体定位、功能定位、战略目标定位、发展模式定位、产业及其空间布局定位、建设项目及其管理模式定位的逻辑关系和设计理念，标明北京的总体定位是建立以首都为核心的世界级城市群，成为创新驱动发展的新引擎；功能定位是"四个中心"；战略目标定位是建设国际一流的和谐宜居之都；发展模式定位是京津冀区域协同发展和环渤海合作发展，绿色发展，以城市副中心和雄安新区为新两翼的发展；产业定位是在减量发展、舍得"白菜帮"的基础上，充分发挥科技和人才优势，只要"白菜心"，着力打造中关村科学城、未来科学城、怀柔科学城和北京经济技术开发区（即"三城一区"），发展高端服务业、智能制造业、环保产业和高新产业，形成新的增长极；建设项目定位是符合 21 世纪眼光和国际高标准的、体现中国文化气派的精品力作；管理模式定位是现代化和精细化，建设和管理的目的要以人为本，回应市民的关切，便民利民，给市民以更多获得感。

按照习近平总书记怎样建设首都的"设计图"，北京编制的《总规》实际是一张"施工图"。这张"施工图"，以《总规》的形式出现，主旨就是落实好建设首都的设计方案。《总规》不仅首次在全国省级区域规划中，标明跨省的空间布局图，即京津冀区域空间格局图，而且突出强调

按照"一核一主一副，两轴多点一区"的布局①，牵着疏解非首都功能的"牛鼻子"，紧随国家建设科技强国、质量强国、航天强国、网络强国、交通强国、数字中国和智慧社会的步伐，着力发展高端服务业，建设具有全球影响力的大国首都和以首都为核心的世界级城市群，成为超大型城市可持续发展的典范。

《总规》的基本架构是八章分为三大发展战略目标和四十二项具体指标。第一章，落实首都城市战略定位，明确发展目标、规模和空间布局；第二章，有序疏解非首都功能，优化提升首都功能；第三章，科学配置资源要素，实现城市可持续发展；第四章，加强历史文化名城保护，强化首都风范、古都风韵、时代风貌的城市特色；第五章，提高城市治理水平，让城市更宜居；第六章，加强城乡统筹，实现城乡发展一体化；第七章，深入推进京津冀协同发展，建设以首都为核心的世界级城市群；第八章，转变规划方式，保障规划实施。

《总规》的突出特点：一是以习近平总书记的讲话为指引，定位体系和目标明晰；二是由中共中央和国务院批复，规格高，强调一张蓝图干到底；三是牢牢把握好"都"与"城"的关系，以服务保障首都功能为根本要求，核心区要突出为中央服务的政务功能，疏解北京市的机关和企事业单位，城市副中心要体现北京市的"城"的功能，彼此相互衔接，为中央服好务；四是把国家现代化建设的发展目标，同北京现代化建设目标紧密衔接起来，多规合一，以更长远目标、更高标落实好建设首都

---

① "一核"是指首都功能核心区，包括东城和西城，是全国政治中心、文化中心和国际交往中心的核心承载区，历史文化名城保护的重点地区，也是展示国家首都形象的重要窗口。"一主"是指中心城区，包括东城、西城、朝阳、海淀、石景山和丰台，是"四个中心"的集中承载地区，也是疏解非首都功能的主要地区。"一副"是指北京城市副中心，是北京新两翼中的一翼。要以最先进的理念、最高的标准、最好的质量推动北京城市副中心建设，示范带动中心城区非首都功能和人口疏解。"两轴"是指中轴线及其延长线、长安街及其延长线，要以两轴为统领，完善城市空间和功能组织的秩序，展现大国首都的文化自信。"多点"是指位于平原地区的顺义、大兴、亦庄、昌平、房山5个新城，是承接中心城区适宜功能、服务保障首都功能的重点地区。"一区"是指生态涵养区，包括门头沟、平谷、怀柔、密云、延庆5个区，以及昌平和房山的山区，是首都重要的生态屏障、水源保护地和"大氧吧"，要以保障首都的生态安全为主要任务。

为主旨；五是以疏解非首都功能为"牛鼻子"，切实减重、减负、减量发展，坚持疏解功能谋发展，优化城市功能和空间布局，不在中心城区"摊厚饼"；六是聚焦科学配置资源要素，以资源生态环境承载力为红线和硬约束条件，优化调整生产、生活、生态空间结构，推进绿色发展和生态城建设；七是更加重视北京南北、内外、城乡的均衡发展，重大建设项目要在城外和城南布局，加快推进有特色的小镇建设，特别是旅游休闲小镇建设；八是坚持问题导向，积极回应群众关切的问题，解决环境污染、交通拥堵、职住分离、养老医疗服务资源配置不合理、生活服务不便捷等突出问题，让城市更宜居；九是加强历史文化名城保护，强化首都风范、古都风韵、时代风貌的城市特色；十是紧密对接京津冀协同发展特别是雄安新区的规划建设，以更广阔的空间谋划首都未来发展蓝图。

2. 北京未来发展的三大战略目标和四十二项具体指标

《总规》为北京未来发展设定了三大战略目标：到 2020 年，北京建设国际一流的和谐宜居之都将取得重大进展，率先全面建成小康社会，疏解非首都功能取得明显成效，"大城市病"等突出问题得到缓解，首都功能明显增强，初步形成京津冀协同发展、互利共赢的新局面；到 2035年，北京初步建成国际一流的和谐宜居之都，"大城市病"治理取得显著成效，首都功能更加优化，城市综合竞争力进入世界前列，京津冀世界级城市群的构架基本形成；到 2050 年，北京将全面建成更高水平的国际一流的和谐宜居之都，成为富强民主文明和谐美丽的社会主义现代化强国首都、更加具有全球影响力的大国首都、超大城市可持续发展的典范，建成以首都为核心、生态环境良好、经济文化发达、社会和谐稳定的世界级城市群。这三大战略目标，突出强调首都发展要比肩当今世界一流的国际大都市或世界城市，要逐步达到，最终超过纽约、伦敦和东京的综合竞争力水平，成为世界城市的楷模。

为落实好北京未来发展的三大战略目标，北京首次在省级区域规划中，按照新发展理念设定了四十二项具体指标，即建设国际一流和谐宜居之都评价指标体系，以便于一年一评价、五年一考核，确保战略目标实施具有可操作性和实效性。下面列出四十二项指标（见表 1-1）。

表 1－1 　　　　　建设国际一流和谐宜居之都的评价指标体系

分项		指标	2015 年	2020 年	2035 年
坚持创新发展，在提高发展质量和效益方面达到国际一流水平	1	全社会研究与试验发展经费支出占地区生产总值的比重（％）	6.01	稳定在 6 左右	
	2	基础研究经费占研究与试验发展经费比重（％）	13.8	15	18
	3	万人发明专利拥有量（件）	61.3	95	增加
	4	全社会劳动生产率（万元/人）	19.6	23	提高
坚持协调发展，在形成平衡发展结构方面达到国际一流水平	5	常住人口规模（万人）	2170.5	≤2300	2300
	6	城六区常住人口规模（万人）	1282.8	1085 左右	≤1085
	7	居民收入弹性系数	1.01	居民收入增长与经济增长同步	
	8	实名注册志愿者与常住人口比值	0.152	0.183	0.21
	9	城乡建设用地规模（平方公里）	2921	2860 左右	2760 左右
	10	平原地区开发强度（％）	46	≤45	44
	11	城乡职住用地比例	1∶1.3	1∶1.5 以上	1∶2 以上
坚持绿色发展，在改善生态环境方面达到国际一流水平	12	细颗粒物（$PM_{2.5}$）年均浓度（微克/立方米）	80.6	56 左右	大气环境质量得到根本改善
	13	基本农田保护面积（万亩）	—	150	—
	14	生态控制区面积占市域面积的比例（％）	—	73	75
	15	单位地区生产总值水耗降低（比 2015 年）（％）	—	15	>40
	16	单位地区生产总值能耗降低（比 2015 年）（％）	—	17	达到国家要求
	17	单位地区生产总值二氧化碳排放降低（比 2015 年）（％）	—	20.5	达到国家要求
	18	城乡污水处理率（％）	87.9（城镇）	95	>99
	19	重要江河湖泊水功能区水质达标率（％）	57	77	>95

续表

分项		指标	2015 年	2020 年	2035 年
坚持绿色发展，在改善生态环境方面达到国际一流水平	20	建成区人均公园绿地面积（平方米）	16	16.5	17
	21	建成区公园绿地 500 米服务半径覆盖率（%）	67.2	85	95
	22	森林覆盖率（%）	41.6	44	45
坚持开放发展，在实现合作共赢方面达到国际一流水平	23	入境旅游人数（万人次）	420	500	增加
	24	大型国际会议个数（个）	95	115	125
	25	国际展览个数（个）	173	200	250
	26	外资研发机构数量（个）	532	600	800
	27	引进海外高层次人才来京创新创业人数（人）	759	1300	增加
坚持共享发展，在增进人民福祉方面达到国际一流水平	28	平均受教育年限（年）	12	12.5	13.5
	29	人均期望寿命（岁）	81.95	82.4	83.5
	30	千人医疗卫生机构床位数（张）	5.14	6.1	7 左右
	31	千人养老机构床位数（张）	5.7	7	9.5
	32	人均公共文化服务设施建筑面积（平方米）	0.14	0.36	0.45
	33	人均公共体育用地面积（平方米）	0.63	0.65	0.7
	34	一刻钟社区服务圈覆盖率（%）	80（城市社区）	基本实现城市社区全覆盖	基本实现城乡社区全覆盖
	35	集中建设区道路网密度（公里/平方公里）	3.4	8（新建地区）	8
	36	轨道交通里程（公里）	631	1000 左右	2500
	37	绿色出行比例（%）	70.7	>75	80
	38	人均水资源量（包括再生水量和南水北调等外调水量）（立方米）	176	185	220
	39	人均应急避难场所面积（平方米）	0.78	1.09	2.1

续表

分项		指标		2015 年	2020 年	2035 年
坚持共享发展，在增进人民福祉方面达到国际一流水平	40	社会安全指数	社会治安：十万人刑事案件判决生效犯罪率（人/10 万人）	109.2	108.7	106.5
	41		交通安全：万车死亡率（人/万车）	2.38（2016 年）	2.1	1.8
	42	重点食品安全检测抽检合格率（%）		98.42	98.5	99

资料来源：《北京城市总体规划（2016 年—2035 年）》。

3. 北京新两翼产业发展的方向

城市副中心和雄安新区是北京发展的新两翼，都是国家大事，千年大计。新两翼的定位都是没有"大城市病"的国际一流的生态宜居城。城市副中心规划面积 155 平方公里，是北京市机关事业单位集聚地，产业发展以商务服务业和文体娱乐业为主。未来与河北的三河、香河和大厂三县统一规划、统一政策和统一管控，规划面积近 2000 平方公里，主导产业聚焦高端服务业，优质高效发展生活性服务业。雄安新区作为非首都功能集中疏解地，主要承接中央企事业单位，而不是中央国家机关，没有所谓"副都"的职能，中央政务功能仍然留在北京。雄安新区规划建设的使命是没有"大城市病"的"四区"，即绿色生态宜居新区、创新驱动发展引领区、协调发展示范区和开放发展先行区，以补齐京津冀发展的短板，培育形成新的区域增长极，加快构建以首都为核心的世界级城市群。雄安新区的启动区建设面积 20—30 平方公里，起步区建设面积 100 平方公里，中期建设面积 200 平方公里，远期实际控制面积 1770 平方公里。雄安新区的功能定位突出强调创新发展和绿色发展，以科技城为方向，以生态城为基础和关键，力求建设国际一流的科技城和生态城，使之成为 21 世纪我国高质量发展的、宜居宜业的"样板间"新城。雄安新区的主导产业是高端服务业，不搞一般制造业和中低端服务业。同时，突出北京中关村国家自主创新示范区的产业外溢和引导作用，重点培育雄安新区的高技术产业集群和创新型产业集群，以发挥北京科技和人才的辐射带动效应，在雄安新区培育内生创新要素和知识积累源泉，构筑"政产学研用"一体化的创新生态环境。

4. 北京高端服务业发展的总体布局和新要求

《总规》从"四个中心"战略定位出发，落实习近平总书记提出的发展金融、科技、信息、商务和文化创意等现代服务业的要求，把高端服务业作为北京未来产业发展的主攻方向，对高端服务业的总体布局作了规划安排。

（1）全力打造科技创新中心和文化中心。北京"四个中心"的战略定位，实际涵盖了产业定位。其中，全国政治和国际交往中心，显然不具备产业功能，只有全国科技创新和文化中心具有产业功能，能够使之形成研发产业、高新技术产业、科技金融产业、旅游文化产业和科技文化产业等。与全国科技创新和文化中心相对接，北京不仅要把科技创新和文化产业作为北京确立现代产业体系的主攻方向，还要充分发挥这方面的资源优势、人才优势和内生知识财富积累的优势，多出原创性、颠覆性、关键性和具有国际影响力的科技创新成果和文化精品力作。有鉴于此，《总规》明确要求在高质量发展中，北京必须全力打造具有国际影响力的科技创新中心，为建设创新型国家起引领和示范作用；必须全力打造全国文化中心，增强文化自信、展示中国文化风采、拓展国际文化的影响力和话语权。同时，对科技创新中心建设和文化中心建设作了明确的空间布局安排。

《总规》对科技创新中心建设的布局主要安排有四点。一是突出高水平的"三城一区"建设和新机场建设，着力打造首都经济发展的新高地。对怀柔科学城的布局，要东扩至密云区，规划建设面积由原来的41.2平方公里，扩展为100.9平方公里。北京经济技术开发区要转型升级为国家级智能制造示范区，新机场区要围绕航空运输业开展科技创新活动。要求中关村科学城成为原始创新策源地和自主创新主阵地，怀柔科学城成为与国家战略需要相匹配的世界级原始创新承载区，未来科学城成为全球领先的技术创新高地、协同创新先行区和创新创业示范区。二是以创新型产业集群和"中国制造2025"创新引领示范区为平台，围绕技术创新，以大工程大项目为牵引，促进科技创新成果产业化，重点发展节能环保、集成电路和新能源等"高精尖"产业，着力打造以亦庄、顺义为重点的创新驱动发展前沿阵地。三是发挥中关村国家自主创新示范区主要载体作用，形成央地协同、校企结合、军民融合、全球合作的科技创新发展大格局。四是优化创新环境，服务创新人才。着力构建充满活力的科技管理和运行机制，加强"三城一区"科技要素流动和紧密对接，完善配套政策，为科技人才工作和生活提供优质服务。要打造一批有多元文化、创新事业、生活宜居、服务保障的特色区域，为国际国内人才创新创业搭建良好的承载平台。要在望京地区、中关村大街、未来科学城和首钢等区域打造若干个国际人才社区。

《总规》对文化中心建设的布局思路，是以强化历史文化名城保护为基础和前提，在完善保护体系中寻求资源可利用的路径。这种布局思路集中体现在四个方面：一是加强大运河文化带、长城文化带和西山永定河文化带的保护利用；二是构建中轴线、长安街延长线的城市景观格局；三是加强三山五园（即香山、玉泉山、万寿山、静宜园、静明园、颐和园、圆明园和畅春园）地区的保护；四是塑造传统文化与现代文明交相辉映的城市特色风貌，将中心城区分为古都风貌区（二环路以内）、风貌控制区（二环路与三环路之间）和风貌引领区（三环路以外）三部分，在中心城以外地区分别建设具有平原特色、山前特色和山区特色的三类风貌区。按照这种布局思路，《总规》强调要构建城市整体景观格局，强化城市色彩管控，完善建筑设计管理机制，优化城市公共空间，打造精品力作，提升城市魅力和活力，建设国际一流的高品质文化设施。在此基础上，《总规》要求建设现代公共文化服务体系，推进首都文明建设，发展文化创意产业，深化文化体制机制改革，形成涵盖各区、辐射京津冀、服务全国、面向世界的文化中心发展格局，不断提升文化软实力和国际影响力，推动北京向世界文化名城、世界文脉标志的目标迈进。

具体在高水平文化设施建设方面，《总规》要求完善重大功能性文化设施布局，深入挖掘核心区文化内涵，扩大"金名片"影响力。北部完善以奥林匹克中心区为重点的国家体育文化功能。东部以城市副中心为载体承传大运河文化，建设服务市民的文化设施集群。西部重点建设首钢近代工业遗产文化区。南部通过南苑地区改造预留发展用地，塑造未来首都文化新地标。要发挥现有文化功能区的示范引领作用，包括中关村国家级文化与科技融合示范基地、国家文化产业创新实验区、国家对外文化贸易基地（北京）、中国（怀柔）影视产业示范区、2019 年中国北京世界园艺博览会、北京环球主题公园及其度假区等，有效形成分工合理、各具特色的文化功能区发展布局。要加强国家级标志性文化设施和院团建设，培育世界一流文艺院团，形成具有国际影响力的文化品牌。在激发文化产业创新创造活力方面，《总规》要求聚焦文化生产前端，鼓励创意、创作和创造，建设创意北京，使北京成为传统文化元素和现代时尚符号汇集融合的创意之都。要优化提升文化艺术、新闻出版、广播影视等传统优势行业，发展壮大设计服务、广告会展、艺术品交易等创意交易行业，积极培育文化科技融合产业。要推进文化创意、设计服务与高端制造业、商务服务业、信息业、旅游业、农业、体育业、金融业、教育服务业等领域的融合发展，打造北京设计和北京创造品牌。在提升文化国际影响力方面，《总规》要求以各类文化资源为载体，搭建多种类型、不同层级的文化展示平台，充分运用数字传媒、移动互联等科技手段，构建立体、高效、覆盖面广、功能强大的国际传播网络。要开展重大文化活动和国际文化交流合作，发挥首都示范带头作用，打造一批展现中国文化自信和首都文化魅力的文化品牌。要讲好"中国故事"，传播好中华文化，不断扩大文化竞争力和影响力。

（2）推动高端服务业集聚、融合发展。北京在高端服务业高质量发展方面，不仅具有科技和文化资源优势，而且具有金融业和商务服务业的资源优势和内在高质量发展的巨大潜力。北京作为全国金融管理中心和国际金融总部机构聚集地，高端金融人才集中度位居全国首位，金融市场较为完备，包括拥有全国最大的信贷、保险、债券发行、融资融券和资金清算市场，以及三板市场和银行间同业拆借市场等。北京作为全国高端商务服务业集聚之地，高端商务服务人才荟萃，国内外顶级的企业管理机构和市场调研咨询机构众多，旅游会展业非常发达，具备优质高效发展商务服务业的内在动力。由此与科技、信息和文化产业相融合，铸就了北京高端服务业集聚发展的大格局。

在高质量发展、确立现代产业体系的新形势下，为加快北京高端服务业的集聚、融合发展，《总规》提出要优化高端服务业的发展布局。基本思路是：北京商务中心区（简称 CBD）、金融街、中关村西区和东区、奥林匹克中心区等发展较为成熟的功能区，要提高国际竞争力；北京城市副中心运河商务区和文化旅游区、新首钢高端产业综合服务区、丽泽金融商务区、南苑—大红门地区等有发展潜力的功能区，要为高端服务业发展提供新的承载空间。这一思路表明，北京高端服务业的发展必须向东西部和南部拓展，不能再过度集中于中心城区。北京中心城区的高端服务业发展必须疏解低端，按照国际高标准，提质增效，辐射全国乃至世界，成为具有全球影响力的高端服务业集聚区。

针对北京高端服务业集聚、融合发展的总要求，《总规》明确，要聚焦价值链高端环节，促进金融、科技、信息、文化创意和商务服务等现代服务业的创新发展、融合发展和高端发展，培育发展新兴业态，培育和壮大与首都功能定位相匹配的总部经济，支持引导在京创新型总部企业发展。

针对北京高端服务业综合集聚区的未来发展主攻方向，《总规》明确提出以下要求。

北京商务中心区是国际金融功能和现代服务业集聚地，是国际化大都市风貌集中展现区，应构建产业协同发展体系，加强信息化基础设施建设，提供国际水准的公共服务。

金融街集聚了大量金融机构总部，是国家金融管理中心，应促进金融街发展与历史文化名城保护、城市功能提升有机结合，完善商务、生活、文化等配套服务设施，增强区域高端金融要素资源承载力，对金融街周边疏解腾退空间资源有效配置，进一步集聚金融功能。

中关村西区是科技金融、智能硬件、知识产权服务等"高精尖"产业重要集聚区，应建设成为科技金融机构集聚中心，形成科技金融创新体系；中关村东区应统筹利用中国科学院空间和创新资源，建成高端创新要素集聚区和知识创新引领区。

奥林匹克中心区是集体育、文化、会展、旅游、科技、商务于一体的现代体育文化中心区，应突出国际交往、体育休闲、文化交流等功能，提高国家会议中心服务接待能力，促进多元业态融合发展。

城市副中心运河商务区是承载中心城区商务功能疏解的重要载体，应建成以金融创新、互联网产业、高端服务为重点的综合功能区，集中承载京津冀协同发展的金融功能；城市副中心文化旅游区应以环球主题公园及其度假区为主，重点发展文化创意、旅游服务和会展等产业。

新首钢高端产业综合服务区是传统工业绿色转型升级示范区、京西高端产业创新高地和后工业文化体育创意基地，应加强工业遗存保护利用，重点建设首钢老工业区的北区，打造国家体育产业示范区。

丽泽金融商务区是新兴金融产业集聚区和首都金融改革试验区，应重点发展互联网金融、数据金融、金融信息、金融中介、金融文化等新兴业态，主动承接金融街和北京商务中心区的配套辐射功能，强化智慧型精细化管理。

南苑—大红门地区是带动南部地区发展的增长极，利用南苑机场搬迁、南苑地区升级改造和大红门地区功能疏解，带动周边地区城市化建设，建成集行政办公、科技文化、商务金融等功能于一体的多元城市综合区。

首都国际机场临空经济区，应完善国际机场功能，建设世界级航空枢纽，促进区域功能融合创新和港区一体化发展。要充分发挥天竺综合保税区的政策优势，形成以航空服务、通用航空为基础，以国际会展、跨境电商、文化贸易、产业金融等高端服务业为支持的产业集群。

北京新机场临空经济区，应有序发展科技研发、跨境电商、金融服务等高端服务业，打造以航空物流、科技创新、服务保障三大功能为主的国际化和高端化的临空经济区。

上述对北京高端服务业综合集聚区的未来发展主攻方向的定位或要求，实际表明北京高端服务业的集聚、融合发展是各具特色的、高标准的、空间布局相对均衡的，不存在同质恶性竞争和小散乱的问题，有助于加快确立北京高端服务业的主导产业地位，有效落实北京未来发展设定的三大战略目标。

（三）把握《行动计划》要义，认清北京高端服务业领域的重大改革措施

《行动计划》遵循习近平总书记对北京系列讲话精神和《总规》总体布局新要求，着眼于创新发展、高质量发展和京津冀协同发展，对北京深化改革、扩大对外开放提出了117项重要举措。基本要义是：构建推动减量发展的体制机制，完善京津冀协同发展体制机制，深化科技文化体制改革，以更大力度扩大对外开放，改革优化营商环境，完善城乡治理体系，深化生态文明体制改革，推动党建引领"街乡吹哨、部门报到"的改革，推进社会民生领域改革。其中，完善京津冀协同发展体制机制、深化科技文化体制改革、以更大力度扩大对外开放、改革优化营商环境和完善城乡治理体系的内容，与北京高端服务业的发展直接相关。相应的改革举措，也较为全面。

具体而言，在完善京津冀协同发展体制机制方面，相关内容包括：创新北京新机场临空经济区管理体制和运行机制，打造国际一流的航空枢纽；推动建立产业转移、共建产业园区的税收分享机制，巩固提升"4＋N"产业合作格局，培育壮大一批协同创新和产业合作平台；健全支持雄安新区建设对接协调工作机制，加快推进雄安新区中关村科技园建设，共建跨区域科技资源服务平台和成果转化平台，争取先行先试政策延伸覆盖、国家重大创新资源协同布局。

在深化科技文化体制改革方面，相关内容包括：深化部市会商、院市合作等中央与地方协同创新机制，为在京高校、院所、创新型企业等创新主体参与科技创新中心建设提供服务保障；完善"三城一区"规划建设管理体制机制，聚焦中关村科学城，打造具有全球影响力的科学城；突破怀柔科学城，建设世界一流的综合性国家科学中心；搞活未来科学城，打造全球领先的技术创新高地；优化升级北京经济技术开发区，打造首都创新驱动发展前沿阵地；加大中关村国家自主创新示范区先行先试的改革力度，进一步发挥中关村改革"试验田"的引领作用，积极争取和系统推进新的改革试点；支持建设世界一流新型研发机构，创新管理运行机制，吸引集聚一批战略性科技创新领军人才及其高水平创新团队来京发展，赋予新型研发机构人员聘用、经费使用、职称评审、运行管理等方面的自主权，努力实现前瞻性基础研究、引领性原创成果重大突破；完善首都高校"高精尖"创新中心建设机制和配套政策，打造高校科技创新和人才培养高地；完善市属国有企业创新考核机制，推动市属国有企业加快科技创新和成果转移转化，大力发展"高精尖"产业；完善资金投入、人才培养、知识产权、空间用地等配套政策，促进新一代信息技术、集成电路、医药健康、智能装备、节能环保、新能源智能汽车、新材料、人工智能、软件和信息服务、科技服务业等10大"高精尖"产业发展指导意见落地，以及土地、人才、财政等3个综合配套政策落地，培育和发展一批创新型产业集群；制定北京市促进科技成果转化条例，构建科技创新基金运行机制，建立健全科技成果转化服务平台和引导激励机制，完善落实新技术、新产品政府采购政策体系，促进科技成果在京落地转化；构建历史文化名城保护、修缮、利用的有效机制，统筹推进中轴线申遗保护，创新大运河文化带、长城文化带、西山永定河文化带建设实施路径和机制政策；建立健全文化与科技、金融、信息、旅游等产业融合发展机制和政策体系，推动文化创意产业结构升级、业态创新、链条优化，加快建设文化创意产业引领区；优化公共文化资源配置机制和政策体系，创新管理服务运行机制，加快建设公共文化服务体系示范区；深化市属媒体供给侧结构性改革，加大资源整合力度，促进传统媒体和新兴媒体深度融合发展；深化国有文化资产管理体制和文化企事业单位改革，培育一批具有较强国际竞争力的龙头文化企业。

在以更大力度扩大对外开放方面，相关内容包括：深入推进服务贸易创新发展试点，支持服务贸易新业态、新模式发展，鼓励运用云计算、大数据、物联网、移动互联网等新一代信息技术推进服务贸易数字化；探索完善跨境交付、境外消费、自然人移动等模式下的服务贸易市场准入制度，逐步放宽或取消限制措施，探索建立来华就医签证制度，完善跨境自驾游的监管举措，允许符合条件的外籍人员在本市提供工程咨询服务等；出台支持新兴服务出口、重点服务进口等系列服务贸易政策，进一步扩大本市新兴服务出口和重点服务进口；明确京交会定位，丰富京交会功能，完善办展办会机制，创新组展组会模式，深化市场化运营探索，建立京交会网上交易平台，打造"永不落幕的京交会"；落实国家对金融业开放整体部署，加快首都金融业开放步伐，鼓励在京设立外商独资或合资金融机构；积极争取允许外资参股地方资产管理公司，参与不良资产转让交易；鼓励在京设立投资性公司、人才中介机构等，吸引更多外资法人银行、保险公司在京发展，支持合资证券公司发展；争取允许在京的财务公司、证券公司等金融机构获得结售汇业务资格，允许开展外汇即期及衍生品交易；支持在京设立人民币国际投资基金；支持在京机构开展合格境内有限合伙人境外投资试点；争取设立国际绿色金融改革创新试验区，创新发展绿色金融工具，允许境外投资者直接参与试验区内绿色金融活动；支持在特定区域设立外商独资演出经纪机构，并争取在全国范围内提供服务；探索文化贸易金融服务创新，探索设立文化创新发展基金，积极培育新型文化业态；争取试点允许在京设立的外商独资旅行社、中外合资（合作）经营旅行社从事中国公民出境旅游业务；建立健全鼓励跨国公司研发中心发展体制机制，探索科技成果转化为现金、奖励个人所得税等政策，创新国际科技合作机制，推进国际高端科技资源与北京创新主体合作；深化海关通关一体化改革，加快推动关检深度融合；全面落实通关"一次申报、分步处置"管理模式，进一步推广"汇总征税、自报自缴"方式，提高货物通关效率；争取扩大144小时过境免签国家范围，扩大自助通关人员范围；全面落实准入前国民待遇加负面清单管理制度，争取进一步放宽外资准入；完善文化"走出去""引进来"统筹合作机制和渠道，搭建文化展示交流平台，办好品牌文化活动，展示国内外优秀文化，讲好"中国故事""北京故事"，大力发展跨境文化电子商务，搭建文化贸易公共服务平台，鼓励和支持文化企业"走出去"，增强国际影响力和文化辐射作用；积极融入"一带一路"国家战略，打造链接全球创新网络和集聚全球创新资源的关键枢纽，加强与"一带一路"沿线国家和地区的交流合作。

在改革优化营商环境方面，相关内容包括：搭建全市统一的互联网政务服务总门户，完善北京市网上政务服务大厅功能，构建市、区、街道（乡镇）、社区（村）四级贯通的政务服务"一张网"；编制网上办事清单，2018年底前实现1673项与企业、群众办事密切相关的政务服务（公共服务）事项"一网通办"，力争2020年3090项全部实现"一网通办"；依托政务服务网，开发建设行政审批中介服务网上交易平台，中介服务机构"零门槛、零限制"入驻，实现网上展示、网上竞价、网上中标、网上评价，探索推行"全程帮办制"；完善审批体制机制，优化审批部门设置，在北京经济技术开发区开展集中行政许可权的改革试点，探索设立行政审批机构，实行"一枚印章管审批"；构建工程建设项目审批制度框架和管理服务体系，开展从城市总体规划到具体项目落地的全链条流程再造，实行多图联审、多验合一、多测合一，完成"一张蓝图、一个窗口、一张表单、一个系统、一套机制"的建设；深化推进公共服务类建设项目投资审批改革试点，总结评估"一会三函"试点实施效果，加强风险防控，形成可复制可推广的改革经验；深化商事制度改革，提高开办企业效率，到2018年底，企业开办时长压缩至3天以内；到2020年底，力争压缩至2天以内；推动商标注册便利化改革，增设商标注册受理窗口和注册商标专用权质押登记受理点，为企业提供便捷的商标注册、咨询及质押服务，支持企业加强商标海外布局；争取设立北京商标审查协作中心；争取在京设立北京商标马德里国际注册窗口，承接商标马德里国际注册审查工作；加快推进电子营业执照互认互通，推广使用电子印章，扩大电子发票适用范围；加快建设不动产登记领域网上办事服务平台，完善系统联通和数据共享机制，力争到2020年将不动产登记时限压缩至1—4天；优化用电服务，扩大小微企业"零上门、零审批和零投资"专项服务效果和品牌影响力；优化提升企业获得用水、用气、用热服务，将办理程序精简为申请和接入2个环节，降低企业接入成本；落实国家"提速降费"总体要求，加快推进光网城市建设，2020年固定宽带网络具备千兆接入能力，重点区域实现5G覆盖；通过岗位特聘、放宽人才签证、加大海外寻访力度、深化外籍人才出入境管理改革试点等多种方式，加大海外人才引进使用力度，鼓励海外人才来京发展；放宽人才引进年龄限制，个人能力、业绩和贡献特别突出的可以进一步放宽，引进人才的配偶和未成年子女可以随调随迁；加大"高精尖"产业所需人才特别是青年人才引进力度，支持创新创业团队人才引进；对引进的优秀海内外人才，持《北京市工作居住证》可以按规定享受子女教育、购租房屋、小客车指标摇号等方面的市民待遇；深化财政科研项目和经费管理改革，落实项目承担单位和科研人员的自主权，赋予科技创新领军人才和领衔科技专家更大的技术路线决策权、更大的经费支配权、更大的资源调动权；进一步加大人才激励力度，扩大人才奖励范围，修订完善科学技术奖励制度，按照规定程序增设科学技术奖励的人物奖，调整科学技术奖的种类和奖励等级，加大对战略科学家、科技创新领军人才、高技能人才、青年科技人才和创新创业团队的奖励力度，建立与个人业绩贡献相衔接的优秀人才奖励机制；创新适应高质量发展要求的人才培养机制，实施重大人才培养工程，强化联合联动培养，加快培育"高精尖"产业和冬奥会冬残奥会等重点工程、重大项目建设所需的专业技术人才和技能人才；改进人才评价方式，科学设立人才评价指标，强化用人单位人才评价主体地位，建立健全以创新能力、质量、贡献为导向的科技人才评价体系，形成并实施有利于科技人才潜心研究和创新的评价制度；建立健全为优化首都营商环境提供司法保障的体制机制，完善商事案件快速化解机制，依法快立、快审、快执，将案件平均审理周期控制在 180 天以内；深化商事案件判决执行制度改革，在加强网络执行查控基础上，进一步扩大点对点查控范围，力争实现被执行人财产查控全覆盖；健全北京市知识产权办公会议制度，加快中国（北京）知识产权保护中心和中国（中关村）知识产权保护中心建设，在部分"高精尖"产业领域开展专利快速审查、快速确权和快速维权；提升知识产权专业化服务能力，大力培育知识产权运营试点单位，加速构建"平台、机构、资本、产业"四位一体的知识产权运营体系；建设全市统一的公共信用信息服务平台和联动体系，争取在 2020 年底前建成覆盖全部常住人口的北京"个人诚信分"工程；构建以信用承诺、信息公示、联合奖惩为核心机制的信用监管体系，为守信者提供"容缺受理""绿色通道"便利措施以及"信易 +"示范项目激励措施。

在完善城乡治理体系方面，相关内容包括：创新城市总体规划实施体制机制，建立多规合一、城乡一体的规划实施管控制度，健全规划分级管理体制机制，完善"城市体检"评估机制，实行规划实施监督问责制度；加强城市设计，构建贯穿城市规划编制、实施、管理全过程的城市设计管理体系，制定城市设计导则，整体把控城市建筑风格的基调与多元化，突出古都风貌和首都文化元素的整体性、延续性；推进城市智慧管理服务，加强物联网、云计算、大数据等新一代信息技术在城市管理中的应用，整合建设城市保障、城市运行、公共安全等综合型平台，实现到 2020 年"北京通"和"一证通"全覆盖；制定北京大数据行动计划，打造北京大数据平台，建设北京大数据中心，创新数据开放共享机制；实施新一轮促进城市南部地区加快发展行动计划，建立南部科技创新成果转化带与"三大科学城"的对接机制，以及丽泽金融商务区与金融街一体化发展的市级协调机制，健全良乡大学城产学研一体化发展的体制机制。

上述相关内容，是推进北京高端服务业高质量发展的重要保障，不仅明晰了政府职责和重任，能够为北京高端服务业的发展创造良好的政策环境，而且也为北京高端服务业的发展指明了方向，有助于更好发挥企业的市场主体作用。

二　北京高端服务业发展的总体情况

2014年以来，按照习近平总书记视察北京的系列讲话精神，北京在疏解、整治、促提升中，着力构建"高精尖"产业结构，高端服务业发展取得显著成效。特别是党的十九大以来，北京认真落实建设现代化经济体系和现代产业体系的发展目标，遵循《总规》主旨及其有关高端服务业发展的新要求，腾笼换鸟，着力创新发展、绿色发展和高质量发展，高端服务业发展的成效更为突出。下面着重从七个方面阐述北京高端服务业发展的总体情况。

（一）快速发展

2017年北京高端服务业增长速度为10.3%，远超全市GDP增长6.7%、工业增长5.4%和服务业增长7.3%的水平。其中，信息服务业增长12.6%，科技服务业增长10.7%。尤其是金融业占全市GDP比例高达16.6%，超过工业同类指标为15.3%的水平，连续三年成为北京第一大支柱产业（见表1-2）。从2013—2017年的年均增长速度来看，高端服务业年均增长11.2%，超过同期服务业年均增长9.4%、工业年均增长3.9%的水平。其中，金融业年均增长12.0%，信息服务业年均增长13.6%，科技服务业年均增长12.5%（见表1-3）。这说明金融业、信息服务业和科技服务业是北京高端服务业快速增长的"三驾马车"，也是北京高质量发展的"火车头"。

表1-2　　　　　　　　**2016—2017年北京高端服务业增长情况**　　　　　　单位:%

项目	2016年增速	2017年	
		增速	占GDP比例
金融业	9.1	7.0	16.6
信息服务业	12.3	12.6	11.3
科技服务业	9.6	10.7	10.2
商务服务业	1.6	3.2	7.0
文体娱乐业	6.5	2.5	2.1
合计:高端服务业	10.1	10.3	47.2

项目	2016 年增速	2017 年	
		增速	占 GDP 比例
服务业	7.0	7.3	80.6
工业	5.1	5.4	15.3

资料来源：根据《北京统计年鉴 2017》和《北京市 2017 年国民经济和社会发展统计公报》提供的数据计算。

表 1-3　　　2013—2017 年北京高端服务业年均增长速度情况　　单位：亿元；%

项目	2013 年	2017 年	年均增速
金融业	2943	4635	12.0
信息服务业	1902	3169	13.6
科技服务业	1783	2859	12.5
商务服务业	1570	1966	5.8
文体娱乐业	451	598	7.3
合计：高端服务业	8649	13227	11.2
服务业	15777	22569	9.4
工业	3662	4274	3.9

资料来源：根据《北京统计年鉴 2017》和《北京市 2017 年国民经济和社会发展统计公报》提供的数据计算。

（二）集聚发展

北京高端服务业以多种产业园的形式集聚发展，符合高端服务业发展的内在特性。北京过去高端服务业集聚发展存在质量不高的问题。在京津冀协同发展的大背景下，为提高北京高端服务业集聚发展的质量和效益，北京采取疏解、整治、促提升的做法，一方面对现有的高端服务业集聚区进行升级改造，严控"摊大饼"，进行"腾龙换鸟"，配套综合服务设施，打造宜居宜业的绿色生态环境，招才引智，走内涵式提升质量水平的发展之路。其中，中关村科学城的升级改造成效显著，传统商业街、大卖场有效转变为创新创业（即"双创"）的集聚地，形成了新的高科技产业集群；另一方面，规划建设高标准的、有特色的、新的高端服务业集聚区，包括怀柔科学城，城市副中心运河商务区和文化旅游区，北京新机场临空经济区，丽泽金融商务区，北京世界园艺博览会中心区，延庆冬奥会中心区、新首钢高端产业综合服务区等，形成了北京高端服务业集聚发展的新增长极。

现在北京规模最大的高端服务业聚集区，就是北京中关村国家自主创新示范区。它是我国同类示范区中规模最大、效益最好的示范区。在北京市域内，中关村国家自主创新示范区现已建成16园，并向外埠不断拓展。2016年中关村国家自主创新示范区规划总面积4.5万公顷，累计已开发面积3.2万公顷，累计招商引资4.7万家，累计外商实际投资198亿美元，当年固定资产投资741亿元、技术收入7580亿元、实缴税费总额2314亿元、利润总额9192亿元、出口总额258亿美元，全职研发人员61.9万人，博士级以上学历人员2.5万人，高级技术职称人员15.3万人，当年企业内部研发经费支出1729亿元、委托外部单位研发支出142亿元，当年专利申请数7.5万件、专利授权数3.8万件，当年发明专利申请数5.0万件，年末拥有有效发明专利数8.3万件，当年发表科技论文2.1万篇。① 2016年中关村示范区实现增加值6254亿元，年增长13%，占全市GDP的25%，对北京经济增长贡献率高达39%。②

北京高端服务业集聚发展，集聚了大量规模以上的法人单位和从业人员，发展的吸引力和辐射力不断增强。2016年北京高端服务业规模以上法人单位14900家，占规模以上法人单位总数的44.7%；法人单位从业人员300.7万人，占法人单位从业人员总数的47.3%（见表1-4）。

表1-4　　　　　2016年北京高端服务业规模以上法人单位和
从业人员情况　　　　　　　单位：家；万人；%

项目	规模以上单位法人		法人单位从业人员	
	数量	占比	数量	占比
金融业	1910	5.7	50.0	7.9
信息服务业	3004	9.0	76.3	12.0

① 北京市统计局：《北京统计年鉴2017》，中国统计出版社2017年版，第579—586页。

② 资料来源：实际调研，由中关村管委会提供。

续表

项目	规模以上单位法人		法人单位从业人员	
	数量	占比	数量	占比
科技服务业	3367	10.1	60.5	9.5
商务服务业	5361	16.1	98.1	15.4
文体娱乐业	1258	3.8	15.8	2.5
合计：高端服务业	14900	44.7	300.7	47.3
规模以上法人单位总数	33308	100	—	—
法人单位从业人员总数	—	—	635.5	100

资料来源：根据《北京统计年鉴2017》提供的数据整理。

北京高端服务业在集聚发展中，落实《总规》的新要求，以高标准、差异化为集聚特色，各聚集区的功能定位和主导产业发展方向明晰，资源比较优势显现，组织和盈利模式不断地完善，改造升级的内在动力和创新发展的驱动力强劲。不仅规模大的现有和新建的集聚区，在差异化集聚中效益显著提升，包括金融街、北京商务中心区、奥林匹克中心区、首都国际机场临空经济区、中关村科学城、丽泽金融商务和新首钢高端产业综合服务区等，而且规模较小的集聚区，也在特色化集聚中取得显著成效，包括创业公社、智造大街、798艺术区、怀柔影视城、密云古北水镇、长阳基金小镇、石景山银河商务区和门头沟京西商务区等。这说明北京高端服务业多点布局、特色化集聚发展，有规划、有空间、有项目、有队伍、有政策，能够确保优质项目落地，取得高收益，使北京高端服务业的集聚发展更具有吸引力、辐射力、带动力、融合力和国际竞争力。

（三）高收益发展

北京现实产业结构以服务业为主导，服务业的主要收益来源是高端服务业，这充分显示了高端服务业具有高收益的产出特性。2016年北京规模以上高端服务业的营业收入49407亿元，仅占服务业营业收入总额的42.3%，但规模以上高端服务业的资产、利润和税金分别为1446992亿元、21418亿元和4006亿元，占服务业同类指标的比例分别高达91.4%、89.3%和67.6%，说明北京高端服务业发展的收益水平很高。特别是北京金融业的利润为 14489 亿元，占高端服务业的 67.6%，占服务业的 60.4%；税金为 2753 亿元，占高端服务业的 68.7%，占服务业的 46.4%。这说明北京金融业的收益水平最高，是北京高端服务业的主要收益来源和龙头产业，北京很有必要在严控金融风险的前提下，按照高质量发展和创新发展的新要求，做好规划布局，着力推进总部金融、监管金融、创新金额、科技金融、互联网金融、文化金融、商务金融和国际金融的大发展（见表 1－5）。

表 1－5　　　2016 年北京规模以上高端服务业资产和收益情况　　　单位：亿元；%

项目	资产合计	营业收入	利润总额	应交税金
金融业	1276439	22662	14489	2753
信息服务业	34769	7873	1841	390
科技服务业	21845	8196	457	239
商务服务业	108859	9017	4524	549
文体娱乐业	5080	1659	107	75
合计：高端服务业	1446992	49407	21418	4006
服务业	1583119	116751	23974	5928
合计占服务业比重	91.4	42.3	89.3	67.6

资料来源：根据《北京统计年鉴 2017》提供的数据整理和计算。

（四）创新发展

北京在高质量发展中，按照功能定位，突出科技创新的引领作用，大力推进高端服务业的创新发展。在研发投入、发明专利和技术交易等方面，位居全国省级区域的前列。2017 年北京每万人发明专利拥有量达到 94.6 件，比上年增加 17.8 件，是全国平均水平的 10 倍；研发投入 1590 亿元，年增长 7.5%，超过全市 GDP 增长率，占全市 GDP 比例高达 5.7%；研发活动人员 38.8 万人，年增长 3.9%；发明专利申请量和授权量分别为 9.9 万件和 4.6 万件，年增长分别为 1.8% 和 11.3%，占专利申请量和授予量的比例分别高达 53.2% 和 43.0%；有效发明专利 20.5 万件，年增长 26.3%；

技术交易合同成交总额 4485.3 亿元，年增长 13.8%。①

尤其是中关村国家自主创新示范区规模以上高新技术企业，2017 年实现总收入 51158 亿元，年增长 11.1%；其中实现技术收入 8328 亿元，占总收入的比重为 16.3%，年增长 9.9%；研发经费支出增长 17.6%，增速高于上年同期 4.4 个百分点；拥有有效发明专利 7.9 万件，占全市企业的 6% 以上；拥有独角兽企业 67 家，占全国的 50% 左右。② 这充分展示了中关村国家自主创新示范区在北京科技创新中的引领、示范和支撑作用。

北京高端服务业的创新发展以大众创业、万众创新为基础，创客、极客、痛客和高新技术企业成为创新发展的主体，创新内容涉及新材料、新能源、新一代移动通信、大数据、区块链、智能制造、新医药、新种业、新平台经济等众多领域，由此形成了以新产业、新业态和新商业模式为代表的新经济的快速成长，拓展了高质量发展的新领域和新空间。2017 年北京新经济实现增加值 9086 亿元，年增长 9.8%，占全市 GDP 的比例高达 32.4%，比上年提高 0.2 个百分点；拥有众创空间、孵化器、加速器、大学科技园等各类"双创"服务机构 400 余家，总面积超 600 万平方米，累计服务企业及团队逾 3 万家；当年新增"双创"企业 19.4 万户，其中科技服务业企业 7 万户，占全部新设企业的 36.3%。③ 总体来看，北京认证的高新技术企业达 20163 家，2017 年这两万多家高新技术企业，实现营业总收入 2.5 万亿元，企业利润率高达 11.5%，实现税收总额 1211.8 亿元，占北京市税收总额的 34.0%。④

北京高端服务业的创新发展有赖于体制机制创新和良好的生态环境

---

① 资料来源：根据《北京市 2017 年国民经济和社会发展统计公报》提供的数据整理和计算。

② 北京市统计局：《新经济蓬勃发展，拓展新领域新空间》，2018 年 2 月 7 日，北京市统计局网站；北京市统计局：《北京市 2017 年国民经济和社会发展统计公报》，2018 年 2 月 27 日，北京市统计局网站。

③ 北京市统计局：《新经济蓬勃发展，拓展新领域新空间》，2018 年 2 月 7 日，北京市统计局网站。

④ 李玉坤：《北京将设千亿规模基金支持科技创新》，《国际商报》2018 年 7 月 10 日第 10 版。

做支撑。体制机制创新的关键，是招才引智、深化"放管服"改革、完善正负清单规制、搭建平台、提供便捷公共服务和优惠扶持政策，为创新主体营造良好的生态环境。例如，2017年北京设立中关村银行，为企业提供优惠信贷服务；未来科学城建设，政府不仅负责配套建设优良的公共服务设施，而且以低于开发成本价，向企业提供建设用地；智造大街建设，是政府依据企业领军人才的构想，招才引智，积极协助"腾笼换鸟"，搭建智能制造全产业链平台和提供一站式精准化服务的结果等。尤其值得一提的是，北京石景山区利用国家服务业综合改革试点区的机遇，通过深化创新体制机制改革，包括深化商事登记制度改革，颁发北京市首张"多证合一、一照一码"的营业执照；探索服务业统计体系创新，建设"一库三平台"的现代服务业统计监测体系，全面反映试点区经济发展成果；设立"北京服务·新首钢"股权投资基金和石景山区现代创新产业发展基金，加快推进高端服务业发展等。对首钢老工业区实施全面升级改造，形成了长安街西延轴、北京保险产业园、中关村石景山园、新首钢高端产业综合服务区"一轴三园"的空间发展格局，取得显著成效。2017年北京石景山区金融业、信息服务业和科技服务业的营业收入，分别占全区服务业总收入的21.6%、12.4%、7.6%，科技创新驱动产业转型的引领带动作用凸显。①

近年来，全国主要城市人才大战替代传统招商引资大战的做法，层出不穷，花样翻新，凸显人才要素在高质量发展和创新发展中的关键作用。北京作为全国高端人才集聚之都，在创新发展中非常重视人才引进及其配套服务保障。2018年2月，北京中关村管委会颁布《关于深化中关村人才管理改革，构建具有国际竞争力的引才用才机制的若干措施》，简称"中关村国际人才20条"，强调对国际人才要进得来、留得下、干得好、融得进。其中，进得来的政策，着眼于便捷外籍人才的往来和迁移；留得下的政策，着眼于便捷外籍人才深度参与北京科技创新中心建设；干得好的政策，着眼于从全球引才，推动形成良好的"双创"氛围；融得进的政策，着眼于为外籍人才更快融入社会、安心工作提供保障。

---

① 资料来源：实际调研，由石景山区发改委提供。

同年3月，北京市政府又出台《关于优化人才服务、促进科技创新、推动高精尖产业发展的若干措施》，强调凡符合"高精尖"产业发展方向、并达到一定条件的科技创新人才、文化创意人才、金融管理人才、专利发明者和紧缺急需人才，皆可以引入北京。同时强调引才要打破唯学历、唯职称，完善创新人才评价机制，完善工作生活保障服务，真正做到引得来、用得好、留得住，并对引才项目给予资助，对创新团队和优秀人才加大奖励力度。这些政策措施，有助于形成良好的创新生态环境和社会环境，激励以"双创"人才为统领，统筹领军企业、高校、科研院所、产业联盟、创新文化、天使基金和风险投资等资源的优化配置和集聚创新发展，是北京占领创新发展制高点的重大举措，必须尽快落实到位。

（五）融合发展

北京高端服务业的融合发展体现在两个层面：一是高端服务业内部各产业之间的融合，突破产业及其服务内容的固有边界，形成相互渗透和相互依存的格局；二是高端服务业与其他产业的融合，主要表现为高端服务业与工农业和低端服务业的融合。这两个层面的融合发展可以用赫芬达尔指数（Herfindahl Index，简称HHI）方法测度。具体计算公式如下：

$$HHI = \sum_{i=1}^{N} (X_i/X)^2 = \sum_{i=1}^{N} S_i^2$$

公式中：X表示各产业增加值总和，Xi表示第i产业增加值，Si = Xi/X表示第i产业增加值占各产业增加值总和的比例，n表示产业个数。

依据公式计算的HHI数值，被称为产业融合系数。系数越高，说明产业融合紧密程度越高。系数最大值，HHI = 1，说明某产业处于绝对垄断地位，排除其他产业的存在；系数最小值，HHI = 0，说明不存在关联产业。

1. 北京高端服务业内部各产业相互融合情况的测度及其说明

针对北京高端服务业内部各产业之间的融合发展情况，运用2013年和2017年的相关统计数据，计算HHI数值，得出的结果是：2013年北京高端服务业内部各产业融合的系数为0.2430，即HHI = 0.2430；2017年北京高端服务业内部各产业融合的系数为0.2526，即HHI = 0.2526；两者相比，2017年比2013年提高了近1个百分点，说明近年来北京高端服务业内部各产业之间的融合程度更为紧密（见表1-6）。HHI 数值的提高，虽然从总体上反映了北京高端服务业内部各产业之间的融合发展状况，但具体分析 HHI 数值构成中的 Si^2 数值，也可以揭示这种总体融合水平提升的主要动力来自哪些具体产业。事实上，北京高端服务业内部各产业之间的融合形式是多种多样的，可以用"金融＋其他高端服务业""信息＋其他高端服务业""科技＋其他高端服务业""商务＋其他高端服务业""文化＋其他高端服务业"的运作模式做具体阐述。近年来按照高质量发展的要求，北京高端服务业内部各产业之间融合的主攻方向是三大领域，即"科技＋信息＋金融""科技＋信息＋金融＋文化"和"科技＋信息＋金融＋商务"。这实际表明，北京高端服务业内部各产业之间相互融合的主动力来源于金融业、信息服务业和科技服务业。具体用 Si^2 数值表述，就是2017年金融业的 $Si^2 = 0.1225$，比2013年的 $Si^2 = 0.1156$，提高了0.0069；2017年信息服务业的 $Si^2 = 0.0576$，比2013年的 $Si^2 = 0.0484$，提高了0.0092；2017年科技服务业的 $Si^2 = 0.0484$，比2013年的 $Si^2 = 0.0441$，提高了0.0043。商务服务业和文体娱乐业的同类指标比较是下降的，说明其对北京高端服务业内部各产业之间相互融合的影响力减弱（见表1-6）。

表1-6　　　　　　　　2013 年和 2017 年北京高端服务业内部各产业

融合情况测度　　　　　　　　　单位：亿元

项目	2013 年			2017 年		
	增加值	Si	Si^2	增加值	Si	Si^2
金融业	2943	0.34	0.1156	4635	0.35	0.1225
信息服务业	1902	0.22	0.0484	3169	0.24	0.0576
科技服务业	1783	0.21	0.0441	2859	0.22	0.0484
商务服务业	1570	0.18	0.0324	1966	0.15	0.0225
文体娱乐业	451	0.05	0.0025	598	0.04	0.0016
总计：高端服务业	8649	1.00	0.2430	13227	1.00	0.2526

资料来源：根据《北京统计年鉴2017》和《北京市2017年国民经济和社会发展统计公报》提供的数据计算。

2. 北京高端服务业与其他产业相互融合情况的测度及其说明

针对北京高端服务业与其他产业之间的融合发展情况，包括农业、工业、建筑业和其他服务业，把全市 GDP 总量指标作为各产业增加值之和，根据 2013 年和 2017 年的相关统计数据，计算 HHI 数值，得出的结果是：2013 年北京高端服务业与其他产业融合的系数为 0.3330，即 HHI = 0.333；2017 年北京高端服务业与其他产业融合的系数为 0.354，即 HHI = 0.354。两者相比，2017 年比 2013 年提高了 2.1 个百分点。这一方面说明近年来北京高端服务业与其他产业的总体融合程度显著提升，另一方面，从高端服务业的 Si^2 数值的变动情况看，由 2013 年的 $Si^2 = 0.1764$，提升到 2017 年的 $Si^2 = 0.2209$，增幅高达 4.5 个百分点，也说明北京高端服务业是促进农业、工业、建筑业和其他服务业融合发展的主导力量（见表 1 - 7）。

表 1 - 7　　　　2013 年和 2017 年北京高端服务业与其他产业
融合情况测度　　　　　　　　单位：亿元

项目	2013 年			2017 年		
	增加值	Si	Si^2	增加值	Si	Si^2
农业	160	0.01	0.0001	121	0.01	0.0001
工业	3662	0.18	0.0324	4274	0.15	0.0225
建筑业	839	0.04	0.0016	1151	0.04	0.0016
高端服务业	8649	0.42	0.1764	13227	0.47	0.2209
其他服务业	7128	0.35	0.1225	9342	0.33	0.1089
总计：GDP	20330	1.00	0.3330	28000	1.00	0.3540

资料来源：根据《北京统计年鉴 2017》和《北京市 2017 年国民经济和社会发展统计公报》提供的数据计算。

（六）区域协同发展

在京津冀协同发展背景下，要建设以首都为核心的世界级城市群，北京必须疏解非首都功能，着力新两翼发展，优先打好京津冀协同发展的生态环境保护和交通网络体系保障的基础，构建京津冀协同创新发展的共同体，以创新为主动力，推动北京高端服务业的优质资源向津冀外溢和辐射，共谋合作共赢的区域协同发展之路。要做好这项工作，既需要有中央的推力，也需要有北京的动力和津冀的拉力。只有"三力"合一，才能取得实效。具体到北京动力层面，2018 年 7 月，北京市发改委出台了《推进京津冀协同发展 2018—2020 年行动计划及 2018 年工作要点》（以下简称《三年计划》），明确了北京在京津冀协同发展中的主要任务和路线图，为北京高端服务业区域协同发展指明了方向。

　　近年来，北京高端服务业的区域协同发展，突出强调注重区域产业链上下游协同和全区域优化产业布局，提升北京创新资源外溢辐射能力，健全区域协同创新体系，引领创新链、产业链、资源链、政策链深度融合，按照《中关村国家自主创新示范区京津冀协同创新共同体建设行动计划（2016—2018 年)》，在"4＋N"重点区域，即曹妃甸产城融合发展示范区、新机场临空经济合作区、张承生态功能区、天津滨海—中关村科技园和若干个合作共享平台（开发区、高新区、产业园区），初步形成以科技创新园区链为骨干，以多个创新社区为支撑的京津冀协同创新发展共同体。截至 2018 年 5 月，中关村企业在津冀设立的分支机构累计已达 7000 余家，北京输出津冀的技术合同成交额累计超 540 亿元；曹妃甸产城融合发展示范区已累计签约北京项目约 130 个，实施了中关村（曹妃甸）高新技术成果转化基地、金隅曹妃甸示范产业园等项目建设；北京新机场临空经济区空间和产业规划编制完成，目前正加快推进共建共管方案的研究；张承生态功能区绿色产业园加快落地，张北云计算产业基地 2 个数据中心投入运营，4 个项目实现开工；天津滨海—中关村科技园挂牌以来新增注册企业超 500 家；河北保定—中关村创新中心产业园吸引近 150 家企业和机构入驻，其中有一半来自北京；北京与河北两地共建雄安新区—中关村科技园的协议已签署，现有 12 家中关村企业入驻雄安新区—中关村科技产业基地。① 这说明北京高端服务业区域协同发展聚焦于京津冀协同创新发展共同体的建设，突出了北京科技创新资源外溢和科技创新驱动的引领作用，而不是所谓北京高端产业中低端部分的单纯疏解。这种做法，有助于京津冀高标准、高起点发挥各自资源比较优势，

――――――――――

　　① 北京市发改委：《北京出台推进京津冀协同发展 2018—2020 年行动计划及 2018 年工作要点》，2018 年 7 月 25 日，北京市发改委网站。

凝聚合力，消除"痛点"，开放市场，力推北京高端服务业向外辐射，形成全方位合作发展态势，提升京津冀产业协同创新发展的质量水平，携手共建现代产业体系。

（七）国际化发展

北京高端服务业的国际化发展，拥有首都资源优势、高水准公共服务优势、高端企业和高端人才集聚的优势，也拥有服务品牌国际化的优势。北京是高水平国际会展集聚地和中国国际服务贸易交易会（简称京交会）的举办地。2016 年北京举办国际会议 0.5 万个，接待参会人数65.5 万人次，年增长 9.9%；举办国际展览 159 个，接待观众人数 167.8万人次，年增长 14.5%；国际会展收入分别为 7.4 亿元和 41.4 亿元，年增长分别为 29.8% 和 11.9%。① 2019 年中国北京世界园艺博览会将在北京举办，博览会的相关硬件服务设施，将于 2018 年 10 月全部完成，配套软件服务设施也将在 2018 年底完成。北京与河北张家口联合举办的冬奥会项目正在加紧建设。国家冬奥组委的办公地设在首钢老工业区内，该办公地由西十筒仓改造而成，成为老旧厂房改造和工业遗存保护利用的范例，得到包括国际奥委会主席巴赫在内的各界人士的充分肯定，国家体育总局也将首钢列为国家体育产业示范区。

北京作为国际交往中心，国际旅游文化资源得天独厚，拥有长城、北京故宫、颐和园、天坛、明十三陵、周口店北京猿人遗址和京杭运河七处世界文化遗产，是我国省级区域世界文化遗产最多的城市，也是世界各大城市中拥有世界文化遗产最多的城市之一。北京完全有资源潜力高质量发展国际旅游文化产业。2017 年北京接待外国人旅游人数 332 万人次，年负增长 6.4%；接待港、澳、台同胞旅游人数 60.6 万人次，年负增长 2.0%；旅游外汇收入 51.2 亿美元，年增长 0.9%。② 为进一步提高国际竞争力和影响力，按照《总规》的新要求，北京正着力推进国际旅游文化产业建设，包括中轴线和三山五园申请世界文化遗产工程建设，环球主题公园及其度假区建设，大

---

① 资料来源：根据《北京统计局年鉴 2017》提供的数据整理和计算。

② 资料来源：根据《北京市 2017 年国民经济和社会发展统计公报》提供的数据整理。

运河文化带、长城文化带和西山永定河文化带的保护利用建设，城市风貌建设，特色旅游文化休闲小镇建设等，力求通过高质量、有特色的软硬件服务设施及其相关的现代化、精细化的管理手段，讲好中国和北京的故事，吸引境外游客到北京旅游，实现到 2020 年入境旅游人数达到 500 万人次的目标。

北京是"一带一路"国家发展战略的重要节点，亚洲基础设施投资银行和丝路基金现已落户北京，说明北京具有国际金融总部机构集聚的优势，金融国际化发展是北京高端服务业国际化发展的重要内容。

目前，国际经贸形势严峻，美国总统特朗普上台后，奉行民粹主义和贸易保护主义，不讲诚信和现有贸易规则，对我国设置高关税壁垒和进行技术封锁，试图卡我国的"脖子"，阻止中华民族崛起，我国被逼死角，没有退路，只能灵活应对，立足国内经济转型和高质量发展，以更大气魄和长远道义，开放市场，参与国际竞争，大力推进"一带一路"建设，久久为功，打好自力更生、发愤图强的保卫战和反对贸易保护主义的持久战。在此大背景下，北京高端服务业国际化发展，一方面要立足于创新发展和科技创新中心建设，广泛开展国际交流合作，积极引进外资研发机构和海外高端"双创"人才，着力原创技术、关键技术和核心技术的研发及其产业化发展，努力实现到 2020 年，在京外资研发机构由 2015 年的 532 个提升到 600 个，引进海外高端"双创"人才由 2015 年的 759 人提升到 1300 人的发展目标[①]；另一方面，要用 21 世纪的眼光，积极对接服务"一带一路"国家发展战略，既要主动"走出去"，开辟国际市场，也要利用好新一轮服务业扩大对外开放综合试点的机遇和平台，完善国际营商环境，扩大高端服务贸易，引进外资，提升开放型经济发展的质量水平。下面着重从服务贸易、利用外资和对外投资三个方面，概述北京高端服务业国际化发展的情况。

1. 高端服务贸易大幅度增长

2016 年北京服务贸易进出口总额 1496.9 亿美元，年增长 14.9%。其中，高端服务贸易进出口额 1254.0 亿美元，占服务贸易总额的比例高达

---

① 资料来源：《北京城市总体规划（2016 年—2035 年）》所设立的开放发展指标。

83.8%，年增长 29.1%，而低端服务贸易进出口额是负增长 26.7%。这说明在服务贸易中高端服务贸易占绝对主导地位，增长速度很快。在北京高端服务贸易进出口总额中，出口额 425.1 亿美元，年增长 21.1%；进口额 828.9 亿美元，年增长 33.7%，说明外汇支出增速很快，高端服务贸易逆差扩大，逆差额高达 403.8 亿美元。从北京高端服务贸易构成维度看，外汇收入主要源于旅行，专业和管理咨询服务，电信、计算机和信息服务三大行业，总额为 324.2 亿美元，占服务贸易收入总额的 61.9%，占高端服务贸易收入额的 76.3%；外汇支出主要集中于旅行、保险服务，电信、计算机和信息服务三大行业，总额为 715.5 亿美元，占服务贸易支出总额的 73.6%，占高端服务贸易支出额的 86.3%（见表 1-8、表 1-9、表 1-10）。

表 1-8　　　　2015—2016 年北京服务贸易进出口总额增长速度表

单位：亿美元；%

项目	2015 年进出口额	2016 年进出口额	增速
高端服务贸易	971.2	1254.0	29.1
低端服务贸易	331.6	242.9	-26.7
服务贸易总额	1302.8	1496.9	14.9

资料来源：根据《北京统计年鉴 2016》和《北京统计年鉴 2017》提供的数据整理和计算。

表 1-9　　　　2015—2016 年北京服务贸易进出口分项增长速度表

单位：亿美元；%

项目	2015 年进出口额		2016 年进出口额		增速	
	出口	进口	出口	进口	出口	进口
高端服务贸易	351.0	620.2	425.1	828.9	21.1	33.7
低端服务贸易	139.9	191.7	99.0	143.9	-29.2	-24.9
服务贸易总额	490.9	811.9	524.1	972.8	6.8	19.8

资料来源：根据《北京统计年鉴 2016》和《北京统计年鉴 2017》提供的数据整理和计算。

表 1 - 10　　　　　　　　2016 年北京高端服务贸易构成情况　　　　单位：亿美元；%

项目	进出口额		出口额		进口额	
	数量	占比	数量	占比	数量	占比
旅行	762.6	50.9	176.9	33.8	585.8	60.2
专业和管理咨询服务	113.3	7.6	84.1	16.0	29.2	3.0
电信、计算机和信息服务	120.0	8.0	63.2	12.1	56.7	5.8
技术服务	34.9	2.3	20.3	3.9	14.7	1.5
知识产权使用服务	33.6	2.2	1.7	0.3	31.8	3.3
保险服务	98.1	6.6	25.1	4.8	73.0	7.5
金融服务	20.0	1.3	15.6	3.0	4.4	0.5
文化和娱乐服务	11.7	0.8	2.2	0.4	9.5	1.0
其他服务	59.8	4.0	36.0	6.9	23.8	2.4
合计：高端服务贸易	1254.0	83.8	425.1	81.1	828.9	85.2
运输服务	157.8	10.5	50.3	9.6	107.5	11.1
建筑服务	85.1	5.7	48.7	9.3	36.4	3.7
合计：低端服务贸易	242.9	16.2	99.0	18.9	143.9	14.8
服务贸易总额	1496.9	100	524.1	100	972.8	100

资料来源：根据《北京统计年鉴 2017》提供的数据整理和计算。

2. 高端服务业实际利用外资成倍增长

2017 年北京高端服务业实际利用外资 178.9 亿美元，占三次产业总计的比例高达 73.5%，年增长 267.4%，即增长 2.7 倍，摆脱了 2016 年负增长 49.0% 的局面。其中，信息服务业增速高达 1066.4%，即增长 10.7 倍，占三次产业总计的比例为 54.2%；商务服务业增速 91.7%，占三次产业总计的比例为 9.5%；科技服务业增速为 27.8%，占三次产业总计的比例为 8.3%。这说明北京高端服务业在扩大对外开放、有效利用外资方面，取得了非常显著的成效（见表 1 - 11）。

表 1 - 11　　　　2016—2017 年北京高端服务业实际利用外资情况

单位：亿美元；%

项目	2016 年利用外资			2017 年利用外资		
	数量	占比	增速	数量	占比	增速
金融业	9.0	6.9	-87.7	3.4	1.4	-62.2

续表

项目	2016 年利用外资			2017 年利用外资		
	数量	占比	增速	数量	占比	增速
信息服务业	11.3	8.8	130.6	131.8	54.2	1066.4
科技服务业	15.8	12.1	59.6	20.2	8.3	27.8
商务服务业	12.0	9.2	69.0	23.0	9.5	91.7
文体娱乐业	0.6	0.5	100.0	0.5	0.2	−16.7
合计：高端服务业	48.7	37.4	−49.0	178.9	73.5	267.4
三次产业总计	130.3	100	0.2	243.3	100	86.7

资料来源：根据《北京市 2016 年国民经济和社会发展统计公报》和《北京市 2017 年国民经济和社会发展统计公报》提供的数据计算。

3. 高端服务业实际对外投资呈增长趋势

北京高端服务业实际对外投资以科技服务业、信息服务业和商务服务业为主，大约占北京境外实际投资总额的 80%，投资地域主要集中在亚洲和美洲。根据北京市统计局公布的数据，2003 年北京境外实际投资仅为 3 亿美元，2011 年上升到 12 亿美元，2013 年为 41 亿美元，2014 年为 73 亿美元，2015 年为 123 亿美元，2016 年达到最高水平为 155 亿美元，2017 年降为 61 亿美元。[①] 从长期情况看，北京境外实际投资呈增长趋势，这说明北京高端服务业实际对外投资也呈增长大趋势。

近年来，中关村发展集团在美国硅谷投资设立了孵化器和研发机构，小米、联想、百度、乐视、京东方、中芯国际、爱奇艺、神州泰岳、亚信、紫光等大批企业，纷纷在境外并购、设立研发机构和拓展国际市场。截至 2016 年底，中关村国家自主创新示范区的领军企业在海外设立研发中心或分支机构超过 700 家，海外上市 98 家，当年境外实际投资 685 亿元。[②] 除此之外，北京金融业的境外贷款也明显增长。2016 年北京金融业境外贷款余额 4150 亿元，年增长额 298 亿元，年增长率 7.7%。[③]

---

① 资料来源：根据《北京统计年鉴 2017》和《北京市 2017 年国民经济和社会发展统计公报》提供的数据整理。

② 资料来源：实际调研，由中关村管委会提供。

③ 北京市统计局：《北京统计年鉴 2017》，中国统计出版社 2017 年版，第 440 页。

三   北京高端服务业发展现存突出问题 及其成因分析

从现实总体情况看，北京高端服务业发展的成效非常显著，但用高质量发展、建设现代化经济体系和现代产业体系、着力解决南北地区发展差距的新形势和新要求来衡量，用《总规》设定的发展目标、主旨和有关推进北京高端服务业发展的总体布局和新要求来衡量，用《行动计划》提出的有关深化改革、扩大对外开放、营造北京高端服务业良好政策环境的路线图和新要求来衡量，用人民的满意度和获得感来衡量，北京高端服务业发展仍面临一些亟待解决的突出问题，需要系统分析，揭示成因，切实把握问题的症结和根源。

（一）突出问题

北京高端服务业发展现存一些突出问题，综合归纳，集中反映在以下几个方面。

1. 尚未确立主导产业地位

高端服务业作为北京未来产业发展的主攻方向和新的增长极，理应占据主导产业地位，年增加值占全市 GDP 比例要超过 50%，但实际情况是总体发展水平较低，2016—2017 年高端服务业占北京 GDP 的比例，仅分别为 46.0% 和 47.2%，没有达到主导产业的水平，其内部文体娱乐业占北京 GDP 的比例甚至没有达到 5% 的支柱产业水平，与北京作为全国文化中心的地位很不相称（见表 1-12）。

表 1-12   **2016—2017 年高端服务业占北京 GDP 比例表**   单位:%

项目	2016 年占 GDP 比例	2017 年占 GDP 比例
金融业	17.1	16.6
信息服务业	10.8	11.3
科技服务业	8.4	10.2
商务服务业	7.4	7.0

续表

项目	2016 年占 GDP 比例	2017 年占 GDP 比例
文体娱乐业	2.3	2.1
合计：高端服务业	46.0	47.2

资料来源：根据《北京统计年鉴 2017》和《北京市 2017 年国民经济和社会发展统计公报》提供的数据整理。

2. 过度集中在中心城区

北京市域面积现分为四个功能区，即首都功能核心区（东城、西城）、城市功能拓展区（朝阳、海淀、丰台、石景山）、城市发展新区（通州、大兴、顺义、昌平、房山）和生态涵养发展区（门头沟、平谷、怀柔、密云、延庆）。首都功能核心区与城市功能拓展区统称城六区。城六区作为北京的中心城区，本应以首都政务功能为主，保持明清时期主城区格局，南北中轴线保留大量生态和休闲绿地，商务功能在主城区以外的东西轴线适度拓展，不应在主城区内集聚大量产业和人口，以实现产业、人口在市域和京津冀区域内的合理分布。但实际情况是，由于各种历史原因，北京原有棋盘型的主城区格局被打破，城墙被拆毁，商务功能和政务功能皆在主城区布局，致使高端服务业过度在北京中心城区集聚，"摊大饼、摊厚饼"。尽管近年来，城六区的建设规模受疏解常住人口和产业负面清单的管控，高端服务业的增量集聚有缩减趋势，但高端服务业的存量集中度依然很高。2016 年城六区高端服务业占全市高端服务业总量的 84.3%，仅比 2015 年下降 0.7 个百分点。下降的主要原因是科技服务业分散布局，科技服务业在城六区的集中度（即占全市的比例），由 2015 年的 84.1%，下降到 2016 年的 79.9%，而信息服务业、商务服务业和文体娱乐业在城六区的集中度，仍呈上升态势（见表 1 - 13）。同时，在高端服务业"虹吸效应"的影响下，大量低端服务业和常住人口也在城六区集聚，妨碍了首都政务功能的高效运转，迫切需要通过功能和低端产业疏解，带动城六区的人口疏解，以有效治理"大城市病"。

表 1 – 13   **2016 年城六区高端服务业占全市高端服务业**

总量的比例   单位：亿元；%

项目	2016 年全市高端服务业增加值	2016 年城 6 区高端服务业		2015 年城 6 区高端服务业占全市比例
		增加值	占全市比例	
金融业	4270.8	3470.6	81.3	81.3
信息服务业	2805.8	2410.3	85.9	85.5
科技服务业	2512.0	2006.5	79.9	84.1
商务服务业	1838.3	1690.3	91.9	91.8
文体娱乐业	565.3	535.5	94.7	91.3
合计：高端服务业	11992.2	10113.2	84.3	85.0

资料来源：根据《北京区域统计年鉴 2016》和《北京区域统计年鉴 2017》提供的数据整理和计算。

3. 规模收益有待提升

北京高端服务业集聚发展，以产业园区的模式运作，通过政府主导资源整合的作用，原有布局散、小、乱和同质恶性竞争的问题基本解决，但产业园区企业规模小、规模收益差、土地资源利用率水平低的问题仍然十分突出。以中关村示范区为例，2016 年中关村国家自主创新示范区已累计开发土地面积 302 平方公里（1 区 17 园），实现总收入 4.6 万亿元、利润总额 3732.5 亿元，[1] 年收入利润率 8.1%，每平方公里土地面积实现利润仅 12.4 亿元；同期上海张江国家自主创新示范区已开发土地面积 42 平方公里（1 区 18 园），实现总收入 4.0 万亿元、利润总额 5020.7 亿元，[2] 年收入利润率 12.6%，每平方公里土地面积实现利润高达 119.5 亿元，是中关村示范区的 9.6 倍。

中关村国家自主创新示范区现在集聚的年收入 500 万元以下的小型企业很多，根据中关村管委会的统计，2016 年这些企业总体处于亏损状态，亏损额高达 87.2 亿元。不仅如此，这些小型企业还存在主要经济指标占

---

[1]   北京市统计局：《北京统计年鉴 2017》，中国统计出版社 2017 年版，第 579、582 页。

[2]   浦东要闻：《加快建设张江综合性国家科学中心》，2017 年 3 月 23 日，上海浦东门户网。

示范区总量指标过大或过低的突出问题，包括占企业总数比例高，为38.5%；占年末从业人员总数比例低，为3.7%；占科技活动人员总数少，为4.7%；占总收入比例太低，仅为0.2%；占技术收入总额比例，仅为0.6%；占进出口贸易总额的比例为0；占科技活动经费支出总额比例仅为2.7%等。这说明中关村国家自主创新示范区的企业规模效益亟待提升（见表1-14）。

表1-14 　　 2016年中关村国家自主创新示范区年收入500万元

以下企业情况　　　　　　单位：万人；亿元；%

按年收入企业指标	总体总量指标	100—500万元		100万元以下	
		数量	占比	数量	占比
企业数（个）	19869	3552	17.9	4102	20.6
年末从业人员	248.3	5.7	2.3	3.6	1.4
其中科技活动人员	65.7	2.0	3.0	1.1	1.7
总收入	46047.6	95.0	0.2	10.9	0.0
其中技术收入	7580.4	36.2	0.5	4.7	0.1
进口额（亿美元）	523.5	0.1	0.0	0.1	0.0
出口额（亿美元）	257.9	0.2	0.0	0.0	0.0
实缴税费总额	2314.1	7.1	0.3	6.6	0.3
利润总额	3732.5	-26.9	—	-60.3	—
资产总计	97824.6	1232.7	1.3	3210.4	3.3
科技经费支出总额	1972.4	28.5	1.4	26.2	1.3

资料来源：根据中关村管委会公布的《2016年按收入规模统计主要经济指标》的数据整理和计算。

在中关村国家自主创新示范区内部各产业园中，也存在有些产业园"跑马占地"、规模收益水平低的突出问题。总体评价，城六区的产业园和亦庄园的规模效益水平高，特别是海淀园的规模效益水平尤为突出。2016年海淀园的主要经济指标占示范区总量指标的比例都非常显著，包括占企业总数的49.8%，占科技活动人员总数的55.3%，占技术收入总额53.8%，占实缴税费总额的32.3%，占实现利润总额的37.7%，占科研活动经费支持总额的53.0%，说明海淀园在中关村国家自主创新示范区中占主导地位，起龙头作用，"一股独大"。相比之下，通州园、大兴园、平谷园、门头沟园、房山园、顺义园、密云园、怀柔园和延庆园的主要经济指标占示范区总量指标的比例就非常低，没有一项指标超过4.2%，甚至出现门头沟园2016年亏损0.2亿元的情况。

具体分析，平谷园、门头沟园、密云园和延庆园的规模效益水平最低。2016年平谷园的主要经济指标占示范区总量指标的比例分别为，占企业总数的0.5%，占科技活动人员总数的0.3%，占技术收入总额0.0%（相当于没有技术收入），占实缴税费总额的0.3%，占实现利润总额的0.2%，占科研活动经费支出总额的0.2%；门头沟园主要经济指标占示范区总量指标的比例分别为，占企业总数的0.6%，占科技活动人员总数的0.8%，占技术收入总额的0.3%，占实缴税费总额的0.5%，占科研活动经费支出总额的0.8%；密云园主要经济指标占示范区总量指标的比例分别为，占企业总数的0.6%，占科技活动人员总数的0.5%，占技术收入总额的0.1%，占实缴税费总额的0.6%，占实现利润总额的0.3%，占科研活动经费支出总额的0.6%；延庆园主要经济指标占示范区总量指标的比例分别为，占企业总数的0.3%，占科技活动人员总数的0.1%，占技术收入总额的0.2%，占实缴税费总额的0.2%，占实现利润总额的0.1%，占科研活动经费支出总额的0.2%（见表1-15、表1-16）。

表1-15　　　　　　2016年中关村国家自主创新示范区各园区
主要经济指标完成情况　　　　　单位：万人；亿元

项目	企业数（个）	科技活动人员	技术收入	实缴税费总额	利润总额	科技经费支出总额
海淀园	9886	36.3	4076.1	746.8	1407.9	1045.2
丰台园	1877	3.1	503.9	138.7	345.6	89.9
昌平园	2456	4.2	232.2	160.7	203.1	133.9
朝阳园	1445	5.9	1011.2	449.3	441.9	205.1
亦庄园	863	3.8	316.4	330.2	371.4	133.4
西城园	598	2.7	250.2	107.5	261.6	58.7
东城园	388	1.7	506.6	108.3	181.1	60.8

续表

项目	企业数（个）	科技活动人员	技术收入	实缴税费总额	利润总额	科技经费支出总额
石景山园	795	1.8	309.6	79.3	308.3	50.5
通州园	318	1.0	86.8	31.5	63.3	28.0
大兴园	284	1.0	36.3	27.3	40.8	25.6
平谷园	96	0.2	6.3	6.7	7.7	4.2
门头沟园	120	0.5	22.7	10.7	-0.2	15.2
房山园	149	0.5	13.8	15.3	19.3	10.8
顺义园	260	2.1	164.9	62.7	29.9	81.6
密云园	129	0.3	6.9	14.0	12.4	9.6
怀柔园	144	0.5	19.0	21.4	34.9	16.6
延庆园	61	0.1	17.5	3.6	3.4	3.2
合计	19869	65.7	7580.4	2314.1	3732.5	1972.4

资料来源：根据中关村管委会公布的《2016年按园区统计主要经济指标》提供的数据整理。

表1-16　　2016年中关村国家自主创新示范区各园区主要经济指标
占示范区总量指标的比例情况

单位：%

项目	企业数占比例	科技活动人员占比例	技术收入占比例	实缴税费总额占比例	利润总额占比例	科技经费支出总额占比例
海淀园	49.8	55.3	53.8	32.3	37.7	53.0
丰台园	9.4	4.7	6.6	6.0	9.3	4.6
昌平园	12.4	6.4	3.1	6.9	5.4	6.8
朝阳园	7.3	9.0	13.3	19.4	11.8	10.4
亦庄园	4.3	5.8	4.4	14.3	10.0	6.8
西城园	3.0	4.1	3.3	4.6	7.0	3.0
东城园	2.0	2.6	6.7	4.7	4.9	3.1
石景山园	4.0	2.7	4.1	3.4	8.3	2.6
通州园	1.6	1.5	1.1	1.4	1.7	1.4
大兴园	1.4	1.5	0.5	1.2	1.1	1.3
平谷园	0.5	0.3	0.0	0.3	0.2	0.2
门头沟园	0.6	0.8	0.3	0.5	—	0.8
房山园	0.7	0.8	0.2	0.7	0.5	0.5

续表

项目	企业数占比例	科技活动人员占比例	技术收入占比例	实缴税费总额占比例	利润总额占比例	科技经费支出总额占比例
顺义园	1.3	3.2	2.2	2.7	0.8	4.1
密云园	0.6	0.5	0.1	0.6	0.3	0.5
怀柔园	0.7	0.8	0.3	0.9	0.9	0.8
延庆园	0.3	0.1	0.2	0.2	0.1	0.2
合计	100	100	100	100	100	100

资料来源：根据中关村管委会公布的《2016 年按园区统计主要经济指标》提供的数据计算。

4. 劳动生产率水平低

高端服务业的高收益水平，通常要由高劳动生产率支撑。按照法人单位增加值及其年末从业人员人数计算，2016 年北京高端服务业的劳动生产率为 27.3 万元/人，虽然超过同类指标服务业 23.1 万元/人的水平，但低于工业 32.3 万元/人的水平，相差幅度高达 5 万元/人，这说明北京高端服务业的总体劳动生产率水平较低。具体分行业看，只有金融业的劳动生产率水平大大超过工业，高达 79.4 万元/人，信息服务业、科技服务业、商务服务业和文体娱乐业的劳动生产率都低于工业，分别为 30.2 万元/人、25.2 万元/人、10.9 万元/人和 24.2 万元/人（见表 1 - 17）。

表 1 - 17　　　2016 年北京高端服务业劳动生产率与工业、服务业同类指标的比较情况　　单位：亿元；万人；万元/人

项目	增加值	年末从业人员	劳动生产率
金融业	4270.8	53.8	79.4
信息服务业	2805.8	92.9	30.2
科技服务业	2512.0	99.8	25.2
商务服务业	1838.3	168.8	10.9
文体娱乐业	565.3	23.4	24.2
合计：高端服务业	11992.2	438.7	27.3
工业	4026.7	124.8	32.3
服务业	20594.9	892.3	23.1

资料来源：根据《北京统计年鉴 2017》提供的数据计算。

在理论和实践中，商务服务业和文体娱乐业讲究面对面服务，标准化程度低，用人较多，服务收费较高，要大幅度提升劳动生产率有一定难度，但科技服务业和信息服务业，在理论上被界定为先进服务业和知识密集型服务业，具有高劳动生产率的特点，可以依托知识技术垄断及其产业化发展，自愈"成本病（指效率低、影响整体经济发展）"。这说明北京科技服务业和信息服务业的规模化和产业化水平低，不仅影响了自身劳动生产率的提升，也难以发挥提升北京高端服务业整体劳动效率、促进北京高端服务业实现主导产业地位的作用，并进一步印证了北京科技服务业和信息服务业存在规模效益不佳的问题。

5. 创新发展亟待加强

北京高端服务业的创新发展以中关村国家自主创新示范区和"三城一区"为代表。总体评价，中关村国家自主创新示范区的科技创新活动更多处于引进消化和合资合作的追随阶段，具有全球影响力的原始创新成果和拥有核心技术、关键技术的创新产品较少。即使在以企业为主导的、国际研发合作最为集中的北京信息服务业，也没有在芯片或集成电路的研发设计及其精密制造领域取得突破性进展。2016 年北京科研机构和高校引入的国外研发资金并不多，仅分别为 1.7 亿元和 3.4 亿元，而信息服务业引入的国外研发资金却高达 20.6 亿元，占全部引入国外研发资金总额 32.3 亿元的 63.8%。① 北京信息服务业引入的国外研发资金，主要用于企业模仿生产和设计国外同类产品或软件，实际形成的发明专利和关键技术产品并不多。

中关村国家自主创新示范区的商业模式和服务平台的创新虽然较多，但能够打破行业固有格局的突破性、颠覆性的创新成果较少，甚至有些金融类的商业模式和服务平台还存在巨大风险，"昙花一现"；中关村国家自主创新示范区的内资企业中具有全球影响力和话语权的领军科技企业较少，联想、小米、京东和百度等大企业或"独角兽"企业，在经营规模、市场份额、研发投入等方面，距离全国和世界同业领军企业的地位还有较大差距。

---

① 北京市统计局：《北京统计年鉴 2017》，中国统计出版社 2017 年版，第 500 页。

　　特别是中关村国家自主创新示范区全国先试先行的各种优惠政策，现已在全国同类科技园区普遍推广，外地政策优惠力度比中关村国家自主创新示范区要大很多。例如，2017 年 7 月江门市出台《招商引资激励政策 12 条》，内容涉及对投资 5 亿元以上项目，按基准地价 70% 优先供给建设用地，项目在建期间和建成后的前 2 年每年给予企业对地方财政贡献额度 100% 补助，建成后的后 3 年给予企业对地方财政贡献额度 50% 补助，对投资 10 亿元以上项目，另外给予一次性 1000 万元奖励；对迁入企业总部，当年给予企业对地方财政贡献额度 100% 补助，次年之后，按企业对地方财政贡献额度增量部分的 30%—50% 补助；对特别重大项目，实施"特企特策"，重点扶持。① 又如，2017 年 10 月荆门市漳河新区出台《漳河新区专业人才引进激励政策 10 条》，主要内容包括：对"双创"领军型、高端型、成长型人才（团队），分别给予 300 万元、200 万元、80 万元项目启动资金支持；对高层次人才的"双创"项目免收行政事业性收费，个人所得税地方留成部分 8 年内每年按 90% 予以补贴，并对领军型、高端型人才（团队）在 3 年内分别给予每月 5000 元、3000 元生活补助；对引进的博士给予正科级待遇，每月发放生活补贴 1000 元，试用期满后，由财政一次性给予 8 万元安家费；对引进的硕士给予副科级待遇，每月发放生活补贴 500 元，试用期满后，由财政一次性给予 2 万元安家费；对在新区创建通用航空产业类的国家实验室、工程技术研究中心、工程研究中心、企业技术中心、产业技术研究院、产业技术创新联盟，获得国家级、省级新认定的，分别一次性给予 200 万元、100 万元奖励；对国家级、省级高技能人才培训基地分别一次性补助 50 万元、30 万元；对企业或个人引荐专业人才（团队）成功落地新区，经认定为领军型、高端型、成长型人才（团队）且发挥作用明显的，分别给予引荐机构 5 万元—15 万元奖励，给予个人 1 万元—3 万元奖励。② 这些实例表明，中关村国家自主创新示范区的政策环境优势已不存在，要对中关村科学城

---

　　① 江门商务局：《解读招商引资激励政策 12 条》，2017 年 11 月 1 日，江门高新区政务信息网站。

　　② 中共漳河新区委员会：《漳河新区专业人才引进激励政策十条》，2017 年 10 月 13 日，荆门·漳河新区网站。

进行改造升级，要搞活未来科学城，要"腾笼换鸟""引凤入巢"、搭建新的"双创"服务平台，要招才引智和留住高端人才，要提高北京创新发展的规模效益和辐射力，都将面临严峻挑战，实际工作难度加大，亟待通过深化改革，全面推出有实效、管用的激励创新发展的综合改革方案。

具体从研发经费支出维度分析，北京研发经费支出占全国的比例呈持续下降趋势。2000 年北京研发经费支出 155.7 亿元，占全国同类指标895.7 亿元的 17.4%，[①] 位居全国省级区域首位；2017 年北京研发经费支出 1595 亿元，占全国同类指标 17500 亿元的比例已大幅度下降至 9.1%，比 2016 年下降 0.4 个百分点，[②] 落后于广东和江苏，只居全国省级区域第 3 位。不仅如此，北京研发经费支出还存在"两多、两少"的问题，即中央和政府投入多、地方和企业投入少。

就政府与企业研发经费支出多少而言，北京与深圳形成了巨大反差。2016 年深圳源于企业的研发经费支出 795.3 亿元，年增长高达 15.4%，是政府同类指标 40.8 亿元的 19.6 倍。[③] 而北京源于政府的研发经费支出高达 802.6 亿元，是源于企业研发经费支出 563.7 亿元的 1.4 倍；科研机构源于政府的研发经费支出高达 631.3 亿元，是源于企业研发经费支出23.9 亿元的 25.7 倍；高校源于政府的研发经费支出 108.0 亿元，是源于企业研发经费支出 47.3 亿元的 2.3 倍；事业单位源于政府的研发经费支出高达 29.8 亿元，是源于企业研发经费支出 0.8 亿元的 37.3 倍。这说明北京创新发展的市场化运作水平有待提高。进一步以科技服务业为例，2016 年北京科技服务业源于政府的研发经费支出 670.5 亿元，是源于企业研发经费支出 105.9 亿元的 6.3 倍。[④] 可见，北京科技服务业发展的研发动力主要是靠政府支持，企业作为研发主体的动力不足，这与深圳相

---

① 国家统计局：《中国统计摘要 2002》，中国统计出版社 2002 年版，第 167 页。
② 国家统计局：《中国统计摘要 2018》，中国统计出版社 2017 年版，第 173 页；北京市统计局：《北京市 2017 年国民经济和社会发展统计公报》，2018 年 2 月 27 日，北京市统计局网站。
③ 深圳市统计局：《深圳统计年鉴 2017》，中国统计出版社 2017 年版，第 367 页。
④ 北京市统计局：《北京统计年鉴 2017》，中国统计出版社 2017 年版，第 500 页。

比差距明显。

就中央与地方研发经费支出多少而言，主要表现为中央政府研发经费支出多，北京市政府研发经费支出少。2016 年中央政府研发经费支出747.6 亿元，是北京市政府研发经费支出 55.0 亿元的 13.6 倍。这说明北京市政府仍需加大研发投入力度，配合中央政府共同推进北京创新发展。①

事实上，北京研发经费支出以政府为主，一方面反映首都科技资源优势，体现国家高度重视发挥在京中央科研单位的作用；另一方面，也反映北京市在组织创新发展方面，没有协调好政府与企业的关系，企业、研发机构、高校、产业联盟、创客、极客、痛客等市场主体的作用发挥不充分，没有形成有效的以社会资本为主的组织创新模式和人才激励模式，政府小型化、资源共享化、需求个性化、生产分散化、服务平台化、市场全球化的组织运营网络尚未有效确立，从而制约了北京高端服务业的创新发展。

6. 融合发展阻力大

高端服务业与其他产业融合发展有两条基本路径。一是充分发挥低端服务业和公共服务业对高端服务业的基础保障作用。高端服务业不是"空中楼阁"，不能以"独善其身"的方式，自我发展，必须与其他产业相融合。银行业的诞生就是产业资本与金融资本融合的产物，使之成为现代经济的"精巧机器"。同样，高端服务业发展也必须依赖于低端服务业和公共服务业的便捷保障，包括交通运输、物流、仓储、批发零售、房地产、教育、医疗、居民服务、环境管理、公共管理和社会保障等。只有低端服务业和公共服务业获得优质高效发展，能够起高效、便捷保障作用，才能促进高端服务业的高质量发展、创新发展和融合发展。可以想象，高房租、高辅助人工成本、高物流成本、高通勤成本、高教育医疗成本、高环境污染，给人们生活带来诸多不便，不宜居宜业，怎能有效推进高端服务业的融合发展。因此，高端服务业的融合发展是有条件的，必须要有低端服务业和公共服务业高效、便捷供给的基本保障。

---

① 北京市统计局：《北京统计年鉴2017》，中国统计出版社 2017 年版，第 500 页。

二是新一代信息技术革命的创新驱动。近年来，以互联网、物联网、大数据、云计算、人工智能为核心的新一代信息技术迅猛发展，使高端服务业与其他产业持续高度融合、不断深度叠加，不仅孕育了各种新业态、新产业和新经济，包括共享经济、大数据经济、电商和互联网金融等，而且推进了各类资源整合和资产时间价值的充分利用，形成了以"互联网＋"为运作模式的各种服务平台经济和全产业链的生产服务网络体系，促使高端服务业对接客户需求，集成整合资源，走"核心技术＋大数据＋电商＋金融"的融合发展之路，这是高端服务业与其他产业融合发展的关键。

从上述两条基本路径分析，在服务保障层面，北京存在高成本、不便捷的突出问题。例如，2016 年北京城镇单位就业人员年平均工资为12.3 万元，是全国同类指标 6.8 万元的 1.8 倍，说明北京人工成本高；①2017 年北京金融街写字楼平均每平米月租金为 547 元，是上海陆家嘴同类指标 388 元的 1.4 倍，说明北京房租贵；② 2017 年北京居民平均上下班通勤距离全国最远为 17.4 公里，单程平均通勤时间全国最长为 52.9 分钟，紧随其后的东莞和深圳的平均通勤距离分别为 17.3 公里和 16.8 公里，单程平均通勤时间分别为 48.5 分钟和 47.0 分钟，③ 说明北京职住分离和空间碎片化严重，"上班族"通勤不便捷；2012 年在京出生的户籍人口为 13.2 万人，非户籍人口为 9.2 万人，这些出生人口 2018 年要上小学，而 2017 年北京小学一年级学生在校人数为 14.5 万人，即使 2018 年北京扩招小学生规模至 15.3 万人，那也意味着将有 7.1 万人非户籍人口无法在京上小学，④ 说明北京教育服务无法满足非京籍人口的需要。这类

① 北京市统计局：《北京统计年鉴 2017》，中国统计出版社 2017 年版，第 74 页；中华人民共和国国家统计局：《中国统计摘要 2018》，中国统计出版社 2018 年版，第 40 页。

② 空间家：《2017 年北京写字楼报告》，2018 年 2 月 2 日，女丽网；乾立基金：《2017 年第 2 季度上海甲级写字楼市场报告》，2017 年 8 月 19 日，搜狐网。

③ 朴丽娜：《北京人上班平均要走 17.4 公里，通勤单程全国最远！你要多久？》，2018 年 1 月 27 日，中国新闻社。

④ 京京：《2018 年北京幼升小学位缺口到底有多大？一图就能看懂》，2018 年 4 月 13 日，北京幼升小网。

实例还有很多，其所说明的问题，对北京高端服务业的融合发展无疑会产生负面影响。

在新一代信息技术应用和服务平台建设层面，北京高端服务业与其他产业的融合发展，实际遇到的主要障碍有三点。一是缺乏科技投资及其相应回报收益。例如，北京公交智能报站系统建设，在技术上已无大碍，只要在公交车上安装摄像头，运用大数据和互联网与手机联网，人们就可以在手机上实时查询到哪辆车在何时到站，但这种信息技术的应用需要有较大的建设投资和运营维护费用，如果解决不了投资回报收益问题或盈利模式问题，单凭政府投资和财政补贴，这种公交智能报站系统就很难有效建设和运营。二是缺乏高新技术和可视化、可追溯、可互动的精准智能服务平台。例如，北京现有的怀柔影视城可以升级为"虚拟影视技术中心"，采用先进的虚拟现实技术，实现科技与文化的有效融合，在拍摄电影中不再搭建摄影棚，但问题是现有的影视公司并不完全掌握此类技术，拍电影还要搭建"古建筑"。三是存在不讲诚信，缺失统一标准，信息"孤岛"，"云、网、端"基础设施落后，资产独占，固化利益冲突等方面的问题。不讲诚信的典型，在北京金融业与其他产业融合发展中常见，尤其是近年来互联网金融、影子银行、理财基金、区块链融资等所谓新兴金融业态，大搞网上高息揽储和自我循环存贷活动，违规开展表外业务和理财产品，带有非常明显的庞氏骗局的泡沫风险，其实质就是不讲诚信。北京现在总体上智能化发展水平较低，"云、网、端"基础设施建设严重滞后于实际需求，数据采集、整合和分享的标准规范不统一，导致系统内外缺乏数据互访和共享机制，存在严重的信息"孤岛"现象和信息碎片化现象，严重阻碍了数据资源的集成和利用，对北京智能化服务平台建设有重大负面影响。北京现在存在资产独占、其时间价值不能充分利用的问题，很多企事业单位的资产，包括礼堂、会议室、招待所、图书馆、实验室、实验装备、检测仪器等，其内在使用时间价值的体现并不充分，但又不对外开放、共享，导致资产闲置，失去时间价值。这种资产独占的做法，严重阻碍了基于充分利用资产时间价值的共享经济的融合发展。北京高端服务业的融合发展必然要打破原有固化利益的格局，形成新产业、新业态和新商业模式，包括网上医疗、网上教育、网上娱乐、网上旅游、网上健身、网上订票、网上约车、网上餐饮、网上购物、网上家庭办公、网上定制生产（C2B）等，如果规制和政策倾向于维护传统产业及其运营模式的固化利益，那么这类新产业和新业态的发展必定受阻。例如，英国政府在17世纪就曾制定法律，蒸汽火车时速在城市不超3公里/时，在农村不超6公里/时，使之时速低于马车，以维护传统马车运输业的固化利益。现在北京电子报刊及其网上传播媒介已相当发达，纸介版报刊个人订阅量大幅下降，有些单位就规定必须用财政预算资金为个人订阅纸介版报刊，这无异于维护传统传媒业的固化利益，阻碍新兴电子传媒业的发展。现在有些工作和经营活动，在家上网办公的效率肯定比坐在写字楼里办公的效率要高，但在北京办理工商注册登记，一律不许以个人住宅作为办公所在地，这等于维护了传统写字楼业态的固化利益，阻碍了在家上网办公新业态的发展。可见，维护固化利益，缺失规制创新性和政策灵活性，是北京高端服务业融合发展的一大阻力。

7. 区域协同发展的企业内在动力不足

在京津冀协同发展背景下，北京作为首位城市，经济社会治理能力水平高，高端服务业就业门路广、薪酬水平高，在客观上对周边地区的人口流动有吸引力和集聚力。相应地，北京周边地区就缺失人口集聚的大城市群或"反磁力中心"。要推进非首都功能疏解和产业疏解，带动人口疏解，就必须有中央层面的推力，北京市层面的内在动力和津冀层面的拉力，形成"三力合一"的共同作用，才能有效疏解不符合首都功能定位的产业和流动人口，共建以首都为核心的世界级城市群和京津冀协同创新发展的共同体。具体对北京高端服务业区域协同发展而言，实际涉及两个关键词，即疏解和共建。

在疏解方面，按照中央的部署，北京高端服务业中的低端部分和部分企业总部必须向津冀疏解，包括文体娱乐业中的出版业、影视节目制作业、图书和档案馆业、娱乐业，金融业和信息服务业中的后台服务（包括数据中心、信息中心、呼叫中心和服务外包业务等），科技服务业中的地质勘查业、科技推广和应用服务业，商务服务业中的企业总部管理、展览服务、包装服务和安全保护服务等。在中央推力作用下，北京高端服务业中的低端部分疏解，北京市政府有压力、有动力，主动与津冀政府及其相关部门协商，签署了诸多协议和文件。但在京的很多企事业单位和个人认为，津冀的拉力不足，营商环境和公共服务水平与北京相距甚远，使之受利益驱使，不愿意主动向津冀疏解，对疏解持观望态度，疏解进展迟缓，表现出明显的内在动力不足的问题，致使北京高端服务业中的低端部分疏解，更多体现于谋划方案和纸面协议层面，实际进展和成果较少。当然，也应看到，雄安新区作为非首都功能集中疏解地，总体规划方案已经出台，中央在京的很多企事业单位都主动表态，愿意向雄安疏解，表现出强劲的内在疏解动力。但雄安新区建设是国家大事，千年大计，既不是分散疏解地，不接纳低端产业，只发展高端新兴产业和接纳中央企事业单位，也无法在短期内高质量完成规划建设，形成"反磁力中心"。所以，北京高端服务业中的低端部分疏解，不能"等雄安"，必须立足于现实分散疏解，着眼于利益驱动机制，更加注重提升企事业单位的内在动力。

在共建方面，按照中央部署，针对重大建设项目，包括雄安新区规划建设、北京新机场建设、冬奥会场馆建设和京津冀交通网络建设等，北京有动力，津冀有拉力，京津冀携手共建投资基金，使重大建设项目取得显著进展。但由北京市政府和中关村管委会主导的在津冀布局的"4＋N"科技产业园的建设，虽然采用共建、共享的方式，享受中关村国家自主创新示范区的优惠政策，形成了一些有一定规模和产业集群的科技产业园，可是在这类科技产业园中，很多在京的高科技企业，只想"跑马占地"、享受优惠扶持政策，以组建分公司的形式，搞低成本规模扩张，既没有突出差异化和创新性的特色，也没有将企业总部、高端人才和重点科研项目迁出北京，以致出现了"京外撑面子、京内做里子"的被动局面，很难承担起京津冀共建协同创新发展共同体的重任。这说明在京的高科技企业缺乏真正迁出北京的内在动力，也说明北京牵头在津冀建设科技产业园，实际存在招才引智难、特色不突出、规模效益低、当地资源配置不到位等方面的突出问题，亟待提质增效。

8. 国际化发展有待拓展

北京高端服务业在国际化发展中存在大量服务贸易逆差的问题。2016 年北京旅游业（即旅行）、金融业、科技服务业（即知识产权使用费）和文体娱乐业的服务贸易合计逆差额高达 483.1 亿美元，年增加额 126.3 亿美元，年增长速度高达 35.4%，2014—2016 年年均增长速度也高达 29.0%，说明北京高端服务贸易逆差持续扩大。其中，旅游业服务贸易逆差额最高，为 408.9 亿美元，占合计逆差额的 84.6%，年增加额 106.0 亿美元，2014—2016 年年均增长速度高达 32.0%，是北京高端服务贸易逆差持续扩大的主要来源（见表 1 - 18）。如此大量持续的旅游业服务贸易逆差，既说明北京每年出境旅游和消费的人群不断增长，也说明北京文化旅游业国际竞争力不强，无法吸引大量境外游客到北京旅游。2017 年北京接待外国人游客仅 332 万次，年负增长 6.4%；接待港澳台同胞仅 60.6 万人次，年负增长 2.0%；旅游外汇收入 51.2 亿美元，年增长仅为 0.9%。[①] 从北京接待境外游客的人次看，是下降的，要实现到 2020 年接待境外游客 500 万人次的目标，有效解决旅游业服务贸易逆差的问题，北京必须大力推进国际旅游业的高质量发展，强化文化旅游业的国际竞争力和对外开放的吸引力。

表 1 - 18　　2014—2016 年北京高端服务业的服务贸易逆差情况

单位：亿美元;%

项目	2014 年逆差	2015 年逆差	2016 年逆差	年均增速
旅行	234.5	302.9	408.9	32.0
金融保险服务	20.6	17.1	36.8	33.7
知识产权使用费	26.0	31.7	30.1	7.6
文化和娱乐服务	9.0	5.1	7.3	-9.9
合计	290.1	356.8	483.1	29.0

资料来源：根据《北京统计年鉴 2017》《北京统计年鉴 2016》和《北京统计年鉴 2015》提供的数据整理和计算。

北京高端服务业国际化发展，虽然在利用外资方面取得了一定进展，但总体利用外资水平不高。2017 年深圳金融业实际利用外资 8.9 亿美元，[②] 而北京同类指标仅为 3.0 亿美元，与之相差 5.9 亿美元，即 3.0

---

① 北京市统计局：《北京市 2017 年国民经济和社会发展统计公报》，2018 年 2 月 27 日，北京市统计局网站。

② 深圳市统计局：《深圳市 2017 年国民经济和社会发展统计公报》，2018 年 4 月 28 日，深圳市统计局网站。

倍，这与北京作为国际金融总部机构集聚区的地位是不相称的。尤其是北京文体娱乐业，在存在服务贸易逆差的情况下，2017 年实际利用外资仅 0.5 亿美元，年负增长 17.0%，这与北京作为全国文化中心和国际交往中心的战略定位，极不匹配。在当今美国挑起中美贸易战、国际贸易保护主义盛行的条件下，北京高端服务业国际化发展更应主动配合国家扩大对外开放战略，紧紧围绕新一轮北京服务业扩大对外开放综合试点的改革措施，落实好《行动计划》提出的新要求，努力扩大实际利用外资的规模和效益。

北京高端服务业对外投资是以科技服务业、信息服务业和商务服务业为主，借助"一带一路"国家发展战略，近年来发展很快，但也存在一定风险。例如，2013 年北京中关村发展集团在美国硅谷设立"中关村斯坦福新兴创业投资基金"，用于孵化创新技术项目，运营至今，孵化的项目不少，但没有取得一项颠覆性和关键性创新技术成果，也没有孵化出一个"独角兽"企业。现在国际投资形势有了新变化，特别是美国以国家安全和知识产权保护为由，严控我国对美国科技公司的购并和科技合作，限制美国科技人才向我国流动，甚至美国总统特朗普妄言我国在美留学生都是"间谍"。面对这种打压我国科技发展的带有歧视性的国际投资新形势，要推进北京高端服务业对外投资，寻求国际科技合作，工作难度势必加大。同时也应认识到，北京高端服务业对外投资都是单个企业的独立行为，存在"中国溢价（比一般并购价高 10%）"、生产服务分工协作不配套、管理难度大、经营成本高、当地政府不配合等方面问题，实际经营效益和质量也不高，很有必要面对新形势，制定对外投资新战略，更加注重投资收益，更加注重对发展中国家的投资，更加注重与欧洲国家的科技合作，更加注重以合作共赢的经营模式，借鉴政府搭桥、"集体下海""抱团取暖"的经验，稳步推进对外投资。

（二）主要成因分析

北京高端服务业发展面临的突出问题是由多种主客观因素引发的，从政府治理维度分析，关键因素集中在以下五个方面。

1. 缺乏对高端服务业的认识

北京现在比较重视生产性服务业和现代服务业的发展。北京市"十三五"规划强调，推动生产性服务业向专业化和价值链高端延伸，积极发展现代物流业，发展壮大会展经济，形成创新融合、高端集聚、高效辐射的生产性服务业发展新模式。① 这种提法，实际把北京构建"高精尖"经济结构的主导产业，定位于生产性服务业，而不是高端服务业。其实，生产性服务业是生活性服务业的对称，在理论上是指专为企事业单位提供"批发服务"的行业，生活性服务业则是指专为个人提供"零售服务"的行业。生产性服务业作为投入产出生产过程的中间环节，具有提升生产效率的功效，它的部门行业分类，按照北京市统计局的现行口径，包括金融业、科技服务业、信息服务业、商务服务业和流通服务业（主要涵盖批发业和运输仓储业）五大类。② 显然，生产性服务业与高端服务业是完全不同的范畴。虽然生产性服务业的外延或实际统计口径与高端服务业有交集，但它所涵盖的批发业和运输仓储业恰恰是北京产业疏解的重点，不代表北京未来产业发展的主攻方向，也不是北京创新发展的新高地。

同样，现代服务业作为本土化的范畴是相对于传统服务业而言的，突出强调采用高科技和管理手段改造升级传统服务业，以提升服务业的劳动生产率水平和现代化水平。现代服务业的提法，与国外主张提升服务业劳动生产率的先进服务业（Advanced services）或进步服务业（Progressive services）的提法相近。按照北京市统计局的现行统计口径，现代服务业包括九大统计门类，即金融业、科技服务业、信息服务业、商务服务业、文体娱乐业、教育业、医疗业、房地产业、公共设施和环境管理业。其中，教育业和医疗业具有准公共服务性质，盈利性功能弱化，不具备高收益性，并属于生活性服务业的范畴；房地产业在我国以居民住宅为主，虽然盈利水平高，但科技含量低，总体上属于生活性服务业的范畴；公共设施和环境管理业也具有准公共服务性质，不具备高收益性。由此可见，高端服务业与现代服务业的内涵存在高收益的差别，外延存在排除教育业、医疗业、房地产业、公共设施和环境管理业的差别。这种差别，使高端服务业更能集中体现现代服务业的核心产业群和高效

①　北京市人民政府：《北京市国民经济和社会发展第十三个五年规划纲要》，2016 年 3 月 25 日，北京市发改委网站。

②　北京市统计局：《北京统计年鉴 2016》，中国统计出版社 2016 年版，第 43 页。

益性，排除了生活性服务业和低收益服务业因素的影响。所以，高端服务业比现代服务业更能充分体现服务业的优质高效发展，是确立现代产业体系的主攻方向。

正是由于缺乏对高端服务业的认识，北京就不能准确把握未来产业发展和构建"高精尖"产业体系的主攻方向，也不可能出台针对高端服务业发展的"顶层设计"，以至于有关北京高端服务业发展的战略目标、战略重点和战略举措皆处于"整体空白"，只能从散见于《总规》《行动计划》、相关具体产业发展规划和政府相关文献中窥视端倪。在这种没有大格局和总体战略部署的情况下，北京高端服务业发展必然缺失大方向，实际阻力不少，拓展迟缓，至今尚未确立高端服务业的主导产业地位，严重影响了北京现代产业体系的确立和高质量发展。

2. 产业定位及其规划布局缺失科学性和严肃性

从历史发展进程看，在习近平总书记2014年2月26日视察北京发表讲话之前，北京没有京津冀协同发展的总体定位，功能定位虽然几经变动，但总体变化趋势是功能叠加，目的是集聚功能和资源，加速经济增长。与之相适应，北京就强调"优一产、强二产、大三产"的产业定位，实际是什么产业都发展。在这种产业定位指导下，北京城市总体规划布局让位于产业发展布局，各区政府纷纷出台产业发展规划，不与城市总体规划相衔接，只想多占地发展各类产业；乡镇和农村也各自为政，盲目占用集体土地发展低端产业，由此形成政府主导下的什么产业都发展的大格局，使规划成为产业发展的工具，随意变更和调整，甚至可以不用规划，就能拆迁征地，招商引资，发展产业，政府俨然成为不受规划约束的"经营公司"。在此条件下，城市总体规划和产业规划布局就失去了科学性、严肃性和约束力，可以"朝令夕改"，各区政府都可以根据自身资源优势，布局发展所谓"优势产业"。西城区有金融监管机构和金融企业总部集聚的优势，于是就打造金融街；朝阳区有驻外使馆和文化传媒机构集聚的优势，于是就打造商务中心区；海淀区有科研机构和高校集聚的优势，于是就打造科技产业园。如此循环往复，不断积累和扩张，最终导致北京高端服务业不仅在中心城区"摊大饼、摊厚饼"，引发了过度集中的问题，而且也导致北京高端服务业分散布局、"跑马占地"、良莠不齐、规模效益不高的问题。

3. 产业集聚发展的组织模式不完善

产业集聚是北京高端服务业发展的主要形式，也是体现创新发展、融合发展、区域协同发展、国际化发展和高质量发展的空间载体。尽管在理论上，产业集聚的最佳模式是市场主导，由企业自发组织逐步形成。但在实践中，由于政府掌控土地资源和公共服务资源，北京高端服务业的集聚发展主要体现的是政府主导模式。在政府主导模式下，为尽快建立产业集聚区或各种类型的产业园，政府通常设立行政性的管委会，采取低价供地、税收房租优惠、优先保障公共服务等方式，招商引资。同时，对入驻企业没有设立质量效益指标的准入门槛，包括人均研发投入、研发投入强度、人均增加值、人均税利、地均税利、地均研发投入、地均投资、地均增加值、地均能耗、地均水耗等指标，都没有设立，市场准入实际无严格的科技质量标准管控，企业不论大小、水平高低都可以入驻，都可以享受不同条件的政策优惠，甚至把产业园搞成产品销售的"大卖场"。这种以提供优惠条件、不加筛选组织企业集群的模式，虽然可以大大降低企业的经营成本，快速形成产业园，但也会带来三个方面的后果：一是在产业园内引进了大量规模小、效益差的企业，甚至是低端服务企业，严重影响了产业园的规模效益和差异化竞争能力；二是给大中型企业提供了"房地产套利"的机会，使之通过土地涨价就能获取高收益，不必再费时费力从事艰辛的研发活动，严重影响了产业园的创新能力和高质量发展；三是大型企业可以进一步拓展与政府的相互合作关系，不断修订和扩张在中心城区的建设用地规划，造成中心城区的过度开发和高端服务业在中心城区的过度集中。

当然，近些年在京津冀协同发展和高质量发展的大背景下，政府更加注重减量发展和创新发展，采取疏解、整治、促提升的强力措施，在招才引智上下工夫，力推产业园的升级改造和"腾笼换鸟"，但在具体实践中，市场机制的决定性作用并没有充分显现，政府与企业合作的治理体系仍不完善，政府在主导"腾笼换鸟"中往往把握不准升级改造的"痛点"在哪里、怎样有效实施新的组织模式和服务模式、怎样重构创新发展的生态环境体系、怎样"引凤入巢"、提质增效，其结果导致固化利益冲突不断，产业园的升级改造进程迟缓，这也影响了产业园的高质量发展和高端服务业主导产业地位的确立。

4. 激励创新的政策体系不健全

北京高端服务业的创新发展和高质量发展，需要瞄准国际标准，占领产业价值链的中高端，依托科技研发能力、核心技术掌控能力、科技成果产业化运作能力和国内外市场开拓能力，提升国际综合竞争力。为达到此目的，按照保护"幼稚产业"理论，就需要发挥好政府的引导和扶持作用，建立完备的激励创新政策体系，通过政策扶持，提升北京高端服务业的规模效益、乘数效应和盈利水平。在具体实践中，我国政府支持创新的政策体系，涉及很多方面的内容，包括放宽市场准入政策、加大科技投入政策、税收优惠政策、增加收入分配政策、降低服务收费政策等。其中，有些政策的事权集中于中央，地方政府无权制定，只能通过试点改革、配套改革的方式，获得中央授权，先试先行，总结经验，然后全国推广。北京市政府在实施激励创新政策方面，实际有三个层面：一是获得中央授权，进行试点改革，包括北京市服务业扩大对外开放综合试点和石景山区国家服务业综合改革试点等，北京市政府可以制定有关的激励政策和改革措施；二是针对少数特定的企事业单位和高端人才，政府可以单独"定制"激励政策，尤其是土地供给、房租补贴、研发经费资助、人才落户和公共服务方面的优惠政策，这类政策只惠及少数大型企业、重点投资项目和高端人才，具有特定的实效性，但不具备"普惠制"的功效；三是针对科研企事业单位，政府制定普遍适用的一般性激励政策。这类政策存在的问题较多，实际激励作用非常有限，下面做简要阐述。

（1）在市场准入政策方面，现在科研机构和高校按照公益一类和公益二类的财务规制管理，既不允许办企业，也不允许同时具有公益一类和公益二类的属性，更不允许在职职工与科研机构和高校共同出资办企业。这样一来，科研机构、高校及其职工，就只能"吃财政饭"，不能"下海"，其科研经费来源和科研成果转化就不能直接对接市场，严重阻碍了科研活动的市场化进程和创新发展。

（2）在加大科技投入政策方面，现在没有针对小微型、小型、初创型、新兴型的企业进行创新能力和管理水平的综合跟踪评价政策，与之相配套的政府激励创新成果的奖励政策和投资政策也没有，与之相关的有助于解决融资难的政策性融资渠道也不畅通。特别是针对高科技类的大中型企业，政府没有明确设立研发投入强度的硬约束指标及其财务管理办法，也没有具体制定其内部闲置研发设施向社会开放、共享的引导性政策。

（3）在税收优惠政策方面，现在主要采取降低税率和税额减免等直接优惠方式，实际是鼓励企业钻营盈利商业模式，忽视长期自主研发能力和创新成果质量的提升。而间接优惠政策和"事后奖励"政策严重不足，特别是针对处于研发阶段的发明型产品，没有实施政府直接投资、专项补贴、政府采购、研发经费税前抵扣和加大知识产权保护力度等系统配套的间接优惠政策。

（4）在增加收入分配方面，现行政策是政府和企业的研发经费投入不能当作购买合格研发成果的付费，直接转入个人账户，只能按照最高30%间接费的比例转化为个人收入，其余70%的直接费，仍需要按照预算细分用途履行繁琐的报销程序，让科研人员忙于预算审批、寻找合规使用资金的用途和履行合规报销程序，以至于常常出现研发经费花不出去的"怪现象"。同时，以股权、期权等间接方式转化为个人收入的部分占比例也很小，科研人员难以取财有道，只能多讲无私奉献。

（5）在降低服务收费方面，虽然现在政府大力推进"放管服"改革，但政府性基金和行政事业性收费项目依然很多，行业协会和商会的收费依然缺乏由政府牵头、行业协会和商会制定的降低服务收费的自律政策和监管机制，没有制定力促跨行业的企业相互支持、融合发展共同降低服务收费的引导性政策，没有开辟有效的直接融资渠道和政策性融资渠道，以降低企业融资成本，也没有在疏解、整治、促提升的过程中，制定有效应对政策，以抑制低端服务业和生活性服务业的价格上涨。这些政策的缺失，导致北京现有各种服务费用都非常高，包括辅助人工费、信息费、物流费、教育费、房租和投融资利率等，这对北京高端服务业的创新发展和融合发展有很大负面影响。

总之，现有一般性激励创新的政策体系不健全、不完备，政府规制改革还缺乏深度、广度和系统配套性，政策扶持的针对性、实效性和实用性不强，政策扶持的效果也不理想，亟待通过深化改革，健全激励创新的政策体系，以推进北京高端服务业的创新发展和高质量发展。

5. 统筹协调能力不足

北京高端服务业的高质量发展、创新发展、集聚发展、融合发展和国际化发展都需要政府出面统筹协调各方利益和诉求，辩证处理好四个方面的主要关系。一是"都"与"市"的关系。北京作为首都，第一位的是办好"都"的事，为中央服好务。其次，才是办好"市"和"产城融合"的事，借力首都资源或中央资源，推进北京高端服务业的发展，而不能只顾"市"的利益，忽视或影响为中央服务的根本宗旨。在这方面，包括怎样搞活未来科学城，怎样加快怀柔科学城建设等，北京还存在服务不周的问题，亟待消除行政机关做派，强化办实事的绩效。二是京津冀协同发展的关系。北京发展高端服务业必须着眼于京津冀协同发展的总体定位，瞄准以首都为核心的世界级城市群建设和创新发展共同体建设，既要提升北京高端服务业发展的规模和质量水平，也要发挥核心作用和资源优势外溢作用，力推津冀的创新发展和"反磁力中心"建设。在这方面，北京还存在区域协同发展协议多，综合施策和配套服务少，缺失分工协作特色，实际落实难的问题，亟待提升统筹协调能力。三是高端服务业发展与低端服务业发展的关系。高端服务业是北京产业发展的主攻方向，低端服务业是北京功能疏解和减量发展的主要对象，两者之间不是绝对对立的关系，而是相互依存的辩证统一关系。低端服务业是高端服务业发展的基础，与人们的日常生活息息相关，如果失去这一基础，不但高端服务业发展不起来，而且会产生生活不便的社会问题。因此，疏解低端服务业绝不是全盘否定、全部迁出，只允许高端服务业发展，而是重新调整低端服务业的布局和发展方式，对低端服务业进行便利化和智能化改造，减掉无关民生、过度集中在中心城区的部分，以利于为高端服务业发展腾退空间和"留白增绿"，建设国际一流的和谐宜居之都。在这方面，北京存在不分地点、不讲便民利民的先决条件，统一采取"一刀切"的做法，限时疏解低端服务业的问题，说明政府的统筹协调能力不足。四是政府与企业的关系。在高质量发展的新时代，政府与企业的关系，按照习近平总书记的提法，就是亲与清的辩证关系。从政府维度讲，政府既要采取"放管服"等改革措施，放开市场准入，主动为企业提供服务，通过为企业排忧解难，拉近与企业亲的关系，也要制定激励创新的政策体系，扶持北京高端服务业的创新发展，通过对科技创新型企业的扶持，加深与企业亲的关系。在这方面，北京存在政府只讲与企业"清"的关系，行政许可清单仍然"卡"的太多，为企业办实事少，让企业深感"亲"事难办，"远离政府"，只想守业，少谋发展。这说明政府统筹协调能力不足，严重影响了北京高端服务业的创新发展和高质量发展。

四　加快北京高端服务业发展的新思路、新目标和新战略

在新时代，变革动能和效率，建设现代化经济体系和现代产业体系，努力实现科技强国、质量强国和现代化强国的大格局下，依据《总规》主旨、总体产业布局和发展目标的新要求，结合《行动计划》部署的深化改革、扩大对外开放的新举措，北京必须进一步落实好习近平总书记视察北京的系列讲话精神和新发展理念，坚守高质量发展的要义，用21世纪眼光，审时度势，提高对高端服务业发展的认识水平，抓住机遇，迎接挑战，本着问题导向与目标导向、减量发展与协同创新发展相结合的原则，瞄准国际标准，理清新思路，制定新目标、部署新任务，实施新战略，全力推进北京高端服务业的优质高效发展。

（一）新思路

北京治理"大城市病"，必须转变发展方式，不能什么产业都发展。要在疏解功能、促提升上下功夫，大力推进质量变革、效率变革、动力变革，着力确立现代产业体系和"高精尖"产业结构。要严格按照《总规》设定的发展目标和产业总体布局，严控城市开发边界和生态环境红线，节约集约资源，发挥科技创新和人才的优势，认准高点定位的国际标准和增量发展的"白菜心"，走创新发展、绿色发展和高质量发展之路，把高端服务业作为未来产业发展的主攻方向和新的增长极，围绕高端服务业发展统筹各方面的利益诉求和分工协作关系，深化改革，提升治理现代化水平，构建新的生态体系和运作模式，有效解决高端服务发展中的各种问题和阻力，尽快把高端服务业打造成主导产业和现代产业体系的核心，带动其他产业优质高效、智能化发展，这是加快北京高端服务业发展的基本思路和总体构想。围绕这一新构想，下面具体阐述新

思路的要点。

1. 提高对高端服务业的认识

北京现实产业结构以服务业主导，要转变发展方式，优化升级、提质增效，不能靠生产性服务业，只能靠高端服务业。因为，高端服务业是现代产业体系的核心，具有高收益性、高产业带动性和绿色环保性的产出特性，能够充分发挥引领、融合、集聚、辐射、降杠杆和补短板的作用。按照产业升级的基本理论，在农业时代主导产业是农业，在工业时代主导产业是工业，在后工业时代主导产业是服务业，在服务经济时代主导产业必定是高端服务业，说明发展高端服务业完全符合产业优化升级的基本规律和大趋势。不仅如此，按照习近平总书记视察北京的系列讲话精神，按照国家设定的建设现代化经济体系和现代产业体系的发展目标，按照用 21 世纪眼光看待北京产业发展的高标准，按照《总规》设定的产业发展总体布局，按照京津冀共建创新发展共同体的新要求，按照疏解非首都功能、发挥首都资源优势、构建"高精尖"产业体系的基本方略，北京产业发展的主攻方向必然是高端服务业，舍此别无他途。因此，北京必须高度重视高端服务业的发展，树立以高端服务业立市的理念，把高端服务业发展放在更加突出的优先位置，制定专项行动计划，努力探索优质高效发展的新路径。

2. 实施新的产业发展运作模式

北京发展高端服务业必须摒弃设立行政性管委会、提供优惠政策、招商引资的传统做法。要按照招才引智和确立质量效益指标筛选的新思路，一方面聘用领军人才，针对产业发展的"痛点"，搭建"技术标准＋大数据＋电商物流＋金融"的全产业链服务平台或产业园；另一方面，设立质量效益指标，包括人均研发投入、研发投入强度、人均增加值、人均税利、地均税利、地均研发投入、地均投资、地均增加值、地均能耗、地均水耗等，按照质量效益指标的高低，严格筛选入驻企业，以确保产业高端企业入驻，拒绝接纳产业低端企业。同时，针对创新服务平台或产业园的运营管理，政府可以出资设立投资有限公司，实施市场化运作，让领军人才具体负责，政府有关职能部门可以协助入驻企业组建商会，通过商会定期向投资有限公司反映入驻企业的意见和建议，让投资有限公司帮助解决；政府也可以通过投资有限公司和商会向入驻企业布置其应承担的社会责任。这种新型的运作模式，既适用于新建的产业园，也适用于对传统产业园的升级改造和"腾笼换鸟"。

　　3. 深化改革，完善激励创新的政策体系

　　北京创新发展的核心内容，就是以"三城一区"为主阵地，加快科技服务业和信息服务业发展，多出原创性、颠覆性、关键性的科技创新成果，根本解决核心技术、关键技术自主创新问题，打造"中国创造"和"北京服务"的品牌，真正把北京打造成具有全球影响力的科技创新中心。要完成这一事关科技强国、现代化强国和民族复兴大业的历史重任，按照《行动计划》的部署，北京就必须全面深化科技创新体制机制改革，一方面与津冀携手，共建创新发展共同体，充分发挥北京科技资源外溢的优势，在更大的空间范围内，实现产学研用的分工合作和一体化发展；另一方面，必须完善和健全激励创新的政策体系。

　　就完善激励创新的政策体系而言，借鉴以往深圳特区、上海自贸区等成功改革经验，北京市政府就必须以中关村国家自主创新示范区为综合改革试点单位，力争设立"中关村科技创新特区"，主动谋划好科技创新综合改革试点方案，突出全面系统性和综合配套性，把放宽市场准入政策、加大科技投入政策、税收优惠政策、增加收入分配政策、降低服务收费政策统一纳入综合试点改革的范畴，向中央要授权和特殊政策，即在综合改革试点期间（一般为3年），现行规制和政策一律暂缓执行，允许"中关村科技创新特区"依据授权或"改革大法"，自定规制和政策，并加快实施，努力推出可以复制并在全国推广的新经验、新办法、新规制和新政策。

　　具体讲，通过设立"中关村科技创新特区"，实施综合改革试点方案，需要完善激励创新政策的主要内容如下。

　　（1）在放宽市场准入政策方面，要允许科研机构和高校同时具有公益一类、公益二类和企业的属性，允许在职职工与科研机构和高校共同出资办企业，其薪酬按照企业标准执行，其职称评定按照实际工作能力和研究成果质量水平，由专家评审决定。

　　（2）在加大科技投入政策方面，要制定针对小微型、小型、初创型、新兴型的企业进行创新能力、创新成果和管理水平的综合跟踪评价政策，以及相应的政府配套的创新成果奖励政策和投资政策，投资来源可以由政府设立中小企业科技创新投资基金提供，也可以采取企业发行创新券的方式，让政府设立的中小企业科技创新投资基金购买。对于不同类型的、规模以上企业的研发投入强度，要分类设定清晰的硬约束指标及其相应的财务管理办法。要制定政策，引导科研机构、高校和大型企业将内部闲置研发设施向社会开放、共享，以充分体现其时间价值。

（3）在税收优惠政策方面，要强化直接优惠政策与间接优惠政策的有机结合，加大间接优惠政策和"事后奖励"政策的力度。要针对处于研发阶段的发明型产品，实施政府直接投资、专项补贴、政府采购、研发经费税前抵扣和加大知识产权保护力度等系统配套的间接优惠政策。

（4）在增加收入分配方面，要采用科研经费全额直接购买科研成果的管理办法，允许政府和企业对验收或评审合格的科研成果，将预算研发经费一次性直接转入个人专项账户，由科研人员自由支配。如果科研人员完不成科研任务或科研成果验收评审不合格，则加罚扣除个人收入或资产。

（5）在降低服务收费方面，要大力压缩政府性基金和行政事业性收费项目。要建立由政府牵头、行业协会和商会制定的降低服务收费的自律政策和监管机制，以及鼓励跨行业的企业相互支持、融合发展共同降低服务收费的引导政策，促使电信企业降低信息收费，金融企业降低利率、佣金、担保费和管理费，物流企业降低物流费，商务服务企业降低服务费，房地产企业降低租金和物业管理费等。同时，政府要加快公租房、幼儿园和中小学的规划建设，并采用"普惠制"的方式，向"双创"人员和科研人员提供相关优惠服务。此外，政府可以借助人力资源公司或劳务公司的力量，为其提供人员培训费、"五险"费和交通费的补贴，以有效降低科研企事业单位招聘辅助人员的劳务成本。

4. 强化治理能力和生态体系建设

北京高端服务业的高质量发展，有赖于首都资源或中央资源的支撑。由此决定，北京治理能力和治理水平的提升，首先就集中表现为强化为中央服务的意识。北京市政府必须兢兢业业、一心一意，围绕中央企事业单位的需求，开辟高效、便捷的服务通道和相关公共服务支持。特别是针对未来科学城、怀柔科学城、丽泽金融商务区和新机场临空经济区等新的中央单位集聚地的建设与发展，一定要做好住宅、教育、医疗、商贸、电信、交通、水电气供给和园林绿化等方面的配套服务，并强化精细化、智能化治理能力和管理水平，打造宜居宜业的、新的高端服务业集聚区。其次，要完善治理模式。完善治理模式绝不能只讲政府与企业"清"的关系，必须辩证处理好政府与企业的"亲"和"清"关系，政府要主动为企业办实事，排忧解难。政府要按照"政府＋商会＋龙头企业"的基本运作模式，以政府、行业协会或商会、产业联盟、大型开发商和主要企业为主体，形成多元化的治理体系，以提升治理能力和水平。

在完善治理模式的基础上，要按照《行动计划》的部署，进一步深化改革，完善营商环境。完善营商环境的重点是，要进一步明晰和完善商事制度、各类清单制度和诚信惩戒制度，建立统一的服务标准体系和联合执法规制，加快"云、网、端"的基础设施建设和市域 5G 网全覆盖的建设，消除信息"孤岛"，实现政府公开信息和对外服务办公"一端通"和"一网通办"，行政审批中介服务推行网上"全程帮办制"，行政审批机构实行"一枚印章管审批"，工程建设项目审批实行"一张蓝图、一个窗口、一张表单、一个系统、一套机制"。通过商事制度改革，加快推进电子营业执照互认互通，推广使用电子印章，扩大电子发票适用范围，缩短办理证照的时间，取消不合理的审查证明材料，允许在私人住宅注册办公地点，禁止"拆墙打洞"，严惩失信违法行为。同时，要通过多元化的治理体系，按需修订不合理、不适用、不便捷的行政部门旧规，使规制更合理、更管用、更符合企业发展的实际需求，无需企业"跑部"，就能拉近与政府"亲"的关系，真正体现政府竭诚服务的亲民形象。

与完善治理模式和营商环境相联系，建设完备的服务生态体系，也是推进北京高端服务业高质量发展的重要举措。完善服务生态系统建设的重点，是用 21 世纪眼光盯住"互联网＋产业"的运作模式，广泛采用新一代信息技术和智能管理手段，主动适应智能生产和智能服务的变革，依靠创新驱动，聚焦北京具有创新优势的重点领域，包括金融创新、理论研究创新、信息技术创新、软件设计创新、新材料开发应用创新、生命科学技术应用创新、物联网和大数据应用创新、商务服务创新、文化影视技术创新等，有效搭建全方位的、互联互通的、信息共享的精准服务平台。尤其是要加快制定统一的信息资源目录、数据库技术标准和数据采集运用标准，形成数据库架构、访问接口、数据集成、公共代码等一系列行业规范，按照统一的标准与规范，建设政府各部门业务信息系统模块，实现系统间的联通与互访，包括政府门户网、企业门户网和民众微信平台之间的互联互通，并确保网上办公数据的准确性、一致性、安全性和共享性，以营造标准化、网络化、远程化、智能化、服务化、协同化、融合化、互动化的服务生态体系，为北京高端服务业提质增效打下坚实基础。

5. 优化产业布局

《总规》对北京发展高端服务业发展的总体布局，仅仅是方向性和粗线条的，需要进一步细化。一方面，北京各区和乡镇要按照《总规》指明的方向和设定的发展指标，科学编制各区和乡镇的规划，以同《总规》衔接，进一步明晰高端服务业的具体空间布局，并严格执行；另一方面，要处理好减量发展与增量发展的关系以及京津冀协同发展的关系，以有所为、有所不为，进一步优化高端服务业的空间布局。下面具体阐述三个方面的内容。

（1）减量发展布局。减量发展布局主要涉及中心城区的产业布局，实际包括两个方面的主要内容。一是低端服务业的疏解。这种疏解不等于全部疏散和取缔。这就是说，鉴于低端服务业对高端服务业发展具有基础保障作用的现实，中心城区在疏解中，不仅要禁止"拆墙打洞"，关停大中型批发市场，还要从便民利民的维度出发，规划布局低端服务业的营销网店以及幼儿园和中小学的建设，以有效支撑高端服务业的发展；二是高端服务业的疏解。按照《总规》设定的城市开发边界，到 2020 年，城市建设用地要由 2015 年的 2921 平方公里，下降到 2860 平方公里，到 2035 年进一步下降到 2760 平方公里，说明北京已进入"减量建设"时代，绝不允许再"跑马占地"，特别是五环路以内不再新增土地供给。在这种新形势下，北京中心城区内的高端服务业发展，就不能再搞外延规模扩张，必须走内涵提质增效之路，千方百计提高土地利用率和规模效益。一方面要以"腾笼换鸟"的方式，招才引智，对现有高端服务业集聚区进行升级改造，疏解和腾退低端业态，引入占地少、效益高的新业态和新产业，特别是具有产业融合性质的科技金融业、科技文化业、

"互联网＋文化"和"互联网＋商务"等产业；另一方面，要建立综合治理体系，制定科学合理的补偿标准，与津冀携手，加快疏解高端服务业中的低端行业部分和低端企业。在此基础上，北京还要对中关村国家自主创新示范区内的占地多、规模效益差、特色不显著的科技园进行升级改造和整合。整合的关键是突出特色，着眼于未来创新发展。像怀柔科学城就可以同密云产业园整合，使之纳入怀柔科学城的范围，以体现国家大科学装置集群和国际一流综合国家科学中心的特色。

（2）增量发展布局。按照《总规》提出的产业总体布局，北京高端服务业增量发展布局应侧重于四个方面：一是按照国际标准、高点定位、差异化、大规模布局的原则，着力建设新的产业集聚区，包括未来科学城、城市副中心的商务区和文化区、延庆冬奥会中心区等；二是为解决北京城市南北差距问题，着力在城南拓展新的产业集聚区，包括丽泽金融商务区、新机场临空经济区、新首钢高端产业综合服务区、南苑—大红门的科技文化区和商务金融区等；三是按照强化保护利用古都文化遗产、打造精品力作的要求，着力建设新的三大文化带，即大运河文化带、长城文化带和西山永定河文化带；四是按照高点定位、特色化、适度规模的原则，对中心城区、城市副中心和"三城一区"之外的其他现有高端服务业集聚区进行升级改造和整合。在此基础上，为解决城乡差距的问题，可以依据文化中心的定位，借鉴房山长阳基金小镇、密云古北水镇建设的经验，以旅游文化、休闲娱乐、国际商务会议为主，依托自然资源和环境优势，布局新建一批高点定位、国际标准、各具特色、规模适度、吃住行玩便捷的旅游文化休闲小镇以及具有旅游休闲功能的国际商务会议中心，以加快北京文体娱乐业的发展，满足市民日益增长的旅游文化休闲需求，增加拓展国际旅游市场的吸引力。

（3）京津冀协同发展的布局。北京高端服务业在京津冀协同发展中的布局，主要涉及三个层面的内容。一是发挥中关村国家自主创新示范区的资源外溢优势，与津冀携手，共建"4＋N"的科技产业园，集中精力打造京津冀协同创新发展的共同体。这种产业园的布局，按照《总规》指明的方向，重点需要向"四轴"方向延伸布局，即北京—雄安方向轴、北京—保定—石家庄方向轴、北京—天津方向轴、北京—唐山方向轴。其中北京—雄安方向轴极为重要。因为，雄安新区规划建设，是北京新两翼之一，是国家大事，千年大计，北京有责任和义务主动对接，按照中央提出的雄安新区只发展高端服务业、不搞中低端服务业的要求，全力以赴支持北京高端服务业中的部分中央企业总部和事业单位向雄安新区疏解，全力以赴高点定位、建设好雄安新区中关村科技产业园。二是充分利用北京城市副中心建设与河北的三河、香河、大厂三县统一规划、统一政策和统一管控的机遇，抓紧在统一规划区域内，布局北京高端服务业，特别是金融业、商务服务业和文体娱乐业，以充分利用当地土地资源充裕和生活服务低成本的优势，对接北京高端服务业的资源外溢，实现共建、共享。三是北京高端服务业中的低端行业向津冀疏解。这种疏解的布局一定要有都市圈的地域选择。根据伦敦和东京建设都市圈的经验，辅助服务行业在中心城区外围的布局，一般距离中心城的半径不超过50公里。借鉴此经验，北京可以在京津轴线、京唐轴线和京保石轴线上选择廊坊、宝坻、武清、涿州、高碑店五大节点，作为北京高端服务业中低端行业的主要疏解地，包括出版业、影视节目制作业、图书和档案馆业、商务和信息呼叫中心、数据中心、服务外包中心、地质勘查业、科技推广与应用服务业、展览业、包装服务业和安全保护服务业等，皆可以在五大节点区域布局。同时，张家口作为河北新两翼之一，自然环境优良，地价、电价和人工成本低，又与北京共同举办冬奥会，不仅有利于同北京携手共同打造文体娱乐业，而且也有利于其发挥要素资源优势，与北京共建大数据中心，北京金融业、信息服务业和商务服务业的数据中心业务可以向此地集中布局。

（二）新目标和中心任务

北京高质量发展高端服务业必须设定发展目标，以明晰努力方向和担当责任。北京以往从未制定过高端服务业发展的目标。根据有关产业升级理论，结合对北京高端服务业现实总体发展情况的分析及发展趋势预测，我们认为，近期北京高端服务业发展的目标可以设定为：到2020年北京高端服务业增加值占GDP的比例超过50%，使之成为主导产业。其中，金融业占GDP比例18%，科技服务业和信息服务业占GDP比例23%，商务服务业占GDP比例8%，文体娱乐业占GDP比例3%。同时，北京高端服务业的创新发展、融合发展、区域协同发展和国际化发展的优质高效水平显著提高，能够取得一批可复制的并在全国推广的体制改革新成果。

根据这一新的近期发展目标，北京还要进一步明确实现发展目标的中心任务。从路径上讲，要把北京高端服务业打造成主导产业，一是靠高端服务业的创新发展，实现动力变革、质量变革和效率变革，取得高质量发展的优异成果，并切实增强产业集聚力、辐射力和产业带动力；二是靠高端服务业的集聚发展，节约集约资源，形成企业集群、服务综合配套、宜居宜业、各具特色的产业集聚区，提升产业规模效益、差异化效益和劳动生产率；三是靠高端服务业的融合发展，通过新一代信息技术的广泛运用，整合资源，冲破产业边界，充分发挥乘数效应和产业溢出效应，融合其他产业共同实现高质量发展；四是靠高端服务业的区域协同发展，在京津冀区域范围内优化产业布局，实现减重、减负，共建京津冀协同创新发展的共同体，拉动区域经济共同实现高质量发展；五是靠高端服务业的国际化发展，努力吸引外资和国际人才，加强国际科研合作与交流，扩大对外投资，做大国际旅游业，提升"北京服务"的品牌效应和国际美誉度。由此归纳，北京高端服务业发展的中心任务，就是创新发展、集聚发展、融合发展、区域协同发展和国际化发展。

（三）新战略

围绕北京高端服务业发展的近期目标和中心任务，北京需要结合宏观经济大格局、高质量发展的新要求和新思路，具体制定新的发展战略，采取有效改革措施，根本解决发展中的突出问题，确保北京高端服务业的优质高效发展。我们认为，新战略是中心任务的具体体现和有效措施的载体，可以设定为五大战略，即创新发展战略、集聚发展战略、融合发展战略、区域协同发展战略和国际化发展战略，下面做具体阐述。

1. 创新发展战略

按照有关创新理论，创新发展的实质就是充分发挥科技和管理两大创新要素的作用，实现生产要素和生产条件的重新组合，创造出新的生产方式、组织方式和市场领域。具体创新的形式丰富多样，不仅涉及新产品的研发、中试、规模化生产和营销，还包括组织创新与公司治理和产业联盟组建，商业模式创新与要素重组、新型业态形成，企业购并、重组、技术垄断、知识产权保护，等等。同时，创新发展还突出强调发挥创客、极客、痛客和创业团队的作用，构筑创新生态链，发展天使投资和风险投资，全力支持种子企业和初创企业的发展，促进企业变革，培育真正的企业家，而不是唯利是图的商人。因此，创新发展是北京高端服务业高质量发展的主动力和引擎，也是北京落实好中央提出的建设国家科学中心、全球高端创新中心、国家科技成果交易核心区和创新型人才集聚中心的"四大"主要建设任务的必然选择。北京必须聚焦创新发展，以"三城一区"建设为重要抓手和新高地，统一制定和优先实施高端服务业创新发展的行动计划，明确优先创新发展的主要目标、主攻方向、重点改革发展领域和保证措施，加速推进北京高端服务业的创新发展。下面从有效解决实际问题的维度，阐明北京高端服务业创新发展需要采取的主要措施。

（1）深化体制改革，激发市场活力。按照《行动计划》的部署，北京必须坚持深化改革的方向，破除体制机制的障碍，在政府治理模式、服务方式和治理监管手段等方面进行根本性改变。要完善"三城一区"规划建设管理体制机制，积极争取和系统推进新的改革试点，涉及北京市政府事权的规制调整要主动改、有效落实，涉及中央事权的规制调整要积极提改革构想方案、争取先行先试。要搭建北京市统一的互联网政务服务总门户，完善网上政务服务大厅功能，构建市、区、街道（乡镇）、社区（村）四级贯通的政务服务"一张网"，编制网上办事清单，实现政务服务（公共服务）事项"一网通办"。要完善资金投入、人才培养、知识产权、空间用地等配套政策，建立覆盖基础研究、应用研究、新技术产品开发和产业化的项目投资管理和信息公开联网的服务平台，培育和发展一批创新型的产业集群。要制定促进科技成果转化条例，构建科技创新基金运行机制，建立健全科技成果转化服务平台和引导激励机制，完善落实新技术新产品政府采购政策体系，促进科技成果在京落地转化。要完善科研机构、高校和企业的创新激励评价机制和配套政策，加大财政资金投入对社会资源的吸引力和融合力，引导更多社会资本进入研发创新领域，加快科技创新及其成果的转移转化，以充分发挥市场对资源配置的决定作用。

（2）努力建设创新型人才集聚中心。北京要大力引进国内外各类创新型人才，支持建设世界一流新型研发机构，吸引集聚一批战略性科技创新领军人才及其高水平创新团队来京发展，并赋予新型研发机构人员聘用、经费使用、职称评审、运行管理等方面的自主权。要完善首都高校创新中心建设机制和配套政策，打造高校科技创新和人才培养高地。要建立创新型人才管理智库，用"互联网＋"的思维方式和方法集聚创新型人才，并借助"猎头公司"的力量，挖掘创新型人才，努力搭建和拓展创新型人才来源的新平台。要对符合条件的创新型人才，在户籍、医疗、住房、个人所得税、保险、出入境、配偶安置、子女入学等方面给予优惠政策支持。要建立与个人业绩贡献相衔接的优秀人才奖励机制，扩大对创新型人才的奖励范围，按规定程序增设科学技术人才奖，调整科学技术奖的种类和奖励等级，加大对战略科学家、科技创新领军人才、高技能人才、青年科技人才和"双创"团队奖励的力度。

（3）加强知识产权保护，优化知识产权服务体系。北京要健全知识产权办公会议制度，加快中国（北京）知识产权保护中心和中国（中关村）知识产权保护中心建设，在高端服务业领域开展专利快速审查、快速确权和快速维权的行动计划。要设立以政府出资为主导的知识产权保护创新服务平台和全市统一的公共信用信息服务平台，整合行政、司法、金融、中介服务等多方资源，针对知识产权的创造、申请、索引、鉴定、管理、实施、转化、交易、融资、纠纷、仲裁等服务环节，提供精准便捷的"一条龙"服务。要建立以信用承诺、信息公示、联合奖惩为核心机制的信用监管体系，为守信者提供"容缺受理"和"绿色通道"便利措施。要提升知识产权专业化服务能力，大力培育知识产权运营试点单位，加速构建平台、机构、资本、产业"四位一体"的知识产权运营体系，有效解决企业和个人在知识产权保护方面遇到的各种难题，加大知识产权保护力度，严打、严办失信和造假案。要通过知识产权全价值链的高效便捷保护机制，做大高端服务业领域的知识产权交易市场，推动知识转化为专利，专利转化为股份，股份转化为收益，以打通专利产品化和产业化的渠道，充分释放知识和创新成果对北京高端服务业发展的引领作用。

（4）适应新时代动力变革，着力发挥创客、极客、痛客的作用。当今以"互联网＋"和智能服务为代表的高质量发展，需要转换动能，广泛采用新一代信息技术，推进现代化经济体系和现代产业体系建设。这就要用"互联网＋"的新思维，看待创客、极客、痛客等创新型企业对新技术、新产品、新作品、新模式、新业态、新产业发展的催化和导向作用。对"双创"者创办创新型企业，不仅需要做好政府的服务工作和激励政策扶持工作，而且需要营造良好的社会化创新生态环境。要打造良好的创新生态环境，就必须着力培育一批创新型的科技企业孵化器、工程中心、生产力促进中心和产业联盟等创新服务机构，进一步集成现有科技创新平台和中介服务机构的资源，优化全方位的生活服务保障体系，形成一批线上线下结合、功能多样、特色鲜明的"众创空间"和创业社区，吸引天使投资和风险投资向"双创"者和创新型企业注资，共同推进创新型企业的高质量快速增长。同样，在现有企业内部也要营造"双创"环境，搭建内部"微循环"创新生态体系，激励内部职工设立"双创"团队，拨付专项资金，专职开展专项创新活动，大力培育企业内部的创客、极客、痛客，形成企业内生变革力量，推动企业创新发展和组织结构演进。

（5）强化企业创新主体地位。要建立全方位的科技创新投资保证体系及其投资风险的化解和担保机制，引导企业培育创新文化，建立企业技术研发中心和创新智库，主动与科研院所和高校结成科技创新战略联盟，持续保持科学合理的研发经费投入强度。尤其是对国有大中型企业而言，要把年度研发经费投入强度作为硬约束指标，纳入预算和督查事项，确保有效落实。要建立第三方研发投入和创新成果的咨询评估机构，对不同类型、不同规模企业的年度研发经费投入强度指标实际完成情况，进行持续跟踪评价，并由财政出资设立专项研发奖励基金及其年度奖励办法，对完成情况好的企业予以奖励。为促进科研成果的产业化发展，政府可以结合专项科技投资，设立科技成果产业化扶持基金和担保基金，一方面用于支持科技成果的实际应用及其示范工程建设；另一方面，用于创新产品的政府采购，扶持创新产品的规模化和品牌化发展。

（6）加快拓展与创新发展相适应的直接融资渠道。按照企业生命周期理论，企业发展要经历种子期、初创期、成长期和成熟期。在企业进入成长期之前，"双创"者的行为往往表现为产品技术创新、商业模式创新和新兴业态诞生，自筹资金、担保能力和政府创业投资都十分有限，也不易获得银行信贷资金支持和公募上市筹资。这表明，创新发展必须开辟更为有效的直接融资渠道，根本解决"双创"者或创新型企业融资难、融资贵的问题。为此，可以采取的主要措施有，政府应允许"双创"者或创新型企业自主发行"创新券"，并建立与之相对应的、定向募集政府专项科技发展基金的"创新券"发行市场，以改变政府专项科技发展基金的使用方式，强化"双创"者自主筹资能力。政府专项科技发展基金也可以通过公益参股和无息贷款的方式，投资于天使投资基金和种子基金，以加大对"双创"者或创新型企业的资金支持力度，提高资金使用效果。要采用政府购买服务的方式，设立民营基金管理服务平台，引导民营基金投资于创新型企业和有发展前景的研发项目。要鼓励国有创业投资企业、科研院所、高校和科技产业园利用自有资金与社会资金合作，共同设立天使投资和风险投资，参与对创新型企业的股权投资。要拓展股权转让、私募股权投资、众筹等融资渠道，以多元融资方式支持创新型企业成长。要继续完善主板、中小企业板、创业板、三板、新三板等股权市场，采取有效措施推动新建、尚未盈利的创新型企业在新三板上市融资，积极搭建四板场外市场和区域性股权交易市场。要建立各种形式的担保、股权融资和债权融资机制，发展企业集合债券、私募债券等债券融资工具，拓展融资租赁市场，加大资产证券化力度，鼓励投资银行、商业银行和其他金融机构更灵活地提供金融产品服务，以拓宽创新型企业的融资渠道，增加社会资本投入。

（7）加强与中央在京创新资源的沟通与对接。在北京创新资源中，中央占大头和绝对优势，北京必须主动与之对接，进一步完善部市会商、院市合作等中央与地方协同创新机制，为在京的科研院所、高校、创新型企业等创新主体提供便捷、高效的服务保障。特别是针对三大科学城的建设，北京必须主动与中央有关部门协商，做好服务工作，共建共享科技基础设施和创新服务平台。北京要主动对接利用国家重点实验室、国家工程技术研究中心和国家大科学装备等资源，主动与中央企事业单位业合作，建立产学研用一体化的协作机制和产业联盟，促进中央企事业单位的科技创新成果就地在京转化。

2. 集聚发展战略

集聚发展战略不单纯研究产业在空间的集中布局，也分析产业集聚的动力和运作模式。按照产业集聚理论，相关企业在特定区域内集群，形成产业园，产业园内的企业就可以获得"外部经济"。其主要表现是同类企业集聚越多，劳动力、资金、能源、运输及其他专业化资源的供给就越多，从而导致整体产业的平均生产成本下降和劳动生产率的提高，这是地理上分散布局的企业无法获得的竞争力优势。决定产业集聚的成因，有政府与市场两种基本主导模式。在政府主导模式下，产业集聚的空间位置、规模大小和效益高低都可以由政府决定，政府可以运用行政法律手段，制定各种产业扶持政策和人才引进激励政策，迅速促成新的产业集聚区崛起，无需通过内生性生产要素的积累，逐步形成产业集聚区。但在市场主导模式下，产业集聚突出强调两点：一是企业之间要形成动态集群，进行各种形式的分工协作，建立以特色化、专业化、柔性化生产方式为基础的协作关系，允许在整个生产服务过程中，"插入兼容性企业"，尤其是生活性服务企业和单位，形成宜居宜业的综合型产业集聚区；二是产业集聚要着力于产业价值链的高端，通过关键技术、核心技术、人才资本和专业知识的掌控，运用高科技手段，电子信息网络，增强向外的辐射力，覆盖和争夺跨区域的分散市场，形成虚拟集群、柔性集群与地理集聚交互融合的网络关系，以提升规模效益。借鉴这些理论观点，针对现实主要问题，北京高端服务业的集聚发展战略，要着力做好以下工作。

（1）对现有产业集聚区进行升级改造。对现有北京高端服务业集聚区的升级改造，要以高点定位、科学规划、明晰资源优势、疏解低效企业和业态、吸引领军人才和领军企业、重构高端新兴业态为基本准则，设立研发投入强度、人均增加值、人均税利、地均税利、地均投资、地均增加值、地均能耗和水耗等硬约束性质量指标，"腾笼换鸟"，突出特色和资源优势，招才引智，搭建精准服务平台，有效提升产业集聚区的规模效益和对外辐射力、影响力。同时，在升级改造过程中，要盘活利用好房地产资源，制定"一区一策"的管用政策，允许将工业用地、集体用地转化为商业用地、公租房用地、幼儿园用地、中小学用地、便民利民商业网点用地，以扩大商业用地、生活性服务用地的供给及其相关服务设施的建设，努力打造服务功能配套、规模效益显著、宜居宜业的高质量产业集聚区。

（2）对新建产业集聚区要严把质量关。按照《总规》部署，北京要集中打造多个规模较大的、新的高端服务业集聚区。这些新产业集聚区的建设具有高质量"样板间"的示范效应，必须严把质量关和效益关，绝不允许"跑马占地"，引入低效企业。为此，政府应高标准制定详细规划，设定质量硬约束准入指标和"一区一策"的特色产业、新兴产业发展目录，配套全方位的生活性服务设施建设布局，着力打造领军人才和领军企业集聚地，并通过领军人才和领军企业，搭建特色化、专业化、柔性化的生产服务分工协作平台，占领产业价值链的高端，形成高质量的企业集群，确保新产业集聚区的规模效益和对外辐射力。

（3）注重企业虚拟集群和跨区域网络集群的发展。北京高端服务业集聚区建设有多种具体类型，有些需要大量占地，靠大体量建筑物支撑，像怀柔科学城建设、冬奥会中心区建设、环球主题公园建设和新机场临空经济区建设等，但有些产业集聚区建设就不需要大量占地和大体量建筑物支撑，像"创业公社"和孵化器建设、文化创意产业园建设、西山永定河文化带建设、律师事务所建设等。对此，政府应对产业集聚区建设实行分类指导，对于占地少、适宜小规模发展的产业集聚区，就不必"一刀切"的疏解或统一整合，而应因地制宜，适度降低有关市场准入的质量指标，严格按照规划布局和土地用途，制定有效的激励机制，引入领军人才和领军企业，由其主导建立企业虚拟集群、柔性集群和跨区域网络集群，使之能够在面对面就地服务的基础上，可以通过虚拟集群和跨区域网络集群，向外辐射，覆盖更广阔的国内外市场和品牌信誉度，提升产业集聚区的规模效益。

3. 融合发展战略

融合发展战略涵盖高端服务业内部各行业融合以及高端服务业与其他产业融合的两部分。按照有关理论，在"互联网＋"和人工智能时代，融合发展的主动力源于生产企业对研发投入、信息技术运用、智能化服务、组织结构扁平化、柔性化生产、产出质量和高收益的高度重视，以及把服务当为竞争手段，把占领产业价值链高端、贴近客户价值等作为不断追求的目标，以试图摆脱单纯生产的束缚，推进产出方式的进化以及产业内部分工的精细化和外置化，激励生产企业和服务企业相互融合发展，整合资源，不断创新，努力开拓新产品、新服务、新市场、新竞争与合作机制，从而有效实现了高端服务业引领、资源优化配置、经济高质量增长的发展格局。有鉴于此，针对现实突出问题，北京实施高端服务业融合发展战略，应着力做好以下几个方面工作。

（1）着力清除阻碍融合发展的障碍。北京高端服务业融合发展遇到主要障碍之一，就是生活性服务业和公共服务业的保障能力不足，缺失高效、便捷性，相关生产要素的成本太高。要解决问题，北京在疏解、整治中，必须着力提升生活性服务业、公共服务业的质量和保障能力，详细规划相关服务设施的布局，采取连锁经营、公投民营、公助民办、线上线下联网集群等方式，有效增加商贸、快递、幼小教育、家政服务等方面的优质供给。同时，要采取财政"普惠"补贴的方式，对企业聘用人员提供房租、"五险"和交通费的补贴，以有效降低人工成本。

针对大数据、物联网、云计算、人工智能等新一代信息应用和技术创新的"瓶颈"，要由政府主管部门牵头，组织专家智库、行业协会、商会以及主要机关、企事业单位协同制定统一的大数据标准，包括数据采集、汇总、集成、存储、安全运营、公开展示的技术标准和服务标准，并建立可视化的数据运营服务平台、交易平台和网络体系，直接对接政府和企事业单位网站以及个人手机端，以消除信息"孤岛"，实现数据资源整合与共享，提升大数据应用价值和信息服务的融合功效。要增加政府对新一代信息技术应用的投资，发挥财政"挤入效应"，吸引社会资本广泛参与，采取公助民办、公投民营的方式，有效解决信息技术推广应用难的问题。要完善诚信监管体系，以原则监管和事后监管为主，最大限度地减少事前和市场准入监管，主动采取政府购买服务的方式，委托中介服务机构建立"信息港"，实时对生产和服务企业的诚信情况进行跟踪测评和综合评估，对征信差的企业和个人要列入"黑名单"，及时向社会公布。要善于运用"互联网＋"的思维，立足长远和创新发展，有效协调融合发展中的固化利益冲突，建立健全产业融合发展的机制和政策体系，广泛采用各类新技术和新的管理模式，对产业融合的"痛点"进行"消炎"和升级改造，推动产业结构升级、业态创新、链条优化、资源深度整合和共享，努力打造新组织模式、新商业模式、新业态、新产业，实现创新融合发展和高质量融合发展。

（2）提升高端服务业内部各行业相互融合、创新发展的水平。要借助"互联网＋"整合资源，集聚创新型人才，形成科技金融、科技文化、科技商务、文化金融、数据娱乐文化、虚拟现实影视、会展旅游、网上商务、网上娱乐、网上金融等新兴业态和新兴产业，全面提升高端服务业的智能化、可视化、融合化、集约化、便捷化、差异化和多样化水平，更好地服务于工农业生产发展和市民生活水平的提高。

（3）促进工业生产的高端化。在大力疏解一般制造业的前提下，北京工业发展必须依据建设智能制造示范区的新要求，着力发展智能制造、绿色制造、集成电路和新能源汽车等"高精尖"工业，其本质就是绿色、智能和高端化，突出研发、技术创新和占领产业价值链高端环节的定位，促使工业与高端服务业的融合，靠研发和技术创新引领，舍弃低技术、低成本规模化生产方式。

要实现高端服务业与工业融合发展，北京必须对现有工业开发区进行资源整合、转型升级改造，着力提升科技含量、智能化水平和生态效益。一方面必须在工业开发区内引入高端服务业的内容，特别是研发设计和技术创新平台以及技术交易和网络营销平台等，使之成为依托科技服务业和信息服务业支撑的、综合功能配套的、占领产业链高端的智能制造示范区；另一方面，园区内的工业企业必须招才引智，追加研发投入，专注对接高端服务业的产业链，紧盯"互联网＋工业"和"互联网＋服务"的发展进程，着眼于同众创、创客、极客和痛客的融合发展，用"互联网＋工业"构成高技术创新的服务体系，形成创新发展的新机制和新动力，向拥有核心技术和品牌的高端服务企业的方向转变，以铸就工业高端化发展的新格局。

（4）促进农业高质量发展。北京农业发展定位于绿色、科技和服务，以林业和承担生态环保功能为主。按照《总规》新要求，畜牧业要疏解，以提升生态环保功效；基本农田红线也只有150万亩，种植业发展没有增长潜力。在此条件下，北京农业只有通过与高端服务业的融合发展，才能获得发展机遇。具体发展模式，按照定位和现代化的要求，可以采用"大数据＋电商物流＋金融"的生产服务方式，在确保农产品绿色品质的前提下，把农产品生产基地与网络营销、物流配送、电子支付、互联网普惠融资等环节有效衔接起来，形成农产品全产业链的运营平台，促进农业与高端服务业的融合发展，有效解决农业提质增效和农民增收的问题。同时，要大力推进生态农业、科技农业、种子农业、无土栽培农业、观光旅游农业、休闲娱乐农业、会展农业和网络营销农业的发展，让农业融入更多的高端服务业的实际内容。当然，在实践中由于农业自身资本积累能力有限，农村也缺乏创新型人才，要发挥土地、生态资源和绿色农产品的优势，实现融合发展，就必须招才引智，寻求政府投资，吸引社会资本。为此，政府要着力做好新农村振兴规划，明确农业与高端服务业融合发展的主攻方向、特色和生态资源优势，加大对村镇服务设施和基础设施的投资，制定农村集体建设用地和农民宅基地市场化运作的具体办法，通过招才引智、土地租让的方式，打造有特色、符合融合发展标准的农业科技园、观光休闲园和旅游文化小镇，以促进农业与高端服务业融合发展，形成农业高质量发展的新格局。

（5）促进低端服务业高效、便捷发展。北京低端服务业不仅面临疏解、减负的重任，而且也有升级改造、提质增效和补短板的发展余地，迫切需要与高端服务业相融合，形成便捷、高效的新业态，包括新零售、新商贸、新物流、新教育等。具体可以采取的主要战略措施是，运用"互联网＋"的技术手段，实现线上线下"一条龙"服务和智能化服务，包括推行网上购物、网上订票、网上订餐、网上医疗、网上教育、智能零售店、智能运输仓储等，以促进低端服务业的高效、便捷发展。

4. 区域协同发展战略

在京津冀协同发展背景下，按照北京市发改委《三年计划》的部署，北京不仅要加快向津冀疏解高端服务业中的低端部分，而且要与津冀协作，共建"4＋N"的科技产业园，推动形成京津冀协同创新发展的共同体，这是北京高端服务业区域协同发展的战略重点。按照这一战略部署，北京高端服务业的创新发展就不能"一枝独秀"，必须具有带动津冀协同创新发展的辐射力和融合力，承担起完成建设以首都为核心世界级城市群和创新发展引领区的重任。据此，北京高端服务业区域协同发展，必须围绕共建创新发展共同体的战略主攻方向，着力做好以下工作。

（1）营造良好的共建创新发展共同体的生态环境。京津冀三地政府要主导设立协同创新发展基金或投资有限公司，资金来源由北京出大头、天津出中头、河北出小头、吸引社会资本加入，资金用途主要是改善津冀协同创新发展的生态环境和公共服务设施，以按照《总规》布局指明的协同发展功能区和轴线方向，进一步拓展科技产业园建设或协同创新示范基地建设。在此基础上，北京市政府要引导企业加大动力，津冀两地要增强拉力，科技产业园区要凝聚吸引力，通过深化改革，完善营商环境，提升公共服务水平，配套相关产业优惠政策，招才引智，搭建针对"痛点"的精准创新服务平台，促使身在北京的创新型人才和创新型企业能够真正离开北京，"安家"津冀。

（2）建立统一的科技成果转化服务体系和交易市场。京津冀三地要联合建立标准统一的科技成果数据库，制定科技成果统一登记和信息共享规制，定期筛选一批技术先进、产业化前景良好的科技成果，优先在三地科技产业园应用示范和推广，并在津冀组建规模化生产基地。同时，京津冀三地要协作共建标准统一的技术交易市场、技术交易联盟及其相关的技术交易服务体系，联合建立新技术、新产品的采购平台和技术转移转化平台，共同推进技术交流和科技成果转化。

（3）对在津冀效益不佳的、由中关村国家自主创新示范区主导打造的科技产业园进行升级改造。升级改造的办法，主要是制定质量约束硬指标和改善营商环境，一方面"腾笼换鸟"，通过引进领军企业和领军人才，着力培育当地龙头企业和高端人才，形成内在科技创新驱动力；另一方面，发挥资源优势，提升服务水平，凝结文化向心力和吸引力，促使在京企业安心在津冀落户，根本解决"身在曹营心在汉"的问题。

5. 国际化发展战略

在美国挑起中美贸易战和国际贸易保护主义盛行的新形势下，北京要积极融入"一带一路"国家发展战略，紧紧抓住新一轮服务业扩大对外开放综合试点的机遇，全力推进高端服务业的国际化发展战略。其战略的主攻方向是引进和利用国际人才、扩大利用外资和对外投资、解决旅游服务贸易逆差的问题。围绕这三大主攻方向，北京可以采取以下主要战略措施。

（1）引进与利用国外当地人才相结合，扩大国际人才队伍。就引进国际人才而言，政府应通过岗位特聘、放宽人才签证、加大海外寻访力度、深化外籍人才出入境管理改革试点等多种方式，加大国际人才引进使用力度。要针对领军人才、国际顶级人才的实际工作需要，一方面深化财政科研项目和经费管理改革，落实项目承担单位和科研人员的自主权，赋予其更大的技术路线决策权、经费支配权和资源调动权；另一方面，要提供包括高等级职务职称、创办研发机构、设立经营场所和服务平台、配偶和未成年子女随迁、子女教育、购租住房、小客车指标摇号等方面的优惠政策。就利用国外当地人才而言，要通过在国外搭建创新服务平台、创建孵化器、设立研发机构、开办技术交易市场、资助研发经费等方式，有效实施。具体运作办法要以企业为主，政府要鼓励、提倡，做好辅助服务工作。

（2）努力扩大利用外资规模。要支持高端服务贸易新业态、新模式的发展，鼓励采用新一代信息技术实现高端服务贸易的数字化。要建立来华就医签证制度，完善跨境自驾游的监管措施，允许符合条件的外籍人员在本市提供工程咨询服务等。要鼓励在京设立外商独资或合资金融机构，包括银行、保险、债券、投资、基金、财务等金融机构，并开展相关业务。要设立国际绿色金融改革创新试验区，创新发展绿色金融工具，允许境外投资者直接参与试验区内绿色金融活动。要扩大文体娱乐业和旅游业对外开放，支持在特定区域设立外商独资演出经纪机构，搭建文化展示交流平台，在全国范围内提供服务。要探索文化贸易金融服务创新，设立文化创新发展基金，积极培育新型文化业态。要允许在京设立的外商独资旅行社、中外合资（合作）经营旅行社从事中国公民出境旅游业务。要激励跨国公司研发中心在京发展，创新国际科技合作机制，推进国际高端科技资源与北京创新主体合作。要深化海关通关一体化改革，加快推动关检深度融合，全面落实通关"一次申报、分步处置"管理模式，进一步推广"汇总征税、自报自缴"方式，提高货物通关效率。要全面落实准入前国民待遇加负面清单管理制度，进一步放宽外资准入。要充分利用城市副中心、环球影城主题公园、第二机场等重大建设项目以及新城、特色小镇规划建设项目，给北京高端服务业发展带来的新机遇，引导外商与建设项目相联系的产业开发项目和服务平台对接，展开投资。要完善京交会办会机制和组织模式，丰富京交会的涉外功能和服务内容，建设京交会市场化、网络化服务平台，充分展现北京高端服务业的资源优势、人才优势和对外"窗口"优势，吸引外商投资。

（3）全力提升国际旅游服务水平。北京有享誉世界的独特旅游文化资源优势，并与世界 54 个城市结为友好城市。① 要增强国际旅游市场竞争力，吸引境外人员入境游，解决旅游服务贸易逆差的问题，北京就必须全力推进全国文化中心建设，做好首都文化这篇大文章，讲好"中国故事"和"北京故事"，以培育和弘扬社会主义核心价值观为引领，以历史文化名城保护为根基，以世界文化遗产、"三山五园"、中轴线和非物质文化遗产为名片，以地标性建筑物为载体，以大运河文化带、长城文化带、西山永定河文化带为抓手，推动公共文化服务体系示范区和文化创意产业引领区建设，有效增加文化产品特别是有北京特色文化产品的供给，挖掘和拓展文化产业市场，大力发展跨境文化电子商务，鼓励和支持文化企业"走出去"，增强首都文化的软实力及其对国际的辐射力和影响力。在此基础上，就提升北京国际旅游服务水平而言，可以采取的主要措施：一是在打造特色旅游景区的基础上，按照国内外规范的服务标准，全面提升运输、金融、医疗保健、住宿、餐饮、文体娱乐、商品零售和生态环境保护等方面的服务水平；二是加大国际宣传力度，定期在友好城市国家开展旅游宣传周活动，推介北京独特的旅游文化产品，提升北京旅游品牌的知名度和美誉度；三是加强国际旅游合作，建立国内旅行社与国外旅游机构之间的产业联盟，开放国内旅游投资市场，鼓励外商投资国内旅游景区和景点的建设；四是创新发展国际旅游组织和旅游方式，提供国际旅游便利，开发形式多样的国际旅游产品，包括工业旅游、会展旅游、商务旅游、文化节旅游、花卉节旅游、农业观光旅游、农家乐旅游、医疗旅游、教育旅游、休闲健身旅游、体验旅游、房地产旅游、奖励旅游等，做大做强有特色的国际旅游服务；五是提高全民旅游服务意识，人人自觉用文明行为和互助行为，代言旅游宣传和服务。

（4）有效扩大对外投资。北京高端服务业对外投资，要积极融入"一带一路"国家发展战略，加强与"一带一路"沿线国家和地区的交流合作，一方面打造链接全球创新网络体系，集聚全球创新资源；另一方面，精选相关科技输出项目，避免盲目对外投资。在具体投资实践中，

---

① 北京市统计局：《北京统计年鉴 2017》，中国统计出版社 2017 年版，第184 页。

要认真总结以往开展对外投资的经验教训，有效掌握国际科技投资的方式、发展趋势、技术诀窍、市场规则、营销网络、组织办法和风险规避，以降低对外投资的风险，坚定扩大对外投资的信心和勇气。要采取领军企业牵头、政府协助、企业分工合作、综合服务配套（金融、商务等）、"集体下海"的方式，扩大对外投资，提高国际市场竞争力。要设立政府专项基金，支持有实力、有品牌、领军型的科研类企业，开展跨国研发、跨国技术产品营销、跨国搭建创新服务平台和跨国企业并购的经营活动。

参考文献

1. 何立峰：《大力推动高质量发展，积极建设现代化经济体系》，《宏观经济》2018 年第 7 期。

2. 杨仁发：《高质量现代化经济体系的基本内容》，《区域经济评论》2018 年第 7 期。

3. 曾飞等：《共享经济为高质量发展注入新活力》，《经济日报》2018 年 8 月 16 日。

4. 王江等：《北京与其他世界城市高端服务业发展的比较研究》，《经济体制改革》2014 年第 5 期。

5. 陆晓艺：《河北省高端服务业创新发展策略研究》，《经济师》2017 年第 4 期。

6. 赵弘：《聚焦京津冀协同发展》，北京出版社 2018 年版。

7. 王冠凤：《中国高端服务业发展驱动因素研究》，复旦大学出版社 2017 年版。

8. 黄晨等：《科技创新中心形成的影响因素研究》，《北京交通大学学报》（社会科学版）2018 年第 7 期。

9. 陈瑞萍：《基于创新驱动视角的我国高端服务业集聚效应研究》，《商业经济研究》2017 年第 9 期。

10. 王德新：《构建京津冀协同发展的现代产业体系研究》，《天津行政学院学报》2018 年第 3 期。

11. 朱晓青：《北京市高端服务业发展研究报告 2017》，中国社会科学出版社 2017 年版。

第二部分　分报告

北京科技服务业发展

贺　艳[*]

党的十九大报告指出，推动互联网、大数据、人工智能和实体经济深度融合，加快发展现代服务业。科技服务业是现代服务业的重要组成部分。2017 年 12 月，北京市发布重点发展的 10 个高精尖产业，科技服务业就位列其中。在北京围绕"四个中心"的城市功能定位和建设国际一流和谐宜居之都的背景下，科技服务业成为创新发展的动力引擎。2017 年科技服务业发展呈现良好态势。随着实施减量发展和推动高精尖结构的调整，如何进一步提升科技服务业竞争力，加快科技服务业发展，不仅对首都经济的转型升级有着重要意义，对全国科技服务业发展也具有示范引领作用。

一　北京科技服务业发展的基本原则和主要任务

2017 年 12 月北京市出台了《加快科技创新发展科技服务业的指导意见》，明确了北京科技服务业发展的基本原则和主要任务，对加快北京科技服务业发展，促进科技经济深度融合有着重要意义。

（一）北京科技服务业的基本原则

新形势下北京科技服务业的发展，应把握首都城市战略定位，发挥首都科技资源优势，以满足科技创新需求和提升产业创新能力为导向，形成创新引领的科技服务体系，为高精尖产业结构服务。为此，北京科技服务业发展应坚持以下原则。一是坚持创新驱动。把创新作

* 贺艳，中共北京市委党校经济学教研部副教授。

为科技服务业发展的根本动力，依托各类创新载体，推动技术集成创新和商业模式创新，不断提升科技服务业发展质量和水平。二是坚持高端引领。聚焦科技服务业重点领域，做强优势产业，培育新型业态，发展高端环节，推动科技服务业向形态更高级、结构更优化的方向发展。三是坚持服务导向。把服务创新创业作为发展科技服务业的根本出发点，围绕创新链配置科技服务资源，建立覆盖科技创新全链条的科技服务体系。四是坚持协同推进。强化部门协同、市区联动，充分调动各类市场主体的积极性，加强资源共享、优势互补，形成推动科技服务业发展的合力。

（二）北京科技服务业的主要任务

北京科技服务业的发展目标是：到 2020 年，打造一批具有国际影响力的科技服务龙头骨干企业，培育一批拥有核心技术的科技服务高成长企业，涌现一批服务模式新的科技服务创新型企业。为此，科技服务业要从以下几方面着手。一是加快发展科技金融服务业。深化科技金融改革，积极推动科技和金融结合。二是壮大提升工程技术服务业。加强工程技术服务领域技术创新，积极发展高铁、核电、电力、能源等工程技术服务，打造知名服务品牌。三是做优做强研发服务业。围绕创新链完善研发服务链，积极培育研发外包服务业，支持各类新型研发机构和研发型企业发展。四是做精做深设计服务业。大力发展产品设计、建筑与环境设计、视觉传达设计、服装时尚设计等，着力提升设计创新能力，推进设计和相关产业融合发展。五是积极发展创业孵化服务业。发展专业化创业孵化服务，打造专业化双创园区，引导创业孵化机构为"硬科技"创新提供支撑，推动创业孵化服务与实体经济紧密结合。六是着力培育科技推广与技术转移服务业。搭建技术转移网络体系，激发高等学校、科研机构技术转移活力，发展壮大市场化技术转移服务机构。七是加快培育知识产权服务业。不断完善知识产权代理、法律、信息等基础服务，大力发展知识产权评估、价值分析、交易、转化、投融资、运营、托管、商用化、咨询等高附加值服务，为科技创新提供知识产权保障。八是支持发展检验检测服务业。支持第三方检验检测机构拓展服务领域，积极推动检验检测公共服务平台建设。九是大力发展科技咨询服务业。积极发展战略咨询、管理咨询、工程咨询、信息咨询等专业化咨询业务。

二 北京科技服务业发展情况

（一）科技服务业规模不断扩大

北京的科技服务业得到快速发展，已成为北京经济发展的支柱产业。2017 年科技服务业产值 2859.2 亿元，比上年增长 13.82%，比地区生产总值增速高出 4.7 个百分点，占地区生产总值的比重达到 10.2%，比 2016 年的占比进一步增加。五年以来，北京科技服务业增加值增长迅速，规模不断扩大，占 GDP 的比重逐年增长（见表 2 - 1）。科技服务业收入已突破万亿级规模，2016 年科技金融、工程技术、研发服务、设计服务、创业孵化、科技推广与技术转移、知识产权、检验检测、科技咨询服务 9 个主要领域总收入达 1.15 万亿元。科技服务业利用外资增长也较快，2017 年科学研究、技术服务和地质勘查业利用外资共 202393 万美元，比上年增长 28.5%，占实际利用外资的 8.3%。[1] 2018 年上半年，北京市新设服务业企业 8.4 万家，其中，科技服务业、租赁和商务服务业企业合计占比超过一半，同比提高 1.7 个百分点。可见，科技服务业无论是增加值、利用外资额还是新增企业，都有显著增长。

表 2 - 1　　　　　**2013—2017 年北京科技服务业产值及占比情况**　单位：亿元;%

年份	地区生产总值	产值	占 GDP 比重
2013	20330.1	1783.2	8.8
2014	21944.1	2021.9	9.2
2015	23685.7	2226.2	9.4
2016	25669.1	2512.0	9.8
2017	28000.4	2859.2	10.2

数据来源：《北京统计年鉴 2018》《北京市 2017 年国民经济和社会发展统计公报》。

---

[1]　北京市统计局：《北京市 2017 年国民经济和社会发展统计公报》，2018 年 2 月 27 日，北京市统计局网站。

（二）科技投入和成果增长迅速

北京科技服务业的快速发展，得益于科技投入的不断增长。近年来，研发投入逐年增长，增长率都保持在7%以上。2017年研究与试验发展（R&D）经费支出1595.3亿元，比上年增长7.5%（见图2-1），相当于地区生产总值的比例为5.7%，位居全国首位。随着科技投入的不断加大，科技成果大量涌现。2017年，北京地区单位获得国家科学技术奖78项，占全国通用项目获奖总数的36.1%。2017年北京市专利申请量与授权量分别为18.6万件和10.7万件（见表2-2），授权量比上年增长4.5%。其中，发明专利申请量与授权量分别为9.9万件和4.6万件，增长1.8%和11.3%；有效发明专利20.5万件，增长26.3%，增幅较大。全市研究与试验发展（R&D）活动人员38.8万人，增长3.9%。每万人口发明专利拥有量为94.6件，是全国平均水平的9.6倍，比上年增加17.8件。2018年1—5月，全市大中型重点企业研究与试验发展（R&D）经费内部支出198亿元，同比增长14.2%，增速比上年同期提高9.1个百分点。从产出看，全市大中型重点企业实现新产品销售收入1214.5亿元，同比增长5.9%；每亿元研发经费拥有有效发明专利数为234.7件，同比提高20.3件。大中型企业的研发投入和成果增速明显。从国际来看，北京综合科技创新数量也居前列。英国《自然》杂志刊登"2017自然指数——科研城市"，北京在全球500个科研产出城市中居于首位。

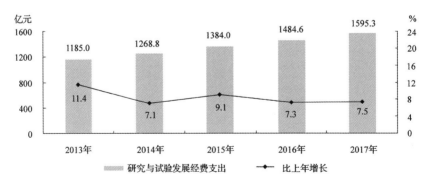

图2-1　2013—2017年研究与试验发展经费支出及增长速度

数据来源：《北京市2017年国民经济和社会发展统计公报》。

表 2 - 2　　　　　　2013—2017 年北京市专利申请量与授权量　　　单位：万件

年份	专利申请量	专利授权量
2013	12.3	6.3
2014	13.8	7.5
2015	15.6	9.4
2016	18.9	10.1
2017	18.6	10.7

数据来源：《北京统计年鉴 2018》《北京市 2017 年国民经济和社会发展统计公报》。

（三）科技成果转移转化进一步提高

2017 年，北京市认定登记技术合同 81266 项，比上年增长 8.4%；成交额 4485.3 亿元，增长 13.8%。流向本市、外省市和出口技术合同成交额分别为 1193.9 亿元、2327.3 亿元和 964.1 亿元。其中，输出津冀技术合同成交额 203.5 亿元，增长 31.5%[①]，增幅较大。2018 年 1—4 月，全市认定登记技术合同 20469 项，比上年增长 14.7%；成交额 1212.6 亿元，增长 19.0%。流向本市、外省市和出口技术合同成交额分别为 332.1 亿元、702.8 亿元和 177.6 亿元。其中，输出津冀技术合同成交额 47.8 亿元，增长 18.8%。[②] 可以看出，这两年北京科技成果转移转化水平进一步提高，并且随着京津冀协同发展战略的落实，北京地区科技成果转化到天津和河北的数量显著增长，辐射力不断增强，带动了周边地区的发展。北京作为全国科技创新中心，科技成果除了在京津冀地区转移转化外，还流向全国其他地区和国外。2017 年，北京流向国内其他省区的技术合同成交额占全年成交额的 52%，覆盖全国 350 多个城市；出口技术合同成交额占到 21%，北京作为全国科技成果交易中心和国际技术转移枢纽的地位进一步增强。

（四）科技服务业对产业发展的支撑服务能力明显增强

科技服务业对产业发展的服务能力不断提升。北京市目前已有 160 多

① 《2017 年北京技术市场统计年报》，2018 年 9 月 25 日，北京技术市场管理办公室网站。

② 《2018 年 1—4 月监测报告》，2018 年 5 月 21 日，北京技术市场管理办公室网站。

家国家级众创空间、210 多家市级众创空间、90 多家创新型孵化器、21 家大学科技园，形成由集中办公区、创新型孵化器、创客小镇、专业园区等不同载体构成的能够满足创业企业不同发展阶段需求的双创生态体系。其中作为科技孵化器的重要代表中关村创业大街及入驻机构累计孵化团队 1900 个，获得融资 743 个，融资成功率达 39%，总融资额达 91.04 亿元。2018 年 6 月，北京成立了百亿级的科技创新基金，为科技创新提供资金支持。创新基金周期为 15 年，其母基金规模是 300 亿元，由北京财政和 4 家国有企业出资 200 亿元，金融机构出资 100 亿元，预计在二级市场可以放大到 1000—1500 亿。科技创新基金计划 50% 投在原始创新，30% 投在科技成果转化环节，20% 投在高精尖经济领域。在科技服务业大力发展下，北京科技企业发展迅速，截至 2017 年底，北京市拥有国家高新技术企业 2 万余家，规模以上高新技术企业全年总收入预计超过 2.2 万亿元，高新企业税收总额占到北京总税收的 34%，科技型企业超过 50 万家，独角兽企业达 67 家，在全球仅次于硅谷。一批新型研发机构相继成立，北京量子信息科学研究院、北京脑科学与类脑研究中心成立。全球健康药物研发中心、石墨烯研究院新型研发平台纷纷落地。一批标志性装置相继问世，子午工程、凤凰工程等累计 13 个国家重大科技基础设施投入运行或正在建设。

（五）科技服务业发展的政策支持不断加强

为加快北京科技服务业发展，充分发挥科技服务业对科技创新和产业发展的支撑作用，促进科技经济深度融合，推动构建高精尖经济结构，政府出台了一系列政策措施。2017 年 12 月北京市委发布了《加快科技创新发展科技服务业的指导意见》，为科技服务业指明了发展目标和主要任务。随后，一批支持创新发展的政策基金推出，设立了北京科技创新基金、北京市政府投资引导基金等，吸引社会资本共同投资高端"硬技术"创新，解决企业融资难、融资贵问题。北京还印发了《首都科技创新券资金管理办法》，推出首都科技创新券，用于向小微企业和创业团队发放创新券，以及用于支付政府购买创新券过程管理的服务费用。截至 2018 年 5 月已累计投入使用 1.4 亿元创新券资金，支持 2115 家小微企业和 111 家创业团队，合作开展 2402 个创新券项目。北京市还将编制《北京市促进金融科技发展规划（2018—2020）》，打造以金融监管科技为核心、金融创新应用领域为支撑的产业集聚格局。

三　北京科技服务业当前存在的问题

（一）科技创新优势需进一步发挥

北京作为全国科技创新中心，应在全国发挥科技创新的引领作用，但北京的科技创新优势并没有充分发挥出来。北京汇聚了大量的高校、科研院所、国家重点实验室、技术研究中心、高新技术企业等机构，仅大学就有91所，具有法人资格的科研机构将近1000余家，科技资源、人才资源十分丰富。但科研成果总体还较少，特别是基础研究的投入和成果还很不够。十九大报告指出，"要瞄准世界科技前沿，强化基础研究，实现前瞻性基础研究、引领性原创成果重大突破。" 2016年，北京全社会研究与试验发展（R&D）经费投入中，基础研究的经费为211.2亿元，同比增长10.6%，占全社会研究与试验发展（R&D）经费的比重为14.2%，相对于应用研究和试验发展的投入占比还较低（见图2-2）。因此，要大力加强基础研究，推动科技创新成果不断涌现。

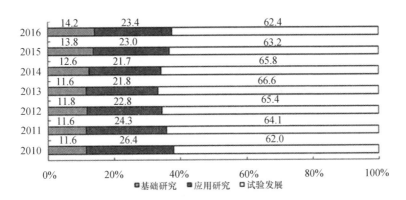

图2-2　2010—2016年北京市研究与试验发展（R&D）经费构成

数据来源：《北京统计年鉴2018》。

（二）科技金融对产业发展的支持有待增强

北京已成为活跃的科技金融创新中心，各种天使投资、风险投资、股权投资快速发展，有力地支持了科技创新和产业发展。但有不少风险投资资金往往选择风险低、收益好、见效快的项目进行投资，投资风险高、周期长的项目较少，风险投资的功能发挥不够。以财政资金作为运作的风险投资基金，由于保值增值的要求，企业不敢投入，导致风险投资还是传统意义上的股权投资。这和发达国家相比差距较大。美国风险投资一直保持较大规模，2006—2015 年增长了 1 倍。在企业成长各个阶段都有介入，特别是在企业初创期、扩张期比例较大，基本保持在 70%左右。2015 年，风险投资重点行业是软件、生命科学两大领域，占 57%，生命科学获得投资支持占 17%。北京的科技金融还远不能满足科技创新的需要，需要借鉴美国风险投资的经验，积极支持产业发展。

（三）新型科技中介服务机构发育不够

一是市场化运营不够。目前，在北京地区运营的技术转移中介机构，大部分是法人内设机构（如高校、科研机构的科技处、科技开发部等）、由政府职能转变而衍生的机构（如生产力中心、技术交易中心等）、由官办协会主办的机构（如科技开发交流中心、科技咨询服务部等），或多或少有政府背景，离开政府的支持很难生存，更谈不上发展壮大。同时，产权不明晰，没有形成产权多元化，对技术经纪人的激励约束不够，因此真正意义上的新型科技中介服务机构不多。二是专业化程度不高。大多数技术中介机构停留在有项目就做的阶段，不能专注于特定领域，长期不懈，提供精准周到细致的服务。技术服务高质量精细化需求与科技中介服务机构的粗放式运营不相匹配。

（四）知识产权服务业有待加强

在我国加速转变经济发展方式的关键时期，全社会的自主创新活力得到进一步释放，企业对高质量、多元化的知识产权服务需求愈加强烈，为知识产权服务业发展提供了机遇。目前，北京市拥有全国 30% 的专利代理机构、40% 的执业专利代理人规模，承担了全国 30% 的专利代理申请业务，取得近 60% 的营业收入，发展规模和代理质量处于领先地位，在全国起到引领示范作用。随着知识产权服务业电商的出现，不仅催生了一些新型的知识产权服务商业模式，对知识产权服务方式以及盈利模式也产生了影响。但与此同时，也进一步暴露出互联网环境下监管滞后与不足、市场主体急功近利、诚信意识欠缺等问题。新形势下，如何满足企业对高质量、多元化知识产权服务的需求，如何应对知识产权新业态出现的新问题等，都使得知识产权服务业需要进一步加强。

（五）京津冀科技服务业协同发展不够

京津冀三地由于科技服务业发展的特点不同，使得三地的科技服务业协同发展比较困难。北京是全国的科技创新中心，拥有丰富的创新资源和强大的研发实力，科技服务业规模大、竞争力强，科技服务体系较为完善。天津创新能力逐步增强，研发转化能力较为突出。河北科技服务市场需求巨大，但存在科技服务业市场主体发育不健全、服务机构专业化程度不高、高端服务业态较少等问题。京津冀三地还需结合自身科技服务业发展特点，发挥地区优势，形成协同发展态势，同时北京要发挥科技服务业的辐射带动作用。

四　对策建议

习近平总书记在 2018 年的两院院士大会上强调，"形势逼人，挑战逼人，使命逼人。"强调要强化战略导向和目标引导，强化科技创新体系能力，加快构筑支撑高端引领的先发优势，加强对关系根本和全局的科学问题的研究部署，在关键领域、卡脖子的地方下大功夫，集合精锐力量，作出战略性安排，尽早取得突破，力争实现我国整体科技水平从跟跑向并行、领跑的战略性转变。北京科技服务业更要发挥高端引领作用，推动科技创新大力发展。

（一）发挥科技创新主体的作用

北京科技服务业发展最重要的是要加大科技创新，充分发挥北京科技、教育资源优势，调动科技创新主体的积极性。一是要有针对性地采取措施，使企业真正成为科技创新主体。企业是创新的主体，是推动创新创造的生力军。正如恩格斯所说："社会一旦有技术上的需要，则这种需要就会比十所大学更能把科学推向前进。"针对大型企业特别是中央企业过多依靠国家计划，利用其特殊的垄断地位获取利润的情况，赋予它们有科技成果贡献率考核的任务，明确规定其对研发投入和科技成果转化的任务，改变大型企业对创新动力不足的状况。二是鼓励中小企业与高校、科研机构对接，将企业技术需求与高校、科研机构的技术研发和创新供给紧密结合，在市场导向下进行科技成果转化，最终实现创新链、产业链和市场需求有机衔接。三是要改变高校、科研机构过去以完成课题情况为中心的科研成果评价机制，将科技成果的转化纳入高校、科研机构综合改革统筹考虑。在政策、体制机制、考核评价等方面引导，支持教师、科技人员把创新成果同产业对接、把创新项目同现实生产力对接。

（二）推动科技金融服务业发展

北京要发挥在科技金融领域的已有优势，大力扶持国内企业的科技创新活动。2017 年 7 月，中国首家定位于科技金融并且服务创客、创投和创新型企业的银行——中关村银行开业。中关村银行借助得天独厚的区位优势和天然的创新创业基因，通过与投资机构和同业合作，积极应用大数据、云计算、人工智能、区块链等前沿技术构建基础平台，发现和服务于未来的瞪羚企业、独角兽和领军企业，能够更好地服务中关村地区的创新创业。此外，要加大引进来和走出去的力度，打造具有全球影响力的科技金融创新中心。一方面进一步放宽国外风险资本投资政策，吸引国际上有影响力的风险投资企业在京参与科技成果转化活动。另一方面，鼓励北京的科技金融资本积极开展对外投资，利用海外优质的科技资源，助力北京科技创新中心建设。在全球范围内选择投资具有发展潜力的优质科技创新企业，并予以相应扶持政策，将部分适合在京发展的优秀企业、先进技术和人才引入国内，落地北京。

（三）推进科技服务业集聚发展

一是要完善科技服务机构体系，推动产业技术创新联盟、重点实验室、工程（技术）研究中心等各类创新平台的资源共享及对外开放。二是加大对创业孵化服务的支持力度，对创业企业、孵化项目从项目立项、银行信贷等方面给予政策优惠。三是加大对科技服务业集聚区的规划、设计、管理，为科技服务业发展创造良好环境。中关村作为科技服务业的集聚区，通过加强统一规划、设计和管理，促进中关村软件城和创新创业孵化一条街、知识产权和标准化一条街、科技金融一条街等区域科技服务业集群发展，形成科技服务业集聚区。

（四）建设科技服务业人才培养体系

2017 年以来，全国各地相继进行抢人才大战，出台各种措施留住人才。北京也需要引进高端人才，尤其是要培养和引进一批复合型科技服务高端人才，推动科技服务国际化人才建设。为此，应注重创新人才的培养与优化配置，注重完善创新人才的激励机制，并营造有利于人才创新的社会环境。加大力度积极推进"科技服务复合型人才"的培养。鼓励大专院校、职业学校、社会各类专业培训机构，开展"科技服务复合型人才"培养项目。创新设置"科技复合型人才"专业。创新开拓"科技服务复合型人才"与众不同的培养模式。积极探索能力培养加知识培养的新方法，积极探索实践式、体验式、导师制、实习制等培养新路。[①]

（五）提升科技服务业知识产权服务水平

知识产权服务对于科技创新和企业发展至关重要。近年来，北京出台了多项政策，鼓励各类知识产权服务机构开展多种形式的服务创新，拓展服务领域、丰富服务模式、提升服务水平。北京市将继续推进知识产权服务一条街建设，关注行业热点，特别是结合知识产权运营公共服务平台、重点产业知识产权运营基金建设，鼓励机构参与知识产权运营，推动开展知识产权评估、信息分析和运用等非代理类新兴知识产权服务机构发展。政府部门应继续加强监管力度营造良好市场秩序，推动知识产权服务标准体系建设与实施。加强管理与服务，为行业发展营造新生态，推动首都知识产权服务业发展。

（六）推动科技服务业国际化发展

一是共建国际创新合作和技术转移的中心。目前北京已和一些国家和地区共建了技术创新合作中心和技术转移机构，例如，与欧洲建设亚欧科技创新的合作中心，与意大利建设技术转移中心，与安大略省建立技术创新的合作中心，与以色列特拉维夫共建创新的合作中心等，鼓励科研院所、企业与区域内世界知名高校和跨国企业建立合作关系，通过青年科学家计划、建立联合实验室、共同申请项目等多种形式，促进双方创新成果的交流，形成面向全球的技术转移集聚区。二是构建国际合作网络。一方面建立实体网络，在北京地域内包括企业、高校、院所、科技园区总共支持了将近400家北京市的国际科技合作基地，这些基地是推进跨国创新合作、技术转移的实体平台；另一个方面建立虚体平台，通过虚拟网络体系加强与国际上转移服务机构之间的合作。三是建立产

---

① 王报换：《推进北京科技服务业发展》，《北京观察》2017 年第 9 期。

业国际协作机制。鼓励企业相关组织与国际组织建立业务联系，并提供政策资金支持；建立企业国际合作服务机制，搭建专业的国际化交流平台，为企业国际业务提供政策支持和信息服务；鼓励北京的科研院所和企业深入参与海外知识产权布局和国际标准化工作，加大对参与国际技术标准制修订的奖励力度，推动将更多自主知识产权成果转化为国际标准。

（七）推动京津冀科技服务业协同发展

推动京津冀科技服务业协同发展，应根据三地资源、环境、市场比较优势，整体谋划、分工协作、共同推进。一是制定京津冀科技服务业协同发展规划，确定三地科技服务业分工布局与功能定位，推进协同发展重点工程，积极完善协同发展体制机制和政策体系，创新区域化的协商机制和沟通协调机制，逐步形成京津冀规划部门协商、职能部门合作的一体化发展局面。二是形成京津冀统一的科技服务业产品市场和要素市场。促进三地市场主体对接合作，提高科技服务资源配置效率，增强产业发展内生动力，实现产业链条有效衔接。三是加强京津冀三地区域创新协作，推动科技创新和科技成果转化，实现科技经济深度融合。四是强化京津冀区域科技创新平台之间的合作。推进三地综合试验区、高新区、创新基地、交易所、创新联盟等区域科技创新平台之间的合作共建，优化分工布局。建立网络化区域协同创新服务站，推动京津冀科技服务产业对接与项目合作。鼓励建立跨区域研发机构、中试和成果转化基地、产业技术创新联盟，推动科技服务业跨区域发展。

参考文献

1. 北京市统计局：《北京统计年鉴 2018》，中国统计出版社 2018 年出版。

2. 北京市统计局：《北京市 2017 年国民经济和社会发展统计公报》，2018 年 2 月 27 日，北京市统计局网站。

3. 朱相宇、严海丽：《北京市科技服务业的发展现状与比较研究》，《科技管理研究》2017 年第 23 期。

4. 赖晓南、吴珺：《首都科技服务业的三个问题和五项建议》，《高科技与产业化》2015 年第 7 期。

5. 邓丽姝：《新常态下北京科技服务业发展战略研究》，《中国经贸导刊》2016

年第 35 期。

6. 张清正、李国平：《中国科技服务业集聚发展及影响因素研究》，《中国软科学》2015 年第 7 期。

7. 谢臻等：《科技服务业集聚、地区创新能力与经济增长——以北京市为例》，《北京社会科学》2018 年第 6 期。

北京信息服务业发展

刁琳琳[*]

一 2017 年北京信息服务业整体运行特征

以互联网为核心的信息服务业是经济发展的基础性、先导性、战略性产业，属于我国重点发展的七大战略性新兴产业之一，也是北京市在全国处于领先地位并具有全球化发展潜力的重要产业。信息服务业利用计算机和通信网络等现代科学技术对信息进行生产、收集、处理、加工、存储、传输、检索和利用，并以信息产品为社会提供服务，在有效促进产业结构转型升级的同时，已经逐渐成为衡量一个国家或地区现代化程度、综合实力以及核心竞争力的关键产业。

2017 年，在深入推动京津冀协同发展和落实新版北京城市总体规划的战略背景下，北京疏解非首都功能和产业"腾笼换鸟"的步伐加快，信息服务业正在成为全面建设科技创新中心、打造高精尖经济结构的重大战略性支柱产业，在推动经济高质量发展、创新社会生活方式、提高城市管理能力等方面发挥着日益重要的作用。结合首都城市定位战略调整的要求，北京市政府于 2017 年 12 月连续发布了"10＋3"高精尖产业发展系列文件，软件和信息服务业作为仅有的两项服务业之一被列为未来发展的重点产业，政策的精准性使产业发展路径更加明晰。究其原因：一是，世界经济已经从工业经济时代进入以信息通信技术（ICT）为基础的信息经济时代，历经计算机时代、互联网时代的持续发展，软件和信

---

* 刁琳琳，北京市委党校经济学教研部副教授。

息服务已经全面渗透、全面支撑和全面服务国民经济和社会发展的各个领域，成为经济社会不可或缺的要素构成，建设强大的软件和信息服务业，符合全球新一轮产业革命发展趋势规律，是构建全球竞争新优势、抢占新工业革命制高点的必然选择；二是软件和信息服务业属绿色集约智能型产业，符合"疏非"背景下北京"减重、减量、减负"的发展要求；三是软件和信息服务业在北京创新发展基础良好，有条件创新突破，国家重点鼓励发展且具有强大后劲。

根据国家《生产性服务业分类（2015）》（国统字〔2015〕41号）统计标准，信息服务业主要包含《国民经济行业分类》（GB/T 4754—2011）中的电信、广播电视和卫星传输服务（63）、互联网和相关服务（64）、软件和信息技术服务业（65）以及互联网销售（5294）和非金融机构支付服务（6930），统称"信息传输、软件和信息技术服务业（I）"。后文分析数据均采用国民经济行业分类（GB/T 4754—2011）为"信息传输、软件和信息技术服务业（I）"的北京地区规上企业数据，具体涵盖八类行业：互联网信息服务、行业应用及系统集成、通用应用及平台软件、基础信息传输、信息技术支持服务、基础软件、IC设计和嵌入式软件。

（一）总体特征

2016年底，我国工信部印发《软件和信息技术服务业发展规划（2016—2020年）》提出：软件是新一代信息技术产业的灵魂，"软件定义"是信息革命的新标志和新特征。2017年北京信息服务业迈入"软件定义"新时代：产业综合实力不断攀升，处于全国领先地位，对经济社会发展的支撑和引领作用显著增强；龙头企业快速发展，行业示范效应凸显；产业结构不断优化，云计算、大数据、人工智能等高端领域驱动产业升级，发展质量与效益实现"双提升"；技术创新和应用水平大幅提升，多类创新成果同步全球最新科技前沿；引领京津冀产业协同向纵深推进，产业国际合作持续深化。具体表现在以下几个方面。

1. 产业持续聚焦提质，结构不断优化，高质量发展态势明显

2017年全行业实现增加值3169.0亿元，比上年同期增长12.6%，增速位于各行业之首、创历史新高；行业增加值占GDP比重由2000年的5.2%增长至2017年的11.3%，占第三产业比重由2000年的8.0%增长

至 2017 年的 14.0%，年均增速均为 0.35 个百分点，经济增长贡献率达
到 21.3%，成为首都经济"稳增长"的新引擎。从规模特征上看，规上
企业营业收入为 8752.1 亿元，是 2010 年的 3.0 倍，同比增长 13.9%，增
速为近五年之最，其中，软件业业务收入 7836.7 亿元，比上年同期增长
19.4%，以通用应用及平台软件增幅最大，引领服务业升级发展的作用
突出；在营企业数量共计 25788 家，比上年增长 121 家，从业人员由
2016 年的 71.8 万人增长到 77.5 万人，比上年同期增长 0.8%，产业集聚
效应进一步突显。从发展质量上看，互联网信息服务和行业应用及系统
集成增加值占比由 2016 年 61.4% 提高到 63.2%，嵌入式软件和 IC 设计
等新兴业态快速兴起和发展，增加值占比为 1.72%，实现稳步增长（见
表 2 - 3）；企业平均收入规模达 2.9 亿元/家，同比增长 11.8%，增幅较
上年稳中有降；人均营业收入为 112.9 万元/人，同比增长 11.2%，万元
增加值能耗 0.065 吨标准煤，同比下降 4.4%，规上企业收入利润为
35.2%，较上年提高 10.3 个百分点，效益水平稳步提升。

表 2 - 3　　　　　　　2017 年北京信息服务业增加值构成　　　　单位:%

行业名称	增加值占比		
	2016 年	2017 年	变化
互联网信息服务	32.41	36.46	4.05 ↑
行业应用及系统集成	29.04	26.77	2.27 ↓
通用应用及平台软件	10.35	11.93	1.58 ↑
基础信息传输	11.96	10.46	1.5 ↓
信息技术支持服务	11.87	10.25	1.62 ↓
嵌入式软件	0.48	0.44	0.04 ↓
IC 设计	1.25	1.28	0.03 ↑
基础软件	2.64	2.40	0.24 ↓

数据来源：北京市经济和信息化委员会提供。

2. 产业创新活力不断释放，对外开放度持续增强

从创新技术指标上看，2017 年行业规上企业研究与试验发展
（R&D）经费支出 872.6 亿元，较上年同期增长 27.1%，研发强度（研发

经费占主营业务收入比例）达 10.8%，远高于全市研发强度 5.7% 的平均值；软件著作权数量 125015 件，较上年同期增长 49.7%，占全国 16.8%，位居前三甲（广东、北京、上海）；行业专利申请量为 14546 件，其中发明专利 12232 件，行业专利授权量为 6558 件，其中发明专利 4244 件；行业有效发明专利数 34326 件，每家企业拥有的有效发明专利数 10.1 件，万人有效专利数 451.3 件，以创新构筑竞争优势、提升产业创新能力和创新层次的能力不断增强，北京正在成为全国软件技术创新主阵地。

从开放度上看，私营企业是行业发展的主力军，2017 年以 82.8% 的企业贡献了 62.7% 的营业收入，吸纳了 66.1% 的从业人员；境外企业效益较高，港澳台和外资企业年均营业收入远高于私营和国有企业（见表 2－4），增速分别为 65.2% 和 9.7%；全行业实际利用外商投资 131.79 亿美元，同比增长 1061.2%，增速是上年的 7.9 倍，引进外资规模呈现"井喷式"增长；出口额 31.8 亿美元，同比增长 3.1%，服务业扩大开放综合试点的带动作用持续显现。

表 2－4　　　　　　　**2017 年各类型企业营收及占比**　　　　单位：亿元；%

企业性质	年均营收	营收占比
国有	2.83	1.6
外资	5.40	16.2
港澳台	8.94	19.6
私营	2.26	62.7

数据来源：北京市经济和信息化委员会提供。

3. 引领产业发展的核心企业群体已经形成，行业示范效应显著

一是骨干企业优势凸显，释放强劲发展活力。培育出一批特色鲜明、自主创新能力强、品牌形象优、国际化水平高的骨干企业，成为产业发展的核心力量，特别是高科技、高成长企业发展步入快车道，发展活力强劲释放（见表 2－5）。在 2017 年中国互联网企业百强、中国软件业务收入前百家、中国软件和信息技术服务综合竞争力百强、信息系统集成及服务大型一级企业等各类榜单中，北京企业均处于全国领先地位，入选企业数分别为 32 家、35 家、40 家、39 家，而 2016 年入选企业数分别只有 28 家、33 家、37 家、18 家。

表 2 - 5　　　　　　　北京信息服务业高成长企业入榜情况

榜单	入榜情况
CBInsights "全球独角兽公司" 榜单	北京共有 27 家企业入选。
中国最佳创新公司 50 强	北京共 20 家企业入选，其中 16 家为软件和信息服务业企业。
德勤中国高科技高成长 50 强	北京共 9 家企业入选，其中 7 家为软件和信息服务业企业。
中国大数据企业 50 强	北京有 31 家企业入选，占全国的 62%。
中国人工智能创新公司 50 强	北京有 25 家企业入选，占全国半数。
中国金融科技公司 50 强	北京上榜企业数量占据首位，达 23 家，占全国 46%。
2017 中国最具影响力软件和信息服务企业	北京有 21 家企业入选，居首位，占比达 42%。

数据来源：根据公开资料整理汇总。

二是龙头企业快速发展，产业集中度持续提升。2017 年，百亿元以上企业（14 家）软件业务收入占比为 32.7%，较 2016 年提高 8.7 个百分点；十亿元以上企业（121 家）软件业务收入占比为 64.3%，较 2016 年提高 5.4 个百分点；亿元以上企业（997 家）软件业务收入占比为 93.2%，较 2016 年提高 4.6 个百分点，百亿元、十亿元、亿元企业的数量分别比 2016 年增加了 6 家、20 家、138 家（见表 2 - 6）。

表 2 - 6　　　　　十亿元企业和亿元企业软件业务收入占比　　　　　单位：家;%

年份	十亿元企业		亿元企业	
	数量	软件业务收入占比	数量	软件业务收入占比
2010	40	40.0	440	74.0
2011	44	44.6	463	81.0
2012	51	46.0	552	83.0
2013	67	51.0	597	86.0
2014	82	53.0	718	86.0

续表

年份	十亿元企业		亿元企业	
	数量	软件业务收入占比	数量	软件业务收入占比
2015	83	56.7	740	89.5
2016	101	58.9	859	88.6
2017	121	64.3	997	93.2

数据来源：北京市经济和信息化委员会提供。

　　三是实力百强企业呈现新特征，聚焦行业应用。在根据软件收入（权重40%）、利润总额（权重30%）、研发投入（权重30%）三个指标加权计算得出的2017综合实力百强企业榜单中，百度、航天信息、腾讯、京东、中国民航信息稳居前五，其中百亿元14家，为百度、腾讯、微软、华为、美团网、方正集团、神州数码、ERICSSON、爱奇艺、今日头条、新浪微博、京东、优酷土豆、小米。实力百强企业主要呈现出以下四个特点。第一，收入、利润规模持续扩大。2017实力百强企业2016年软件收入总额1910.1亿元，占全行业软件收入的26%，收入平均增长率为32%，企业平均利润率22.5%（利润总额430.2亿元），均远远高于行业平均水平。第二，研发投入维持高位，创新发展能力卓越。百强企业2016年研发总投入305.7亿元，平均占收入比重为15.9%，投入增长率为77%，研发投入5亿元以上17家。一批创新型互联网企业加速发展，并进入国际第一阵营，国际影响力显著提升，全球互联网企业市值前10强中，北京企业有1家（百度）。第三，薪酬成本持续增长。百强企业累计薪酬总额439.2亿元，增长率达到30.9%，人均薪酬增幅趋于平稳，2016年增速低于2015年增速，2016年人均薪酬20万元以上的企业有22家。第四，企业聚焦行业应用，支撑关键领域。百强企业的主营业务主要聚焦在行业应用、互联网等领域，工业软件企业进入百强数量增加，其中主营业务为行业应用的有55家企业。百强企业为各行业提供的软件和信息技术服务，正在成为构建创新型组织结构、生产方式、消费模式的重要方式。

　　四是总部型企业稳步发展，业务布局不断拓展。2017年跨国企业总部、外省市企业在京总部在北京软件和信息服务业收入中占有重要地位，营业收入占全行业的 14.2%。微软、甲骨文、爱立信等 210 家国际企业在京均设立总部，外企在京总部营业收入达 744 亿元，同比增长 1.6%；腾讯、阿里等外省市企业加大在京业务布局，在京总部营业收入达 5023.1 亿元，同比增长 35.3%，2010 年以来增速首次超过 30%（见表 2 – 7）。

表 2 – 7　　2010—2017 年跨国企业、外省市企业在京总部收入规模

单位：亿元；%

年份	跨国企业在京总部		外省市企业在京总部	
	收入	增长率	收入	增长率
2010	494	—	134	—
2011	507	2.6	146	9.0
2012	555	9.5	153	4.8
2013	582	4.9	168	9.8
2014	603	3.6	217	29.2
2015	673	11.7	269	24.0
2016	655	− 2.7	342	27.1
2017	744	1.6	503.1	35.3

数据来源：北京市经济和信息化委员会提供。

4. 产业布局不断优化，海淀、朝阳仍是全市行业发展核心区

海淀区持续成为全市软件创新创业孵化最为活跃的地区，聚集了全市大部分软件和信息服务业企业，专业基地为载体的空间集聚态势凸显，2017 年贡献了全市软件和信息服务业收入的 61.81%，持续引领行业发展；在营业收入前 100 家企业中，有 62 家企业位于海淀区，其收入在前100 家企业总收入中的占比高达 63.22%（见表 2 – 8）。

表 2 – 8　　　　北京 16 区软件和信息服务业营业收入占比情况

	2010 年	2011 年	2012 年	2013 年	2014 年	2015 年	2016 年	2017 年
海淀区	63.93%	63.06%	63.69%	62.77%	62.15%	62.47%	65.01%	61.81%
朝阳区	11.06%	10.25%	10.09%	9.97%	10.48%	10.96%	11.29%	15.36%
东城区	7.02%	7.92%	7.82%	8.04%	7.46%	6.81%	6.34%	5.40%

	2010 年	2011 年	2012 年	2013 年	2014 年	2015 年	2016 年	2017 年
西城区	7.41%	7.68%	7.32%	8.02%	8.57%	8.06%	6.27%	6.75%
石景山区	2.23%	2.71%	2.81%	3.10%	4.12%	3.81%	3.44%	3.81%
大兴区	2.10%	2.28%	2.40%	2.51%	1.76%	2.34%	2.35%	2.39%
丰台区	3.65%	3.38%	3.24%	3.05%	2.49%	2.27%	2.15%	2.76%
昌平区	1.41%	1.40%	1.33%	1.27%	1.50%	1.52%	1.32%	0.89%
顺义区	0.78%	0.76%	0.72%	0.75%	0.83%	0.87%	0.82%	0.19%
怀柔区	0.13%	0.24%	0.21%	0.19%	0.23%	0.35%	0.56%	0.26%
门头沟区	0.09%	0.13%	0.11%	0.11%	0.13%	0.13%	0.19%	0.05%
通州区	0.04%	0.05%	0.07%	0.07%	0.13%	0.20%	0.13%	0.10%
房山区	0.07%	0.10%	0.11%	0.09%	0.07%	0.06%	0.04%	0.11%
平谷区	0.05%	0.03%	0.06%	0.04%	0.05%	0.08%	0.04%	0.03%
延庆区	0.01%	0.01%	0.02%	0.02%	0.02%	0.02%	0.03%	0.04%
密云区	0.01%	0.01%	0.01%	0.01%	0.03%	0.04%	0.03%	0.05%

注：按企业注册地计算。

数据来源：根据北京市经济和信息化委员会提供资料计算。

（二）高端领域分行业特征

北京市软件和信息技术服务业已经形成较为完整的生态系统，产业链布局加速内生外延，不断孵化和衍生新兴业态，云计算、大数据、人工智能、导航与位置服务、信息安全、工业互联网等高端领域成为引领行业变革的关键力量。

1. 云计算产业系统逐步成熟

2017 年北京云计算产业稳健增长，实现营业收入 870.61 亿元，同比增长 10.1%。虽然 2014 年起云计算产业营收增速出现持续下滑（2015 年到 2017 年增速分别为 27.0%、23.0%、10.1%），但主要是与受产业周期影响全球云市场营收增速普遍下滑的大趋势有关。《中国制造 2025》发布以来，北京以完善云计算平台建设和加大数据智能应用为切入点，着力建设战略性公有云平台，构建大数据智能应用生态，通过公有云平台建设，带动云服务器、云平台软件以及云服务企业发展，形成了从运营商到传统企业、从互联网到新兴企业的各具特色的产业生态链。一是，云计算基础技术研发取得突破。比如，易捷思达公司借助北京高精尖基金投资，提供开源开放自主可控的企业级云平台，并在国际开源社区OpenStack 最新版本的核心代码贡献度排名中位居国内第一、全球前十。二是，云计算应用领域不断深入，政府、金融等行业已成为主要领域。截至 2017 年底，市级政务云累计入云委办局 56 家，入云业务系统 272 个，对外正式服务的系统 183 个，全年完成 7 次扩容。

2. 大数据产业应用领域加速拓展

2017 年北京大数据产业规模达 1311 亿元，同比增长 33.1%，企业单位数量超过 160 家，形成了一批拥有大数据自主核心技术产品的企业。在工信部、国家机关事务管理局、国家能源局三部门联合公告的第一批 49 个国家绿色数据中心名单中，北京世纪互联 M6 数据中心等 6 个数据中心榜上有名。一是推动实现大数据信息共享。2017 年北京全年新增完全开放数据 82 项，完全开放了 42 家单位提供的 739 项数据集，累计数据记录数 170 多万条。二是推动大数据产业生态发展的体制机制创新。以 PPP 模式支持北京大数据研究院建设，积极推动设立北京国际大数据交易所，形成了以中关村数海大数据交易平台为代表的联盟性质交易平台，以数据堂、九次方等公司为代表的互联网综合数据交易服务平台。三是大数据产业加速向传统产业渗透。形成一批大数据与实体经济深度融合的应用范例，如拓尔思的 TRS 政务公共服务平台、久其软件的"久其大数据处理与分析平台"、华东的"基于互联网及物联网技术的现代化智能煎药中心解决方案"等。四是大数据在"互联网＋"等新兴行业中得到广泛应用，催生了 O2O、共享经济等数据驱动的新兴业态，如美团、滴滴、摩拜、ofo 等。

3. 人工智能产业集群效应明显

一是形成了覆盖全产业链、协同发展良好的人工智能产业集群。中关村集聚了 300 多家以人工智能技术为核心的企业，500 多家拓展研究、创新应用人工智能技术的相关外围企业，百余家人工智能相关科研院所。二是探索新型产业培育模式，创新工场、商汤科技、臻迪科技等企业分别成立了多家专业创新中心，以北京前沿国际人工智能研究院为代表。三是培育人工智能创新创业基地。中关村人工智能创新创业基地投入运行，吸引了首创 AI 矩阵服务、微软小冰互动体验中心、Intel 机器人生态互动体验中心等创新资源平台合作入驻，京东首家无人超市也入驻该基地，携手打造零售新模式。四是涌现了一批先发优势企业。以百度、小米、京东、寒武纪等为代表的企业分别在无人驾驶、智能家居、新零售、计算芯片等领域具有明显的比较优势。

4. 北京成为国内导航与位置服务产业的集聚区和创新应用示范区

2017 年北京导航与位置服务产业实现收入 228.87 亿元，同比增长 15.9%，导航与位置服务产业已经形成高精度全球服务能力。北京聚集了全国一半以上从事北斗研发、生产和服务的重点单位，形成了相对完整的产业链。在应用推广领域，33500 辆出租车、21000 辆公交车实现北斗定位全覆盖，1500 辆物流货车及 20000 名配送员，使用北斗终端和手环接入物流云平台，实现实时调度；在技术成果领域，四维图新、高德软件等占国内前装车载导航地图市场的 90% 以上；在平台服务领域，北斗公共平台在线用户数量已达 27.7 万人，已为 237 家中小微企业提供创新创业服务；在创新试点领域，率先利用北斗导航技术实现共享单车精细化管理，"共享自行车电子围栏通州试点"成功。

5. 信息安全产业高端化自主化发展

2017 年北京信息安全产业实现营业收入 488.18 亿元，同比增长 9.1%。北京在国家安全战略支撑、网络安全研发、网络安全集聚、网络安全领军人才培育和网络安全产业制度创新等方面积极进行产业布局。一是国家网络安全产业园区正式启动建设，园区将建成国内领先、世界一流的网络安全高端、高新、高价值产业集聚中心。二是形成中关村软件园、丰台中国网安企业集聚区、海淀玉泉慧谷科技园、海淀硅谷亮城、昌平未来科技城、望京 360 企业集聚区等网络安全产业六大集聚区。三是自主可控技术体系加速形成，初步形成安全操作系统、网络安全、应用安全等自主可控技术体系，在安全芯片、可信计算、密码产品、安全操作系统、安全数据库等基础软硬件产品方面处于全国领先地位。四是行业领军企业领跑全国。绿盟科技、网神、启明星辰获得首批国家信息安全服务最高资质，成为承担国家级信息安全服务的领头羊。

二　2017 年北京信息服务业发展呈现的新趋势、新特点

（一）以"软件定义"为特征的融合应用开启北京信息经济新时代

以数据驱动的"软件定义"正在成为融合应用的显著特征。一方面，数据驱动信息技术持续引领产业变革，加速新一代信息技术的跨界融合和创新发展，通过软件定义硬件、软件定义存储、软件定义网络、软件定义系统等，带来更多的新产品、服务和模式创新，催生新的业态和经济增长点，"软件定义"已经成为数字经济的核心引擎。另一方面，"软件定义"加速各行业领域的融合创新和转型升级，呈现出"数据先行、平台支撑、智能主导、服务增值"的融合发展新特征。"数据先行"表现为云计算、大数据已经成为信息时代的基础设施和要素资源，"平台支撑"表现为"平台战略"促进产业生态圈建设，催生人工智能等新兴产业发展。"智能主导"和"服务增值"则分别以软件定义制造和软件定义服务为特点。一是软件定义制造激发了研发设计、仿真验证、生产制造、经营管理等环节的创新活力，加快了个性化定制、网络化协同、服务型制造、云制造等新模式的发展（比如，航天云网、数码大方、云道智造等），推动生产型制造向生产服务型制造、智能型制造转变。据统计，2017 年北京两化融合发展水平指数为 96.76，全国排名第 4 位。二是软件定义服务深刻影响了金融、物流、交通、文化、旅游等服务业的发展，催生了一批新的产业主体、业务平台、融合性业态和新型消费（比如，滴滴、美团、摩拜单车、58 同城等），新型服务业态和模式引发了居民消费、民生服务、社会治理等领域多维度、深层次的变革。

（二）信息服务业对构建高精尖经济结构的支撑作用进一步强化

信息服务业与经济社会各行业领域深度融合、交叉，既推动传统产业转型发展，也培育壮大了发展新动能，成为北京市打造高精尖经济结构的关键支撑。统计数据表明，软件和信息技术服务业对文化创意产业、高技术产业、现代服务业的发展贡献度均较上一年有所提升。按不同统计口径区分，2017 年北京文化创意产业实现增加值为 3581.1 亿元，软件、网络及计算机服务业增加值 2109.4 亿元，占比由 2016 年的 58.0%

提升为 58.9%，比上年同期增长 0.5%，占比已接近 6 成；高技术产业实现增加值为 5833.7 亿元，信息服务业增加值 2696.7 亿元，占比 46.2%，较上年提升 0.9%，高于其他高技术产业；现代服务业增加值 15365.3 亿元，信息传输、软件和信息技术服务业增加值 2805.8 亿元，占比 18.3%，比上年同期增长 0.5%，仅次于金融业。

（三）改革优化营商环境系列政策使服务加速落地、产业发展路径更加明晰

2017 年以来北京市多部门共同发布了本市"推进高精尖产业发展十大系列文件""中关村科学城建设若干措施"等优化营商环境的一揽子政策，聚焦办理施工许可证、企业开办、纳税、获得电力、跨境贸易、获得信贷、登记财产等环节，政府转变职能、主动服务，以精简环节、精简时间、精简费用、增加透明度为重点，深入实施"放管服"改革，推进产业基金、两化融合、税收优惠等政策有效落地，为软件和信息技术服务企业搭建国际化交流平台、开展精准服务，营造了更加稳定公平透明、可预期的产业发展环境。在推进两化融合方面，发布《北京市推进两化深度融合推动制造业与互联网融合发展行动计划》，有 20 家贯标试点企业获得奖励性补助，总计 600 万元；在税收优惠政策方面，完成两批共 541 家企业所得税备案材料的审核，为软件企业减免所得税总计 40.79 亿元；在产业基金方面，持续推进高精尖基金项目投资及新设基金工作，TOP、国科嘉和、盛世泰诺以及智慧云城等基金累计完成 17 个项目投资，总金额约 10.4 亿元，同时积极推动北京大数据产业基金设立；在精准服务、精准对接企业方面，开展"走基层、下企业、强服务"调研，深入走访 130 家重点软件企业，梳理问题台账，实行"一企一策"；在搭建国家化交流平台方面，北京市首次与工信部共同主办第 21 届中国国际软件博览会，在形式、内容、参与度等多方面进行创新，创下多个"首次"，显著提高了北京方信息服务业在国内外的影响力。

（四）技术创新载体和经费投入成为产业创新的"双保障"

目前，北京软件和信息服务业专利创新热点已经同步全球科技前沿，比如全球数据传输、直播、语音识别、无人机、图像处理等领域成为专利创新的年度热点，机器人、人工智能、网络安全、虚拟现实、量子、光伏、区块链、VR、芯片等领域亦与全球科技发展趋势同步。创新活动的活跃离不开技术创新载体和科研经费的"双保障"。目前，北京软件和信息服务业企业共有国家级企业技术中心 8 家，市级企业技术中心 179 家，主要分布在海淀区，已设立 4 个创新中心，新增 823 家企业获得国家高新技术企业认定，大量优质的创新载体为技术成果的孕育提供了丰沃土壤。与此同时，市级政府统筹利用现有资金资源，加大对软件和信息技术服务业发展的支持政策。采用政府引导、市场化运作方式，探索建立北京大数据产业基金、高精尖基金。支持大企业和投资机构设立产业专项资金或产业基金、创新创业基金、天使创投、股权和并购等各类基金，鼓励运用政府和社会资本合作（PPP）模式，引导社会资本参与重大项目建设，有效解决了技术创新"钱从哪儿来"的问题。

（五）京津冀产业协同促进联合技术创新格局的加速形成

自 2014 年京津冀协同发展上升为国家战略以来，京津冀软件和信息服务业的协同发展也不断向深入推进。通过推动三地产业对接合作、合理分工和联动发展，在云计算、大数据、北斗导航等领域均取了重要阶段性成果，一批重大建设项目和重点工程进展顺利。据统计，2014—2017 年北京软件和信息服务业 493 家企业在津冀两地设立分支机构 1496 家（河北 1097 家，天津 399 家），其中 2017 年设立 376 家。从地区分布上看，天津武清区、静海区、滨海新区，河北石家庄、秦皇岛、唐山等地成为北京设立分支机构的集中区域；从行业布局上看，信息传输、软件和信息技术服务业、科学研究和技术服务业成为分支机构的首选行业。行业对津冀产业资本辐射力度持续加大。2017 年，行业对津冀两地出资额为 94.7 亿元，是 2016 年的 4.4 倍，占对京外投资的 27.7%，较 2016 年提高 22.7 个百分点，其中，对津冀两地信息传输、软件和信息技术服务及科学研究和技术服务业的出资总额为 28.6 亿元，占比为 30.1%。2017 年底京津冀首次联合制定了《关于加强京津冀产业转移承接重点平台建设的意见》，这是积极发挥创新"第一动力"作用、由政府打造区域产业链内生合作机制迈出的重要一步，说明构建"京津冀协同创新共同体"工作已经进入实质性推进阶段，也推动三地信息服务业技术协同创新持续走向深化。2011—2017 年，北京软件企业参与三地联合创新的企业主体数、联合专利创新总量、联合软件著作权登记量分别为 1619 家、1002 件、285 件，三地大数据综合试验区、京津冀北斗一体化、京津冀工业云等重大项目稳步推进，政府引导、北京创新研发、津冀承接转化的协同格局正在加速形成。

三 "腾笼换鸟"背景下加快推动北京信息服务业发展的对策建议

（一）以"补短板"为重点，推动北京信息服务业发展

信息服务业是北京未来构建高精尖产业体系的引领和支撑，能够推进新兴产业演进、改造提升传统产业，对北京打造具有全球影响力的科技创新中心有深远影响，其意义已远远超出其行业本身的范畴。在疏解非首都功能、产业"腾笼换鸟"的背景下，北京有必要针对阻碍产业发展的"短板"，推出切实可行的扶持政策和举措，尤其是借势服务业扩大开放综合试点和制度创新前沿的优势，补齐制度性"短板"，不断强化信息服务业的支柱性产业功能。目前，市级层面出台的扶持信息服务业发展的相关文件主要有《北京市人民政府关于印发北京市促进软件和信息服务业发展指导意见》《云计算发展三年行动计划（2017—2019 年）》《北京市"十三五"时期软件和信息服务业发展规划》《北京市大数据和云计算发展行动计划（2016—2020 年）》《北京市软件和信息服务业企业安全指导意见》等，应进一步研究制定新形势下适应产业发展新特点的政策措施，支持海淀、朝阳等优势地区开展产业政策创新试点，加强产业政策执行、评估和监管，推动完善产业相关法规体系。

（二）借助重点强化平台载体建设，完善产业发展的体制政策环境

当前政策因素加大了信息服务业发展的不确定性。一是随着疏解北京非首都功能和人口调控政策的深入推进，人才落户难、引进指标少等问题将成为对企业吸引、招募高端人才的不利因素，京外省市创新创业、人才等政策优势将进一步对北京信息服务业发展造成冲击；二是大数据领域监管力度加大，网约车、直播等新兴领域受最新政策的调控效应将进一步显现，市场格局将会加快调整，一定程度上带来了发展的不确定性；三是"两化融合"使信息经济在深度、广度、宽度等方面不断形成更高层次的新经济发展模式，为基于传统产业分类的行业运行统计与监测带来新的挑战；四是受政府体制改革以及军改等因素影响，电子政务、

军工等行业信息化市场需求恢复缓慢，使信息服务产业经济运行的增长压力加大。

　　针对上述问题，应充分发挥园区、公共服务平台等的支撑和孵化作用，打造以产业链为牵引、产业生态圈为载体的各类产业发展平台，将人才、资金、土地等配套政策进行"打包"处理，营造有助于产业发展的制度环境。比如，在人才政策方面，应以"人才优先"为导向，进一步创新和聚焦，包括强化人才培养链与产业链、创新链有机衔接，依托重大人才工程，加强"高精尖缺"软件人才的引进和培养；推广首席信息官制度，鼓励企业加强复合型人才的培养和引进；建立完善以能力为核心、以业绩和贡献为导向的人才评价标准，大力弘扬新时期工匠精神。在土地政策方面，对于"退二进三"后发展大数据、人工智能、云计算等产业项目的企业用地需求，应探索"设定时限"（缩短出让年期）、"先租后让"、"只租不让"、"分期供应"（年租制）等弹性拿地方式，可规定原有工业用地续期原则上以不超过十年为限，续期时的土地价款可参照原出让（租赁）合同约定的价格，结合续期时土地所在区域该类用地基准地价综合评估确定；对"年限到期后怎么办"的问题予以原则性和变通性处理，做到"进退同步"。

（三）强化区域和市域统筹协调，促进区域产业链的培育与融合

　　区域产业链是指若干产业环节在区域之间形成具有一定技术经济关联的产业形态，是城市群内部形成分工与合作紧密联系的基础和桥梁。统筹好"一核""双城""两翼""三轴""四区""多节点"，借助升级供需链、培育创新链、完善资金链、整合物流链、发展生态链，促进信息服务业产业链深度融合，是京津冀城市群攀升高端城市区位、实现经济生态双赢的必经之路。协同发展充满了地区、规则、理念和态度的融合，需要央地联动、形成合力。尽管目前在中央层面已经形成了三地协同发展的顶层指挥与合作系统，但依然缺少三地间产业转移和对接机制设计的主责部门，跨区域资源调配的协同性、互补性仍显不足。比如，对于近年来三地软件信息企业互投情况、转移进展及趋势缺乏台账管理和动态跟踪，难以做到"心中有数"，以京津冀产业转移监测平台、信息服务平台、"一站式"审批平台为主导的信息化平台支撑系统亟需搭建。与此同时，还应做好市域统筹，建立健全全市部门、行业、区域之间的协调推进机制，在协同创新、标准制定、行业管理、市场监管、资金保障、人才培养等方面加强联动合作。引导和推动各区、各部门因地制宜发展产业，合理布局重大应用示范和产业化项目，分工协作、有序推进，避免出现在"腾笼"之后各区竞相发展互联网＋、人工智能、云计算等产业的现象，导致同质化竞争。

参考文献

1. 北京市经济和信息化委员会：《2018 北京软件和信息服务业发展报告》，2018年6月。

2. 北京市发展和改革委员会、天津市发展和改革委员会、河北省发展和改革委员会：《关于加强京津冀产业转移承接重点平台建设的意见》，2017年12月。

3. 中共北京市委北京市人民政府：《关于印发加快科技创新构建高精尖经济结构系列文件的通知》，2017年12月。

4. 刁琳琳：《特大城市功能变迁中产业疏解的困境与对策分析——基于北京市城六区存量企业调整退出情况的调研》，《北京联合大学学报》（人文社会科学版）2018年第4期。

5. 霍海涛、赵轩维、夏恩君、陈丹丹：《中国信息服务业集聚及其影响因素》，《北京理工大学学报》（社会科学版）2017年第3期。

北京金融业发展评述[*]

李诗洋^{**}

本报告对北京金融行业 2017 年以来的发展现状进行了描述和总结，分析了目前北京金融业发展存在的问题和困难，并在此基础上探讨下一步北京市如何结合首都城市定位，防范金融风险、维护金融业稳定发展、引导金融更好服务实体经济发展。

一　金融业对全市经济增长贡献突出

近几年来，金融业已成为北京的重要支柱产业：2015 年金融业增加值对北京经济增长的贡献率达 39%，2016 年金融业增加值对北京经济增长的贡献率达 23.8%，2017 年金融业增加值对北京经济增长的贡献率是 21.6%，连续三年保持第一大支柱产业地位。

（一）金融业成为服务业领头羊，经济贡献突出

北京金融业有力带动经济增长。2017 年全年，在金融"强监管""降杠杆"背景下，全市金融业实现平稳运行，整体保持稳健增长，对全市经济增长形成有力支撑。

2017 年全年北京金融业实现增加值 4634.5 亿元，同比增长 7%，高于 GDP 增速，占地区生产总值比重 16.6%，对经济增长贡献率达 17.6%。在金融强监管背景下，金融降杠杆效果显现，反映出良性变化

————————

　　* 本文系北京市社会科学基金研究基地项目《金融支撑北京新两翼高端服务业发展路径研究》（17JDYJB012）的部分研究成果。

　　** 李诗洋，中共北京市委党校经济学教研部副教授。

趋势，为 2018 年打好防范化解金融风险攻坚战奠定了基础。2018 年金融业仍保持良性中速增长，为首都经济实现高质量发展提供重要支撑。

（二）金融业的影响力和辐射力进一步增强

2017 年，全球金融中心指数（GFCI）① 第 22 期北京排名第 10 位（综合得分 703 分，较 2016 年同期上升 16 位，排名大幅提升，首次进入前十），中国金融中心指数（CDI·CFCI）② 第 9 期北京排名第 2 位（与 2016 年持平，综合竞争力得分 178.38 分），首都金融辐射力和影响力进一步增强，四个一级分项评价指标中，金融产业绩效、金融机构实力、金融生态环境三个指标均排名第一，随着"新三板"、区域性股权市场、金融要素市场改革创新步伐加快，北京金融市场规模得分较上期大幅提升，升幅达 23.6%。

二　北京金融业发展具体情况

（一）金融业经营性指标保持平稳

整体看，2017 年全市金融业资产总计 136.67 万亿元，同比增长 7.2%；实现营业收入 2.52 万亿元，同比增长 1.8%；实现利润总额 1.59 万亿元，同比下降 10.1 个百分点，降幅分别较 2017 年 6 月末、9 月末收窄了 4.8 和 3.5 个百分点，降幅呈逐步收窄趋势。

分行业看，各行业展现出高质量发展的积极变化。银行业同业规模全面收缩，不良贷款实现"双降"。2017 年末，北京辖区银行业同业资产余额 2.07 万亿元，同比下降 3.07%。同业负债余额 3.11 万亿元，同比下降 15.62%。北京辖区银行业不良贷款余额降至 317.43 亿元，同比减少 136.19

① 全球金融中心指数"（Global Financial Centers Index）是全球最具权威的国际金融中心地位的指标指数。2007 年 3 月该指数开始对全球范围内的 46 个金融中心进行评价，每年 3 月和 9 月定期更新以显示金融中心竞争力的变化。该指数评价体系涵盖了营商环境、金融体系、基础设施、人力资本、声誉及综合因素等五大指标。

② "中国金融中心指数"（CDI·CFCI）由中国（深圳）综合开发研究院于 2009 年首发，每年一期，选择中国内地 24 个 2007 年 GDP 在 1400 亿元人民币以上的省会城市和计划单列市为样本，以金融产业绩效、金融机构实力、金融市场规模、金融生态环境等 5 个指标体系为考量进行排名。

亿元，下降30.02%；不良贷款率0.37%，同比下降0.22个百分点，处于历史较低水平。证券业经营平稳良好，主要监管指标向好。2017年全市资本市场服务业总体保持稳定增长，实现营业收入2931.4亿元，同比增长5.1%，较上年提高18.5个百分点；实现利润总额2422亿元，同比增长4.1%，较上年提高25.4个百分点。截至2017年末，北京辖区18家证券公司资产总额8738.05亿元，同比增长15.07%，主要监管指标向好。保险业保持良好发展态势，资产规模、营业收入、利润总额实现"三升"。2017年全市保险业资产总计5.78万亿元，增速8%，营业收入实现6731.2亿元，增速12.2%，利润总额2598.1亿元，增速10.2%。

（二）货币信贷运行平稳

近两年来，北京市稳健货币政策效果进一步显现，流动性供给温和趋紧。截至2017年末，北京市广义货币（M2）余额167.68万亿元，同比增长8.2%，M2增速放缓反映出在金融部门内部资金循环和嵌套减少，由此派生的存款相应减少。截至2017年末，北京市金融机构本外币各项存款余额14.41万亿元，同比增长4.1%，北京市本外币贷款余额6.96万亿元，同比增长9.1%。

（三）多层次资本市场持续健康发展

近两年来，北京市持续支持多层次资本市场的建设发展，"新三板"、"北京四板"、机构间私募产品报价与服务系统等多层次资本市场均呈现不同程度的发展。

A股市场方面，2017年北京市资本市场企业IPO速度加快，尤其是2017年上半年北京地区IPO企业数量、募资额大幅上升，2017年1—6月，北京地区新增14家上市公司，同比增长360%，首发募集资金86.73亿元，同比增长203%。2017年全年北京地区新增A股上市公司25家，较2016年多增8家，作为高精尖产业结构重要支撑的上市公司规模进一步扩大，总股本和总市值保持全国第一。截至2017年12月31日，北京辖区共有上市公司306家，占全国A股上市公司3467家的8.8%；辖区上市公司总股本24004.53亿股，占A股上市公司总股本的39.4%；总市值137764.24亿元，占A股上市公司总市值的24.3%。

与此同时，新三板企业挂牌步伐放缓。从2017年第二季度开始，北京地区在新三板新增挂牌公司增速下滑至2.64%，环比下降5.52个百分点，新三板市场由量的增长向质的提升转变机遇已出现。截至 2017 年末，北京地区新三板挂牌公司 1618 家，占全国的 13.91%，挂牌公司总市值、创新层公司数量、融资笔数、融资金额均居第一位。

截至 2017 年末，北京市区域性股权市场（四板市场）挂牌展示企业 4025 家，实现各项融资累计 148.26 亿元，会员机构 225 家；私募债券备案金额 50.775 亿元；路演融资 6.51 亿元。北京股权交易中心与朝阳国家文化产业创新实验区共同启动建设北京四板市场"文化创意板"。

机构间私募产品报价与服务系统（五板市场）加速发展，截至 2017 年末，参与人达到 3025 家，累计发行私募产品 14468 只，规模达 10251.23 亿元。

（四）保险业延续增长势头，持续优化调整

2017 年全年北京保险市场实现保费收入 1973.2 亿元，同比增长 7.3%。财产险中车险一家独大的格局正在改善，非车险业务保费收入 161.6 亿元，同比增长 24%，其中保证险、工程险和责任险同比增长 160%、37% 和 16.8%。人身险市场业务结构明显向好。人身险公司业务续期保费占比同比上升 7.2 个百分点，新单期交率 10 年期及以上占比 33.6%，同比上升 10.1 个百分点。截至 2017 年末，北京保险深度和保险密度分别为 7.05% 和 9090.2 元/人，继续保持全国第一。

（五）私募股权投资市场积极活跃

2017 年北京地区私募股权投资市场共计完成 2951 起投资案例，占全国案例数的 29.1%[①]，其中已披露金额的投资案例数为 2691 起，投资交易共计涉及金额 4867.79 亿元，占全国投资金额的 40.2%，平均单笔投资金额为 1.74 亿元，与 2016 年全年相比投资金额涨幅较大，增幅高达 95.2%。2017 年全年北京地区战略性新兴产业领域有 2188 家企业获得股权投资基金支持，占本市投资案例总数的 74.1%，投资金额 4094.35 亿元，占本市股权投资总金额的 84.1%。从全国范围来看，北京地区战略性新兴产业股权投资案例数占全国 29.3%，金额占比 46.4%，有助于推动首都"高精尖"结构构建。

---

① 数据来源：根据清科数据统计。

三　金融业服务实体经济发展情况

（一）金融业助力北京市科技创新中心和文化中心建设

2017年，北京市战略性新兴产业持续受到私募股权投资青睐。北京地区股权投资市场共计完成1431起投资案例，占全国32.6%，投资金额1995.13亿元人民币，同比上升45%，占全国52%。其中主要聚焦在战略性新兴产业与文化创意产业。北京市1014家战略性新兴产业领域企业得到投资支持，投资金额1631.04亿元，投资案例数和金额分别占全国29.2%和52.6%；文化创意产业领域投资案例200起，涉及投资金额213.03亿元人民币，投资案例数和金额分别占全国的48.8%和74.6%。

此外，新三板市场的北京市挂牌公司中，高新技术企业占比69.02%，战略新兴产业企业占比40.91%。信息传输、软件和信息技术服务业公司数量最多，达633家，该行业公司平均研发强度高达9.27%，近两年营业收入年均复合增长率高达42%。文化类公司102家，近两年营业收入、净利润年均复合增长率分别高达49%、85%。截至2017年末，上述两个行业共有407家公司完成股票发行，融资369.45亿元。

（二）金融业助力北京地区产业结构优化

首先，北京市的要素市场建设有利于北京地区产业结构优化。早在1918年，北京就出现了中国人自己创办的第一家证券交易所"北平证券交易所"，改革开放后我国资本市场获得蓬勃发展，但在北京一直未能建立一个全国性的证券交易场所。新三板的设立，弥补了首都金融体系的要素市场空白，其作为市场核心机构所独有的对于资金流、信息流、人才流、机构流的积聚效应，具有其他金融机构不可比拟的优势。新三板市场功能的逐步完善，对于推动北京地区产业结构升级，形成创新驱动的经济体系和发展模式，增强城市综合竞争力将发挥出更大的作用。

其次，金融市场的资源配置功能有助于构建"高精尖"经济结构。截至2018年6月，新三板挂牌公司11325家，高新技术企业占比61%，战略性新兴产业企业占比25%，涉及新一代信息技术、集成电路、医药健康、智能装备、节能环保、新能源智能汽车、新材料、人工智能、软件和信息服务以及科技服务业等国家重点发展的高精尖产业，占比44%。

5 年多来，5836 家挂牌公司完成 9237 次股票发行，融资 4342.44 亿元，其中，高精尖产业挂牌公司融资超 4000 次，融资金额达 1600 余亿元，1208 家尚未盈利的公司成功实现股票融资。

（三）多层次资本市场助力提升北京市企业的竞争力

从企业层面来看，新三板会通过改制辅导和持续督导，提高企业规范治理水平；过市场机制充分反映企业内在价值；通过定向发行高效便捷地进行股权和债券融资；帮助企业实施股权激励，汇集优秀人才；借助资本市场发展壮大，从做加法到做乘法；提供股份公开转让平台，提高股权流动性；提升企业规范度和透明度，银行主动授信；提升企业形象和认知度，利于市场拓展。

而北京四板市场则通过多项服务规范中小微企业公司治理。随着近几年的发展，北京四板市场已经初步搭建了"一市六板"的板块框架，建立了标准板、科技创新板、文化创意板、可转债板、大学生创业板和孵化板六个板块，分别服务于具备一定规模的股份制公司、科技创新企业、文化创意企业、发行可转债的企业、大学生创业企业以及北京市其他中小微企业。挂牌及展示企业累计数量分别为：标准板挂牌 159 家、科技创新板挂牌 34 家、文化创意板挂牌 0 家（新启动板块）、大学生创业板企业 29 家、孵化板企业 3713 家，共计挂牌及展示企业 3935 家。根据企业所处的发展阶段、具体需求，北京四板市场为企业提供针对性的服务，服务的内容囊括了展示宣传、信息披露、规范发展、能力培养、股债融资以及转板到更高层次资本市场等，规范中小微企业公司治理，提升企业管理水平，帮助中小微企业实现融资。

为解决北京市中小微企业在发展过程中长期存在的融资难、融资贵等难题，促进投融资双方对接，提高直接融资比重，报价系统股权市场以展示、报价、估值、发行、转让、质押、登记等市场功能为基础，积极与北京市政府及中关村科技园区合作，充分发挥政府和报价系统各自优势，提高社会资本参与的积极性，便利企业融资，缔结合作伙伴城市，成立相关机构联盟，开展形式多样的宣传，为中小微企业持续提供增值服务，优化中小微企业融资生态环境。为助力市属国有企业深层次改革，盘活国有资产，报价系统大力发展资产证券化业务。从基础资产类型来看，包括应收账款、基础设施收费权、类 REITs、CMBS、租赁债权等十余种类型，基本实现了基础资产类型的全覆盖。通过一批有特色产品在报价系统落地，提升了服务市属国有企业改革的能力。

四　当前存在的主要问题

（一）社会融资规模增量有所下降

2017年，北京地区社会融资规模增量8255.3亿元，位居全国第七，比上年少增5190.8亿元，该指标的增速自2017年年初以来持续下滑，主要受非银行业金融机构存款大幅减少，非金融企业存款大幅下降等因素影响。其中，人民币贷款新增7206.5亿元，占同期社会融资规模增量比重87.3%，比上年同期高47.2个百分点；外币贷款减少231.8亿元，比上年少减1161.2亿元；委托贷款新增1081.6亿元，比上年少增1586.6亿元；未贴现银行承兑汇票新增129.6亿元，比上年少增516.1亿元；企业债券净融资减少2747.8亿元，而上年为增加3767.8亿元，同比减少超过6500亿元。企业债券净融资规模下降主要是由于债券发行利率依然保持高位，央企发债规模较上年显著减少；非金融企业境内股票融资958.7亿元，比上年减少505.8亿元。

（二）直接融资比例出现萎缩趋势

在总体社会融资规模下降的背景下，北京市还出现了直接融资向间接融资转移，企业融资结构发生阶段性变化的局面。从债券市场看，受2016年来市场资金成本逐步提升等因素影响，企业发债利率与贷款利率持续倒挂，导致大部分债券推迟或取消发行。2017年，全国企业债券融资净减少3708亿元，北京地区企业债券融资净减少2969.9亿元；从股票市场看，2017年北京地区上市公司累计筹资较上年同期减少25.3%。企业的融资环境出现一定程度的恶化。

（三）金融中介机构的作用未能充分发挥

金融中介作为金融行业的重要组成部分，是连接投融资双方的桥梁和纽带，通过提供各项居间服务助力投融资活动的达成，无论在企业融资还是个人消费金融活动中，都起着不可替代的重要作用。但是当前北京市金融中介行业发展不足，没有发挥出应有的作用。

一是金融中介服务体系不够健全。从目前情况看，北京市金融中介服务体系还不够完善，部分服务存在供给不足的问题。近两年来，我市融资担保行业累计支持小微企业信贷规模超过 600 亿，发挥了担保对信贷的放大作用，但相比较担保行业准公共产品的定位，财政资金投入较少、以市场为主体、以政府为引导的担保体系需要进一步优化完善，特别是一些融资担保机构发展面临资本瓶颈约束、风险分散机制还不完善。二是金融中介服务信息分散。目前，北京市金融中介种类多、机构数量多，作为服务需求方的中小微企业和个人，由于缺乏统一的信息获取平台，大多只能采用"一对一"的搜索和对接方式，信息获取效率低，搜集成本较高。三是金融中介机构服务能力参差不齐。北京市金融中介机构虽然数量庞大，但服务能力千差万别，且没有统一的信息公示平台，机构信息缺乏透明度，使得服务需求方难以辨别和找到适合自身情况的金融中介机构，选择服务方以及在服务过程中往往处于被动地位，获得服务质量大打折扣，甚至被不良金融中介机构欺骗而蒙受损失。四是金融中介行业缺乏统一的服务标准使得服务成果难以被市场主体普遍认可。金融中介服务涉及多种类型服务，但每一类型服务均缺少行业标准和公正评判，服务成果受中介机构自身信誉、实力和服务人员素质影响大，难以被市场主体普遍认可。投融资双方的每一次业务对接，都需要对融资方资产、信用、财务等进行重新的评估和审计，造成融资周期长、效率低，同时也增加了融资成本。五是金融中介服务集聚效应明显，对周边区域辐射较差。北京作为首都，在发展政策、经济活跃度方面，均好于周边地区。在推进现代服务业开放、京津冀协同发展的大背景下，北京市金融中介服务机构有带动天津、河北金融服务能力提升的先天优势。但目前来看，北京金融中介资源较其他两地优势巨大，同时资源大量向北京集聚，也在一定程度上造成周边地区金融服务发展相对滞后，三地金融中介机构的协同配合较少，北京在金融中介资源方面的引领优势，远远没有发挥出来。

（四）新生金融业态引发的群体性风险高发

近两年来，以金融创新为名、行非法集资和金融诈骗之实的行为和案件在北京市呈现高发态势，形式和手段层出不穷。部分企业打着互联网金融、金融科技等金融创新、普惠金融的名义在朝阳、海淀、西城等中心城区注册，通过恶意欺诈、虚构融资项目、夸大融资项目收益等手段，实施庞氏骗局，碰触非法集资底线，并通过互联网在全国实施非法集资活动，存在巨大的风险化解和维稳处置压力。这些欺诈行为不仅涉及投资理财、私募基金、民间借贷等投融资行业，而且向养老、教育、旅游、农业等社会各领域蔓延。在产品形式上，既有私募基金产品、资管产品，还有销售收藏品以及承诺商品回购、积分返利等，迷惑性很强。有些是我国现行法律法规中未明确定性的，如众筹、虚拟货币等，成为涉非行为的灰色地带。这些非法集资和金融诈骗行为都具有高度涉众性，且具有隐蔽性和突发性的特点。资金链断裂前无人识别其风险，无网络舆情，隐蔽性强；资金链断裂后突发性强，尤其在立案之处、重大节日、重大活动等时点会出现风险隐患高峰。而一旦发生提现困难或"跑路"等风险事件，严重损害百姓实际利益，扰乱市场经济秩序，影响社会的安全与稳定。

五　政策建议

随着国际国内城际金融业竞争加剧以及北京疏功能、转方式、治环境、补短板、促协同的推进，北京金融业增长的绝对速度出现下降趋势，北京金融业面临着前所未遇的挑战，亟待寻求金融业发展的新动能。

（一）持续推进北京市多层次资本市场建设

随着多层次资本市场的建立，北京金融市场不发达的短板逐渐被弥补，资本市场将成为北京金融业下一个增长点。北京市必须认识到如何进一步优化资源配置，在政策制定层面更好地服务和支撑三家区域资本市场发展，进而促进北京市经济转型升级。在实践中重视对这三个市场的服务和支持，使其成为北京地区多层次资本市场发展的重要组成部分，充分发挥各自在融资方面的优势，服务北京市企业的健康成长和创新驱动发展。

1. 持续出台各项鼓励政策

一是支持新三板成立北京证券交易所集团，继续实行对新三板挂牌企业的现金补贴政策。一方面，支持以新三板市场为基础，建设契合多元需求、制度逻辑清晰、市场监管高效、投资者合法权益得到有效保护的北京证券交易所集团公司，提升首都金融核心竞争力。集团公司可下辖三个平台，以满足海量、多元、高速发展的市场需求：一是北京证券交易所，实现公开发行和竞价交易，更高效服务于优秀企业资本市场需求；二是主要服务于非上市公众公司的市场层次；三是建立与区域股权市场对接机制，实现后台托管统一和交易信息的集中揭示。另一方面，伴随着新三板扩容继续，各地在新三板挂牌的企业数量将不断增多，新三板挂牌企业所获得的现金补贴随之降低将会成为全国范围内的趋势。但是现金补贴政策大大提高了拟挂牌企业的积极性，不失为一种行之有效的举措，建议北京市继续维持原有的对新三板上市企业的现金补贴水准。

二是加大政府对北京四板的补贴力度。北京四板作为一个非竞争性的企业，本身不以盈利为目的，主要是给小微企业提供免费服务的，这种企业性质本身应该是有财政补贴的。目前对四板的补贴力度与其他省市相比还有提高的空间，建议下一步在北京市层面出台相关的四板企业上市补贴政策，对于挂牌四板的不同层次的企业给予不同水平的财政补贴，以此带动区县以及其他相关部门的补贴力度。

三是对于北京市在报价系统挂牌的企业提供相关政策和配套资金支持，促进报价系统与工商系统的业务互联以及与其他政府平台的服务对接。推动政府债、北京地区 PPP 资产证券化项目在报价系统落地，协调建立与北京市财政局的战略协同。明确报价系统作为北京市政府引导基金的指定退出平台，推动工商局与中证报价建立合作对接机制。

2. 采取各种形式的税收补贴

建议北京市对于在三个市场挂牌的企业采用各种形式的税收补贴。具体的税收激励形式，可以采取挂牌前的企业改制和挂牌中以及挂牌后的企业税收返还等措施。例如北京市地税可以向报价系统提供交易环节的税收优惠，有利于交易规模和活跃度的发展，也能促进北京作为私募基金二级市场交易中心的地位确立。

3. 开通多层次资本市场服务的"绿色通道"

北京市政府可以充分利用属地优势，对于三个市场的日常经营进行适当的政策倾斜。例如减免基础设施的配套费用，确保三个市场新的交易场所以及相关项目的土地使用计划获得优先保证等。帮助解决员工的实际困难，例如给予报价系统核心骨干、高端人才、应届生更多的落户名额；如果实在难以处理，可以为工作人员办理居住证方面力度大一些；以及政策方面提供一些子女入托、入学的便利等。

（二）加大力度支持金融中介服务体系建设

1. 吸引金融中介机构，创造良好的金融环境

吸引金融市场参加主体，加快扶植证券公司，做大做强大型证券公司，降低准入壁垒，吸引大批全国性综合类证券公司的进入，强化竞争机制，提高运作效率。制定与完善北京市资本市场生态环境建设的相关法律、会计准则、信息披露、司法执法、金融产权制度，建立规范风险投资运营机制的法律环境，强化风险管理机制，促进风险投资的发展。

2. 利用好股权投资机构的服务功能

北京市要利用好股权投资机构的中介服务功能和其"有限合伙人"的庞大资金池。加快完善和落实便于股权投资金在京发展的便利条件和激励措施，以吸引行业资历深厚的专业投资团队在京投资。吸引一批经验丰富的外资股权投资机构在京设立资产管理公司，发起成立股权投资基金。加快境内与外资股权投资机构的合作，提升股权投资管理的国际化水平和国际竞争力。"北京股权投资发展基金"积极发挥导向作用，加快市场化股权投资机构在京发展的步伐，通过增加财政资金、国有资本预算、整合现有股权投资引导基金等途径，做大做强母基金，加快母基金投入节奏。促进成熟个人投资者、境内外合格机构投资者、捐赠基金、信托资金、保险资金、社保基金等期限较长的资金，积极参加股权投资基金的募集。增加股权投资退出途径。加大力度推动场外交易市场建设，大力支持私募股权在北京金融资产交易所进行交易。企业在新三板挂牌一段时间后，在经营业绩和市场表现良好的情况下，监管机构应简化审批手续，鼓励其跳转到中小板、创业板。同时，还应充分发展并购市场，让投资人能够更加便利地以转让股权的途径获得投资回报。

3. 鼓励支持中介机构自身的发展

一是促进担保机构发展。鼓励融资性担保机构之间以分保、联保等途径提高行业承保能力、增强担保合作、分散担保风险。支持市场主体依法成立专门服务中小企业的特色担保公司。二是提升信用评级水平和能力。开展面向科技企业的，由会计师事务所、信用评级机构、投资机构、金融机构、政府有关部门等机构共同推动的综合信用评定。增加信

用评级机构的公信力，使评级报告的适用范围得以扩大，评级报告质量得以提升。三是提高知识产权评估及处置等相关配套服务的水平。探索建设知识产权评估信息服务网络，研究形成知识产权质押登记属地管理制度，使得知识产权中介服务机构得以快速发展，知识产权质押贷款质权处置得以丰富，知识产权质押物流转市场体系得以培育。

（三）政府搭建金融市场与金融机构的推广交流平台

建议由北京市金融局牵头，在对本市金融机构进行系统梳理和分类的基础上，搭建本市多层次资本市场与其他金融机构的信息交流平台，引导新三板、北京四板、报价系统等金融市场与本市商业银行、保险、基金、信托、PE等金融结构对接。例如可以通过平台扩大北京四板、报价系统的知名度，促进优质投资者关注北京四板、报价系统，为北京四板、报价系统平台挂牌企业引入战略投资人。再比如，可以借助平台吸引一批业内具有影响力的金融机构成为资本市场参与人，引导金融机构体验报价系统在私募市场全方位的金融服务。

同时，北京市还需要构建一个在地方政府有关部门、金融机构和潜在融资企业之间顺畅沟通和交流的平台，由相关业务主管部门（例如金融局）主持，定期举行沟通交际活动、搭建在线的沟通互动平台等，例如定期邀请已上市挂牌企业、券商专家交流企业挂牌经验和方法，可以给予企业更直接的关于金融市场、金融机构的认识，以便企业做出挂牌与否的正确选择。通过这一平台，提供融资服务的金融机构、金融市场和政府部门决策者能够随时获悉企业的最直接的需求。

（四）做好属地监管工作，防范化解金融风险

北京市相关政府部门要确保投资者利益，完善对金融行业的监管，防范与化解属地金融风险。一是要建立信息披露机制，完善信息披露内容，统一规范化披露标准。二是加大惩罚力度，增加违规成本。信息披露违规行为最常用的处罚手段是责令改正，其次是警告、罚款和通报批评。对于经济罚款，不仅使用率低，且罚款力度小。由于民众对于这些惩罚信息接触有限，建议北京市监管机构可以通过各种方式，如微信公众号，微博等发布相关信息，从而增大违规操作的成本。三是加强对属地中介机构的监管。中介机构是信息披露的重要环节。尽管违规情况相对少，但一旦违规，性质恶劣。应当加强针对中介的监管，如对保荐机

构、法律及会计事务所，可以通过提高其相关风险指标要求来实现，并且加大违规的惩罚力度。四是推进各项金融风险防范处置工作，维护首都金融安全。按照国务院金融稳定发展委员会的要求，重点推进互联网金融、资产管理、私募股权投资等业态的风险专项整治工作，持续深入开展打击非法集资专项整治行动。北京市要主动与一行两会工作对接，开展对重点领域、重点行业的风险评估、防范、监测和预警工作，督促指导金融机构依法加强对具有非法集资特征的各类帐户监督管理，做好涉嫌非法集资和金融欺诈行为的监测预警。

参考文献

1. 北京市统计局：《北京统计年鉴》（2015、2016、2017），中国统计出版社。

2. 国家工商总局：《开展互联网金融广告及以投资理财名义从事金融活动风险专项整治工作实施方案》，2016 年 4 月 13 日。

3. 栗志纲：建设开放式金融中介服务平台，《北京日报》2017 年 7 月 13 日。

4. 中国银行业监督管理委员会：《关于支持银行业金融机构加大创新力度　开展科创企业投贷联动试点的指导意见》（银监发〔2016〕14 号）。

5. 中国银行业监督管理委员会：《网络借贷资金存管业务指引》，2017 年 2 月 24 日。

北京高精尖商务服务业发展研究[*]

谢天成^{**}

2014 年 2 月习近平总书记视察北京并发表重要讲话，要求优化产业特别是工业项目选择，突出高端化、服务化、集聚化、融合化、低碳化。2015 年 12 月发布的《〈中国制造二〇二五〉北京行动纲领》，提出构建高精尖经济结构，实现"在北京制造"到"由北京创造"的转型，成为推动北京制造业发展的新动力；并经过对北京工业的发展历史和现阶段情况，提出了高精尖产业的五大基本特征，即技术自主化、价值高端化、体量轻型化、生产清洁化、服务产品化。2016 年 1 月出台的《北京市国民经济和社会发展第十三个五年规划纲要》，进一步要求加快构建"高精尖"经济结构。2017 年 6 月，北京市第十二次党代会提出构建"高精尖"经济结构，要求坚持做"菜心"、不做"白菜帮子"，大力发展服务经济、知识经济、绿色经济。商务服务业作为现代服务业的重要组成部分，行业范围较广，部分行业或环节仍然存在效益低、价值低等问题，需要明确高精尖发展方向、加快转型提质，促进北京商务服务业实现高质量发展。

本文考虑到历史统计数据来源和国民经济行业分类新标准的实施，现状分析、产业链分析中的行业范围仍然按《国民经济行业分类》（GB/

* 本文系北京市社会科学基金研究基地重点项目"北京市高端服务业空间布局形成机理与优化调控研究"（16JDYJA019）成果内容。
** 谢天成，北京建筑大学公共管理系主任、副教授，理学博士。

T4754—2011）行业分类标准，即包括企业管理服务、法律服务、咨询与调查、广告业、知识产权服务、人力资源服务、旅行社及相关服务、安全保护服务及其他商务服务业①；高精尖产业结构及政策建议等相关内容，将按照2017年10月1日开始实施的《国民经济行业分类》（GB/T 4754—2017），即行业范围包括组织管理服务、综合管理服务、法律服务、咨询与调查、广告业、人力资源服务、安全保护服务、会议、展览及相关服务、其他商务服务业。

一　北京商务服务业发展现状

2017年，北京商务服务业实现增加值1965.5亿元，同比增长3.2%（见图2-3）。总体来看，目前北京商务服务业发展正处在传统增长动力逐步消退、新的增长动力尚未形成规模的过渡期，转型"阵痛期"现象明显，商务服务业呈现增速、占比"双下降"趋势，亟待加快创新、培育新的发展动能。近年来北京商务服务业实现增加值占全市地区生产总值的比重呈现下降趋势，即由2000年的3.76%上升到2014年的7.97%，2016年下降到7.37%，2017年继续下降到7.0%。在2017年全市服务业行业中，其增加值占比次于金融业、信息传输、软件和信息技术服务业、批发和零售及科学研究和技术服务业，位居第五位。从发展的速度来看，2017年增速仅有3.2%，分别比信息传输、软件和信息技术服务业、科学研究和技术服务业及金融业等高端服务业低9.4个百分点、7个百分点、4.8个百分点，也低于交通运输、仓储和邮政业、批发和零售业等疏解类产业。

①　本文中的商务服务业不包括租赁业。由于各类统计年鉴、统计公报采用的"租赁和商务服务业"统计口径，考虑到租赁业规模较小，本文将原"租赁和商务服务业"数据认同为商务服务业（不含租赁业）数据。

亿元

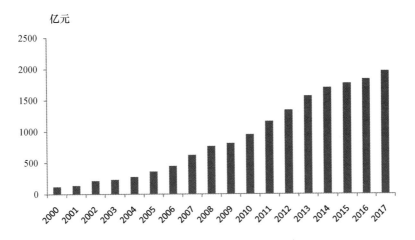

图 2 - 3 2000—2017 年北京商务服务业实现增加值增长

资料来源：北京市历年统计年鉴和《北京市 2017 年国民经济和社会发展统计公报》。其中本表按当年价格计算，2013 年之前行业按国家 2002 年版《国民经济行业分类》（GB/T 4754 - 2002）标准核算；2013 年（含）之后行业按国家 2011 年版《国民经济行业分类》（GB/T4754—2011）标准核算。

二 北京商务服务业发展面临的机遇和挑战

（一）重要机遇

1. 服务业全球化是经济全球化进入新阶段的鲜明特征

在经济全球化和信息化的推动下，全球产业结构呈现出从"工业型经济"向"服务型经济"的重大转变。服务全球化已成为经济全球化进入新阶段的典型特征，服务业在全球的资源优化整合是当前各国产业竞争的战略焦点，各主要经济体在全球范围内利用自身优势整合信息、资本、制度等资源，通过服务外包、离岸服务等形式，引领全球服务业的产业革命，其中，商务服务业发展迅猛，产业分工的精细化、专业化程度的不断提高，凸显出商务服务业的地位和作用。在世界经济仍处于政策刺激下的脆弱复苏阶段，商务服务业正成为拉动经济发展的重要力量。此外，以大数据、云计算、物联网为代表的新一轮技术变革和产业变革引发服务经济创新升级，服务业新产品、新业态、新模式不断涌现。服务投资贸易全球化拓展服务业发展空间，商务服务业国际转移呈现加快趋势。

2. 中国跨入以服务经济为主体的现代化经济体系建设新时代

当前我国经济发展进入新常态，已由高速增长阶段转向高质量发展阶段，正处在转变发展方式、优化经济结构、转换增长动力的攻关期。党的十九大报告提出"必须坚持质量第一、效益优先，以供给侧结构性改革为主线，推动经济发展质量变革、效率变革、动力变革，提高全要素生产率，着力加快建设实体经济、科技创新、现代金融、人力资源协同发展的产业体系"，要"加快发展现代服务业，瞄准国际标准提高水平"。《服务业创新发展大纲（2017—2025 年）》提出努力构建优质高效、充满活力、竞争力强的现代服务产业新体系，要聚焦服务业重点领域和发展短板，促进生产性服务业向专业化和价值链高端延伸，明确要求积极发展工程设计、咨询评估、法律、会计审计、信用中介、检验检测认证等服务，提高专业化水平，明确了商务服务业下一步发展的目标与方向。此外，"十三五"新一轮国家服务业综合改革试点已启动，商务服务业改革创新的政策环境将进一步优化，商务服务业优质高效发展面临新机遇、新空间。

3. 北京市加快打造"高精尖"经济结构

北京市第十二次党代会提出构建"高精尖"经济结构，大力发展服务经济、知识经济、绿色经济，服务与首都城市战略定位相匹配的总部经济，加快培育金融、科技、信息、文化创意、商务服务等现代服务业，进一步明确了商务服务业发展符合北京城市定位和首都经济发展方向。"一带一路"、京津冀协同发展、建设河北雄安新区和北京城市副中心、筹办 2022 年冬奥会和冬残奥会等重大历史机遇，将进一步拓展首都商务服务业发展空间。根据《北京市服务业扩大开放综合试点总体方案》，北京将率先推动科学技术服务、互联网和信息服务、文化教育服务、金融服务、商务和旅游服务、健康医疗服务等六大重点领域扩大开放，通过放宽市场准入、改革监管模式、优化市场环境，努力形成与国际接轨的北京市服务业扩大开放新格局。2017 年 12 月 10 日，国务院印发了《关于在北京市暂时调整有关行政审批和准入特别管理措施的决定》（国发

〔2017〕55 号），意味着 2017 年 6 月 25 日国务院批复的《深化改革推进北京市服务业扩大开放综合试点深化方案》中明确的 10 条开放措施涉及的法规规章已调整到位，其中，这 10 条中涉及商务服务业的有 3 条，包括企业管理服务、法律服务和人力资源服务。为全市新一轮扩大开放措施落地、推动商务服务业扩大开放综合试点向纵深推进提供了法治保障。此外，北京市围绕高精尖产业结构，2017 年 12 月 20 日出台《中共北京市委、北京市人民政府关于印发加快科技创新构建高精尖经济结构系列文件的通知》，所提出的科技、信息等现代服务业，以及节能环保、集成电路、新能源等新兴产业和高技术产业均与商务服务业密切相关。下一步促进高端商务服务业发展的具体实施意见也将出台，将为加速发展北京商务服务业创造良好的政策环境。

（二）主要挑战

1. 从国内外来看，宏观经济形势对商务服务业发展的制约将会凸显

当前，世界经济增长的不稳定不确定性和复苏过程的艰难性，将会通过影响出口间接影响国内物流、贸易等服务需求的扩张，也制约入境游等服务业发展。国际经济、金融运行风险加大，也会制约我国服务业投资的扩大。随着国内经济下行压力的持续和部分行业去产能、去库存、去杠杆的推进，部分行业生产性服务需求的扩张难度和萎缩可能都将增大。城乡居民增收放缓，也会妨碍生活性服务消费的扩张。劳动力、房租等服务业要素成本提高，增加了服务业优质高效发展的难度。复杂严峻的国内外形势，还会弱化商务服务业投资信心和发展动力。

2. 从北京市来看，区域竞争日趋激烈

"十三五"期间，北京市将加快"四个中心"功能建设，进一步提高"四个服务"水平，坚定不移疏解非首都功能，构建"高精尖"经济结构。商务服务业作为"高精尖"产业重要组成部分，"十三五"期间城六区均将商务服务业作为重点产业，提出加快发展商务服务业（见表 2 - 9），资源、信息、人才、项目等竞争将进一步加剧。

表 2 – 9　　　　　　　　城六区"十三五"商务服务业内容比较

区域	重点内容
东城区	紧抓北京市开展服务业扩大开放综合试点机遇,构建符合核心区功能定位的"二三一"产业体系。做强文化创意产业和商业服务业两大优势产业,做优金融业、商务服务业和信息服务业三大支柱产业,培育健康服务业这一新兴产业。重点发展符合首都核心功能,聚集人员少、占用资源少、能耗低、附加值高、资本和知识密集的业态,基本形成"高精尖"经济结构。
西城区	优化发展以金融服务为支撑,科技服务、商务服务、信息服务为依托,文化创意产业与高品质生活性服务业等共同发展的服务经济结构。
朝阳区	进一步推进商务服务、金融、文化创意、高新技术四大重点产业发展,加快优化调整产业内部结构。商务服务业以国际化、高端化、品牌化为发展理念,重点支持企业管理、人力资源、会计法律、管理咨询、会展经济等高端业态发展,进一步强化管理决策、市场营销、商务咨询等功能,构建符合区域定位的国际高端商务服务体系。
海淀区	推进服务业扩大开放综合试点,提升科技服务业等生产性服务业发展水平。引进世界著名酒店管理集团,加快发展高端商务服务业。
丰台区	提升商务服务产业层级。加快建设丽泽、科技园区等重点功能区,优化商务楼宇及配套设施品质,重点发展企业管理、会展、广告和中介咨询等商务服务业高端行业,推进商务服务业的高端化和品牌化发展。
石景山区	按照"高端绿色、集聚发展、重点突出"的原则,培育和打造以现代金融为核心,高新技术、文化创意、商务服务、旅游休闲为支撑的产业体系。大力推动商业保理产业高端、规范、集聚化发展,通过搭建融资平台、项目平台等方式,优化发展环境,重点培育扶持一批龙头商业保理企业,提升北京商业保理品牌影响力。

资料来源:城六区"十三五"规划。

三　高精尖商务服务业内涵与范围

"高精尖"产业是北京"高精尖"经济结构的重要组成部分,是高端引领、创新驱动、绿色低碳产业发展模式的重要载体。北京"高精尖"产业是以技术密集型产业为引领,以效率效益领先型产业为重要支撑的产业集合。其中,技术密集型"高精尖"产业指具有高研发投入强度或自主知识产权,低资源消耗特征,对地区科技进步发挥重要引领作用的活动集合。效率效益领先型"高精尖"产业指具有高产出效益、高产出效率和低资源消耗特征,对地区经济发展质量提升和区域经济结构转型升级具有重要带动作用的活动集合。商务服务业是主要服务于生产、商贸、商务等领域经济活动的产业集群和资本、知识密集的绿色产业,是生产性服务业的重要组成部分,主要包括:企业管理服务、法律服务、咨询与调查、广告业、知识产权服务、人力资源服务、旅行社及相关服务、安全保护服务及其他商务服务业。

近年来随着商务服务业的快速发展,其逐渐成为国内学术界研究热点领域。在商务服务业的概念与内涵研究方面,由于商务服务业出现较晚,对于什么是商务服务业,学术界尚未有统一的定义。国外有学者认为商务服务是专门解决企业在生产、组织和管理活动中的各种问题和各项任务的一系列活动,包括管理服务、法律和技术服务、金融服务、市场服务等[①];国内有学者提出商务服务业是社会经济发展到一定阶段社会进一步分工的产物,是生产性服务业的主要组成部分,也是现代服务业的优先发展部分[②],主要指在商业活动中涉及的服务交换活动[③];而WTO中的商务服务业,又称"商业服务业",主要指在商业活动中涉及的服务交换活动,既包括个人消费的服务,也包括企业和政府消费的服务。2017年10月,清华大学魏杰教授提出:商务服务就是为人们的商务活动提供的服务帮助的行业,是很宽泛的产业概念,可以分为四类,一是金融综合服务类,例如商业银行服务,投资银行、证券、基金、保险等隶属于金融综合服务;二是会计事务所、审计事务所;三是投资咨询服务;四是园区管理类服务[④]。高精尖商务服务业属于效率效益领先型"高精尖"产业。从产出结果看,高精尖商务服务业之所以高,必定具有高收

---

① Drejer, I:《Business Services as a Production Factor》,《Economic Systems Research》2002年第4期。

② 李宝仁、李鲁辉、李晓晨:《我国区域间现代服务业综合实力比较研究——基于组合评价模型的分析》,《北京工商大学学报》(社会科学版)2008年第5期。

③ 汪永太:《商务服务业:社会发展的新动力》,《安徽商贸职业技术学院学报》2007年第1期。

④ 魏杰:《中国宏观经济形势分析》(http://www.sohu.com/a/197385868_481758)。

益、高产业带动力和绿色环保的突出特征，这是高精尖商务服务业的最根本的特性；从投入要素和运作方式看，高精尖商务服务业必然具有高智力（集中体现脑力复杂劳动）、知识密集（反映高频率的知识创新、整合、应用、传播和储存）、高技术导向和应用、高诚信、特色化或差异性、集聚性或集群性、创新性和新兴性的突出特征，使之与低端服务业相区别，也不易被智能化服务所取代①。当然高精尖商务服务细分行业内部也存在低端部分，不是百分之百"纯高端"。

因此，本文认为高精尖商务服务业是在商务服务行业内部，总体上同时具备高智力性、知识密集性、高技术导向和应用性、高诚信性、差异性、创新性、集聚性、新兴性、高收益性、高产业带动性和绿色环保性的商务服务细分行业，属于商务服务高端行业和高端环节。

围绕北京市"四个中心"功能定位和商务服务业发展趋势，依据《北京市国民经济和社会发展第十三个五年规划纲要》《北京市新增产业的禁止和限制目录（2015年版）》《北京市人民政府关于进一步优化提升生产性服务业加快构建高精尖经济结构的意见》（京政发〔2016〕25号）、《北京市统计局北京市经济和信息化委员会关于印发北京"高精尖"产业活动类别（试行）的通知》，根据2017年10月1日开始实施的《国民经济行业分类》（GB/T 4754—2017）进行产业活动类别表界定，北京高精尖商务服务业产业活动类别包括8个行业中类和24个行业小类（见表2－10）。

表2－10 高精尖商务服务业产业活动类别表

中类行业代码与名称	小类行业代码	小类行业名称	说明	判断依据	备注
721 组织管理服务	7211*	企业总部管理	仅包含具有高产出效率和高产出效益的总部企业活动	市统计局、市经信委《北京"高精尖"产业活动类别（试行）2017》	

① 朱晓青：《北京市高端服务业发展研究报告（2017）》，中国社会科学出版社2017年版，第7页。

续表

中类行业代码与名称	小类行业代码	小类行业名称	说明	判断依据	备注
721 组织管理服务	7212 *	投资与资产管理	仅包含具有高产出效益、高产出效率和低资源消耗特征的企业活动	《北京市人民政府关于进一步优化提升生产性服务业加快构建高精尖经济结构的意见》（京政发〔2016〕25号），市统计局、市经信委《北京"高精尖"产业活动类别（试行）2017》	
	7213 *	资源与产权交易服务	仅包含具有高产出效益、高产出效率和低资源消耗特征的企业活动	北京市"十三五"规划提出大力支持北京产权交易所等做优做强，加强北京产权交易机构和"京津冀产权市场发展联盟"建设，推动三地产权市场融合发展；完善拓展碳排放权交易市场，开展水权交易和排污权交易，推动水权交易平台建设，培育和规范交易市场。	
722 综合管理服务	7224 *	供应链管理服务	仅包含具有高产出效益、高产出效率和低资源消耗特征的企业活动	《国务院办公厅关于积极推进供应链创新与应用的指导意见》（国办发〔2017〕84号）	
723 法律服务	7231	律师及相关法律服务		市统计局、市经信委《北京"高精尖"产业活动类别（试行）2017》	
	7232	公证服务			
	7239	其他法律服务			

续表

中类行业代码与名称	小类行业代码	小类行业名称	说明	判断依据	备注
724 咨询与调查	7241	会计、审计及税务服务		市统计局、市经信委《北京"高精尖"产业活动类别（试行）2017》	
	7242	市场调查			
	7243	社会经济咨询		依托中国社科院、中国科学院等机构，以及清华大学、北京大学等高校，培育智库服务业态	
	7244	健康咨询		北京市"十三五"规划提出建设健康活力城市，需要加快健康咨询行业发展	
	7245	环保咨询		《北京市人民政府关于进一步优化提升生产性服务业加快构建高精尖经济结构的意见》（京政发〔2016〕25号），提出积极发展节能环保服务	
	7246	体育咨询		北京市"十三五"规划提出促进奥运经济发展，激发潜在市场需求，带动体育产业结构升级	
725 广告业	7251 *	互联网广告服务	高产出效益、高产出效率和低资源消耗特征的企业活动	市统计局、市经信委《北京"高精尖"产业活动类别（试行）2017》	
	7259 *	其他广告服务	高产出效益、高产出效率和低资源消耗特征的企业活动	市统计局、市经信委《北京"高精尖"产业活动类别（试行）2017》	

续表

中类行业代码与名称	小类行业代码	小类行业名称	说明	判断依据	备注
726 人力资源服务	7262*	职业中介服务	高产出效益、高产出效率和低资源消耗特征的企业活动	北京市"十三五"规划提出支持设计咨询、资产评估、信用评级、法律服务等国际服务中介机构发展	
	7264	创业指导服务		北京市"十三五"规划提出完善创新创业生态系统，提升创新创业服务	
728 会议、展览及相关服务	7281	科技会展服务		北京市"十三五"规划提出：发展壮大创意交易行业，做大做强设计服务、广告会展、艺术品交易三大创意交易行业；推进会展业品牌化经营，提升精细化服务能力；依托冬奥会场馆及配套设施等优质资源，大力发展体育文化、旅游休闲、会议展览等产业；依托怀柔雁栖湖生态发展示范区，打造国际会议会展活动重要承载区；发展壮大会展经济。	城六区严格控制新增会议及展览服务中的展览类设施
	7282	旅游会展服务			
	7283	体育会展服务			
	7284	文化会展服务			
	7289	其他会议、会展及相关服务			
729 其他商务服务业	7294	翻译服务		北京市国际交往中心建设，需要加强翻译服务业发展	
	7295	信用服务		《北京市人民政府关于进一步优化提升生产性服务业加快构建高精尖经济结构的意见》（京政发〔2016〕25 号）	

注：本类别中"＊"，表示该行业小类仅有部分企业活动属于"高精尖"产业活动。

四　北京加快高精尖商务服务业发展相关建议

（一）建立高精尖商务服务业企业数据库，加大培育与扶持力度

围绕依据《北京市国民经济和社会发展第十三个五年规划纲要》《北京市新增产业的禁止和限制目录（2015 年版）》《北京市人民政府关于进一步优化提升生产性服务业加快构建高精尖经济结构的意见》（京政发〔2016〕25 号）、《北京市统计局　北京市经济和信息化委员会关于印发北京"高精尖"产业活动类别（试行）的通知》《中共北京市委、北京市人民政府关于印发加快科技创新构建高精尖经济结构系列文件的通知》等文件，加快对全市"高精尖"商务服务业企业进行筛选认定，建立"高精尖"商务服务业企业数据库，对入选商务服务业企业进行跟踪评估，加大扶持力度，并实施动态调整、有出有进。支持符合高精尖商务服务业发展方向的企业开展股权激励工作；对高精尖商务服务重大项目及企业给予股权投资扶持。对经营状况良好的重大产业项目、示范项目、高成长企业（瞪羚企业、独角兽企业），直接以股权投资方式给予扶持，直接投资资金主要用于支持被投资企业开展生产经营、转型升级、技术创新、管理创新、商业模式创新；对快速成长高精尖商务服务重点企业给予资金扶持；支持高精尖商务服务企业并购重组做大做强，鼓励高精尖商务服务企业实施跨地区、跨行业或境外重大并购和产业整合。

（二）创新服务业态，加快商务服务业行业融合

商务服务业作为生产性服务业重要组成部分，上下游关联度大，涉及农业、工业等产业的多个环节，具有专业性强、创新活跃、产业融合度高、带动作用显著等特点，特别是企业管理服务、法律服务、咨询与调查、广告业、人力资源服务等行业，是现代制造业和其它现代服务业健康发展的重要支撑。商务服务业具有全产业链特征，上下游产业链复杂。要加快商务服务业与新一代信息技术、集成电路、节能环保、新能源、新材料等战略性新兴产业的融合，同时也促进商务服务业与金融业、信息服务业、科技服务业与文化创新产业等其他现代服务业的融合，培养行业发展新业态（见图 2 - 4）。

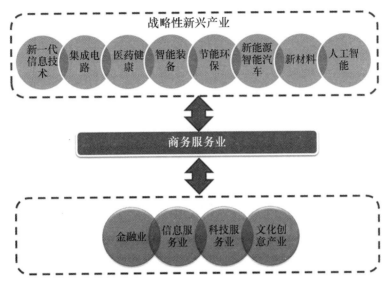

图2-4 商务服务业与相关行业融合发展

同时，加快商务服务业内部业态融合，促进商务服务业集群化发展，其重点就是要围绕商务服务业内部产业链关系，增强各行业之间的关联，使商务服务业发展能实现融合互动、协同创新，从而使整个商务服务业的发展保持创新活力。

（三）落实新版城市总体规划，优化高精尖商务服务业空间布局

贯彻落实《北京城市总体规划（2016年—2035年）》关于全市"一核一主一副、两轴多点一区"市域空间结构，按照立足基础、彰显特色、功能互补、集聚集群集约发展原则，围绕四大成熟功能区与四大潜力功能区发展定位，进一步优化高精尖商务服务业空间布局，促进商务服务空间布局与全市产业布局、城市空间布局相适应、相协调（见图2-5）。同时，要以商务楼宇和各类园区为载体，加大商务服务业主题商务示范楼宇和商务服务业集聚区公共服务平台的建设及政策支持力度，优化商务服务业企业发展的营商环境，提升服务能力和服务水平，带动商务服务业企业集聚发展。

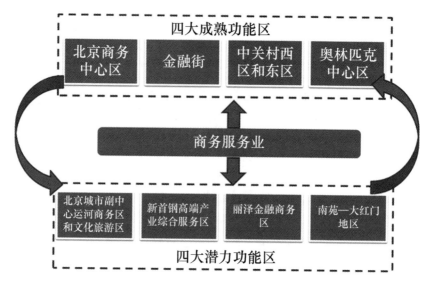

图 2 - 5 优化高精尖商务服务业空间布局示意图

（四）创新商务服务业开放，提升商务服务业国际影响力

北京要充分发挥服务业扩大开放综合试点的政策优势，紧盯"世界500 强"企业和行业排名前 10 强企业，特别是积极引入全球排名前列的律师事务所、会计事务所、咨询公司、广告公司、人力资源公司和会展公司，进一步扩大吸收利用外资和对外投资规模；发挥大型企业引领带动作用，依托其人才、资本、技术、管理等优势，开展资源整合、境内外并购与上市、业务模式创新，提高参与全球资源配置的能力。进一步加大商务服务领域对社会资本开放力度，鼓励外资投向创业投资、知识产权服务等行业，在国家外商投资产业指导目录范围内，支持外资以参股、并购等方式参与商务服务企业改造与重组。加快重点商务服务领域服务标准体系与国际标准接轨，支持会计、审计、评估、信用、法律、咨询、广告等行业"走出去"拓展国际市场，在全球范围内提供对外投资运营、资产管理、兼并重组、商务咨询、财务管理等服务，构建全球化服务网络及服务机构，有效拓展国际市场，增强北京商务服务业的国际影响力。

参考文献

1. 李宝仁等：《北京高端服务业发展比较优势研究》，《经济研究参考》2014 年第 35 期。

2. 刘海波：《我国现代商务服务业发展探析》，《现代经济信息》2016 年第 4 期。

3. 王喆等：《新时代深化北京市商务领域供给侧改革的举措》，《中国经贸导刊》2018 年第 21 期。

北京文体娱乐业发展[*]

陆园园[**]

一 北京文体娱乐业发展现状

(一) 北京文化创意产业发展现状

在新时代、新常态、新政策、新技术、新动力等整体背景下，2016年北京文化创意产业顺应趋势、创新求变，"高精尖"发展态势明显，产业活力持续增强，空间格局更加优化，发展环境不断改善，经济贡献更为突出，为疏解非首都功能、构建首都"高精尖"经济结构、推进全国文化中心建设起到重要推动作用，成为提升城市文化品质、建设弘扬中华文明与引领时代潮流的文化名城的重要抓手，首都丰富的文化资源优势正在创造性地转化为文化创意产业发展强势。

1. 总体发展稳中有升

2016年，北京文化创意产业实现增加值3581.1亿元，比上年增长10.1%；占地区生产总值的比重达到14.0%，比上年提高0.3个百分点。2016年全市文化创意产业资产总计37921.3亿元，收入合计17885.8亿元，从业人员198.1万人。其中，规模以上文化创意产业法人单位8033个，资产总计24919.2亿元，收入合计15224.8亿元，从业人员125.7万人。2016年，全市文化创意产业法人单位创造地方税费收入417.9亿元，

* 本文系北京市社会科学基金项目"北京文化创意产业集群内的网络结构问题研究"（16JDYJB021）的研究成果。

** 陆园园，北京高端服务业发展研究基地研究员，中共北京市委党校经济学教研部副教授，管理学博士。

占全市地方税费的 10.7%；上缴国税 791.9 亿元，占全市上缴总量的 8.9%。

固定资产投资稳步增长。2016 年，北京文化创意产业固定资产投资 372.1 亿元，同比增长 5.4%，完成全年 340 亿元指标任务的 109.4%，占全社会固定资产投资的比重 4.4%。广播电视电影、软件和信息技术、文化休闲娱乐成为固定资产投资的热点领域，占比合计达 85.0%。重点项目继续成为固定资产投资增长的重要支撑，其中，环球主题公园项目累计完成投资 150 亿元，在全市文化创意产业固定资产投资中遥遥领先。从区位分布看，通州、海淀、房山、昌平、大兴、朝阳 6 区投资成为主要来源，均超过 10 亿元，共计完成 325 亿元，占总投资的 87.6%，其中通州区受环球主题公园项目带动，投资额居全市之首。

文化消费综合水平全国领先。2016 年，全市居民家庭人均教育、文化和娱乐支出 3687 元，同比增长 1.4%，在人均消费支出构成中占比 10.4%；农村居民家庭人均教育、文化和娱乐支出增幅较大，同比增长 17.2%。北京文化消费总体规模从 2005 年的 302.2 亿元上升至 2016 年的 817.7 亿元，10 年间上升了 170.5%，文化消费环境持续优化、居民的文化消费意愿及满意度不断提高，文化消费列居全市服务性消费的前三位。中国人民大学发布的"中国省市文化产业发展指数（2016）"和"中国文化消费发展指数（2016）"显示，北京的文化产业综合指数和文化消费指数排名均位列全国第一。

文化贸易持续扩大。2016 年，北京市文化贸易进出口总额达 46.9 亿美元，同比增长 9.5%。其中，进口 27.5 亿美元，同比增长 1.9%；出口 19.4 亿美元，同比增长 22.4%。从具体分类看，核心文化服务进出口 27 亿美元，同比增长 17.1%，进口 13.8 亿美元，同比增长 18%；出口 13.2 亿美元，同比增长 16.2%；核心文化产品进出口总额 20 亿美元，同比增长 0.6%，进口 13.7 亿美元，同比下降 10.4%，出口 6.2 亿美元，同比增长 38.1%。

资本市场保持活跃。2014—2016 年北京市文化创意产业共发生融资事件 3131 起，占全国的 32.5%，资金流入量为 4091.52 亿元，占全国的 32.5%。其中，2016 年资金流入量为 1777.22 亿元，同比增长 11.6%。主要集中在私募股权融资和上市后再融资渠道，分别为 1648.67 亿元、

1286.88 亿元，占比 40.3% 和 31.5%；从资金流向领域来看，文化信息传输服务是主要吸金领域，流入资金 2524.58 亿元，占比 61.7%。2016 年北京地区共有 3 家文化创意企业成功上市，上市首发融资规模为 58.47 亿元，占全国的 25.1%。新增新三板挂牌文化创意企业 224 家，新增数量在全国占比 29.1%。2016 年，北京地区共发生文化创意产业并购事件 67 起，涉及资金规模达 1108.13 亿元，占全国并购融资规模的 79.1%，并购规模全国居首。

2. 产业结构不断优化，融合类行业引领发展

2016 年，北京文化创意产业各行业在保持稳步增长的同时，产业内部结构深化调整，与数字技术、"互联网＋"等紧密相关的新领域、新业态、新模式蓬勃发展，带动全市文化创意产业转型升级、提速换挡。

软件和信息技术服务业增速明显，引领产业发展。顺应文化科技融合发展趋势，软件和信息技术服务业继续保持较快增速，体量规模上主导地位更加明显。2016 年，软件和信息技术服务业实现增加值 2109.4 亿元，同比增长 11.0%，占全市文化创意产业增加值总量的 58.9%。2016 年，该行业规模以上资产总计 11418.3 亿元、收入合计 6131.7 亿元、从业人员 67 万人，分别占全市规模以上文化创意产业的 45.8%、40.3%、53.3%，体量上占近半壁江山。根据 2016 年 1—12 月可比数据，该行业规模以上收入增速达到 11.1%，居各行业之首；从业人员增速 1.3%，是九大行业中唯一从业人员数量增长的行业。该行业体量规模与增速的持续增长，体现出北京文化创意产业科技引领和科技融合发展趋势更加清晰。

文化艺术、新闻出版发行、艺术品生产销售、设计服务四类行业发展态势较好，收入反降为升。2016 年，四类行业有效应对市场调整和新媒体冲击，增长态势良好，文化艺术服务业实现增加值 161.2 亿元，增长 16.1%；新闻出版及发行业实现增加值 322.8 亿元，增长 14.5%；艺术品生产与销售业实现增加值 65.6 亿元，增长 2.0%；设计服务业实现增加值 163.5 亿元，增长 21.2%。根据 2016 年 1—12 月可比数据，文化艺术、新闻出版及发行、艺术品生产与销售、设计服务四类行业的规模以上收入增长分别为 4.3%、0.1%、9.0%、11.0%，与 2015 年四行业规模以上收入分别下降 2.2%、0.8%、6.9%、4.1% 相比，实现了企稳回

升、反降为增，行业调整效果初步显现。尤其是设计服务业，积极适应"文化创意＋"融合发展趋势，有效降低房地产投资下滑等因素影响，规模以上收入增速仅次于软件和信息技术服务业，发展成效较为显著。

广播电视电影、广告会展、文化休闲娱乐、文化用品设备生产销售及其他辅助业四类行业稳步发展，收入增速放缓。2016 年北京市广播电视电影服务业保持稳步增长态势，实现增加值 231.5 亿元，增长 2.9%。根据 2016 年 1—12 月可比数据，规模以上广播电视电影服务业的收入增长 3.6%，与 2015 年 5.4% 的增速相比，增速有所放缓。2016 年，北京市广告和会展服务业实现增加值 221.8 亿元，增长 2.0%；文化休闲娱乐服务业实现增加值 119.1 亿元，增长 10.6%。根据 2016 年 1—12 月可比数据，广告和会展服务业、文化休闲娱乐服务业的规模以上收入增长分别为 9.5%、1.0%，与 2015 年 19.2% 和 15.1% 的增速相比，增速明显放缓。在各行业中，文化用品设备生产销售及其他辅助业增速放缓现象最为明显。2016 年，该行业实现增加值 186.2 亿元，增长 1.5%。根据 2016 年 1—12 月可比数据，规模以上行业收入 2066.4 亿元，增长 0.3%，与 2015 年增速 24.1% 相比，增速大幅下降，由 2015 年行业收入增速首位降为末位。

经过近年来的持续快速发展，北京文化创意产业的规模不断扩大，结构不断优化，成为拉动首都经济发展的重要增长极。随着疏解整治促提升持续推进，北京文化创意产业"高精尖"发展趋势越发明显，现代文化创意产业体系正在加快构建。

（二）北京体育产业发展现状

1. 全民健身公共服务体系逐步完善，群众体育事业蓬勃发展

以构建覆盖城乡的全民健身公共服务体系为核心，不断提升均等化服务水平，市、区全民健身工作实现"三纳入"全覆盖，并向"多纳入"拓展。市民健身意识增强，全市达到中等以上锻炼强度的人数近 650 万人。市民体质稳步提升，《国民体质测定标准》合格率达到 89.2%。全民健身设施多元化发展，全市 100% 的街道（乡镇）、有条件的社区和 100% 的行政村建有体育设施。全市共有体育场地 20075 个，配建全民健身路径工程 8261 套、市级彩票公益金资助建设的全民健身专项活动场地 3910 片，创建体育生活化社区 2778 个、体育特色村试点 200 个。由政府

主导、部门协同、全社会共同参与的"大群体"工作格局基本形成，体育社团实体化进程不断加快。群众性品牌赛事活动初具规模，全民健身体育节、"一区一品"群众活动形成品牌，市机关、市民族、市残疾人运动会顺利召开，市体育大会、"三大球"比赛等社会组织的体育活动焕发生机，舞龙舞狮、赛龙舟等民族传统健身活动彰显特色，日渐兴起的冬季运动助力筹办冬奥会。科学健身方法日益推广，获得技术等级证书的公益社会体育指导员49998人，职业社会体育指导员7277人。

2. 竞技体育水平成绩斐然，"三大球"摘冠夺桂

北京竞技体育水平不断提升，在世锦赛、世界杯等比赛中共获得41项第一名、18项第二名、16项第三名，被国家体育总局授予伦敦奥运"重大贡献奖"和"特殊贡献奖"，第30届伦敦奥运会、第2届南京青奥会、第17届仁川亚运会、第12届辽宁全运会、第1届全国青运会、第3届全国智运会上捷报频传。北京首钢男女篮球队、北京国安足球俱乐部摘冠夺桂。体育科研立足训练、聚焦前沿，为北京体育发展保驾护航。

3. 青少年体育固本强基，后备人才培养开创新局面

成立市级青少年体育职能部门，青少年体育政策制度体系逐步完善。体教两家密切协作，共谋青少年体育发展。全市拥有青少年运动员注册人数达到22679人、国家级后备人才基地10个、国家级传统体校26所、国家级青少年俱乐部211个、国家级青少年户外体育活动营地6个、国家级校外体育活动中心2个。评定北京市体育传统项目学校199所、青少年三大球基层网点校460所、三大球重点示范校69所、重点运动队129支，培训师资1600余名。全市向社会开放体育设施的学校达到864所，占符合开放条件学校数量的73.8%。成功举办北京市规模最大、参赛人数最多的北京市第十四届运动会，在全国第十二届学生运动会、全国未来之星阳光体育大会等各种比赛中迭创佳绩。

4. 体育产业实现量质齐升，新兴业态凸显活力

体育产业保持良好发展势头。2011—2014年，体育产业增加值年均增幅13.2%，总收入年均增幅15.35%。2014年，全市体育产业实现增加值191亿元，总收入1055.7亿元，从业人数达到14.1万人；体育服务业占体育产业增加值比重为54.9%，体育产业结构进一步优化，产业发展质量进一步提高。休闲健身服务业内容不断丰富、项目品牌形成，体

育竞赛表演市场的品牌影响力和商业价值明显提升，体育培训和体育中介市场逐步扩大，体育销售和体育会展首都优势凸显，体育产业与其他产业日趋融合发展。"十二五"期间，北京体育彩票产品结构不断完善，运营能力不断提升，全市共销售体育彩票 243 亿元，筹集公益金 59 亿元。

5. 国际赛事接连成功举办，彰显国际体育中心城市影响力

举办了一届精彩绝伦的 2015 年北京世界田径锦标赛，全面实现了向国际社会做出的郑重承诺，获得党中央、国务院肯定。成功举办了世界男子冰壶锦标赛、世界女子冰球锦标赛、中国网球公开赛、北京马拉松赛、世界斯诺克中国公开赛、环北京职业公路自行车赛、世界田径挑战赛北京站、沸雪北京世界单板滑雪赛等一系列国际高水平赛事。冬季项目赛事增多，时间和空间分布日趋合理，形成了多元化赛事格局。取消了商业性和群众性赛事审批，鼓励社会力量积极办赛。裁判队伍建设取得显著成效，各项目一级以上注册裁判员总人数达到 2757 人。

二　北京文体娱乐业面临的形势

（一）北京文化创意产业面临的形势与挑战

2016 年，北京的文化创意产业发展取得良好成效，为稳步实现"十三五"时期发展目标奠定了坚实基础。中国特色社会主义进入了新时代，在新的历史方位上，北京的文化创意产业也进入新的战略机遇期和高质量发展的关键期。

1. 中央重大战略指明产业发展新方向

党的十九大作出"我国社会主要矛盾已经转化为人民日益增长的美好生活需要和不平衡不充分的发展之间的矛盾"重大论断，并对推动文化产业发展做出重要部署，健全现代文化产业体系和市场体系、创新生产经营机制、完善文化经济政策、培育新型文化业态等战略要求为北京文化创意产业指明了新的发展方向。供给侧结构性改革、"一带一路"、京津冀协同发展等重大战略进入实质推进阶段，《"十三五"国家战略性新兴产业发展规划》《关于实施中华优秀传统文化传承发展工程的意见》等系列政策陆续出台，为文化创意产业的发展拓宽空间、明晰路径的同时，也提出了新的使命和要求。

2. 首都城市转型提出产业发展新任务

随着我国经济进入新常态，北京经济发展也从两位数的高速增长转为中高速增长，经济结构从三次产业调整的量变进入内部结构深入调整的质变阶段。当前，首都立足"四个中心"城市战略定位，深入推进疏解整治促提升，聚焦做"菜心"，构建"高精尖"经济结构步伐不断加快，未来第三产业在北京的主导地位将不断强化。文化创意产业作为新兴的朝阳产业，作为"高精尖"经济结构的重要组成，未来发展也要顺应经济结构深刻调整的新形势，把握首都转型发展的新要求，持续推动理念创新、内容创新、业态创新、模式创新，着力构建"高精尖"文化创意产业结构，形成与科技、金融、旅游等相关产业高水平、深层次、宽领域的融合发展格局，为推动城市转型发展、提升城市文化品质、建设国际一流和谐宜居之都提供重要支撑。

3. 产业创新发展亟需形成新引领

经过十余年的持续快速发展，北京文化创意产业的支柱地位更加稳固，质量效益不断提升，但与北京的历史文化资源优势以及科技、人才等资源优势相比，与全国文化中心的定位相比，还存在一定差距，优势资源尚未充分激活，产业核心竞争力和发展活力还需要增强，在全国的引领和辐射作用有待更好发挥。近年来，各地不断加大对文化产业支持力度，发展势头强劲。从国际视野来看，在京津冀世界级城市群建设中，首都作为核心，面对纽约、伦敦、东京等世界城市的直接竞争。北京文化创意产业亟需加快创新发展步伐，强化全国文化中心辐射力、影响力，提升外向发展步伐，在日渐激烈的全球竞争中彰显首都的文化软实力。

（二）北京体育产业面临的机遇与挑战

1. 全民健身上升为国家战略，提出健康中国建设新要求

党中央、国务院明确提出将全民健身工作上升为国家战略，强调要使全民健身成为健康中国建设的有力支撑和全面建成小康社会的国家名片，并要求全面落实中国足球改革方案，有序推进健康中国和依法治体建设。特别是习近平总书记对体育工作多次发表重要讲话、作出重要批示和指示，对体育工作进行了一系列精辟论述，提出"全面小康的指标必然包含全民健康和体育发展方面，体育是中华民族伟大复兴的一个标志性事业"，成为推动体育发展的强大动力。

2. 京津冀区域协同发展，开辟体育资源配置新格局

京津冀区域合作进入实质突破和加速发展的关键时期，贯彻落实《京津冀协同发展规划纲要》，有序疏解北京非首都功能，不断加快新型城镇化步伐，将有效推动各类体育资源优化布局，加快体育市场一体化进程，形成京津冀体育资源共享、优势互补、错位发展、互利共赢的新格局。

3. 北京筹办冬奥会，成为北京冰雪运动发展新机遇

北京筹办 2022 年冬奥会，有助于普及发展冰雪运动，培养冰雪运动人才，促进冰雪设施逐步完善，激发群众特别是青少年参与冰雪运动的热情，扩大冰雪体育产业消费；有助于塑造奥运城市形象，提升民族凝聚力和国际影响力。

4. 供给侧改革顺应新常态，体育融合发展成为新趋势

供给侧改革顺应了经济新常态的发展，推动体育产品和服务多样化发展，刺激体育消费升级，成为拉动内需的重要力量。以数据共享、资源共通、方法共用、人才共培等为主要途径的体育内部融合以及体教、体旅、体医、体科等跨界融合发展成为必然趋势。

5. 信息技术突飞猛进，智慧体育成为发展新方向

以"互联网＋"为标志的新一轮创新发展浪潮已经到来，移动互联网、物联网、大数据以及云计算等新技术将持续改变体育运行的方式。现代科技的广泛应用，迎合了体育参与者的个性化诉求，促使智慧体育成为体育发展的新领域。

北京体育事业发展虽然取得了很好的成绩，但与新的时代要求和更加艰巨的发展改革任务相比还存在一定的差距，全民健身公共服务体系还需不断健全、社会力量参与力度还需不断加强，竞技体育核心竞争力还需进一步提升、后备人才培养机制还需逐渐完善，体育服务消费动力不足、体育产业发展基础还需进一步做强做大，体育设施供需矛盾较为突出，体育设施建设、利用和开放等问题还需不断破解。我们必须准确把握北京重大战略机遇期内涵的深刻变化，在"十三五"时期对以上问题进行认真研究、逐项解决。这既是适应经济发展新常态的必然要求，也是落实首都城市战略定位、建设国际一流和谐宜居之都的必然要求，更是新形势下找准体育位置、发挥体育功能的必然要求。

三　北京文体娱乐业发展目标

（一）北京文化创意产业发展目标

到 2020 年，文化创意产业增加值占全市 GDP 比重力争达到 15% 左右。产业支柱地位更加巩固，体系更加完善，布局更趋合理，市场竞争力、创新驱动力、文化影响力显著增强，成为支撑首都经济创新发展、构建"高精尖"经济结构的重要引擎，努力把北京建设成为具有国际影响力的文化创新、运营、交易、体验中心和最具活力的文化创意名城。

产业结构优化升级。融合发展内涵更加丰富，高端化、服务化、融合化特征更加明显。"文化 + "产业多元融合发展格局初步形成，文化创意产业的关联、带动作用显著增强。

产业布局更趋合理。文化创意产业功能区建设日益深化，力争使功能区创造文化创意产业收入占全市产业收入总额的 80% 以上。产业园区发展质量不断提高，推动全市文化创意产业实现集约发展、特色发展、错位发展。京津冀文化创意产业合作机制进一步完善，区域产业结构和空间布局更加优化，产业一体化发展的格局初步建立。

文化产品和服务更加丰富多彩。推出更多具有自主知识产权的品牌文化产品，打造更多思想性、艺术性、观赏性相统一的精品力作，人民群众多层次、多样化、分众化的文化消费需求得到更大满足。

文化市场主体健康快速发展。培育一批掌握核心技术、拥有原创品牌、具有较强市场竞争力的骨干文化企业和企业集团，发展一批"小而美"文化企业，推进产业主体不断成长壮大，活力和竞争力明显增强。

文化创新能力进一步提高。创新创意氛围更加浓郁，文化创意产业领域技术应用更加广泛，文化生产经营网络化、数字化进程加快，新型业态不断涌现，创新成为产业发展的第一驱动力。

现代文化市场体系更加健全。市场在文化资源配置中的积极作用进一步发挥，产权、人才、信息、技术等文化要素合理流动，文化投融资体系更加完善，金融资本、社会资本与文化资源有效对接。

文化产品和服务出口进一步扩大。国际营销网络渠道更加通畅、产品质量效益明显提高，形成一批北京标志性的文化产品和服务贸易品牌。

（二）北京体育产业发展目标

到 2020 年，建立起"政府主导、部门协同、社会参与"的体育管理新体制，推进体育全面协调可持续发展，落实全民健身和健康中国建设的国家战略，初步建成一流国际体育中心城市，体育在新的起点上实现新发展，助力北京全面建成小康社会。

全民健身战略全面推进。全民健身生活化、健身意识不断增强；市民体质显著改善、健康水平明显提高；体育文化深度挖掘、宣传氛围更加浓厚；健身设施全面覆盖、满足需求突出重点；健身活动蓬勃开展、巩固品牌形成特色；健身组织实体发展、服务网络不断完善，完善覆盖全市城乡的全民健身公共服务体系，推动全民健身和全民健康深度融合。全市经常参加体育锻炼的人数达到 1000 万，市民体质达标率超过 93%，人均体育场地面积保持在 2.25 平方米。

竞技体育水平显著提升。项目布局均衡合理，资源不断优化整合，人才梯队有效衔接。竞技体育水平位居全国前列，在 2016 年里约奥运会、2017 年天津全运会、2018 年平昌冬奥会、2020 年全国冬运会、2020 年东京奥运会等重要赛事中取得佳绩。

青少年体育运动不断深化。基本建立体教融合长效机制，体育运动在校园深入推广，学生树立科学健身理念，让主动锻炼、阳光生活在青少年中蔚然成风。后备人才培养体系更加完善，每年向市级优秀运动队输送人才 350 人以上。

体育产业保持强劲增长。主动适应人民健康需求，优化要素配置和服务供给，推动健康产业转型，体育产业结构优化，体育消费增长升级。体育产业增加值每年以 12% 左右速度增长，2020 年体育产业总规模达到 1500 亿元以上，体育消费总规模达到 570 亿元。

品牌赛事影响力持续扩大。扩大现有国际赛事影响力，引进更多国际高水平赛事，打造 1—2 项具有自主版权的原创性赛事。赛事管理规范、运营高效，提高赛事市场化运作水平。2020 年一级以上注册裁判员总人数达到 3500 人。

冰雪运动快速发展和普及。扩大冰雪运动参与范围，冰雪运动竞技水平显著提升，冰雪体育产业规模不断扩大，冰雪场地不断完善，冰雪人才满足需要。全市参与冰雪运动人口达到 500 万人。

体育融合发展取得新突破。群众体育、竞技体育、青少年体育、体育产业等领域协调发展，体育深度融入教育、医疗、文化、旅游、科技、金融等领域，京津冀和"一带一路"沿线体育交流活动广泛开展。

四 北京文体娱乐业发展对策

（一）北京文化创意产业发展建议

1. 高端引领、创新驱动，着力构建产业"高精尖"结构

明确主攻方向。顺应文化创意产业内容为王、科技引领、资本带动、跨界融合的发展趋势，从科技创新支撑、内容价值引领两个层面，明确产业发展的主攻方向。落实《"十三五"国家战略性新兴产业发展规划》，在文化科技融合上全面发力，打造数字创意主阵地。促进数字技术创新链与文创产业链衔接渗透，推动大数据、人工智能、虚拟现实、全息成像等技术深度应用；加快新型文化产品及新型文化装备研发；发展基于互联网的新型商业模式和产业业态。依托北京文化资源优势，在内容版权转化上率先布局，形成文化创新策源地。加大对精品力作的扶持，打造内容原创中心、资源集聚中心、版权运营中心，推动内容版权化、版权产业化，构建完整的版权经济链条。

聚焦重点领域。围绕首都构建"高精尖"经济结构，立足历史文化、科技、人才等资源优势，结合文化创意产业功能属性，以科技创新和内容价值为引领，大力推动创意设计、出版发行、广播影视、演艺娱乐、媒体融合、动漫游戏、艺术品交易、文博非遗以及文创智库等重点行业领域发展。针对产业复合型特征，着力发展产业链中内容研发、新技术应用、文化资源数字化转化等高端环节。坚持以科技创新提升传统产业含金量，促进传统文化资源创造性转化、创新性发展，以内容价值提升产业发展内涵，承载全国文化中心功能，全面推动文化创意产业内容优化、结构优化、链条优化、层级优化。

推进融合发展。以"文化创意+"提升相关产业附加值，助力首都构建"高精尖"经济结构。扩大与旅游商务的多点融合，研发丰富"北京礼物"以及工业体验游、民俗游、冰雪游等特色品类，鼓励老字号企业利用互联网拓展营销渠道，支持商业场所引入特色文化资源。促进与

体育教育的有机融合，加快发展体育传媒、体育动漫、体育会展等新兴业态，开发运用互联网多媒体教学资源，创新丰富文化教育等产品和活动。推动与宜居城市建设的深度融合，展现"首都风范、古都风韵、时代风貌"的城市文化内涵。带动与其他产业增效融合，在制造业、农业等领域提高创意和设计能力，提升产业综合效益。

2. 优化布局、拓展空间，形成产业集聚发展新优势

提速产业功能区建设。结合《北京城市总体规划（2016年—2035年)》，从加强统筹管理、提升主导产业、落实专业化服务入手，深入推进文化创意产业功能区建设，推动文化创意产业和配套设施向重点区域、特色区域布局，形成集聚优势，实现错位发展。面向文化艺术、影视传媒、数字出版、设计服务等领域，建立数字化舞美设计、网络视频云计算技术应用、跨平台游戏引擎等开放共享的专业化服务平台。推进中国北京出版创意产业园等首批4个示范区建设，着力打造中国（怀柔）影视产业示范区、国家新媒体产业基地，以及动漫网游及数字内容、创意设计服务等功能区或区内重点园区。

深度推进产城融合。结合疏解整治促提升，以城市空间承载产业升级，以产业发展支撑城市功能完善。规范现有空间载体，构建以"文创产业功能区、文创产业示范园区、文创小镇、文创街区、文创空间"为主的空间体系架构。盘活利用存量空间，以老旧厂房为抓手，通过功能性流转、创意化改造，"腾笼换鸟"，建设新型城市文化空间；挖掘公共文化设施资源，鼓励支持图书馆、美术馆、博物馆等在保障公益性服务的前提下，创新体制机制，开展产业化运作，促进传统文化资源传承发展。打造新型空间形态，创建"文化三里屯"、台湖演艺小镇等产业要素集聚、文化氛围浓郁的特色文创街区和文创小镇。

加强区域联动发展。围绕"三个文化带"建设，坚持山水同源、文化同根，把文化产业协同发展作为共同保护传承历史文脉、共同加强生态治理修复的战略支撑，加大跨区域合作力度。组织开展规划对接、企业对接、项目对接、服务对接，促进文化带沿线各地在文博非遗、文化旅游、休闲娱乐、设计服务等领域加强联动合作，实现内生性协同发展。深入推进京津冀文化产业协同发展，支持北京企业跨区域布局，通过投资输出、品牌输出、管理输出，参与项目建设合作。落实京津冀地区增

值税、企业所得税、营业税"三税分成"政策，合作建设跨区域"文创飞地"。以筹办 2022 年北京冬奥会、冬残奥会为契机，推进京张跨区域文化合作。支持雄安新区文化创意产业发展。

3. 目标牵引、重点带动，发挥重点企业重大项目引领作用

"以点带面"推动企业发展。培育壮大产业主体，构建企业梯度培育机制，着力打造龙头型、旗舰型文化创意企业，支持高增长企业、成长型企业发展，形成"大而强""小而美"企业竞相发展、互促共进的新局面，激发企业内生动力，带动提升文化创意产业整体活力和竞争力。实施分类指导，针对不同类型、不同规模、不同领域的文化创意企业分别制定扶持计划，精准扶持，有效促进企业发展。做强做优做大国有文化企业，以国有文化资本运营、国有文化企业改革、国有文化资产监管为重点，全面推进市属国有文化企业改革，加快建立有文化特色的现代企业制度，探索开展特殊管理股试点；推动新闻出版、广播影视等领域加强战略性资源重组，打造一批具有国际影响力、核心竞争力的龙头企业。

重大项目带动提升产业能级。建立体现文化创意产业特点的资源类、资产类、资本类"三资"项目投资引导体系。拓展开发资源类项目，围绕古都文化、红色文化、京味文化、创新文化，打造"三山五园"历史文化景区、云居寺佛教文化景区、云蒙山文化旅游景区等文化旅游融合项目，提升什刹海、南锣鼓巷、古北水镇等历史文化街区环境品质，以产业开发擦亮北京文化符号。高效推动资产类项目，高标准推进台湖演艺小镇、环球主题公园、北京基金小镇等项目建设，打造特色文化地标；实施北京国家数字出版基地、中国乐谷、天桥演艺区等集约化改造项目，推进"书香京城"等项目建设，提高资产利用效益。大力支持资本类项目，支持企业并购重组、挂牌上市，重点在网络视听、数字游戏、影视投资、移动阅读、国际传媒等领域，实施市场规模化提升、国际化拓展项目，实现国内国际领先发展。

4. 拓宽渠道、做大市场，持续扩大文化消费和文化贸易

完善文化消费促进机制。加快国家文化消费试点城市建设，围绕城乡居民消费升级的新形势新要求，加强政府部门的宏观引导和服务促进作用，挖掘消费潜力，增添市场活力。依托惠民文化消费季等品牌活动，丰富活动内容，创新机制模式，强化品牌引领，搭建更加充分、有效的

文化消费供需对接平台，以文化消费升级促进产业转型升级。常态化发放年度 5000 万元的惠民文化消费电子券，实现对文化消费的精准支持和激励引导，形成贯穿全年、覆盖全领域的促进效应，进一步增强惠民实效。推进北京文化惠民卡功能升级，集成线上线下市场资源、优质活动，完善常态化文化消费促进机制。拓展文化消费空间，在消费园区基础上，打造一批汇聚艺术表演、阅读分享、观影体验、创意市集等消费业态的文化商业综合体。探索建立城际文化消费联动促进机制，探索尝试京津冀三地联动举办惠民文化消费活动的有效形式。依托大数据、"互联网＋"等信息技术手段，借鉴分享经济理念，构建更加便捷高效的电子化、数字化、网络化供需对接和资源链接服务平台。

扩大对外文化交流贸易。整合北京作为国际交往中心的资源优势，与国外城市、国际组织、外国驻华使领馆等加强沟通合作，拓宽与"一带一路"沿线国家的文化交流合作渠道。坚持"请进来"与"走出去"相结合，持续办好北京国际设计周、北京国际电影节、北京国际文化创意产业博览会等国际性展会活动，吸引海外文化创意企业总部落户北京，推动国际大型交易博览、品牌发布、贸易洽谈等活动在京举办。引导北京文化创意企业参加大型国际展览展销活动，举办自主品牌巡展推介会。实施"中华文化世界行""文投环球十大中心""北京优秀影视剧海外展播季""北京文化庙会"等项目工程，持续打造文化"走出去"品牌。鼓励有实力的文化创意企业申报国家文化出口重点企业（项目），支持企业以参股、换股、并购等形式与国际品牌企业合作，创新"走出去"模式。深入推进国家对外文化贸易基地（北京）建设，集中打造文化保税综合服务中心。

5. 精准施策、优化服务，有效改善产业发展的营商环境

完善政策扶持体系。围绕文化创意产业供给侧结构性改革，突出政策引领，优化政策体系和政策服务。制定出台推进文化创意产业创新发展的统领性政策文件，明确产业"高精尖"发展的目标方向、结构体系、重点任务和保障措施。坚持问题导向，健全完善文化科技融合、文化金融融合、老旧厂房保护利用、国有文化企业改革、实体书店、影视行业等有关行业领域的专项政策措施，加强土地、资金、人才等要素资源对文化创意产业的供给和保障，研究制定各区配套政策。以产业创新发展

政策为基础，通过行业领域深化、市区衔接联动，在全市形成"1＋N＋X"政策体系，创新体制机制，释放政策红利，鼓励支持更多优质企业、领军人才在京发展。推动北京文化创意产业立法工作，把行之有效的文化经济政策法定化。深化文化领域"放管服"服务改革，对重点企业、重大项目实施"一企一策""一事一议"，提升服务保障效能。

提升文化金融服务水平。推进国家文化产业创新实验区和文化金融合作示范区建设，进一步探索机制体制、管理模式、金融产品、财金政策创新，打造全国文化金融创新高地。探索设立北京市文化创新发展基金，加强对重点行业、重点领域、重大项目的投入。进一步完善文化投融资服务体系建设，积极筹建文创银行，支持银行等金融机构设立专业性机构或业务部门，构建文化创意企业信用评价体系。探索建设文创板，促进文化版权、文化类非上市非公开股权的交易或流转。实施"投贷奖"联动，发挥财政资金放大效应。培育完善文化金融中介服务市场体系，建好文化金融生态圈。鼓励和引导民间资本参与投资公共文化服务体系建设、非遗传承保护、文化交流贸易、文创特色小镇建设等，探索文化领域政府和社会资本合作（PPP）模式。

增强系列服务平台功能。建好文化经济政策服务平台，提供"一站式"政策服务，及时对接反馈企业需求，增强服务平台的综合效能。依托北京文化产权交易中心、北京国际版权交易中心等机构，打造集版权孵化、登记、维护、开发、交易、输出于一体的综合性IP服务平台。发挥文化消费品牌榜、首都文化企业30强30佳及文创杰出人物推选、北京市文化创意创新创业大赛等活动平台功能，大力培育北京文化品牌以及领军型、创新型企业及人才。规范引导行业组织发展，支持首都文化产业协会、首都互联网协会、首都版权产业联盟等发挥枢纽平台作用。探索组建首都文化创意产业专家咨询委员会，广纳海内外优秀专家资源，为企业发展建言献策。广泛动员社会各方力量，形成支撑体系与服务合力，创新推动文化创意产业高质量发展，开创新时代北京文化创意产业发展的新局面。

（二）北京体育产业发展建议

1. 改革创新

随着全民体育消费时代来临，体育供给侧已不适应需求侧的发展。

因此，体育的供给侧结构性改革，其重点在于通过深化改革提高体育服务供给效率，提高体育服务的供需匹配度。其核心是厘清市场与政府的关系，加强政府职能转变，强化引导、服务和监督职能，鼓励社会力量参与体育事业和体育产业发展。这主要体现在三个方面：一是加大基层体育设施建设，缩小城乡差距，倡导健康生活方式，培养体育消费需求；二是鼓励和支持社会力量参与体育事业和体育产业发展；三是公共服务供给多元化发展，采用政府购买服务的方式，提高体育产品和服务的供给水平。

2. 全民健身战略与健康中国战略

将健康中国与全民健身两大战略进行深度融合，并使其在发展思路、基本原则、重点任务等多处得到体现。发展原则提出"健康为本"，"坚持大体育、大健康的理念，促进体育精神回归本质。注重体育与健康、养老、医疗等领域良性互动，引导群众增强健身意识、科学锻炼身体、提高身体素质，形成良好的健康消费理念。"着力增进人民福祉，推进科学健身与健康生活融合发展，将完善全民健身公共服务体系摆在首要位置，体现了以增进人民福祉、促进人的全面发展为根本出发点，两大战略的实施将助力北京打造国际一流的和谐宜居之都，全面建成小康社会。

3. 推进改革，完善体系，融合发展

推进三项改革：体育行政审批改革、体育社团实体化改革、体育供给侧结构性改革。在行政审批改革方面，全面推进依法行政，切实加大简政放权、放管结合的力度，有序推进"先照后证"改革任务，建立行政审批清单统一管理和对外公开制度。规范行政执法程序，完善行政执法协调机制，构建权责明确、衔接有序、传导有效的行政执法体系。在推进社团实体化改革方面，选择若干体育行业协会开展改革试点，带动各类体育社会组织的实体化、专业化、法治化、产业化发展，加快推动体育社会组织成为政社分开、责权明确、依法自治的现代社会组织。推进体育社会组织品牌化发展并在社区建设中发挥作用。在体育供给侧结构性改革方面，为社会力量举办全民健身活动创造便利条件，支持和引导非公有制经济主体以资本、技术、信息等多种形式，参与开发体育市场、建设体育设施、运营职业俱乐部以及举办群众性体育赛事活动等领域。

完善三大体系：全民健身公共服务体系、体育产业发展政策体系、体育后备人才培养体系。在全民健身公共服务体系方面，完善涵盖全民健身文化、活动、组织、设施、服务平台等领域的公共服务体系，持续拓展群众体育的广度和深度，不断创新公共体育服务模式，积极发展群众体育社会化组织，以发展体育运动促进群众健康，以改善健身环境推广全民健身，满足人民群众对幸福生活的新追求；在体育产业发展政策体系方面，完善涉及金融政策、健全消费政策、规划和土地政策、人才培养政策、创业政策等体育产业发展政策体系，着力深化体育服务和产品的供给侧改革，积极引领健康向上的体育消费方式，大力发展"体育＋"，积极拓展体育新业态；在体育后备人才培养体系方面，建立以区级体育运动学校和少儿业余体校为主体，以国家高水平体育后备人才基地和单项高水平体育后备人才基地为抓手，以体育传统项目学校、奥林匹克后备人才基地校和青少年体育俱乐部为依托，以社会机构和体育运动协会为有效补充的多层次竞技体育后备人才培养体系。

促进三项融合：京津冀及城乡区域融合、体育和相关产业融合、体育和教育深度融合。区域融合发展主要是京津冀体育融合发展，包括创立京津冀单项体育协会联盟，打造京津冀地区的群众体育品牌活动，促进京津冀体育产业协同发展。区域融合还体现在城乡统筹发展方面。例如，加强体育生活化社区和体育特色乡镇建设，统筹全民健身设施整体布局，形成以"一刻钟健身圈"为基础的全民健身设施网络，统筹各区体育产业错位发展。产业融合是体育产业发展的重中之重，促进体育与社会资本、旅游、文化、医疗、养老、科技、会展、金融等各领域的融合发展，加快形成主体多元、有效竞争、充满活力的市场格局，将体育产业打造成为新常态经济增长新引擎。体教融合是青少年体育发展的重点。"十三五"时期体教融合的新亮点在于将体育部门、教育部门、社会力量三方面的资源整合起来，广泛开展群众性青少年体育活动和竞赛，形成青少年热爱体育、崇尚运动、健康向上的良好风气。

4. 在全民健身、竞技体育、青少年体育、体育产业、冰雪运动、体育赛事、体育科研、智慧体育八个方面部署重点任务

结合实际，立足长远，明确北京市体育发展的八项重点任务，包括全民健身利民生，完善公共体育服务体系；调整布局促提升，增强竞技

体育核心竞争力；体教融合为载体，加快青少年体育发展步伐；整合资源显优势，扩大体育产品和服务供给；全力以赴筹冬奥，带动冰雪运动突破性发展；多点开花焕异彩，推动体育赛事多元化进程；科学研究强实力，促进体育科研社会化发展；信息技术拓新域，打造智慧城市体育云平台，尤其是在"冰雪运动"与"智慧体育"方面要实现新突破。

"冰雪运动"新突破。北京筹办冬奥会为冰雪运动发展带来契机，重点谋划冰雪运动的发展，广泛开展群众冰雪健身活动，积极培育"一区一品"冰雪活动，积极推广青少年冰雪运动，举办北京市青少年冬季运动会，分批次建设 100 所冰雪运动特色学校、30 个青少年校外冰雪活动中心。加快推动冰雪产业发展，扩大冰雪运动产品和服务供给，完善竞技冰雪运动项目布局，重点发展基础较好的冰上项目，积极推动开展雪上项目，构建多元一体的竞技冰雪运动发展模式。

"智慧体育"新突破。智慧体育将是"十三五"体育发展的一个重要方向。提出"体育云"的概念，鼓励运用科学技术，把握"互联网＋"的产业融合发展趋势，以体育行政、公共服务、体育场馆管理为切入点，启动体育云平台建设前期工作，体育信息管理平台构建初见成效。坚持创新发展理念，基于体育产业链，会同相关部门，以市场化运作模式，构建"体育产业云"的业务架构和技术架构，为体育产业智慧化、高端化、创新化、融合化发展提供平台与支撑。

参考文献

1. 李建盛：《北京文化发展报告（2017—2018）》，社会科学文献出版社 2018 年版。

2. 钟秉枢、陈杰、杨铁黎等：《北京体育产业发展报告（2016—2017）》，社会科学文献出版社 2018 年版。

第三部分　专题报告

"一带一路"与北京高端服务业国际化战略研究

盖艳梅[*]

高端服务业是现代服务业当中的旗舰行业，属于现代服务产业价值链中的高端环节。其既包含消费性服务业也包含生产性服务业，具有高人力资本投入，高产品品质优势、高产业带动力、高效率投入产出的特点，涉及到的主要行业有：金融、商务、信息、科研、咨询、会展、文化创意产业等。高端服务业的发展水平是衡量一个国家或城市的地位和发展状况的重要指标。北京市发展高端服务业是紧紧围绕城市总体功能定位、产业布局解决大城市病尤其是落实 2014 年习近平总书记视察北京的两次重要讲话，明确"四个中心"的城市战略定位，构建"高精尖"产业结构的需要。

一 北京高端服务业国际化发展的现状

高端服务业发展的核心内容就是国际化，北京作为国际交往中心，作为环渤海城市群的核心，发展国际化的高端服务业有着得天独厚的优势。北京拥有首都资源优势和高端企业、高端人才集聚的优势，2012 年，中央决定把国际服务贸易交易会的举办地设在北京，对北京打造国际化的服务品牌起到了巨大的推动作用。2015 年 5 月 5 日，国务院批复同意北京市开展服务业扩大开放综合试点，北京是全国首个、目前也是唯一一个服务业扩大开放综合试点城市。通过试

* 盖艳梅：北京市委党校经济学教研部副教授。

点，北京市将大力发展服务经济、知识经济、绿色经济，加快构建高精尖经济结构，实现首都产业替代升级，构建与首都核心功能相适应的产业体系。通过试点，北京市将努力打造服务业开放窗口，推动北京市服务业向高端化、集聚化、国际化方向迈进，服务京津冀协同发展，推动更大范围服务业开放。2017年5月，"一带一路"高峰合作论坛在北京成功举办，对北京高端服务业的国际化起到了巨大的推动作用。"一带一路"发展战略为北京的服务企业主动走出去，开辟国际市场，引进外资，与外资同台竞技，不断提升国际营商环境和国际竞争力提供了舞台。通过引入高端化、国际化服务，增加服务业新供给，促进国内服务业加快改革，实现产业替代升级，提升核心竞争力；释放劳动力、资本、创新等要素活力，打通国内国际两个市场，实现资源的高效配置和市场的深度融合。服务贸易、利用外资和对外投资都有快速增加。

（一）高端服务贸易额大幅度增加

2016年北京服务贸易进出口总额1508.6亿美元，年增长率14.08%，其中高端服务业进出口总额1194.08亿美元，占服务贸易总额的比例为79.15%，年增长22.94%；而低端服务贸易进出口总额314.52亿美元，比上年增长 - 5.15%。高端服务业增幅较大（见表3 - 1、图3 - 1）。

表3 - 1　　　　　2014—2016年北京服务贸易进出口额增长变化表

单位：亿美元;%

项目	2014年进出口额	2015年进出口额	2016年进出口额	增长速度
高端服务贸易	766.2	971.2	1194.08	79.15
低端服务贸易	339.9	331.6	314.52	- 5.15
服务贸易总额	1106.1	1302.8	1508.6	14.08

资料来源：《北京统计年鉴2015》《北京统计年鉴2016》《北京统计年鉴2017》。

（二）高端服务业实际利用外资受国际影响出现大幅度波动

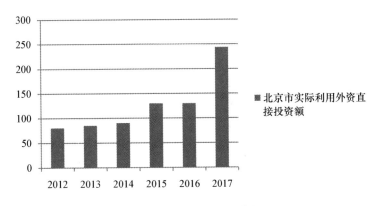

图3-1　北京实际利用外资情况

2017年北京全年实际利用外商直接投资额为243.29亿美元，服务业实际利用外资是239.02亿美元，与2016年130.3亿美元相比增长显著，尽管受到国际资本市场和美元加息缩表引起资金外逃的影响，金融业资金大量减少，但服务业贸易，尤其是高端服务业贸易不降反增（见表3-2、图3-2）。

表3-2　　　　　2016—2017年北京高端服务业实际利用外资情况

单位：亿美元；%

项目	2017年利用外资			2016年利用外资		
	数量	占比	增速	数量	占比	增速
金融业	3.39	1.41	-62.4	9.04	6.9	-87.7
信息服务业	131.78	55.13	1061.2	11.3	9.16	130.6
科技服务业	20.23	8.46	28.5	15.8	12.82	59.6
商务服务业	22.95	9.7	90.7	12	9.74	10.91
文化娱乐	0.51	0.2	-17	0.6	0.5	100
合计：高端服务业	178.86	74.83	86.7	48.7	37.4	-49

（三）高端服务业实际对外投资额出现反复

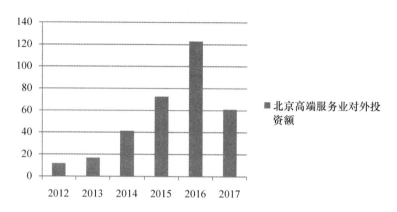

图 3 - 2 　北京高端服务业对外投资额

2017 年全年境外投资中方实际投资额 61 亿美元，比上年下降 60.7%。对外承包工程完成营业额 40.3 亿美元，增长 61.4%。对外劳务合作人员实际收入 1.6 亿美元，增长 53.2%。对外投资大幅度下降。

二　北京高端服务业发展的难点问题

目前，北京高端服务业发展成效显著，已逐渐成为北京的支柱产业，在全国的经济发展中，走在前列。但面临京津冀协同发展大的国家战略，北京高端服务业发展还面临着一些亟待解决的问题。

（一）主导产业地位要进一步确立

高端服务业作为北京的产业发展的主攻方向和新的经济增长极，年增加值占 GDP 的比例应该超过 50%，但实际情况却不尽人意。2015—2017 年，高端服务业在北京 GDP 的占比分别是 45.3%、46% 和 47.2%（见表 3 - 3）。

表 3 - 3 　　　　2015—2017 年高端服务业占北京 GDP 比例 　　　　单位:%

项目	2015 年占 GDP 比例	2016 年占 GDP 比例	2017 年占 GDP 比例
金融业	17.1	17.1	16.6

项目	2015 年占 GDP 比例	2016 年占 GDP 比例	2017 年占 GDP 比例
信息服务业	10. 3	10. 8	11. 3
科技服务业	7. 9	8. 4	10. 2
商务服务业	7. 7	7. 4	7
文体娱乐业	2. 3	2. 3	2. 1
合计：高端服务业	45. 3	46	47. 2

资料来源：《北京统计年鉴》（2016、2017）和《北京国民经济和社会发展统计公报》（2016、2107）。

（二）过度集中在中心城区

2016 年，全市规模以上第三产业的总资产是 1583118 亿元，六大功能区占比为 55.63%，超过一半以上（见表 3 - 4）。

表 3 - 4　　　　2016 年六大高端产业功能区规模以上法人单位

主要财务指标　　　　单位：个；亿元

项目	法人单位数	资产总计	收入合计	利润总额
六大高端产业功能区合计（剔除重复部分）	11892	880708. 7	69805. 3	9872. 3
中关村国家自主创新示范区	7058	91154. 6	44326. 4	3761. 7
#工业	1698	18011. 9	11132. 0	881. 8
信息传输、软件和信息技术服务业	2216	13542. 5	6504. 3	809. 8
科学研究和技术服务业	1446	14147. 7	5493. 3	412. 9
金融街	681	720852. 1	10016. 0	4320. 4
#金融业	222	680165. 0	7319. 7	3129. 1
批发和零售业	41	1859. 6	971. 4	- 18. 0
信息传输、软件和信息技术服务业	25	19556. 9	478. 0	1006. 9
北京商务中心区	1759	45139. 9	7201. 2	1335. 9
#租赁和商务服务业	577	5476. 8	1311. 6	131. 7
批发和零售业	243	3286. 9	2832. 5	123. 6
金融业	205	31278. 6	1806. 3	968. 3
北京经济技术开发区	794	8727. 9	8065. 6	399. 7
#工业	276	4006. 2	2951. 2	305. 4
批发和零售业	157	1381. 0	3983. 9	22. 5

项目	法人单位数	资产总计	收入合计	利润总额
科学研究和技术服务业	85	378.3	135.6	10.1
临空经济区	800	8644.7	4149.0	330.4
#工业	104	1008.1	1573.8	127.9
交通运输、仓储和邮政业	145	3087.7	1520.9	138.7
租赁和商务服务业	59	1645.2	124.6	36.8
奥林匹克中心区	1492	16599.2	4269.9	220.8
#工业	25	381.8	113.8	3.4
批发和零售业	247	4281.1	2114.1	13.4
交通运输、仓储和邮政业	20	392.9	127.5	80.3

注：1. 本表行业划分执行《国民经济行业分类》（GB/T 4754—2011）标准。

2. 奥林匹克中心区数据为调整后数据。

3. #六大高端产业功能工角重复的产业本区域内的数字。

（三）科技服务业和信息服务业的发展质量有待提高

2017 年全市的服务业利润总额为 25718 亿元，高端服务业的利润总额为 23267 亿元，占比 90%。其中，金融业占比 61.86%，信息服务业占比 11.87%，科技服务业占比 1.69%，商务服务业占比 14.5%，文体娱乐业占比 0.52%。科技服务业和信息服务业的盈利能力不佳，存在规模不经济的状况（见表 3 - 5）。

表 3 - 5　　　　　　　　**2017 年高端服务业的盈利状况**

单位：万人；亿元;%；万元/人

项目	从业人员	利润总额	占比	人均
金融业	50.97	15911	61.86	312
信息服务业	77.53	3053	11.87	39.37
科技服务业	55.18	436	1.69	7.9
商务服务业	97.58	3731	14.5	38.23
文体娱乐业	15.6	136	0.52	8.71
合计：高端服务业	296.86	23267	90	78.37

资料来源：2017 年北京统计局数据。

（四）区域协调发展的动力不足，多停留在纸面上

在京津冀协同发展的国家战略下，三地在发展高端服务业的协同上是政府层面有压力、有动力，谋划方案和纸面协议很多，但实际进展和成果较少，存在企事业单位和个人动力不足的问题。其原因主要是三地经济发展的不平衡使区域间的协调有错位，难以短期形成融合，这让许多在京的企事业单位持观望态度，协同发展的步伐放缓。

（五）国际化发展有待进一步拓展

北京对外开放从"大进大出"、"引进来"向"走出去"、全方位高水平开放转变。2012年以来区域开放发展指数持续走高，且上升幅度较大，2016年达172.24，比2012年年均提高19.41个点，2017年受高基数影响，指数有所回落，为138.54。

北京的高端服务业发展的一个瓶颈就是服务贸易的逆差。

2015年的服务贸易逆差为322亿美元，2016年为444.4亿美元。其中，旅游业服务贸易逆差最高，为361.2亿元。2016年北京入境游人员416.5万人，外汇收入50.69亿美元；出境游人员571.3万人，消费110.03亿美元。

北京高端服务业国际化发展虽然在利用外资方面取得了一定进展，但利用外资的总体水平并不高。在利用外资方面，区域实际利用外资占地区生产总值的比重由2010年的3.3%上升至2017年的4.8%，提高1.5个百分点。在对外投资方面，区域资本"走出去"规模快速扩大，一大批企业积极对接"一带一路"倡议，扩大海外投资。2016年全国对外投资规模快速扩大，京津冀三地也出现大幅增长，合计达到365.3亿美元，与上年相比增长1.3倍。2017年北京、天津对外投资规模回调到往年水平，河北继续增加。在贸易开放方面，受世界经济复苏缓慢、外部需求疲软影响，区域进出口规模自2014年持续缩减，2017年有所回升，合计为4864.7亿美元，比上年增长12.8%。

北京高端服务业国际化发展中利用外资的总体水平不高的原因是我国对外资投资的限制较高。

我国已经进入到以服务业主导产业的时代，制造业升级需要生产性服务业大发展，满足美好生活需要消费性服务业大发展。党的十九大报告提出，我国社会主要矛盾已经转化为人民日益增长的美好生活需要和

不平衡不充分的发展之间的矛盾。我国制造业除了汽车等少数领域大部分已经对民企外企开放，但是服务业领域仍存在严重的国企垄断和开放不足，导致效率低下，基础性成本高昂。未来应通过体制机制的完善，更大程度地放活服务业。

三 加快北京高端服务业国际化发展的战略思考

按照习近平总书记两次视察北京的讲话精神和北京城市总体规划的要求，结合"一带一路"发展战略及京津冀协同发展的国家战略，在四个中心的城市功能定位框架下提出北京高端服务业国际化发展的战略，提高发展北京高端服务业的认识水平，认准机遇，迎接挑战。

（一）提高对高端服务业的认识

北京四个中心的功能定位决定了现实产业结构要以服务业为主导，国际交往中心要求服务业发展的国际化，加大开放力度。党的十八大以来，国家着力推动新一轮高水平对外开放，对构建开放型经济新体制进行了战略部署，先后启动自由贸易试验区建设，进行制度创新和开放压力测试；推动粤港澳服务贸易自由化，进一步加深内地与香港、澳门经贸制度化合作。2015 年 5 月，国务院批复在北京开展服务业扩大开放综合试点，构建与服务业和服务贸易相适应的体制机制。北京市服务业扩大开放综合试点与自贸实验区、粤港澳服务贸易自由化共同成为构建开放型经济新体制的重要探索。

（二）北京实施高端服务业国际化战略的特点

1. 突出体制机制改革

开展服务业扩大开放综合试点就是用开放倒逼改革，以改革优化环境，进而激发市场活力。扩大开放是先导，体制机制改革是核心。在北京的综合试点中，除了放开行业准入之外，核心是以问题为导向，着力在五大配套支撑体系方面进行体制机制改革，推动形成国际化、法治化、透明化的服务业促进体系，建立健全具有中国特色、首都特点、时代特征的体制机制，为全国探索开放型经济新体制作出贡献。

2. 面向全市域

服务业具有无形性特点，生产和消费、供给和需求是一体化的，服务的提供往往依托于人员或商品的流动。北京的试点，以"整体性"为原则，在六大重点领域面向全市域推行试点，有利于突破较小地域范围的局限，更加符合服务业和服务贸易发展的内在规律。

3. 聚焦重点领域

试点优选了六大重点领域扩大开放，这六大领域都是符合首都战略定位、市场需求迫切、市场潜力较大、北京市在国际国内具有一定比较优势的领域，既有具备较强竞争力的生产性服务业，也有国际一流和谐宜居之都建设过程中必须提升品质的生活性服务业。通过试点推动六大领域逐步扩大开放，在开放之中加快改革和发展，带动服务业整体转型升级。国务院批复同意北京市开展服务业扩大开放综合试点后，商务部与北京市联合制定印发《北京市服务业扩大开放综合试点实施方案》，进一步细化了综合试点的具体内容。试点主要内容可概括为"6+1+5"，即构建"6+1"扩大开放格局、优化5大配套支撑体系。

一是构建"6+1"扩大开放格局。"6"，主要是聚焦科学技术、互联网和信息、文化教育、金融、商务和旅游、健康医疗六大重点服务领域，逐步扩大向各类资本开放，降低或取消外资股权比例限制、部分或全部放宽经营资质和经营范围限制，实现投资主体多元化，以开放促改革、促发展，加快北京服务业的升级和换代。"1"，即深化对外投资管理体制改革，主要是通过实行"备案制"等管理创新，帮助本土企业积极开拓国际市场，加快企业"走出去"步伐，其目的在于更好发挥两个市场、两种资源优势，拓宽本土企业发展空间，提升国际竞争力。"6"着眼于"引进来"，"1"立足于"走出去"，体现双向开放的特征。

二是优化5大配套支撑体系，即在优化社会信用环境、改革市场监管模式、创新高端人才聚集机制、加大金融保障力度、提高通关便利化水平5个方面，通过创新体制机制，转变政府监管和服务方式，构建科学规范、高效透明的服务业促进体系，建设国际化、市场化、法治化的营商环境，为开放提供有效保障。

（三）保障措施

1. 加强组织领导

北京市成立了北京市服务业扩大开放综合试点工作领导小组及办公室，累计召开2次领导小组会议和17次领导小组办公室会议。领导小组组长由市长担任，副组长由常务副市长和主管副市长担任。成员单位包括55家市级部门和单位。领导小组办公室主任由主管副市长兼任，设在北京市商务委，办公室下设科技和互联网服务工作组、金融服务工作组、监管改革工作组、通关便利化工作组、国际人才保障工作组5个专项工作组，负责专题研究相关领域试点工作并推动有关措施落实。

北京市还专门成立了专家咨询委员会。为综合试点工作提供决策咨询支持，保证各项决策的科学性。专家咨询委员会共15名成员，主要由政产学研相关专家和企业领袖组成。

2. 强化部市合作

北京市与商务部共同建立部市协调机制，研究解决试点过程中遇到的重大问题，主动争取有关国家部委对试点工作的支持。商务部与北京市政府成立了综合试点工作部市合作领导小组并设立办公室，统筹协调综合试点工作。部市合作领导小组组长由商务部部长、北京市市长担任，副组长由商务部主管副部长和北京市主管副市长担任。部市合作领导小组办公室由商务部外国投资管理司和北京市商务委员会共同组成。

建立完善部门联动、市区协同、社会力量参与的工作协调机制，实现政策制定、执行与监督环节的有效衔接，形成分工明确、高效有序的管理体制。

3. 建立重点企业库

在六大重点领域选取有代表性的企业组成重点企业库，根据服务业扩大开放综合试点工作推进情况，不断扩充企业名单。以重点企业库为跟踪对象，动态检验试点措施的实施效果；对运营规范、信用度高的企业，按照"政策上优惠、管理上优待"的原则，先期进行服务和监管创新，尽快取得实质效果。

4. 健全工作机制

建立持续推进机制，制定阶段性任务目标和工作计划，滚动推出开放措施，不断创新服务和监管模式；建立产业预警机制，配合国家有关部门试点建立与开放市场环境相匹配的产业预警体系，及时发布产业预警信息；建立容错纠错机制，加强对试点工作的跟踪、评估、纠错，畅通专家、媒体、公众共同参与监督的渠道，发现问题，及时调整；建立督查机制，把各项试点任务纳入北京市政府督查事项跟踪督办。

（四）成效

自国务院批复同意北京市开展服务业扩大开放综合试点以来，北京市坚持以开放促改革，以改革优环境，突出创新性、先进性、突破性，着眼于北京首创、全国领先、改革突破、对标国际高标准，加紧推动试点各项任务落实，积极向国家争取新一轮开放措施，加大体制机制创新力度，试点取得阶段成效。经过一年多努力，试点确定的 3 年期 141 项任务已启动实施 118 项，实施率达 83%；已完成 113 项，完成率达 80.1%；形成了 40 项开放创新举措，创新率达 28.4%，试点取得阶段成效。

1. 率先构建与经济发展新常态相适应的服务业发展格局，为经济转型升级发挥示范带动作用

产业结构进一步优化，2016 年 1—11 月，服务业占地区生产总值比重超过 81%，比 2015 年底提高 1.3 个百分点。外商投资服务业踊跃，服务业实际利用外资 123.2 亿美元，占全市实际外资 94.7%，其中科学技术、互联网和信息、商务和旅游、文化教育引资额分别增长 60.1%、1.4 倍、95.6% 和 98.2%。对外投资增幅明显，我市企业累计境外直接投资额增长 74.8%，达 152.2 亿美元。服务贸易保持平稳增长态势，2016 年前三季度，服务贸易进出口占全国的 20.2%，占全市对外贸易的 36.5%，高于全国平均水平 18.6 个百分点。

2. 有效催生与首都功能定位相契合的新业态，为服务业供给侧结构性改革开拓新路径

在服务业业态创新上，六大重点领域涌现出 10 项国内首创。国内首家外资控股的飞机维修合资公司签约落地；国内第一家外资银行卡清算机构在京落地；全国率先实行海外游客购物离境退税；国内首家获得对外专项出版业务的混合所有制试点企业在京注册运营；全国首例大型公立医院与社会资本以特许经营合作办医的改革模式成功实施；国内首笔以版权为标的物的融资租赁业务顺利完成；国内首家由银行发起成立的创客中心在京诞生；推出国内首批中医药国际医疗服务包；推出全国首款居家养老失能护理互助保险；国内首家可实现出口产品全程质量可追溯的跨境电商平台企业在京诞生（见图 3 - 3）。

◎国内首家外资控股在飞机维修合资公司

◎国内第一家外资银行卡清算机构

◎全国率先实现海外游客购物离境退税

◎国内首家获得对外专项出版业务的混合所有制试点企业

◎全国首例大型公立医院与社会资本特许经营合作办医

◎国内首笔以出版权为标的物的融资租赁业务

◎国内首家由银行发起成立的创客中心

◎推出国内首批中医药国际医疗服务包

◎推出全国首款居家养老失能护理互助保险

◎国内首家可实现出口产品全程质量可追溯的跨境电商平台企业

图 3-3　10 大新业态

3. 构建与服务业和服务贸易发展相适应的体制机制，为开放型经济新体制探索可复制推广经验

试点立足北京率先在全国形成服务业主导经济新格局的先行优势，面向全市域开创性地探索"产业开放模式"，针对服务业和服务贸易发展的关键环节，形成了一批与服务业和服务贸易发展相适应、具有可复制推广价值的体制机制创新案例（见图 3-4）。

▲"双积分"信用管理模式

▲"链式"监管模式

▲协同互认管理模式

▲"1+X"(政府+社会)平台管理服务模式

▲无形资产融资模式

▲资金"跨境通"模式

▲"直通车"国际引智模式

▲"集成式"出口融资服务模式

图 3-4　8 大体制机制创新

一是"双积分"信用管理模式。建立北京市企业信用信息网，归集全市 56 个部门、450 万户市场主体的 7600 多万条企业信用信息，实现企业信用信息统一归集、公示和应用，形成政府各部门共享共用的信用监管体系。对 3 万家外资企业建立信用档案，采取行业资质和良好信用积正分、不良信用积负分的双维积分方式，对接国际惯例，加强国际互认，强化事中事后监管。

二是"链式"监管模式。发挥全国创新中心优势，进一步鼓励创新，转变以往对设计、生产、销售等各环节分别进行监管的理念，把设计环节作为全产业链监管服务的牛鼻子，在全国首创"链式"监管模式，并率先应用于集成电路产业。该模式将加工贸易的监管对象由原有的"生产企业"转变为"设计企业"，允许以设计企业为海关备案主体，准许设计企业在全国范围内选择代工企业，通过在京设计企业将保税政策延伸至京内外的全产业链，通关效率提高 20% 以上，实现了监管行政成本和企业商务成本双降低。

三是协同互认管理模式。在国内首次推出"外商投资企业商务工商备案事项结果互认的一体化"改革措施，实现了商务、工商部门之间登记结果互认，企业申报材料减少 50%，办理时限缩短 3—5 天，年均可惠及外资企业 1500 家次，占外资企业设立及变更总量的三分之一；实施境外投资备案事项网上"一口受理"，市发展改革、商务部门联合搭建境外投资网上备案平台，并简化办理流程，实现对外投资企业备案、项目备案"一口登陆、并联办理"，有效减少企业脚底成本；设立跨境电子商务"单一窗口"，通过北京跨境电子商务公共信息服务平台，实现"关、检、税、汇"等多部门统一核验，对跨境电子商务进行全程智能化监管，通关时间由原来的 2—3 天缩短至半天。

四是"1 + X"（政府 + 社会）平台管理服务模式。注重发挥市场在资源配置中的决定性作用，通过资源整合，搭建创新监管服务平台，更好发挥政府作用，并充分带动社会各方面广泛参与，推动实现共治共享。推出全国首家"一站式"特殊物品及生物材料进出口公共服务平台，医用特殊物品审批时间从 2—3 个月缩短到 3—5 天，生物试剂平均通关时间从 3.5 天缩短到 1.5 天。推出全国首个科研免税设备共享平台，截至 2016 年底，已有北大、清华等 11 单位 582 台设备实现共享。设立北京高精尖产业发展基金、外经贸引导基金、国内首个中欧电影基金、国内首个生活性服务业发展基金和国内资金规模最大的知识产权运营基金，有效调动多元社会资本的参与。

五是无形资产融资模式。针对服务业企业轻资产、融资难问题，创立了版权、专利权等无形资产融资租赁模式，完成了国内首笔以版权为标的物通过融资租赁获得融资的案例，截至2016年底，已有118家文创企业完成了以影视剧版权、专利权、音乐剧版权等为租赁物的融资，融资额累计达15.2亿元，创新了服务业企业融资途径。

六是资金"跨境通"模式。深化中关村外债宏观审慎政策试点，建立"企业自律、上限管理"的外债借用管理模式，取消内资企业不能借入外债的限制，允许符合条件的中外资企业额度之内"自主借债、灵活使用"，可在企业净资产2倍范围内直接从境外借入低成本资金，并自行确定期限、方式和币种，并首次允许外债资金结汇用于偿还人民币贷款、一般企业借用外债资金用于股权投资等，截至2016年底，已为64家中关村高新技术企业借入外债资金41.6亿美元，融资成本比境内贷款平均低200多个基点。在全国率先开展跨境双向人民币资金池业务，89家试点企业集团在限额内实现境内外人民币资金双向融通，没有金额和期限限制，2600多家境内外成员企业享受到政策便利，有效降低企业融资成本。

七是"直通车"国际引智模式。建立专门的外籍人才服务大厅，市公安等部门联动，快速办理外国人申请永久居留、长期居留许可等出入境事项，并直报国家有关部门，外籍人才申办永久居留的时限由180个工作日缩短为50个工作日，外籍人才申办居留许可的时限由15个工作日缩短至10个工作日，截至2016年底，受理的外国人永久居留申请数量是2015年的2.6倍。

八是"集成式"出口融资服务模式。创造性地将外经贸担保服务平台发展为全国首个集出口信用保险、政府担保资金（北京市外经贸担保服务平台）、银行等金融资源为一体的北京市中小企业出口金融服务平台——"政保贷"，实现了由过去"单纯政府担保"向"政府担保与企业信保双重保障"的转变，实现了由过去的"担保服务平台主要为企业融资担保"向"为企业和银行双向担保"的转变，截至2016年底，"政保贷"已审批6个项目，提供企业融资305万美元。

参考文献

1. 申静、冷玥、耿瑞利：《北京高端服务业发展水平的国际比较与研究》，《技术经济》2015 年 12 期。

2. 和云、何胜锐：《北京高端服务业人才队伍建设面临的困境与对策》，《经济研究参考》2013 年第 44 期。

3. 北京市"十三五"时期商业服务业发展规划：《北京市"十三五"时期商业服务业发展规划》。

4. 王江、魏晓欣：《建设世界城市背景下北京高端服务业发展探索》，《商业时代》2014 年第 10 期。

京津冀高端服务业发展对接协作路径研究

曾宪植[*]

党的十八大以来，习近平总书记高度重视京津冀，将京津冀协同发展确定为重大国家战略。京津冀协同发展，一方面以疏解非首都功能、解决北京"大城市病"为基本出发点，调整优化城市布局和空间结构，形成以首都为核心的世界级城市群；另一方面加快推进产业对接协作，协同产业规划，避免同构性、同质化发展，理顺三地产业发展链条，形成区域间产业合理分布和上下游联动机制，最终建成区域整体协同发展改革引领区，成为全国创新驱动经济增长新引擎。

一 高端服务业应成为京津冀的主导产业集群

京津冀协同发展，中央在顶层设计上就特别重视三地的错位发展，强调发展服务业。2015年4月30日，中央政治局会议审议通过了《京津冀协同发展规划纲要》，根据国家发展战略要求，确定了三地以服务业为主的定位，北京定位是全国的科技创新中心、天津定位是全国先进制造研发基地、河北定位是全国现代商贸物流重要基地。定位明确以后，京津冀三地还必须合力提升区域的竞争力，共同打造体现区域竞争优势的产业集群，这个产业集群应该是以服务业为主导的，具有创新引领作用的高端产业集群。正如美国哈佛大学教授迈克尔·波特在其著名的《国家竞争优势》一书中认为的，国家或区域竞争力是产业创新和升级能力，

* 曾宪植，北京市委党校经济学教研部教授。

取决于该国或区域有无独具特色的、具有竞争优势的产业或产业集群，即国家或区域的竞争优势产业。① 发展经济学先驱之一的美国著名经济学家罗斯托将这个产业集群称为主导产业。根据罗斯托的观点，主导产业是指能够依靠科技进步或创新获得新的生产函数，能够通过快于其他产品的"不合比例增长"的作用，有效地带动其他相关产业快速发展的产业或产业群。他认为，作为主导产业，它应同时具备如下三个特征：能够依托科技进步或创新，引入新的生产函数；能够形成持续高速的增长率；具有较强的扩放效应，对其他产业乃至所有产业的增长起着决定性的影响。主导产业的这三个特征是有机整体，不可或缺。这类产业往往既对其他产业起着引导作用，又对国民经济起着支撑作用。②

当前，随着我国经济发展"新常态"形成，特别是伴随着"一带一路""中国制造2025"等国家战略的深入推进，高端服务业从提供生产性服务这个角度来看，已经成为产业转型的发动机，成为三次产业加速融合、协同发展的关键产业。从区域来看，京津冀作为全国创新驱动经济增长新引擎，北京具有金融业、科技服务业、信息服务业、商务服务业等的发展优势，天津、河北加快转型升级形成了对金融业、科技服务业、信息服务业、商务服务业等高端服务业的巨大市场需求。显而易见，在京津冀依靠科技进步和创新发展高端服务业，能够获得新的生产函数，能够通过快于其他产品的"不合比例增长"的作用，有效地带动先进制造业等相关产业快速发展。就全国来看，我国经济已经由高速度增长阶段转向高质量发展阶段，正处在转变发展方式、优化经济结构，转换增长动力的攻关期。随着经济转型升级的加快，服务业已成为我国经济发展主动力，根据国家统计局发布的数据显示，2017年，我国服务业增加值427032亿元，占 GDP 的比重为51.6%，超过第二产业11.1个百分点，成为我国第一大产业③。目前，我国服务业一些行业已经迈入世界前列，

---

① ［美］迈克尔·波特：《国家竞争优势》，李明轩、邱如美译，华夏出版社2002年版，第19、271页。

② 黄景贵：《罗斯托经济起飞理论述评》，《石油大学学报》（社会科学版）2000年第2期，第28—29页。

③ 人民网：《服务业高质量发展战略正在酝酿》，《经济参考报》2018年6月8日。

正在不断助推新动能加快成长。2017 年，我国服务业增加值比上年增长8%，高于全国 GDP 增长 1.1 个百分点，连续 5 年增速高于第二产业。服务业对经济增长的贡献率为 58.8%，比上年提高了 1.3 个百分点，到2018 年上半年，全国服务业发展又上了一个新台阶，生产指数同比增长8.0%。其中，信息传输、软件和信息技术服务业，租赁和商务服务业保持较快增长。6 月份，全国服务业生产指数同比增长 8.0%。1—5 月份，规模以上服务业企业营业收入同比增长 13.3%，比上年同期加快 0.2 个百分点；其中，高端服务业中的科技服务业和高技术服务业营业收入分别增长 18.1%、17.5% 和 15.4%，分别比上年同期加快 2.4、5.0 和 4.5个百分点，成为推动我国经济增长的主动力。服务业的对外开放已经形成了我国新的经济增长点，2017 年，服务业进出口总额占对外贸易总额比重达 14.5%，比 2012 年提高了 3.4 个百分点，我国在吸纳外商投资和对外投资方面，服务业占比均超过 50%。与此同时，在我国"一带一路"等全球战略的带动下，中国企业迈开了"走出去"步伐，高端服务业正在成为中国企业走向世界的强有力支撑。中国政府"友谊奖"获奖专家、英国 48 家集团俱乐部副主席麦启安在文章中指出："强有力的高端服务业是任何国家成功建立国际市场的必要因素。因此，中国的'走出去'战略若没有高端服务业的支持是不会成功的。"[1] 由此可见，大力发展高端服务业，不仅是京津冀协同发展的需要，也是国家经济发展战略的要求，高端服务业应成为京津冀的主导产业集群。

什么是高端服务业？高端服务业，目前人们对它还不十分熟悉，在我国现有的产业部门统计中，也没有把它单独划出一个门类。然而，随着我国经济转型升级，创新驱动发展的步伐不断加快，人们对高端服务业的认识逐渐提高，高端服务业在社会经济发展中的作用日益清晰了起来，大力发展高端服务业已经成为共识。

高端服务业迄今还没有一个大家公认、明确的界定。这一概念，最先出现在我们地方政府的文件中。早在 2007 年，在深圳市政府颁布的《关于加快我市高端服务业发展的指导意见》中首次使用了高端服务业的

---

① 麦启安：《发展高端服务业势在必行》，《国际人才交流》2014 年第 2 期。

概念。深圳市的文件中指出，高端服务业是现代服务业的核心，具有高科技含量、高人力资本投入、高附加值、高产业带动、高开放度、低资源消耗、低环境污染等特征。在这之后，高端服务业引起了国内学界的普遍关注，学者们从不同的维度对高端服务业进行了研究和界定，总结他们的研究与界定，我们对高端服务业的认识逐渐清晰。首先高端服务业处于服务产业的高端，具有高智力性、知识密集性、高技术导向和应用性、高诚信性、差异性、创新性、集聚性、新兴性、高收益性、高产业带动性和绿色环保性等特征。其次高端服务业包括金融业、科技服务业、信息服务业、商务服务业等。最后高端服务业具有很强的引领、融合、集聚和辐射的作用。其中：引领是指高端服务业是其他产业规模化、差异化、智能化发展的引擎和催化剂；融合是指高端服务业能够融入其他产业，促成各类产业相互渗透、整合资源、融为一体，发挥乘数效应；集聚是指高端服务业具有"虹吸效应"，可以吸引其他产业（主要是服务业）在某一区域集中，形成高端服务业集聚区；辐射是指高端服务业的产品和服务可以从发源地向其他产业和区域扩散，发挥产业带动效应、产业协作效应和产业空间布局拓展的作用。由于高端服务业中的许多行业主要面向制造业企业，提供的服务贯穿于企业生产的上游、中游和下游诸环节中，因此在统计上也将这些行业划归为生产性服务业。

厘清高端服务业含义，也让我们充分认识到了高端服务业的重要作用，尤其是高端服务业对产业发展所具有的引领、融合、集聚和辐射作用。这种作用，不但可以使高端服务业成为现代化经济体系或现代产业体系的核心，成为服务经济时代的主导产业，而且也可以通过高端服务业带动其他产业优质、高效、智能化发展，从而促进产业结构优化升级和提质增效，实现创新发展和经济高质量、高水平增长。

二　实现京津冀高端服务业的对接协作

近年来，深入贯彻落实习近平总书记两次视察讲话精神，北京放弃了"大而全"的经济体系，以创新为引领，形成了服务业为主的产业结构，到2017年第三产业比重已达到80.6%。根据党中央的战略部署，北京正在全力推进全国科技创新中心建设，加快构建高精尖经济结构，让科技创新成为实现高质量发展的第一动力，形成以高端服务业为主导的产业结构。配合党中央的部署要求，北京正在推出一系列措施，推动高端服务业发展，促进科技创新和高精尖经济结构实现紧密的结合，以国家战略需求引导科技创新方向，以科技创新引领高精尖产业发展，不断增强首都发展的创新力和竞争力。目前，高端服务业已经成为了北京经济发展的强大引擎，以科技服务业推动的科技创新对北京经济增长贡献率超60%，金融业对经济增长贡献率近20%。截至2017年底，北京市入围2017财富世界五百强的企业达56家，连续五年位居世界城市的榜首。境外世界五百强企业在京设立外资公司及分支机构的达到70%，服务业企业总部占比超过90%。在京地区总部中，投资性公司占比达68%，商业服务业高精尖企业占比达到90%，苹果、索尼、特斯拉等一批全球知名企业将研发销售资金链管理高端环节放在北京。①

　　虽然，北京有强大的高端服务业，但是从京津冀协同发展的角度来看，北京对天津、河北的辐射作用一直没有充分发挥出来，没有能真正发挥出全国科技创新中心的功能。相比较而言，天津、河北服务业发展明显滞后，2017年天津第三产业比重是58%，河北只有41.8%，尤其是天津，这些年经济快速增长，主要是依靠投资拉动，高端服务业发展不足，缺乏技术创新支撑，结果2017年下半年经济增速出现了大幅下滑。当前，根据党中央的战略部署，京津冀必须牵住"疏解非首都功能"的牛鼻子，打破"一亩三分地"的思维定式，对接产业规划，形成以高端服务业为主导产业的共识，通过功能疏解，加快推进高端服务业产业对接协作，理顺三地产业发展链条，形成区域间产业合理分布和上下游联动机制。目前，在国家规划层面上，党中央在《京津冀协同发展纲要》中，对三地的定位，已经为京津冀发展以服务业为主导产业集群指明了方向。在三地的执行层面上，北京有高端服务业集中发展优势，根据党中央的要求通过有序疏解非首都功能，形成产业对接协作，将服务业的发展优势辐射到天津、河北，促进北京及周边地区融合发展；而天津、河北，目前面临着巨大的经济转型压力，迫切需要增强科技创新驱动发

---

① 《服务业成首都发展新引擎国际高端要素集聚新动能》，2018年1月15日，千龙网。

展的动力，对高端服务业有着发展的现实需求和急切对接协作的渴望。那么，如何推进京津冀的高端服务业产业有效对接协作呢？

从政府层面上看，京津冀三地可谓是不遗余力。北京，在党中央指导下，编制了《北京城市总体规划（2016 年—2035 年）》，在规划中明确指出对天津、河北的支持。对天津，"强化京津双城在京津冀协同发展中主要引擎作用，强化京津联动，全方位拓展合作广度和深度，实现同城化发展，推进面向全球竞争的京津冀城市群中心城市建设，共同发挥高端引领和辐射带动作用。"对河北，"支持在京资源向河北雄安新区转移疏解，加强统筹，支持部分在京行政事业单位、总部企业、金融机构、高等学校、科研院所等向河北雄安新区有序转移，为转移搬迁提供便利。做好与河北雄安新区产业政策衔接，积极引导中关村企业参与河北雄安新区建设，将科技创新园区链延伸到河北雄安新区，促进河北雄安新区吸纳和集聚创新要素资源，培育新动能，发展高新产业。在河北雄安新区合作建设中关村科技园区。以创新为纽带，促进区域产业链条贯通。"天津和河北也相应出台了承接功能疏解和产业对接的配套优惠政策。

然而，笔者认为，依据产业发展的规律，服务业的发展尤其是高端服务业的发展不能单凭一个简单的疏解转移，而是一个较为长期的培育过程。由此可见天津、河北两地还需要有针对性的，在人才引进聚集、营商环境改善、产业协同配合等方面，扎扎实实做好大量的基础性工作。

三　京津冀高端服务业发展对接协作的形式

京津冀高端服务业对接协作，实际上是在明确区域分工和功能升级的基础上实现的空间重构和产业重构。这种对接协作存在着不同的形式，研究这些形式可以让我们清楚地了解京津冀高端服务业对接协作的效果。这些形式主要有以下三种。

（一）平台对接协作

这是由政府主导的高端服务业的主要对接协作形式，也是高端服务业在京津冀区域内的空间重构，适应了高端服务业集聚性的特征。高端服务业具有"虹吸效应"，可以吸引其他产业（主要是服务业）在某一区域集中，形成高端服务业集聚区。平台对接协作，就是由政府划定一定的承载区域，搭建高端服务业集聚平台，通过政策和规划推动，在疏解非首都功能的大背景下，形成产业的转移与对接。京津冀的产业协同，政府的推动是非常重要的，既需要中央的推动，也需要京津冀三方政府的努力，只有形成"合力"，才能取得成效。中央的推力首先是顶层设计，发布《京津冀协同发展规划纲要》，开启了有序疏解北京非首都功能序幕，也为京津冀服务业协同发展提供了机遇。为了落实顶层设计，中央专门成立了京津冀协同发展领导小组和专家咨询委员会，有关部门统筹规划、产业政策和重大项目的安排，协调解决重大问题。京津冀三方则根据中央的要求出台对接协作规划，确定承载区域，出台具体政策措施，建立合作机制，积极引导，搭建平台。具体来说，北京坚持产业转移对接与创新能力提升同步推进，围绕加快中关村一区多园提质增效步伐，提升北京科技创新"三城一区"承载能力，发挥北京创新资源辐射带动作用和溢出效应，明确了一批协同创新平台，推动高端服务业的企事业单位主动与天津、河北对接，将投资、人才、管理和技术创新要素向津冀聚集，延伸产业链与价值链，建立服务业和共享体系。为进一步引导三地产业有序转移与精准承接，京津冀三省市共同研究制定了《关于加强京津冀产业转移承接重点平台建设的意见》。三地初步明确了"2+4+46"个产业承接平台，包括北京城市副中心和河北雄安新区两个集中承载地，曹妃甸协同发展示范区、北京新机场临空经济区、天津滨海新区、张承生态功能区四大战略合作功能区及46个专业化、特色化承接平台。意见明确了上述平台的主要发展方向。值得关注的是，2017年4月1日中央决定设立河北雄安新区，作为北京非首都功能疏解的集中承载地。按照功能定位和产业定位，雄安新区将重点发展高端服务业，成为北京高端服务业对接协作的重点区域。根据中央的要求，雄安新区建设要坚持世界眼光、国际标准中国特色、高点定位的理念，规划好发展蓝图和产业布局方案。为此，北京已做好准备，对接雄安新区的高端服务业发展的规划方案，力求以特色产业园区的形式，充分调动各方面的积极性、主动性和创造性，推动北京高端服务业向雄安新区拓展。由此可见，平台对接协作需要充分衔接各类规划政策，全面梳理对接国家层面涉及产业协同发展的规划政策以及三省市有关文件，打破"一亩三分地"思维定式，最大程度凝聚共识。

（二）梯次对接协作

梯次对接协作是区域重构与产业重构结合的对接协作形式。高端服务业同其他产业一样在产业内部会形成一定的梯次。为了更好的在实现高端服务业的对接协作，京津冀三地必须在区域范围内，协同产业规划，理顺三地产业分工协作的关系，形成明确的产业梯次，避免同构性、同质化发展，形成区域间产业合理分布和建立有效的上下梯次的联动机制。毋庸置疑，京津冀高端服务业产业梯次中北京是处于高梯次、上游，对外开放度最高，正在探索一条深化改革、扩大对外开放、国际化发展的新途径。比如在科技服务业方面，北京是原创技术研发，具有许多国家的大科学装置，形成的是基础性的原创科学和技术成果，而天津和河北在梯次中处于较低的位置，是技术的转化和接受方。鉴于以上情况，在对接协作上，北京的科技服务业考虑的是将技术研发成果有针对性的辐射到津冀区域，而天津、河北则注重这些成果如何转化为先进制造业的产业优势。这些年，在京津冀协同发展战略的推动下，北京科技服务业的辐射作用明显在增强，2017 年，北京流向津冀技术合同成交额达 203.5 亿元，增长 31.5%，是 2013 年的 2.45 倍，连续三年实现 30% 以上的大幅增长。北京流向津冀的技术成果主要集中在现代交通、城市建设、电子信息、环境保护、生物医药与医疗器械等先进制造业领域，促进了这些产业的发展。由于河北相比较处于最低梯次，经济转型升级的压力最大，对技术成果的需求更为强烈，2017 年，河北累计吸纳京津技术交易额达 164 亿元，同比增长 55.7%，是 2013 年的 4.2 倍。[①]

再以金融服务业为例，京津冀三地金融业发展水平之间存在显著的差距，需要形成梯度发展的格局。北京作为全国金融控制中心，其金融业发展处于绝对领先优势；天津通过金融改革创新、先行先试，金融业保持了较快的增长速度；河北省金融业发展相对落后。目前京津冀协同发展战略尚处于起步阶段，三地之间还有待建立和完善区域协调与合作机制，形成有效的制度安排。因此，京津冀在金融服务业对接协作，就需要做到以下三点。

---

① 赵弘：《继续推进京津冀协同发展战略的思考》，2018 年 5 月 8 日，中国社会科学网。

1. 尽快建立统一的区域金融合作规划与协调机制

京津冀在谋划三地金融业区域重构时应打破"自家一亩三分地"的观念，树立京津冀协同意识，对金融服务业发展进行合理规划和协调，根据三地金融服务业发展差异，确定产业发展梯度定位，通过对接协作，合理的配置金融资源。就梯度定位来说，北京作为集金融决策监管、资产管理、支付结算、信息交流、标准制定为一体的国家金融管理中心，是具有国际影响力的金融中心城市，应该在更高层次上参与全球金融资源配置，不断巩固和提升国际交往中心地位。天津注重发展国际影响力和金融创新力，积极建立完善多元金融体系，提高地区金融生态环境，加强金融产品创新，努力打造成现代化的金融改革创新基地，建成金融创新运营示范区。河北除了建设"中国北方金融产业后台服务基地"外，雄安新区将在承接非首都功能疏解中将接受北京大量金融机构向新区疏解转移，形成强大的金融服务业功能。只有定位清晰，建立统一的区域金融合作规划与协调机制才能理顺三地产业分工协作关系，形成明确的产业梯次，避免同构性、同质化发展，通过对接协作，实现在京津冀区域范围内的产业重构。

2. 完善金融机构合作机制

京津冀三地金融服务业的对接协同，实现在区域范围内的产业重构，必须克服地方保护主义，转变各地方金融机构普遍存在的只与本地地方政府和大型国有企业开展业务合作，排斥外地金融机构进入本地开展业务的本位主义态度，彻底改变在政策优惠、金融服务软硬件环境建设上倾向本地金融机构局面。京津冀三地金融机构在经营发展中必须突破本辖区的局限，开展跨区业务合作，实现金融资源在区域内的自由流动和优化配置，从而整体提升京津冀区域金融实力。

3. 健全区域金融市场体系

京津冀区域金融市场一体化程度偏低是导致区域金融协同发展进程缓慢的重要因素。缺乏统一的区域金融要素市场、抵押质押制度、资金清算制度、区域票据交易市场等，不仅限制了资金的跨区自由流动，阻碍了支付清算、异地存储、信用担保等业务的同城化，而且还大大降低了金融产品和服务之间的相互认可程度。金融市场是金融交易的重要平台，因此健全区域金融市场体系，既有利于金融机构开展跨区合作，也会大大提高金融资源在区域内流动的便利性。

（三）辐射对接协作

辐射对接协作是产业重构的对接协作形式。随着京津冀协同发展不断深化，高端服务业与先进制造业的融合已经成为推动京津冀产业升级的主要驱动力量。京津冀三地高端服务业与先进制造业之间呈现出融合互动、相互依存的共生态势，不断催生共生、互促的新产业、新业态，从而推动产业结构由产品经济向服务经济转型，由制造化向服务化、现代化的生产体系转型。从自身特点来看，高端服务业具有很强融合和辐射的作用，不仅能够融入其他产业，促成各类产业相互渗透、整合资源、融为一体，发挥乘数效应，而且能够通过辐射作用将产品和服务从发源地向其他产业和区域扩散，发挥产业带动效应、产业协作效应和产业空间布局拓展的作用。

长期以来，由于北京具有首都优势，对优质资源有很强的集聚效应，吸引了大量的服务业要素资源，推动了高端服务业的快速发展，成为了全国的科技创新中心和高端服务业发展中心。然而，就在北京的高端服务业辐射全国甚至全球的同时，北京对天津市、河北省经济发展不但没有产生太强的辐射推动效应，反而表现为"虹吸作用"，吸引走大量的周边优质资源和生产要素，出现了"灯下黑"的现象。党中央提出京津冀协同发展战略，就是要打破这个局面，促进北京的高端服务业和天津、河北先进制造业间的产业协同与融合发展。

我们都知道，高端服务业主要是生产性服务业，服务的主要对象是先进制造业。高端服务业与先进制造业协同发展的模式主要有三种。第一种是延伸模式，主要是指先进制造业价值链向上或向下延伸，从而与高端服务业产生交集，将交集部分剥离出来分包给高端服务业，形成独立专业化的产业部门，反过来服务于先进制造业，形成协同发展。第二种是协同模式，主要通过高端服务业为先进制造业发展提供优质的金融、技术、信息等方面的专业化服务，提升先进制造业的技术创新能力。这需要高端服务业专业化发展，为先进制造业提供多样化、差异性的需求。第三种是重组模式，主要通过技术创新实现高端服务业和先进制造业的快速发展、高度融合，最终催生出新的产业业态。然而，不论哪种模式都需要高端服务业充分发挥融合和辐射的作用。自从党中央将京津冀协同发展确定为重大战略以后，根据中央的战略安排，北京牵住疏解非首都核心功能的"牛鼻子"，开启了大规模产业转移疏解的序幕，金隅与冀东水泥重组，实现京津冀区域水泥产能的优化；北京现代在河北沧州投资建成现代四厂已投产，具备整车 30 万辆的年产能；首农集团在保定建设三元工业园，建成北方地区最先进的奶业生产线，在天津东疆保税港区建设冷链仓储，有效保障北京食品供应。近三年，北京在津冀的交通运营、节能环保、装备制造、能源、金融等方面投资达 1219 亿元。进入2018 年，北京又加大了转移疏解力度，仅上半年，北京就疏解提升区域性专业市场和物流中心 127 个，调整退出一般制造业企业 473 家，已腾退土地面积 1355.2 公顷。未来三年，北京市还将加快疏解非首都功能的步伐，到 2020 年，将退出 1000 家左右一般制造业企业。通过产业转移疏解，北京既加强了与津冀地区的对接协作，又提升了北京高端服务业辐射外溢能力。北京疏解出去的工商企业都是金融、科技服务、信息服务、商务服务等高端服务业的服务对象。这些企业虽然转移疏解出了北京，但是大多还与北京继续保持着业务联系，客观上推动了北京高端服务业向津冀的辐射和对接。加之北京的产业疏解在津冀形成一定规模的产业集聚区，从产业发展规律来看，高端服务业主要作为先进制造业的中间投入，能够显著带动制造业的升级，而先进制造业发展形成空间集聚，不仅能为高端服务业拓展发展空间，而且还能扩大对高端服务的需求。由于先进制造业对于以高端服务为代表的高级生产要素投入存在极大的依赖性，因此高端服务业还需要通过在先进制造业集聚区内建立高端服务业集聚区的形式嵌入先进制造业来推动两个高端产业的融合，促进产业转型升级。

四 实现京津冀高端服务业发展对接协作的路径

美国学者迈克尔·波特指出，一个具有竞争优势的产业集群的形成，政府的作用不会直接提升产业竞争优势，而政府的作用需要通过制定有关政策，形成相关制度，推动以下四个基本因素的不断完善来间接实现。这四个基本要素就是：资源要素、市场需求、相关产业和支持性配套产业，包括企业的战略和发展环境以及竞争对手的情况。这四个形成产业竞争力的要素也被称为"钻石结构"。① 迈克尔·波特的观点，不仅为我们呈现了一个分析问题的框架，而且也为我们提供了一个推动京津冀协同，形成具有竞争优势的、以高端服务业为主导的产业集群的实现路径。为此，笔者认为，考虑到中国的国情，我们必须在以下方面狠下功夫。

（一）聚集资源

发展高端服务业主要依靠人才资源，因此聚集人才资源是发展京津冀高端服务业的关键。当前在我国经济转型升级的大背景下，各地都纷纷出台了引进人才计划，制定各种优惠政策吸引人才，甚至引发了"抢人才大战"。京津冀三地政府为了留住和引进人才也制定了各自的人才引进计划。然而，人才引进固然重要，能在短期内起到立竿见影的效果，但做好人才培养才是根本，留住人才、用好人才才是重中之重。人才引进不仅要在户口、住房、补贴等优惠政策上下功夫，更需要的是在建立有利于人才成长与发展的体制、机制上做功课，使人才不仅愿意来，还能留得住、用得上，能够收获事业上的成就感、生活上的幸福感。除此之外，人才引进还需要有针对性，包括企业在内的各用人单位才是用人主体，政府制定人才政策要充分考虑用人单位的实际，切忌大包大揽，要发挥市场在配置人力资源中的决定性作用，政府应多在营造发展环境、提供优质政务服务、引导产业优化升级上下功夫。

（二）优化环境

我们这里讲优化环境，是指优化营商环境。从一般意义上讲，营商环境是指伴随产业活动整个过程的各种周围境况和条件的总和。从现实中看，营商环境包括政务环境、市场环境、国际化环境、法治环境、企业发展环境和社会环境等。很显然，影响营商环境的因素众多，优化营商环境是一项涉及经济社会改革和对外开放众多领域的系统工程。北京与津冀高端服务业的协同对接，第一步就是营商环境的对接，从区域竞争力的角度来分析，优质资源总是向营商环境好的区域流动的，一个区域要能够聚集发展要素吸引相关企业的进驻就必须拥有良好的营商环境。京津冀高端服务业的对接协作，就是在北京功能疏解的大背景下，高端

---

① 〔美〕迈克尔·波特：《国家竞争优势》，李明轩、邱如美译，华夏出版社2002年版，第127—141页。

服务业向津冀辐射。这一过程的成败，关键是津冀的营商环境，其优劣直接影响着高端服务业辐射和融合的程度，最终对经济增长、产业发展、财税收入、社会就业等都会产生重要影响。所以，打造公平高效的营商环境，意义深远。

企业对营商环境有着切身感受，尤其是高端服务业企业，一地的政府审批是否高效，开展业务是否便捷，获得公共服务是否简便，对企业合法权益的保护是否到位，决定着企业的来去。在营商环境好的城市，各种高端服务业企业会雨后春笋般源源不断冒出来，大企业和跨国企业也会纷至沓来。而营商环境恶化的城市，会导致企业逃离，人才大量流失。从当前的发展形势可以看出，城市竞争的关键不再是优惠政策多少，而在于营商环境优劣。营商环境已经成为一个城市和区域重要的软实力和核心竞争力，而且营商环境是一个动态变化的过程，营商环境没有最好，只有更好。这就对政府持续推进改革提出了更高要求。

（三）产业协同

北京高端服务业向津冀辐射，需要天津、河北的产业对接，形成产业的协同融合。换句话说，北京高端服务业辐射是一个条件，而真正要形成与津冀高端服务业的对接，还需要天津和河北的产业配合，也就是相关支持性配套产业。

就目前高端服务业产业发展来看，天津、河北还需要，一方面提高服务业的集约化程度，改变高端服务业存在区域布局散、产业链条短、附加值低、规模效应差的局面，壮大高端服务业优势产业集群、优化提升服务结构、建设高端服务业基地，培育具有带动作用的大型骨干高端服务业集团，增强对资金流、信息流和人才流的聚集作用；另一方面还需要增强高端服务业对相关产业的带动辐射能力，打造位于产业链高端的大型龙头企业，增强服务和要素的关联程度，提高服务水平和服务产品的扩散能力，增强培育具有品牌效应的服务产品。

（四）培育市场

从发展规律来看，服务业发展需要培育市场，高端服务业发展更是如此。从本质上讲，京津冀高端服务业协同对接也是一个市场培育和开拓的过程。就当前情况来看，随着我国经济由高速度发展向高质量发展转型、城镇化速度的加快，高端服务业需求迅速增长，为培育市场提供了便利。目前京津冀区域高端服务业需求增长，主要来自两个方面，一方面是经济转型升级产生的需求，另一方面是城镇化发展、提高城市竞争力产生的需求。

1. 经济转型升级产生的需求

这方面需求，既包括制造业升级的需求，也包括消费升级的需求。首先看制造业升级的需求。一直以来，我国制造业发展以承接发达国家和地区转移的传统产业为主，相当部分处于制造业中、低端环节，高能耗、高排放和低附加值不利于可持续发展，制造业走向高端必然成为我国未来发展的方向。所谓高端制造业，也就是先进制造业，指的是制造业中的高端环节。高端制造业的发展在很大程度上需要高端服务业在诸多方面给予服务性支撑，需要高端服务业提供强有力的保障，也是高端服务业日趋扩大的市场。京津冀，特别是津冀区域存在着大量的中低端制造业，需要转型升级，也就是存在极具潜力、亟待培养的高端服务业市场。再来看消费升级的需求。消费领域的转型升级，同样需要高端服务业的良好发展作为支撑。产业结构的转型升级主要包括：一是扩大第三产业在整个三次产业中的比重，二是三次产业由低端领域向高端领域升级。三产的比例扩大和升级都会对高端服务业，尤其是金融、信息服务、教育服务、科技服务等行业产生巨大的需求。党的十九大做出了历史的判断："中国特色社会主义进入新时代，我国社会主要矛盾已经转化为人民日益增长的美好生活需要和不平衡不充分的发展之间的矛盾。"人民对美好生活的需求不简单是物质文化的需求提升，更重要的是要满足人民在民主、法治、公平、正义、安全、环境等方面日益增长的要求。要满足人民日益增长的美好生活需要就要解决不平衡不充分的发展之间的矛盾，而大力发展高端服务业就是解决不平衡不充分发展的重要方面。

2. 提高城市竞争力产生的需求

发展高端服务业是提升城市竞争力的重要途径。高端服务业将对城市发展水平形成有力的带动。城市是高端服务业的集聚地，高端服务业的发展在带来更多资源的同时，也对城市基础设施、公共服务、人居环境等方面形成了更多的需求，这将对提高城市的发展水平形成良好的促进作用，也会极大提升城市综合竞争力。从全国来看，东部沿海的珠三角、长三角、京津冀三大城市圈中，京津冀城市圈城镇化程度是最低的，除了北京、天津两大直辖市之外，其他城市的竞争力都相对比较弱，这就需要通过大力发展高端服务业，不仅满足人民对城市的基础设施、公共服务、人居环境等方面日益增长的需求，而且还要搭建起城市资源共享平台，有力推动创新驱动、实现协同发展，提高城市的竞争力。就目前的情况来看，京津冀迫切需要搭建的城市资源共享平台主要包括三点。一是要搭建京津冀创新资源信息共享平台。依托"互联网＋"与大数据技术，建立"京津冀创新要素服务平台"，为创新要素的供给与需求搭建桥梁和互通机制。二是要构建创新主体交流机制。在人才交流方面，为三地科研人员搭建学术交流平台，增加共同研发投入，给予异地（特别是在河北）设立分公司、子公司的科技型企业提供税收优惠政策和金融机构贷款支持政策，鼓励高校科研人员在津冀创办科技型企业。三是要完善科技创新成果转化推广平台。由三地科技部门协调，建立"京津冀科技成果转化与推广平台"和"京津冀技术交易市场"，将三地现存的技术交易平台隶属到"京津冀技术交易市场"之下，共同为创新成果的交易、转化和推广提供科技服务和承载空间。

参考文献

1. ［美］罗斯托：《经济增长理论史：从大卫休谟至今》，陈春良等译，浙江大学出版 2016 年版。

2. ［美］迈克尔·波特：《国家竞争优势》，李明轩、邱如美译，中信出版社 2007 年版。

3. 寇静、朱晓青：《北京高端服务业发展研究》，经济管理出版社 2018 年版。

北京支持雄安新区发展高端服务业的策略探讨*

孙玉秀**

引言

设立河北雄安新区，是以习近平同志为核心的党中央深入推进京津冀协同发展作出的一项重大决策部署，是继深圳经济特区和上海浦东新区之后又一具有全国意义的新区。党的十八大以来，以习近平同志为核心的党中央着眼于党和国家发展全局，提出以疏解北京非首都功能为"牛鼻子"推动京津冀协同发展这一重大国家战略。雄安新区作为北京非首都功能疏解集中承载地，与北京城市副中心形成北京新的两翼，有利于有效缓解北京"大城市病"，探索人口经济密集地区优化开发新模式；与以2022年北京冬奥会和冬残奥会为契机推进张北地区建设形成河北两翼，有利于加快补齐区域发展短板，提升区域经济社会发展质量和水平。具有国家"千年大计"重要意义的雄安新区，中央对其的战略定位是"绿色生态宜居新城区、创新驱动发展引领区、协调发展示范区和开放发展先行区"。在规划建设新区突出七个方面的重点任务中，"建设绿色智慧新城，建成国际一流、绿色、现代、智慧城市"，"发展高端高新产业，积极吸纳和集聚创新要素资源，培育新动能"尤为引人注目。雄安新区

＊ 本文系北京市社会科学基金基地项目"北京支持雄安新区高端服务业发展研究"（18JDYJA012）的成果内容。

＊＊ 孙玉秀，北京行政学院经济学教研部副教授，博士。

的设立具有重大的现实意义和深远的历史意义，在客观上要求其高水平建设、高效率运营和高质量发展。目前，如何实现雄安新区的高质量发展，促进雄安新区高起点产业布局，推动雄安新区高端服务业发展，需要有更深层次的研究。

一　理论回顾

"高端服务业"是深圳市政府于 2007 年首次提出的概念，国外与高端服务业概念相对应的是知识密集型服务业（KIBS），迈尔斯最早提出该概念，并定义了其基本特征，即专业知识的高度依赖性、基于信息和知识的产品服务、企业经营的影响作用。豪克斯认为，KIBS 是能力和技能密集型的以信息为导向的服务，具有很高的顾客强度。经济合作与发展组织提出，KIBS 是指技术及人力资本投入密度较高、附加值大的服务业。肯普皮尔和梅特宁指出，KIBS 除了具有高知识投入、高专业能力、高互动性等特征外，还具有知识扩散和创造功能。国内相关研究主要集中在以下几个方面。

（一）高端服务业方面

1. 高端服务业的特征。深圳政府（2007）明确高端服务业具有"五高二低"特征：高科技含量、高附加值、高开放度、高产业带动力、高人力资本投入、低环境污染、低资源消耗。杜人淮（2007）认为高端服务业以工业为支撑，以现代管理理念和信息技术为依托，主要是知识密集型、公共性服务、技术密集型服务，是处于服务业高端行业，与低端服务业处于对立面。徐伟金（2009）等认为高端服务业在技术、创新、品牌，价值链方面处于高端的服务业。

2. 高端服务业的功能。原毅军（2011）等指出高端服务业具有较强的外溢效应，是生产性服务业中的知识密集型服务业，对工业和传统服务业的优化改造起重要的带动作用。徐伟金（2009）认为高端服务业是是生产性服务业和消费性服务业的一部分，且是最具附加值、创新价值和辐射带动性的部分。

3. 高端服务业的分类。王廉（2009）把高端服务业分为资本化服务业、专业化服务业、效率化服务业、智力化服务业。朱晓青（2015）认为北京高端服务业应包括五大服务行业或门类，即金融业、信息服务业、科技服务业、商务服务业和文体娱乐业。

4. 高端服务业发展战略。谢泗薪（2010）以产业链、"热点"园区、新知识经济为视角，针对我国城市高端服务业的发展现状进行研究，探讨了高端服务业的形成机制、政策制度创新体系以及运营策略与发展模式。王小平（2010）提出要充分发挥资源优势、区位优势和产业优势，完善服务业政策配套措施发展高端服务。李勇坚、孟静（2012）认为高端服务业是服务业中具有战略意义的行业，对战略性的资源具有极强的控制力。

5. 高端服务业的典型地区。顾彬（2012）等学者以纽约、伦敦、东京和香港为代表研究国际发达城市高端服务业发展情况。周权雄（2011）提出高端服务业是广州加强作为东部沿海地区中心城市核心竞争力的关键因素。李成辉（2012）对深圳高端服务业的发展状况和存在问题进行了分析。朱晓青、申静等（2015）对北京高端服务业的界定和发展路径进行了分析。

（二）产业转移方面

1. 产业转移动因。陈建军（2002）认为产业结构调整和企业边际效应最大化等企业成长扩张需要是产业转移的根本影响因素。王忠平、王怀宇（2007）认为区域间比较优势的差异是产业转移的主要动因。魏后凯（2003）指出区际产业梯度推移不仅是企业与转入区、转出区两地政府间动态博弈的过程，也是各地方政府之间环境竞争的过程。

2. 产业转移效应。魏后凯、庞娟等（2003）认为产业转移不但能够通过内外产业间竞争推动区域市场结构的不断改善，促进承接地产业持续成长，而且有利于区域生产要素的优化配置，增强区域间的经济联系和深化区域分工协作。吴晓军、赵海东等（2004）认为产业转移具有要素扩散效应，它能够促进产业承接地充分地利用各种生产要素。

3. 产业转移模式。肖美香（2009）对我国高梯度地区产业转入模式和产业转出模式进行了详细分析，认为衰退型产业转移、扩张型产业转移、膨胀型产业转移和飞地开发区式产业转移是目前高梯度地区产业转出的主要模式。刘红光、王云平等（2014）从广义的产业转移内涵出发，借鉴区域间投入产出模型定量分析了我国2007—2010年省区间的产业转移，并通过对不同类型产业区域间转移的机理分析总结出了我国区域间产业转移的梯度模式。

4. 产业转移协同战略。孙玉娟等（2007）在分析河北的环京津区位优势、港口群交通优势、港口工业优势及其面临的外部挑战的基础上，较早地提出河北应借助京津冀都市圈的契机，加快承接京津产业梯度推移。臧学英、于明言（2010）探讨了京津冀如何在战略性新兴产业进行广泛对接与合作，其新兴战略产业的合作机制构建应从加强京津冀都市圈内部积极合作、京津冀产业价值链的有效完善、产业的互补错位发展、掌握自主知识产权与科技创新能力的培育等方面相结合。康正发、江雯（2013）在产业集聚的视角下，对皖江城市带承接产业转移面临的具体问题进行了研究，并提出了相应的政策建议。

通过以上研究现状的梳理可以看出：国外理论界对 KIBS 的研究，在内涵方面有借鉴作用，但外延界定与高端服务业有较大差异。与之相比较，国内理论界对高端服务业和产业转移理论研究作了大量探索，对高端服务业的发展现状研究较多。但总体来说，国内外都缺少对高端服务业产业转移的研究，特别是对雄安新区高端服务业的研究成果不多，专门针对北京支持雄安新区高端服务业发展的研究更少。

二　雄安新区发展高端服务业的主要任务

关于雄安新区高端产业发展的建设思路，党中央、国务院和河北省等官方媒体发布了一系列重要的政策文稿。这些文稿内容经权威渠道发布，可以用来作为政策分析的基本资料。2018 年 4 月，在由新华社全文发布的《河北雄安新区规划纲要》（以下简称《雄安规划纲要》）中，明确指出雄安新区要瞄准世界科技前沿，面向国家重大战略需求，通过承接符合新区定位的北京非首都功能疏解，积极吸纳和集聚创新要素资源，高起点布局高端高新产业。2018 年 4 月 14 日，中共中央、国务院关于对《雄安规划纲要》的批复指出，雄安新区要高起点布局高端高新产业，大力发展高端服务业，构建实体经济、科技创新、现代金融、人力资源协同发展的现代产业体系。雄安新区产业发展的重点，根据《雄安规划纲要》规划的内容，主要包括新一代信息技术产业、现代生命科学和生物技术产业、新材料产业、高端现代服务业和绿色生态农业等。高端现代服务业的发展重点主要为以下几个方面：一是接轨国际，发展金融服务、科创服务、商务服务、智慧物流、现代供应链、数字规划、数字创意、智慧教育、智慧医疗等现代服务业，促进制造业和服务业深度融合；二是集聚银行、证券、信托、保险、租赁等金融业态，依法合规推进金融创新，推广应用先进金融科技；三是围绕创新链构建服务链，发展创业孵化、技术转移转化、科技咨询、知识产权、检验检测认证等科技服务业，建设国家质量基础设施研究基地；四是发展设计、咨询、会展、电子商务等商务服务业，建设具有国际水准的总部商务基地；五是发展创意设计、高端影视等文化产业，打造国际文化交流重要基地；六是发展国际仲裁、律师事务所等法律服务业。《雄安规划纲要》明确了雄安新区高端服务业发展的重点领域，但是从雄安新区现有产业发展情况分析，推进高端服务业的发展还面临着诸多困难和挑战。

三　雄安新区推进高端服务业发展的困难与挑战

党的第十八届中央委员会第五次全体会议强调，实现"十三五"时期发展目标，必须牢固树立并切实贯彻"创新、协调、绿色、开放、共享"的五大发展理念。雄安新区将成为集中施展五大发展理念的平台，《雄安规划纲要》也提出要将雄安新区建设成为绿色生态宜居新城区、创新驱动发展引领区、协调发展示范区和开放发展先行区。然而，当前雄安新区所辖范围内整体产业发展水平比较低端，产业结构以劳动密集型为主导，与《雄安规划纲要》的发展定位相去甚远，因此未来雄安新区产业发展面临着巨大挑战。随着雄安新区的设立，当地的传统行业面临着转型升级的巨大机遇，而一些不适应规划发展的产业和项目或将面临淘汰危机。

（一）雄安新区产业发展的现状特征

雄安新区所辖的雄县、安新和容城这三个县虽然经济实力在河北省并不强，但都有一些地方特色的传统优势行业，如雄县的塑料包装、安新的制鞋和容城的服装等。这些产业的企业数量众多，且集聚发展特征显著。总的看来，雄安新区现有产业主要表现为以下几个特点。

1. 产业结构以低端的劳动密集型工业为主导。雄县的整体人口为 38 万人左右，民营经济组织达 1.5 万家，主导产品主要有四类：塑料包装、压延制革、乳胶制品和电线电缆。塑料包装、气球、安全套、医用手套等产品国内市场占有率都比较高，但产业水平较为低端。塑料包装业是雄县的一个产值超百亿元的产业，2008 年被中国塑料加工工业协会命名为"中国塑料包装产业基地"，从业人员 4 万余人，各类企业 3 千余家，年营业收入 135 亿元。压延制革行业从业人员 7 千余人，各类企业 679 家，年营业收入 42 亿元。乳胶制品行业从业人员 4 千余人，各类企业 133 家，年营业收入 23 亿元。雄县大步村是"中国气球第一村"，产品占全国市场份额的 80% 以上；雄县安琪胶业有限公司是北方最大的安全套生产企业，年产量 12 亿只。电线电缆行业从业人员 3 千余人，拥有企业 352 家，年营业收入 52 亿元。此外，雄县还是华北油田最大的产油县之一，被中国矿业联合会命名为"中国温泉之乡"。

安新县主要产业为制鞋业和羽绒加工业，该县的三台镇是华北地区最大的鞋业生产基地。安新县目前有制鞋企业 2000 多家，从业人员 3 万多人，年产鞋近 3 亿双，综合产值近 50 亿元。与此同时，安新县还拥有一大批制鞋小作坊和鞋材、鞋机等相关配套企业数百家，形成规模较大的鞋材市场。安新县羽绒制品有一定的规模，也是"中国羽绒之乡"，羽绒加工业起步于改革开放初期，是全县的主要支柱产业之一。现有羽绒生产加工企业 110 余家，其中大张庄羽绒工业区是安新县最大的羽绒生产专业园区，集聚了 68 家羽绒企业。但安新县羽绒制品主要为贴牌生产，缺乏标准和规范。

容城县在成为雄安新区管委会所在地之前，其主要支柱行业是塑料制品和服装。容城县素有"中国北方服装名城"之称，是"京津冀超级衣橱，环渤海纺织重镇"，已经形成以服装产业为主导，以机械制造、汽车零部件、食品加工、箱包、毛绒玩具为产业基础的格局。2015 年容城县共有服装企业 920 家，年生产能力达 4.5 亿多件，其中销售收入超亿元的企业 12 家，服装加工个体户 2 千余家，服装行业从业人数约有六七万人，占全县常住人口的近 1/4。2016 年，全县服装业完成产值 256 亿元，占全县工业总产值的 80% 以上。

2. 工业产业发展粗放，污染比较严重。雄县、容城和安新三个县的支柱产业规模都不大，企业数量尽管不少，但多数企业规模还比较小，许多企业还停留于家庭作坊阶段，企业做不大、做不强是这三个县产业发展的一个鲜明特征。从产业布局看，目前，这三个县都建了经济开发区，但企业进入园区发展的积极性不高，只是少数规模比较大的企业进入园区发展，绝大多数企业分布在专业街道、专业镇或专业村，布局高度分散。如雄县的塑料包装产业就集中分布在县城铃铛阁大街、东环路、东城大街、五铺街和北环路等5条专业街和亚古城、西侯留、古庄头、黄湾等10个专业村。这些村镇工业区生产配套设施十分落后，没办法解决企业污水无害化集中处理、物流仓储、天然气统一供应等问题。此外，雄县的塑料包装、压延制革，安新县的制鞋和有色金属回收冶炼等行业是污染排放量比较大的产业。这些产业是粗放型发展，工艺设备落后，塑料制品废气未经处理直接排放，制鞋企业直接将废料焚烧或填埋，造成了局部地区大气和地下水被严重污染。目前，河北省对企业环保要求越来越高，2017年出台了新的环保标准。对于中小企业而言，早期为了发展经济，可能需要保护，但不可能一直做低端重复的产业。

3. 企业家观念保守，品牌意识不强。虽然雄安新区这三个县都有一些特色的地域品牌。但当地企业家创新意识跟江浙、闽粤一带的企业家相比，差距非常明显，他们安于现状、小富即安的心态非常强。其实，许多企业创业时间也很早，但缺少市场远见和爱拼敢赢的精神，一直没有突破发展的"瓶颈"，而同期福建的晋江、石狮一带同类企业却走过了发展集群、创品牌、竞相上市的成长之路。这种反差说明了雄安新区当地企业文化缺少勇于创新的精神。此外，这三个县拥有的中国名牌产品非常少，企业品牌意识非常薄弱，许多企业长期停留于从事贴牌代工生产阶段，不愿意创立自主品牌。

（二）雄安新区高端服务业面临的机遇与挑战

对于雄安新区高端服务业的发展，要认清薄弱现实与优势潜力的关系。机遇与危机并存，是当地产业生存与发展所面临的现实。

一方面，雄安新区在区位交通、资源环境等领域优势突出，适逢新区建立，政策利好，未来发展潜力巨大。从区位交通条件看，雄安新区地处京津冀城市群核心，距离北京和天津市中心110—150公里，车程1.5—3小时，目前区域内已有多条高速公路和铁路通过。到2020年，规划中首条贯穿京冀的交通大动脉——"廊涿、固保城际铁路"将投入运营，雄安新区将设站，交通条件非常便捷。从资源环境看，雄安新区拥有华北平原最大的淡水湖——白洋淀，是京津冀地区的旅游胜地。据统计，2017年"五一"假期，白洋淀景区接待游客12.96万人次，旅游总收入1.02亿元，同比分别增长54.02%和54.04%，成为区域经济新的增长点。白洋淀总面积366平方公里，水资源非常丰富；地热田面积320平方公里，地热水储量821.78亿立方米，1989年被国家确定为全国中低温地热资源综合开发利用示范区，2010年被国土资源部命名为"中国温泉之乡"；土地开发的利用程度低，未来发展空间比较充裕，具备了高起点、高标准开发建设的基本条件。

另一方面，雄安新区的经济发展水平较低，产业发展基础薄弱，高端服务业的发展受制于各种条件限制。

1. 经济发展水平较低，影响高端服务业的发展。从经济总量来看，雄安新区（含雄县、容城、安新三县）总面积达到1576.6平方公里，人口112万，GDP为218.29亿元，工业增加值为113.84亿元，在河北省所占比重分别为0.83%、1.50%、0.69%和0.98%。从效率来看，雄安新区人均GDP为1.95万元，是河北省平均水平的45.77%；地均GDP为1384.56万元，是河北省平均水平的82.15%。如果与北京和天津相比，上述指标占比会更低。毋庸讳言，目前雄安新区的经济发展水平在京津冀地区处于低洼地带。雄安经济不发达，服务业发展受到很大制约，高端服务业发展更是极其薄弱。

2. 产业发展基础薄弱，影响雄安高端服务业发展。雄安新区处于北京、天津和石家庄三地发展的包围中，经济资源集聚能力受限，产业基础设施比较落后。新区现有经济发展主要依托白洋淀旅游资源、服装制造业、塑料包装业及华北最大鞋业生产基地和最大废旧有色金属集散地，城镇化发展相对比较落后，商业和文体娱乐不发达，高等教育、科研环境、网络信息服务欠缺，社会福利和社会保障水平及保障体系不完善，影响了服务业的发展。

3. 农业占比较大，影响雄安高端服务业发展。作为传统的农业地区，雄县、容城、安新三县的农业生产在经济发展中占据了较大比重。雄县2015年第一产业增加值完成10.52亿元，占全县GDP的比重为11.15%；

农业人口达 26 万人，占全县总人口的比重为 66.75%，分别高出全国平均水平 2.15 和 22.85 个百分点。雄安虽有扶持服务业发展的政策措施，但措施力度有限，多数人对服务业需求并不强，加上安于现状、思想意识落后，导致产业结构不平衡的问题突出，服务业发展缓慢，限制了经济水平提高，严重影响雄安高端服务业的发展。

4. 市场化程度低，制约高端服务业发展。高端服务业的发展，本质上来自于社会进步、经济发展、社会分工的专业化等需求，具有智力要素密集度高、产出附加值高、资源消耗少、环境污染少等特点。目前，我国高端服务业的市场化程度还很低，高端金融服务、信息咨询服务、科技创新服务等领域从业人员比例极少，高端服务业人才缺乏、地区发展差异巨大，作为经济并不发达的雄安新区来说，高端服务业发展更被远远落在全国服务业增长水平的后头，严重制约雄安高端服务业的发展。

国际的、历史的经验证明，一个地区生产力水平的高低，主要取决于空间地理位置及商业资源聚集能力、区域自然资源优势及资源结构、区域发展政策机制和生活居住环境的适宜度。雄安新区的建成运行，还有诸如本地大规模的较低水准劳动力如何作为才能支撑城市经济社会发展的健康运行等许多问题。因此，如何破解诸多难题，需要充分深入研究，做足功课，融入政策。

四　北京支持雄安新区高端服务业发展的策略构想

（一）北京支持雄安新区高端服务业发展的必要性

1. 雄安新区高端服务业的发展需要北京的支持。雄安新区虽然拥有一些得天独厚的优势，但是还有很多待解难题：地处内陆，如何开放发展；"白纸"之上，如何高起点建设；央企迁入后，如何激发民营经济活力；雾霾严重，如何实现绿色发展等等。雄安新区发展战略的提出，适逢京津冀一体化、制造业强国建设、供给侧结构性改革等国家重大战略深入推进之时，无论时代背景还是战略使命，都显示其具有特殊性。从时代背景看，深圳特区和浦东新区分别设立于 20 世纪 80 年代和 90 年代，当时中国改革开放大潮涌动，经济处于高速发展阶段。而雄安新区的设立与国家经济转型升级同步，面临诸多问题与挑战，外部环境不容乐观。

从战略使命看，浦东新区作为改革开放的窗口，承担着"科学发展的先行区、'四个中心'（国际经济中心、国际金融中心、国际贸易中心、国际航运中心）的核心区、综合改革的试验区、开放和谐的生态区"等功能；雄安新区则是承接北京非首都功能，又受制于北京、天津两大国际性城市影响，未来发展的空间在客观上有一定的局限性，起点更低，难度更大，更需要北京的支持。

2. 支持雄安新区高端服务业发展是北京的历史重任。2018 年 4 月，中共中央、国务院关于对《雄安规划纲要》的批复中提出"北京市、天津市等各地区，要积极主动对接和支持雄安新区规划建设"。早在 2017 年 8 月，北京市党政代表团赴河北省雄安新区和保定市考察，共商推进雄安新区建设大计并签署了《北京市人民政府河北省人民政府关于共同推进河北雄安新区规划建设战略合作协议》。根据协议，北京市将在协同创新、基础设施、生态治理、产业升级、公共服务、城市规划、人才交流等七个方面与河北省开展战略合作，集中优势资源全力支持雄安新区建设开局起步。其中，在合力推动产业转型升级方面，强调要加强产业转移与承接的协同联动，共同推动雄安新区发展高端高新产业。支持北京市属金融机构在雄安新区设立分支机构，发展科技金融、普惠金融、互联网金融和绿色金融。推动北京高端服务业向雄安新区延伸转移。这是历史赋予北京的使命，北京将责无旁贷地承担起这一重任。

3. 支持雄安新区高端服务业发展是北京经济发展的内在要求。一是，在"北京疏解非首都功能"背景下，北京支持雄安新区高端服务业发展符合党中央、国务院对雄安新区规划建设的基本要求，即生态优先、绿色发展，世界眼光、国际标准、中国特色、高点定位，提供优质公共服务；二是，在国家大力推动"京津冀协同发展"和"建设雄安新区"的背景下，北京在推进世界级城市群建设、优化产业结构和打造具有全球影响力的科技创新中心的过程中，必须以高端服务业大发展为支撑。

（二）北京支持雄安新区高端服务业发展的策略构想

1. 开展全方位合作。力求体现北京市委市政府"把支持雄安新区建设当成自己的事"的坚定决心和鲜明态度，从建立健全对接协调工作机制，到科技创新、交通、生态、产业、公共服务、规划、干部人才交流等领域，进行全面、深度合作。

2. 对接雄安功能定位。从新区最迫切的需求入手，发挥北京科技、教育、医疗等优势，推动优质教育、医疗卫生等公共服务资源向雄安新区布局发展；注重实效，在重点领域推进实施一批有共识、看得准、能见效的合作项目，努力做到雄安新区需要什么就主动支持什么。

3. 深化政府改革力度。北京高端服务业的发展需要政府加大深化改革力度，推动相关行政许可跨区域互认，做好转移企业工商登记协调衔接。清除支持雄安新区高端服务业发展的各种问题和障碍，通过优化营商环境、创新机制和完善功能等途径吸引北京高端资源进入。

4. 借鉴国际经验。发达国家大都市城市群建设和国家级特区新区的发展经验，明确北京高端服务业发展的战略目标、重点领域、空间布局、合作机制和主要措施，充分对接国际、国内资源与市场，并借助信息技术及数据库技术，建立"线上、线下"联合服务平台，推动人才、资本、市场和知识技术的延伸转移，提高服务效率，提升北京高端服务业的辐射力和影响力，更好地为北京和雄安新区服务。

5. 实现差异化发展。京津冀协同发展战略实施以来，非首都功能疏解工作扎实推进，产业合作格局加快构建，一批重大产业合作项目相继落地。但在产业转移过程中，应该避免承接平台较多、布局相对分散，部分平台存在功能交叉重复、同质化竞争等问题。应该明确河北雄安新区和北京城市副中心产业发展方向，做到差异化发展，优先支持中央在京部分行政事业单位、总部企业、金融机构、高等院校、科研院所等与雄安新区对接。

6. 制定明确的产业政策。重点培育发展金融服务、科创服务、商务服务、法律服务等《雄安规划纲要》所明确的产业，对新区现有产业，包括纺织、服装、建材、旅游等传统产业，协助进行改造优化提升。

7. 推进产业集群化发展。雄安新区的产业布局要在总体规划指导约束下，走功能集聚和集群发展之路。所谓功能集聚，就是建设设施健全、功能配套、结构优化的现代产业园区，上下游企业集中布局，实现资源要素供给效率最优化，形成集群发展效应。北京支持雄安新区高端服务业发展，可以考虑打造一批优势突出、特色鲜明、配套完善、承载能力强、发展潜力大的协同创新平台和专业化承接平台，鼓励通过委托管理、投资组合等多种形式合作共建产业园区，实现资源整合，联动发展，并且积极推动京津冀协同发展基金等各类基金支持重点承接平台基础设施及配套服务设施建设。

结语

由于雄安新区刚成立一年多，在接纳北京"非首都功能"的基础上，其高端服务业的发展情况还有待进一步观察和研究。可以预估的是，高端服务业将伴随着高端高新产业在雄安新区的落地开花而发展壮大，北京也将加大支持力度，这也为今后的研究提供了新的素材和新的方向，我们将密切关注这一问题的发展。

参考文献

1. 《中共中央国务院关于对〈河北雄安新区规划纲要〉的批复》，《人民日报》2018 年 4 月 21 日。

2. 《中共河北省委　河北省人民政府　河北雄安新区规划纲要》，2018 年 4 月 21 日，新华社。

3. 孙久文：《雄安新区的意义、价值与规划思路》，《经济学动态》2017 年第 7 期。

4. 陈进：《北京现代服务业研究》，北京对外经济贸易大学出版社 2009 年版。

5. 叶振宇：《雄安新区产业跨越发展研究》，《天津师范大学学报》2018 年第 3 期。

6. 杨开忠：《雄安新区高质量发展要实现四个"创造"》，《中国建设报》2018 年 4 月 23 日。

7. 朱晓青：《北京现代服务业的现状与发展路径研究》，经济管理出版社 2011 年版。

福州市鼓楼区发展高端服务业的主要做法[*]

朱晓青^{**}

福州市自汉代以来已有 2000 多年的建城史，是历史文化名城，也是我国航海船运文化的发祥地和近代海军的摇篮。改革开放以来，福州市作为我国首批 14 个对外开放的沿海港口城市之一，以及我国海上丝绸之路的门户和首批 3 个中国（福建）自由贸易试验区之一，曾获"综合实力五十强城市""中国优秀旅游城市""国家卫生城市""国家园林城市""滨江滨海生态园林城市""全国环保模范城市""全国双拥模范城市""国家历史文化名城""全国文明城市""全国宜居城市""福布斯中国大陆最佳商业城市百强城市"等称号。

福州市现辖 5 区 6 县和 2 市（县级），行政区域面积 1.2 万平方公里，海岸线长 1137 公里。福州市地貌属于典型的河口盆地，盆地四周被群山峻岭所环抱，海拔多在 600—1000 米。东有鼓山，西有旗山，南有五虎山，北有莲花峰。福州市地势自西向东倾斜，南部为盆地，北部为山地，西部为中低山地，东部有丘陵平原，鹫峰、戴云两山脉斜切南北，闽江横贯市区东流入海。

鼓楼区位于福州市城区的西北部，是福州市的老城区，北临福州铁路，西北面与闽侯县相邻；东面以晋安河与晋安区为界；南面以琼河、

* 本文系北京市社会科学基金研究基地重点项目"北京市高端服务业空间布局形成机理与优化调控研究"（16JDYJA019）的成果内容。

** 朱晓青，北京高端服务业发展研究基地首席专家，北京市委党校经济学教研部教授。

东西河、斗池路、上浦路为界，与台江区相邻；西面以闽江为界，与苍山区隔江相望。鼓楼区行政区域面积35.7平方公里。常住人口82.6万人（2017年），人口密度2.3万人/平方公里。

鼓楼区作为福建省和福州市的政治、经济、文化中心，是国家发改委在"十二五"时期确定的全国10个服务业综合改革试点之一，也是"十三五"时期新一轮服务业综合改革试点（福州市）涵盖区。在推进高端服务业发展进程中，鼓楼区政府抢抓机遇、主动作为，深化改革，优化营商环境，完善激励政策，立足省会城市核心区的资源禀赋和人才荟萃优势，根据建设现代产业体系的新要求，全力推进创新发展、高质量发展，集中打造总部经济中心、金融中心、商务中心、网上公共服务中心、高端消费中心、文化产业中心、科技创新中心，力求铸就"服务业综改"的"金招牌"，提升高端服务业发展的质量和效益，取得显著成效，经验值得总结推广。

鼓楼区作为城市建成区，没有农业，工业也是"楼宇工业"，没有厂房工业和规模化制造业，产业结构以服务业为主导。2017年鼓楼区的三次产业结构为0∶18.6∶81.4，服务业增加值为1196亿元，约占福州市服务业增加值的三分之一；服务业对经济增长的贡献率高达89.2%，服务业税收高达86.6亿元，年增长22.1%；区内营业收入超30亿元的服务业企业达4家，超10亿元的服务业企业达9家。[1] 这说明服务业是鼓楼区经济发展的主动力和主导产业。

鼓楼区的服务业是建立在"楼宇经济"基础上的，高档楼宇月租金一般为每平米200—250元，出租率高达95%，呈现出供不应求的态势，使之能够吸引高端企业和高端人才入驻，有力促进了高端服务业发展。正是基于对这种服务业发展现状的认识，鼓楼区政府把服务业发展的主攻方向定位于高端服务业，把楼宇当作高端服务业发展的实际载体，充分发挥政府引导作用，不断提升治理能力和水平，努力建设"楼宇经济"，全力推进高端服务业的集聚发展、创新发展、融合发展和高质量发展，形成了"楼宇＋高端服务业"的新格局。同时，以新产业、新业态、

---

① 资料来源：鼓楼区统计局提供。

新模式为核心动能，激励企业运用"互联网＋"的手段，对低端服务业和公共服务业进行升级改造，使之形成与高端服务业相互融合的新业态，促进现代商贸业、网上教育培训业、智能医疗健康业和文化旅游业的优质高效发展，为高端服务业的集聚发展和融合发展开辟了新领域和新市场。主要做法阐述如下。

一　着力打造"七大中心"

高端服务业有集聚发展的特性，通常集中在城市中心区。鼓楼区恰恰具备这种地域优势。为做好工作，鼓楼区政府一方面完善有关招商引资的优惠政策，包括《鼓楼区推动新一轮经济创新发展十二项政策》《鼓楼区服务业五项政策》和《鼓楼区关于推动商贸业发展的三条措施》等；另一方面，专门针对高端服务业发展，以楼宇为载体，出台了《鼓楼区关于"提升壮大百栋重点楼宇、打造新时代鼓楼楼宇经济升级版"实施意见》和《楼宇经济公共服务规范》等政策规制，要求实施"四项机制"，即建立健由全区四套班子领导负责的"一楼一长"制，由领导小组牵头的"一月一会"制，由各成员单位响应的"一问一复"制，由各街镇汇总的"一楼一档"制，对入驻楼宇企业提出的服务事项慢不得、坐不住，"马上就办"，以提升政府服务的效率和质量，全力打造高端服务业集聚创新发展的"七大中心"，取得显著成效。

（一）打造总部经济中心

鼓楼区在建设总部经济中心的过程中，以省、市级企业总部为重点，针对企业总部和高端人才的具体情况，区领导牵头，专人负责，一方面大力宣传解读省、市有关促进总部经济发展的优惠政策；另一方面，创新出台鼓楼区的激励企业总部的优惠政策，积极帮助企业申请省、市级企业总部的认证，并及时兑现有关奖励。截至2017年底，鼓楼区吸引入驻的市级企业总部26家，区级企业总部3家。同时，鼓楼区致力于总部经济载体的建设，新建了海西商务大厦等5A商务楼宇，改造提升了中福广场等一批老旧楼宇，加大了招商力度，"腾笼换鸟"，引进了华为云创新服务中心、费森尤斯血液透析中心、环球车享等国内外优质企业。通过总部经济中心的建设，鼓楼区的"楼宇经济"效益大幅度提升。2017

年鼓楼区经济总量的五分之四源于"楼宇经济"，全区税收超亿元的楼宇25栋，超千万元的楼宇118栋。[①]

（二）打造商务中心

鼓楼区借助位于城市中心区的知识密集、人才集聚的优势，着力在五四路打造商务中心或中央商务区，鼓励发展会计、管理咨询、资产资信评估、结算中心等重点行业，引进了经纬行动东南区域总部等商务服务业的龙头企业入驻，通过"强龙头、筑链条、创品牌"的运作思路，有效推进了商务中心建设及其高端化、品牌化发展。同时，加快打造特色"楼宇经济"升级版，强化楼宇经济网格化建设，构建"一楼八员"集约服务体系，在产业布局、载体建设、楼宇特色上，坚持提前规划，因楼制宜选出在建的新建型、标杆示范型、改造提升型、集聚优化型等4类重点楼宇，分类施策，提升壮大百栋重点楼宇，推动高端商务楼宇的智能化、集聚化、特色化发展。

（三）打造金融中心

金融业是现代产业体系的核心，具有集聚发展的内在动力。鼓楼区通过采取各种有效措施，形成外在推力或良好生态环境，使之与金融业内在集聚动力相衔接，凝结为合力，全力打造区域性金融中心。

1. 大力推进金融机构集群

鼓楼区主动对接福州市金融业发展的新目标和新战略，在巩固五四路、湖东路金融机构集群的基础上，加大服务金融机构的力度，引进了长江证券福建区域总部、国海证券福建区域总部等金融企业总部，形成了银行、保险、证券、基金、信托等金融机构集聚发展的新格局。2017年鼓楼区集聚各类金融机构172家，实现金融业增加值283.6亿元，金融业占全区服务业的比例高达23.7%。[②]

2. 积极开拓股权市场

为拓宽企业直接融资渠道，鼓楼区制定优惠政策，鼓励和引导企业到主板、创业板以及海外上市融资。2017年鼓楼区拥有24家境内外上市企业和43家新三板挂牌企业，公募股权融资数量，位居福州市首位。

---

① 资料来源：鼓楼区发改局提供。
② 资料来源：鼓楼区统计局提供。

3. 大力发展基金产业

鼓楼区积极探索政府引导、企业主体、金融支持、社会参与的多元化投融资模式，与福建省现代服务业产业发展基金开展战略合作，形成支持高端服务业发展的产业基金集群，力促产业基金投向高端服务业的关键环节、重点领域和优质企业。这方面典型的实例是：鼓楼区在福州软件产业园专门设立了基金大厦，通过政府购买服务的方式，委托第三方开展招揽和服务基金企业的管理工作，吸引基金企业入驻基金大厦。截至 2018 年 7 月底，基金大厦已入驻 34 家基金企业，基金投资管理规模高达 235 亿元，形成了鼓楼区金融业集聚发展的新增长极。[①]

4. 打造金融发展新格局

鼓楼区在巩固传统金融中心，发挥五四路、湖东路、古田路传统金融中心优势的基础上，着力打造三盛国际中心、福晟财富等金融特色楼宇，吸引更多金融优质项目来鼓楼区发展，重点推动太平养老保险福建省分公司等项目落地。鼓励消费金融、金融租赁、保险服务等新兴金融企业入驻，形成"传统金融＋新型金融"协同发展的新格局。同时，继续深化企业上市服务，探索与国内行业领先的银河金控等综合金融平台合作，通过多元化综合平台，为辖区企业提供综合金融服务，实现共赢发展。

（四）打造网上公共服务中心

高端服务业发展离不开公共服务业的支撑。为做好公共服务工作，鼓楼区运用"互联网＋"的服务模式，着力打造公共服务中心，提升公共服务业发展的质量和效率。

1. 大力发展网上医疗

鼓楼区积极推动医疗联合体的建设，引导健康之路等第三方企业，提供"互联网＋医疗"的技术服务，在全省率先开辟社区互联网医疗的服务区，实现了 69 个社区家庭医生签约网上服务的全覆盖。同时，鼓楼区还积极建设专业诊断中心和影像中心，通过政府购买服务的方式，引

---

① 资料来源：鼓楼区发改局提供。

入第三方医学检验机构，运用"互联网＋"的服务模式，提供医疗服务，有效缓解了市民就诊压力。

2. 大力发展智慧养老

鼓楼区顺应人口老龄化的大趋势，推动互联网与养老产业的融合发展，积极探索老年人日托所市场化的有效路径。一方面采用"公建民营"或"公投民助"方式，由政府出资建成五星级街镇社区养老服务照料中心，委托专业民营企业自主运营；另一方面，加快建设区级养老服务信息平台，运用"互联网＋医养"的服务模式，实现了老年人信息管理、养老资源数据的共享。

3. 大力发展网上教育

鼓楼区发挥教育资源优势，搭建全区教育资源公共服务网络体系，建成了"专递课堂""名师课堂""名校网络课堂"等在线教育应用平台，实现了数字教育资源的全覆盖。

（五）打造高端消费中心

鼓楼区人口密度大、收入水平较高，市民和外来人口对吃、穿、用、游等消费需求趋向于个性化、高档化、融合化和便捷化。为适应这种变化趋势，鼓楼区在发展高端服务业进程中，非常重视对低端服务业的升级改造和融合发展，力求把传统商业和零售业改造成为现代商贸业，着力打造高端消费中心，为高端服务业发展奠定坚实基础，推动文化旅游业的高质量发展。

1. 加快构筑智慧商圈

鼓楼区在福州市建设了首个立体智慧商圈。主要做法是：通过完善"商圈通"功能，运用新一代信息技术手段，注入多业融合新功能，对传统商圈或聚集地进行升级改造，形成了智能交通引导、移动支付、商圈APP、微信公众号和大数据分析等智能化服务网络体系，使大东街口等传统商圈焕发了新生机。

2. 大力发展体验型消费

鼓楼区致力于推进商贸业的融合发展，以形成新业态、新零售和新商业。培育了新华都自由人和东百中心等"零售＋健身"的新体验业态，打造了"当当阅界"主题书店等"零售＋阅读"的新体验业态。同时，激励商贸企业和大型超市提升客户价值，对接消费需求，向社区终端延伸，运用"互联网＋"的服务模式，实现线上线下融合发展，涌现出永辉生活、新华都邻聚超市等一批功能齐全的社区便利店。尤其是永辉生活积极运用物联网、大数据、云计算等新一代信息技术，以"超市＋餐饮＋物流＋电商"的服务模式，助力实体零售创新转型，为市民带来全新的消费体验。

3. 提升商贸业质量水平

鼓楼区围绕打造高端消费中心的定位，提升发展大东街口商圈，持续加大南街项目招商力度，鼓励各类高端品牌和时尚元素集聚，提高发展体验式商业比重，鼓励商贸企业实行"实体店＋互联网＋N种跨界服务"的运营模式，实现线上线下购物体验的无缝对接。在三坊七巷街区内开设无人超市，运用人脸识别技术，有效解决传统零售门店运营成本较高、营业时间受限、补货不智能等一系列问题。以商文旅融合为主线，结合传统节庆活动，串联三坊七巷街区、达明路美食街等专业街区，举办各类区域性品牌节庆活动，加快打造旅游商业区，形成集商业、文化、购物、餐饮与休闲娱乐为一体的商贸集聚地。

4. 做大休闲旅游业

鼓楼区按照"全域"旅游的概念，力推闽都文化休闲旅游品牌，深入挖掘闽都文化，加强三坊七巷旅游品牌的宣传，结合冶山风貌区保护改造、朱紫坊保护修复、鳌峰坊特色历史街区修复等建设工程，不断扩大闽都文化的影响力和渗透力。积极探索将非物质文化遗产与产业化相结合，利用辖区闽都城隍文化资源，合理开发具有地方特色和市场潜力的文化产品和文化服务。持续扩大"都市温泉"名片效益，围绕温泉博物馆改造提升和温泉公园体验区建设，打造环温泉公园暨中央商务区温泉休闲旅游带，形成温泉养生、休闲度假、康体运动等多业态共同发展的温泉文化旅游体系。

5. 推动商业与文化旅游业的融合发展

鼓楼区发挥三坊七巷5A级特色街区的资源优势，努力探求商业、酒店业与文化旅游业有机结合的发展路径，推动商业、酒店业与文化旅游业的融合互动，构筑多业一体的完整产业链，大大提升了旅游业的发展水平和规模效益。2017年鼓楼区接待旅游总人次2041.1万，年增长

20.9%；旅游总收入 258.7 亿元，年增长 30.2%。①

（六）打造文化中心

文化产业是现代产业体系的先导和引擎。鼓楼区借助历史文化积累的根基，发挥文化创意人才荟萃的优势，瞄准现代文化产业发展的方向，运用新技术手段和多业融合发展的新模式，着力打造文化产业中心，大大提升了文化产业的集中度、融合力、辐射力和品牌效应。

1. 利用原有文化产业园，注入新要素，建设新基地，提升文化产业功能集聚区的效益

鼓楼区按照"基地＋品牌"的发展模式，以福大怡山文化创意产业园为基础，依托高校资源，成立了"福建省高校人文社会科学研究基地"，大力发展原创工业设计、广告创意等业态。按照"产业园＋合作联盟"的模式，推动福建影视文化创意产业园与省内多家影视园建立战略合作关系。按照"特色＋品牌"的模式，推进朱紫坊漆文化街区，立足于闽都漆艺特色，提升工艺水平和知名度，打造漆非遗品牌的展示窗口。

2. 培育文化产业新业态

鼓楼区依托唯美客文创聚落，运用"快闪"店模式，创建了以台湾文化创意产业集群为主导的、多业融合加体验的新兴复合文化业态。鼓楼区还顺应海峡两岸不断扩大文化交流的大趋势，积极搭建两岸青年文化交流平台，并通过文化创意产品的创新互动，精心打造闽台青年创业基地。

3. 大力发展动漫游戏产业

鼓楼区以国家影视动漫实验园建设为契机，建成了福州软件产业园动漫二期，培育了世纪长龙等动漫龙头企业。

4. 推动文化产业的融合发展

鼓楼区充分发挥历史名城的人文魅力，致力于打造白马河文化创意产业带，以芍园壹号文化创意园为节点，整合提升沿线文化创意园，进一步提升业态的内涵、品质。围绕工业设计、闽台文化等文化产业细分领域，培育壮大怡山文化创意园二期、东大 53 闽台艺文优空间等一批特

---

① 资料来源：鼓楼区统计局提供。

色鲜明的集聚功能区，推动文化产业与科技服务业、信息服务业等相关产业的深度融合，大大增强了区域文化的软实力。

（七）打造科技创新中心

鼓楼区科技人才云集，早在1999年就兴建了规划面积达3.3平方公里的福州软件产业园，引领科技服务业创新发展，为建设区域性科技创新中心奠定了坚实基础。近年来，鼓楼区顺应新一轮科技革命发展大趋势，主动服务科技创新企业和"双创"人才，一方面对原有科技产业园进行升级改造和扩建，另一方面，盘活土地资源，运用新的融资模式和招才引智办法，建设新的科技产业园，形成了打造科技创新中心的新平台，大大提升了科技创新中心建设和科技服务业发展的质量水平。

1. 培育和完善科技创新平台

鼓楼区采用园区联动、差异化发展的模式，对福州软件产业园、高新区洪山产业园等园区进行资源整合，加快"腾笼换鸟"，突出特色和质量提升，借助周边高校、科研院所集聚的优势，调整和完善规划建设方案，推动"双创"新城建设，着力打造集创新人才、高成长企业、创投资本等为一体的"海西硅谷"，有效铸就"高精尖智"产业集聚发展的新高地。同时，鼓楼区采取有效措施，针对福州软件产业园的升级改造和扩建，加快软件与信息技术开发云平台建设及其应用平台等项目建设，助力福州软件产业园提速增效。2017年福州软件产业园技工贸总收入648亿元，年增长25%；洪山产业园技工贸总收入300亿元，年增长15%。①

2. 大力发展新型研发机构

鼓楼区制定有效激励政策，一方面积极引进新型研发机构和高端科技人才；另一方面，鼓励企业独自设立工程技术中心、实验室等研发机构，推动企业向创新、高新方向发展，取得明显成效。2017年鼓楼区拥有省级企业重点实验室4家、省级企业工程技术研究中心21家。②

3. 加快数字楼宇建设

鼓楼区围绕"数字福建鼓楼示范区"的建设新要求，成立数字经济企业专项服务队伍，强化人才支撑，注重招才引智，做好紧缺人才的教

---

① 资料来源：鼓楼区发改局提供。

② 资料来源：同上。

育培训和选拔工作，加快实施《数字鼓楼三年行动计划（2018—2020年)》，一方面重点鼓励发展物联网、大数据应用、云计算、人工智能、智能制造、集成电路设计等行业，加快打造数字产业集群；另一方面，重点打造一批具有当地资源优势的数字经济公用服务平台，支持建设一批物联网、云计算等示范工程项目建设，推进数字技术与各产业深度融合，努力实现数据经济的产业化、智能化、互动化、可视化、特色化和高收益。

4. 积极培育"双创"支撑平台

鼓楼区针对创客、极客和痛客创新发展的新需求，积极搭建"双创"服务平台，成立了首家省级众创空间协会，优化创新孵化服务功能，为"双创"者提供创业培训、创业导师、人力资源、融资渠道、市场开拓等系列对接服务。目前，鼓楼区所拥有的各级众创空间、孵化器数量位居福州市第一，荣获了"福州市创业创新示范中心"的称号。针对"双创"者遇到的知识产权保护的纠纷问题，鼓楼区从依法强化知识产权保护的维度出发，在福州市基层法院设立了首个知识产权庭。该庭被评为全省知识产权纠纷受理试点单位，其判决的"瑞士军刀商标纠纷案"，不仅填补了我国知识产权司法保护的空白，而且对引导商标所有人规范商标使用、维护市场秩序起到了良好示范作用。

二　提升治理能力和水平

高端服务业的发展不仅是企业市场主体行为的结果，而且是政府治理能力和水平的集中展现。企业投资是流动性要素，哪里营商环境好就流向哪里。这就需要政府提升治理能力和水平，发挥好市场引导作用，深化改革，改善营商环境，竭诚为企业服务。为做好工作，鼓楼区政府在"服务业综改"的"金招牌"下，强化领导和组织体系建设，大胆闯、勇敢试，通过创新体制机制、完善激励政策、规范服务标准、搭建政企交流平台等多种方式，不断优化营商环境，提升治理能力和水平，最终赢得了企业信赖，有力推进了高端服务的高质量发展。下面具体阐述有关做法。

（一）多方扶持，省市区联动推进

鼓楼区为提升治理能力和水平，区领导高度重视，建立了省、市、区三级联动的发展高端服务业的协调推进机制。省、市级领导也高度关注和支持鼓楼区服务业综合改革试点工作，多次赴鼓楼区调研，加强一线指导和工作协调，帮助鼓楼区实现综合改革的"破题"。省委政研室专题开展了综合改革创新研究，形成了《深化鼓楼区综合改革试点 加快推动服务业优质高效发展》等调研成果，得到省领导的重要批示。

在省、市领导大力支持下，鼓楼区综合改革试点工作要点写入了《福建省"十三五"现代服务业发展专项规划》等一系列重要文件，省、市政府还相继出台实施意见，全力支持鼓楼区综合改革试点工作，强调要把鼓楼区综合改革的成功经验在全省率先复制推广。省、市发改委还以项目扶持的方式，认真指导鼓楼区申报国家服务业引导资金，并安排省级预算内资金予以配套，大力促进鼓楼区高端服务业重点项目建设。2013—2017 年，鼓楼区服务楼宇经济标准化项目建设、动漫新城创意产业公共服务及孵化平台项目建设等，获得省发改委安排的省级预算内扶持资金 5635 万元。

（二）加强组织建设，健全考核机制

鼓楼区党政一把手亲自挂帅，成立了鼓楼区服务业综合改革试点领导小组，健全组织实施体系，创新推动楼宇办、商圈办等临时机构的整合，加强职能部门统一管理及其协调能力，调动各方面的力量，提升工作效率，形成了全区各机关事业单位齐抓共管高端服务业发展的协同凝聚力。在此基础上，鼓楼区总结经验，健全考核机制，围绕新一轮综合改革试点任务的落实，制定时间表和路线图，印发实施了《鼓楼区推进国家服务业综改示范典型行动计划（2017—2018 年)》《2018 年鼓楼区服务业综改示范典型工作计划》及责任清单，并按照"属地管理、行业牵头"的原则，进一步明确牵头单位、分管区领导及完成时限，以确保目标任务的高效落实。

（三）规划先行

鼓楼区本着规划先行的原则，加强顶层设计，主动融入福州市"五区叠加"发展大局，进一步抢抓发展先机，颁布实施《"十三五"服务业发展专项规划》，明晰了服务业生态圈的概念，形成重点项目策划书、鼓

励类产业指导目录、服务业 GIS 分析、投资指南等 "1 + N" 系列规划成果，理清了高端服务业集聚发展和融合发展的新思路，并采用地理信息系统，强化对区域单元、重点行业的综合分析，科学布局高端服务业和其他服务业，以发挥规划引领作用，确保 "一张蓝图" 干到底。

（四）借智借脑，完善激励政策

鼓楼区为推进高端服务业发展，借助外脑，成立了新型智库，与有关专家，保持密切的长期咨询合作关系，在涉及高端服务业发展的重大决策、重点领域、前沿研究等方面，广泛听取有关专家的建议，并鼓励有关专家随时为鼓楼区高端服务业发展 "把脉" 和出谋划策，以求科学研判、先谋后动，消除不确定因素风险。

鼓楼区为推进高端服务业发展，着力完善政策扶持体系。一是坚持在政策投入上 "下功夫"，加大财税支持力度。2013—2017 年，鼓楼区将年度服务业引导资金由 3000 万元提升至 1 亿元；二是坚持以问题为导向，针对企业诉求，精准施策，出台了《鼓楼区关于进一步促进服务业发展的实施办法》等系列优惠政策；三是围绕科技服务业、金融业、中介服务业等高端服务业的细分领域，出台了区级优惠政策，以最大限度充分释放政策红利。

（五）搭建政企互动平台

鼓楼区为全力提升服务水平，主动靠前服务，建立区领导跟踪服务企业机制，在福州市率先成立鼓楼区服务企业中心，为企业提供全方位全流程的 "一站式" 服务。聚焦行业热点问题，搭建了 "五凤论见" "吾鼓丰登" 等品牌论坛，构筑了政府、企业、院校、科研机构多方良性互动的交流平台。

（六）提升政务服务水平，加强事中事后监管和诚信体系建设

鼓楼区不断推进 "放管服" 改革，放宽服务业市场准入，深化简政放权，完善公共服务体系建设，建成了鼓楼区行政服务中心，即办事项达 105 项，占入驻事项总数的 25.5%，一般性审批事项实现 100% 即办，办理时限平均压缩至法定时限的 18.2%，以小时、分钟限时服务，制作标准化办事指南，涵盖 "审批主体、要件、程序、时限" 等 43 个要素，并在福建省网上办事大厅公布。率先启动 "五证合一" "两证整合" 商事制度改革，开启政银邮三方合作优化区域营商环境新模式，在福州市独创性开展许可审批业务流程再造，涉企行政许可审批事项100%实现"一条龙、一站式"办结。采用"互联网＋政务服务"模式，依托"数字鼓楼"APP平台，在福州市率先实现"掌上"全流程办事，启动了全国首个"数字公民"试点建设，提供个性化精准服务，大大提高了政府公共服务的效率和便捷性。①

2018年鼓楼区还以制度创新、流程再造为抓手，坚持问题导向，进一步提出便利营商环境的新措施。重点是落实好新出台的《优化营商环境工作要点》，明确了责任清单及任务分工，努力完成提升企业开办速度、投资审批改革、拓宽企业信贷渠道、健全办税服务体系、降低企业运行成本、突显政策引领作用等方面的主要任务，以为高端服务业发展营造更加规范、透明、便利的营商环境，打造福州市营商环境的"样板间"。

鼓楼区在放宽市场准入的同时，一方面强化事中事后监管，规范市场执法行为，制定出台了《鼓楼区关于推广随机抽查机制规范事中事后监管的实施方案》，依法编制监管及抽查事项清单，建立健全市场主体和执法检查人员名录库，实行"双随机"抽查机制，科学确定抽查比例和频次，及时公布抽查情况及查处结果，公开监督电话，着力推动公平竞争；另一方面，强化诚信体系建设，成立了社会信用体系建设领导小组，颁布实施了《鼓楼区落实创市验收，建设信用福州，提升城市软实力任务清单》，突出信用数据归集及联合奖惩工作，举办福州市公共信用信息平台及联合奖惩服务系统培训会，在税收、失信被执行人、安全生产等14大领域，明晰了联合奖惩实施方案，并征集上报12项联合奖惩案例。同时，针对失信风险，认真开展失信事件监管整治工作，通过加大联合执法力度、"双随机"抽查力度以及落实"红黑"名单制度等方式，有效防治诚信风险，提升诚信环境和美誉度。

（七）保障建设用地需求

鼓楼区挖掘土地资源潜力，优先安排高端服务业重点项目建设用地指标，充分保障其新增项目的用地需求。2013年以来，鼓楼区新增建设

---

① 资料来源：鼓楼区发改局和工商局提供。

用地11.9公顷，保障了福山郊野生态公园等一批重点项目建设用地需求。鼓楼区积极盘活存量用地，加快土地利用产业结构调整，盘活五凤工业园区等低效园区用地10.2公顷，投资兴建华润城市综合体等项目建设。鼓楼区积极推广应用PPP模式（Public Private Partnership 简称，即公共私营合作制），推进了观风亭及南营地下立体停车库等PPP项目建设，有效提高了土地利用率，缓解了中心城区土地资源供给不足的矛盾。

（八）发挥龙头企业和高端集聚区的示范作用

鼓楼区本着引育结合的原则，聚焦高端服务业的创新发展、集聚发展和融合发展，积极引进一批优质企业，大力培育龙头企业，评选新一轮50家服务业综合改革示范典型企业，树立行业示范典型，总结经验，积极推广，充分发挥其示范引领作用。鼓楼区在推进产业园建设中，强化高端要素集聚，全力打造了一批主导产业特色鲜明、辐射带动作用强的高端服务业集聚区，包括以信息软件、数字经济为代表的福州软件产业园，以高新技术、"互联网＋"为代表的高新区洪山产业园，以闽都文化旅游为代表的三坊七巷，以研发创意为代表的福大怡山文化产业园等。通过打造高端服务业集聚区，不仅引育了龙头企业，而且形成了省级集聚示范区，对其他产业集聚区的发展起到了示范引领和辐射推广的作用。目前，鼓楼区共有福州软件产业园、高新区洪山产业园等4个省级高端服务业集聚示范区，数量位居福州市首位。

（九）大力实施品牌战略

品牌是高质量的集中展现，也是高端服务业优质高效发展的核心资产。为此，鼓楼区高度重视质量强区工作，不断强化品牌建设，鼓励有条件的企业通过创建品牌、制定标准，拓展高端服务品牌的辐射力和影响力。截至2017年底，鼓楼区共有驰名商标3件，著名商标142件，知名商标187件；共获得福州市政府质量奖1家，福建省名牌产品73项，福州市产品质量奖48项。①

（十）优化人才支撑体系

高端服务业发展最终是靠人才支撑，人才脑力复杂劳动无法被标准

---

① 资料来源：鼓楼区发改局提供。

化智能服务所取代，这是高端服务业之所以成为朝阳产业的关键所在。为此，鼓楼区非常重视"人才强区"战略的深入实施，积极引进和招聘各类人才，不断壮大人才队伍。2017 年鼓楼区开展高校毕业生等专场招聘会 18 场，累计输送各类岗位 6869 个；2018 年上半年又新增就业 2.5万人。为加快高端人才和急需高层次人才的引进，鼓楼区加强了人才公寓住房保障，为其解决住房难、住房贵的实际问题。2016—2017 年，鼓楼区 1 人入选国家第十二批"千人计划"创业人才项目，4 人进入国家第十三批"千人计划"最终面试答辩，1 人入选第三批国家"创新人才推进计划"。① 这些高端人才，为鼓楼区高端服务业的创新发展和服务业的转型升级发挥了重要作用。

参考文献

1. 张靓：《特大城市中央商务区特色研究》，《时代经贸》2018 年第 1 期。
2. 杨成武：《聚焦楼宇经济产业 培育经济发展新动能》，《北方经贸》2018 年第 11 期。
3. 王冠凤：《中国高端服务业结构优化与创新要素研究》，《企业经济》2018 年第 6 期。
4. 朱帆等：《中国高端服务业集聚效应和产业控制力关系分析》，《无锡商业职业学院学报》2017 年第 5 期。
5. 邵景均：《把"放管服"改革做实做深做细》，《中国行政管理》2018 年第 8 期。
6. 王微等：《深化"放管服"改革，让市场充满生机活力》，《中国经济时报》2018 年 7 月 24 日。

---

① 资料来源：鼓楼区发改局提供。

北京制造业与生产性服务业融合发展实践与反思*

李　中**

生产性服务业是指为保持工业生产的连续性、促进工业技术进步、产业升级和提高生产效率提供保障服务的服务行业，它从制造业内部生产服务部门独立发展出来，贯穿于企业生产的上游、中游和下游诸环节，以人力资本和知识资本作为主要投入品，是二、三产业加速融合的关键环节。从全球经济发展经验看，发展生产性服务业，可以深化专业分工，降低制造业的交易与营运成本，增强制造企业的盈利能力，促进企业从生产环节向高附加值的两端延伸。北京服务经济起步较早，自1994年服务业占GDP比重首次超过工业后，率先进入了服务经济时代，近年来占GDP比重一直保持在70%以上，2016年突破了80%，其中生产性服务业占GDP的比重高达55%，远远高于全国平均水平。2016年北京市对制造业发展提出了制造业服务化、高端化、集聚化、融合化、低碳化等新要求，要在疏解非首都功能基础上，以生产性服务业发展为支撑，构建高精尖产业结构。问题来了，在多年实践过程中，北京生产性服务业发展质量如何？与制造业的互动关系是否紧密？是否促进了制造业提质增效？本文将重点探讨这些问题。

---

* 本文系北京市社会科学基金研究基地重点项目“北京制造业与科技服务业融合发展路径研究”（16JDYJA020）的阶段性研究成果。

** 李中，北京行政学院经济学教研部讲师，博士，主要从事产业经济学、政治经济学等前沿交叉学科研究。

一　研究方法与数据

投入产出法是美国经济学家里昂惕夫（Wassily W Leontief）于 1936年首次提出的，主要运用投入产出表对经济问题进行定量分析的一种方法，它通过把一系列内部部门在一定时期内投入（购买）来源与产出（销售）去向排成一张纵横交叉的表格，根据此表建立数学模型，计算各种经济指标，对经济活动进行分析和预测。表的横向反映了各部门产品按经济用途的消耗情况，为中间产品和最终产品两部分，其中中间产品指本时期内在生产领域尚需作进一步加工的产品，最终产品指本时期内在生产领域已经最终加工完毕可供社会消费和使用的产品；纵向反映了各部门产品的价值构成，由生产资料转移价值（劳动对象的转移价值、固定资产折旧）和新创造价值两部分组成。在数据分析时，常用指标有中间需求率、中间投入率、影响力系数、感应度系数、直接消耗系数等。

（一）中间需求率

某一产业的中间需求率，是指各产业对某产业产品的中间需求之和，与整个国民经济对该部门产品的总需求之比，中间需求率越高，表明该产业部门就越带有原材料产业的性质。由于中间需求率 + 最终需求率 = 1，依据中间需求率，就可准确得出各产业部门产品用于生产资料和消费资料的比例，了解它们各自在国民经济中的地位与作用。

（二）中间投入率

某一产业的中间投入率是指该产业部门在一定时期内（通常为一年），生产过程中的中间投入与总投入之比，该指标反映了各产业在自己的生产过程中，为生产单位产值的产品需从其他各产业购进的原料在其中所占的比重。

（三）影响力系数

影响力系数是指国民经济某一个产品部门增加一个单位最终产品时，对国民经济各部门所产生的生产需求波及程度。影响力系数越大，该部门对其他部门的拉动作用也越大，如果大于1，表示该部门生产对其他部门生产的波及影响程度超过社会平均影响力水平。

（四）感应度系数

感应度系数是指国民经济各部门每增加一个单位最终使用时，某一部门由此而受到的需求感应程度，也就是需要该部门为其他部门生产而提供的产出量。系数大说明该部门对经济发展的需求感应程度强，反之，则表示对经济发展需求感应程度弱。

（五）直接消耗系数

直接消耗系数，是指某一产品部门在生产经营过程中单位总产出直接消耗的各产品部门的产品或服务的数量，其计算方法是用第 j 产品部门的总投入 Xj 去除该产品部门生产经营中所直接消耗的第 i 产品部门的货物或服务的价值量 Xij，即 Aij = Xij/Xj。数值越大，表明第 j 部门对第 i 部门的直接依赖性越强，反之越弱。

本文将依据这些指标对北京生产性服务业与制造业融合发展状况进行系统研究，数据来自 2002—2012 年《北京市投入产出表》，并辅以《北京市统计年鉴 2016》数据补充完善。

二　生产性服务业概念界定

生产性服务，指为满足商品和服务生产提供中间投入的服务总称，经济合作与发展组织（OECD）对生产性服务业有明确界定，主要包括商业和专业服务、金融服务、保险服务以及房地产服务。在我国，由于发展阶段和产业特性，某一行业是否属于生产性服务业，一般通过计算其中间需求率，了解该产业在多大程度上被其它产业发展所需求，进而确定该行业是否为生产性服务业。一般来说，中间需求率如果大于 50%，则被认定为生产性服务业，因为这些服务业总产出的一半以上被用于其它行业的中间投入，更具生产资料性质，被界定为生产性服务业显然更恰当。表 3 - 6 是根据 2002—2012 年我国 42 部门的投入产出表（延长表）计算得出的各服务业的中间需求率。可以看出，在大多数时间里，批发零售、住宿餐饮、交通运输和邮政、信息传输软件和服务、金融保险、租赁和商务服务、科学研究和技术服务等 7 个行业中间需求率超过了 50%，无疑应界定为生产性服务业。然而，从国外生产性服务业发展实践看，与传统批发零售、住宿餐饮等服务业相比，交通运输和邮政、信息传输和软件、金融保险、租赁和商务、科学研究和技术等生产性服务业对经济社会发展更为重要，服务的生产性质更强，因此，本文研究重点以后者为主。

表3-6　　　　　　中国不同服务行业的中间需求率　　　　单位:%

	2002	2005	2007	2010	2012
批发和零售	61.8	49.5	51.7	54.8	58.7
住宿和餐饮	48.3	57.7	56.7	64.5	49.8
交通运输、仓储和邮政	74.3	67.1	75	83.9	75
信息传输、软件和信息服务	75.9	66.7	54.2	49.1	42.9
金融保险	80.8	68.9	76.4	79.6	81.6
房地产	28.3	19.4	25.1	21.3	28.1
租赁和商务服务	77.3	84.3	64.7	69.2	82.9
科学研究和技术服务	38	43.7	71.8	68.4	67.5
水利、环境和公共设施管理	32.1	44.5	31.9	27.4	24.4
居民服务、修理和其它服务		41.7	50.3	47.2	49.9
教育	6.7	10	9.9	3.8	6.3

备注：2002年水利、环境和公共设施管理，居民服务、修理和其它服务在统计上还没有分开，故一起核算。

数据来源：国家统计局。

三　生产性服务业与制造业融合发展分析

（一）生产性服务业的直接消耗趋向

直接消耗系数是指某一产品部门在生产经营过程中单位总产出直接消耗的各产品部门的产品或服务的数量，它揭示了国民经济各部门之间相互依存和制约的关系，其计算方法为用第 j 产品（或产业）部门的总投入 X_j 去除该产品部门（产业）生产经营中所直接消耗的第 i 产品部门的货物或服务的价值量 X_{ij}，用公式表示为：$A_{ij} = X_{ij}/X_j$，取值范围在0—1之间。数值越大，表明 j 部门对 i 部门的直接依赖性越强，反之越弱，如果为零，则说明不存在依赖关系。

投入产出表揭示的是国民经济各细分部门之间的投入产出关系，要想查看制造业与生产性服务业之间的经济联系，需要对投入产出表的制造业、生产服务业数据加工处理，即将食品制造及烟草加工、纺织、木材加工及家具制造、交通运输设备制造、仪器仪表及文化办公用机械制造等制造业合并，将批发零售、交通运输仓储和邮政、信息传输、软件和信息技术服务、租赁和商务服务、科学研究和技术服务等生产性服务业合并，然后依据公式计算出 2002 年、2007 年、2012 年北京制造业对生产性服务业的直接消耗系数分别为 15.9%、12.8% 和 13.5%，如图 3 - 5 所示：

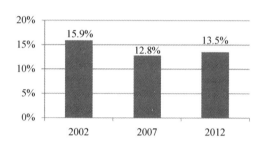

图 3 - 5　2002 年、2007 年、2012 年北京制造业对生产性服务业的直接消耗系数

可见在北京制造业中间投入中，生产性服务业的中间投入比重并未稳定增加，相反却在一定程度上带有波动下降性质，直接消耗系数最低的发生在 2007 年，仅为 12.8%。2002—2012 年北京制造业总投入在不断加大，从 0.82 万亿逐渐增加到 1.36 万亿，然而制造业扩张不是以增加生产性服务业消耗为基础的，更多依赖国民经济其它物质生产部门的投入。

（二）生产性服务业的直接消耗结构

从具体的生产性服务业消耗看，北京制造业对批发和零售的中间需求较大，直接消耗系数较其它生产性服务业平均高出 3—4 倍。相比之下，对租赁和商务服务、信息传输、技术和软件服务、科学技术服务的需求较小，直接消耗系数较低，尤其是信息传输、技术和软件服务业仅 0.2%，对科技服务业的直接消耗也仅 0.8%。可见，北京制造业发展仍具有粗放型特征，对国民经济物质生产部门依赖较多，对传统生产性服务业依赖较多，而对信息技术、科学技术服务等先进服务业需求很少。近年来，在北京第三产业中，金融保险行业增加值排名基本位居前列，然而，制造业对金融保险服务业的直接消耗系数也不足 1%，表明金融业在服务实体经济，尤其是制造业方面，还需要做很多工作（见图 3 - 6）。

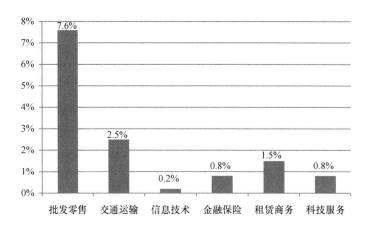

图 3 - 6　2012 年北京制造业对各生产性服务业的直接消耗系数

表 3 - 7 揭示了 2007—2012 年北京制造业的生产性服务业中间需求结构，北京制造业对生产性服务业需求"重传统、轻现代"的特征一目了然。批发和零售业在 2007 和 2012 年分别占生产性服务业消耗的 50% 以上，交通运输、仓储和邮政的需求也稳定在 20% 左右。相比之下，科技服务业，信息传输、计算机和软件等先进服务业占比合计不足 10%。以科技服务业发展推动制造业发展，实现"两化"融合发展提出多年，然而从实践看，还有很长的路要走。

表 3 - 7　　2007—2012 年北京制造业的生产性服务业中间需求结构　　　单位：%

生产性服务业	2007 年	生产性服务业	2012 年
批发和零售业	50.4	批发和零售业	52.5
交通运输、仓储、邮政	22	交通运输、仓储和邮政	17.4
租赁和商务服务业	9.3	租赁和商务服务	10.2
科技服务业	7.1	科学研究和技术服务	5.5
金融服务业	4.7	金融服务业	5.7
住宿和餐饮业	3	住宿和餐饮	4.1
信息传输、计算机和软件业	1.3	信息传输、技术和软件服务	1.7

（三）典型制造业的生产性服务业消耗

重点考察两类行业，一类是新兴主导行业，也就是近年来在北京发展最快、财税贡献突出、最具北京"名片"性质的行业；另一类是传统制造业，尽管其不属于北京制造业发展明星，但作为传统产业，积极借助生产性服务业，大幅提升自身发展水平，也是应有之义。依据工业增加值这一指标，借助《2005—2015 年北京统计年鉴》数据，可以看出，自 2010 年汽车制造业跃升为北京工业产业主导产业以来，在国民经济发展中一直居于领先地位，2015 年工业增加值占比超过了北京工业增加值两成，高达 21.8%，典型代表如北京现代、奔驰；相比之下，石油加工、炼焦和核燃料加工业作为传统行业，工业总产值多年来在北京排名一直在 6% 左右，工业增加值多年来徘徊在 4%，产值相对较大，但工业增加值较低，显然具有典型的传统制造业特征。因此，我们重点考察 2012 年这两个行业对生产性服务业的中间需求状况，直接消耗系数如图 3－7 所示。

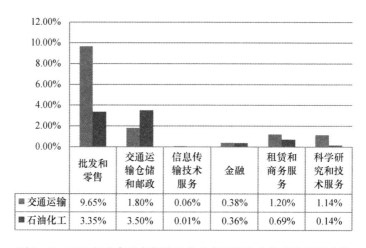

	批发和零售	交通运输仓储和邮政	信息传输技术服务	金融	租赁和商务服务	科学研究和技术服务
交通运输	9.65%	1.80%	0.06%	0.38%	1.20%	1.14%
石油化工	3.35%	3.50%	0.01%	0.36%	0.69%	0.14%

图 3－7　2012 年北京重点制造业各生产性服务业的直接消耗系数

从图 3－7 中可以看出，交通运输制造业对生产性服务业的消耗仍然以批发零售为主，直接消耗系数为 9.65%，高于制造业的生产性服务业直接消耗平均水平。相比之下，对交通运输、仓储和邮政的依赖程度要低于平均水平，而对包括企业管理、咨询、法律、广告、知识产权等在内的商务服务需求水平要高于制造业平均需求水平，表明交通运输制造业生产性服务业投入方面，不再完全以传统生产性服务业为主，与先进生产性服务业的融合程度要高于传统制造业。石油加工、炼焦和核燃料加工业，作为典型传统制造业，其生产性服务业直接消耗系数都比较低，最高的批发零售、交通运输和仓储也要低于制造业平均水平，而对先进生产性服务业的需求，如租赁和商务服务、科学研究和技术服务的需求则更低，尤其是对信息传输技术服务、科技服务的直接消耗系数最高仅0.14%，两者并行发展，缺少融合，"两张皮"现象尤为显著。

（四）生产性服务业与制造业互动关系验证

在国民经济体系中，某一产业部门的变化会沿着不同的产业关联方式，引起与其直接相关的产业部门的变化，这些相关产业部门的变化又会导致与其直接相关的其他产业部门的变化，这种传导效应统称为产业波及效应。在投入产出分析中，一般用影响力系数反映一个产业影响其他产业的波及程度，用感应度系数反映一个产业受其他产业的波及程度。如果某产业部门的影响力系数或感应度系数大于1，则表示该产业部门对国民经济的拉动效应或推动效应大于各产业部门的平均水平。

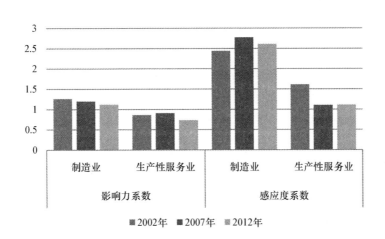

图3-8 北京制造业与生产性服务业的产业关联系数

一般说来，影响力系数较大的产业部门对社会生产具有较大的辐射能力，而感应度系数较大的产业部门对经济发展起着较大的制约作用，尤其是经济增长过快时，这些产业部门将先受到社会需求的巨大压力，造成供不应求的局面。当一个产业部门的影响力系数和感应度系数都较大时，则该产业部门在经济发展中具有举足轻重的地位。北京制造业与生产性服务业的产业关联系数如图 3-8 所示。

1. 影响力系数分析

影响力系数，是指国民经济某一个产品部门增加一个单位最终产品时，对国民经济各部门所产生的生产需求波及程度，也被称为后向关联系数。系数越大，表明该部门对其他部门的带动作用也越大，如果大于1，表示该部门生产对其他部门生产的波及影响程度超过社会平均水平，反之则小于社会平均水平。2002 年、2007 年、2012 年北京制造业的影响力系数分别为 1.261、1.199、1.125，均大于 1，表明制造业发展会产生较大的辐射作用，对其它部门的影响要超过社会影响力，能带动国民经济更多部门的发展，每增加千元的最终使用分别会拉动国民经济各部门产生 1261 元、1199 元、1125 元的产出。相比之下，生产性服务业的影响力系数均小于 1，说明其后向关联效应较弱，也就是对其他部门的影响辐射力较小，这也说明了靠大力发展生产性服务业来带动制造业发展，拉动效应应该是不显著的。

2. 感应度系数分析

感应度系数是指国民经济各部门每增加一个单位最终使用时，某一部门由此而受到的需求感应程度，也就是需要该部门为其他部门生产而提供的产出量，也称前向关联系数。感应系数越大，说明该部门对国民经济的推动作用越大，感应系数越大的部门就越具有基础产业和瓶颈产业的属性。一般来说，系数大于（小于）1，表明该部门的感应程度高于（低于）社会平均感应度水平，经济发展的需求感应程度强，反之，则表示对经济发展需求感应程度弱。2002 年、2007 年、2012 年北京制造业的感应度系数分别为 2.442、2.774、2.614，均在社会平均值的两倍以上，表明在经济快速增长时，制造业受社会需求的压力会较大，往往成为制约国民经济增长的瓶颈部门，对国民经济有较强制约作用。国民经济各部门均增加千元最终使用，制造业需要分别提供 2442 元、2774 元、2614 元的产出量。相比之下，尽管生产性服务业的感应度系数要小，但也均在 1 以上，均大于社会平均感应度水平，表明北京近 10 年来随着经济规模的扩大,生产性服务业对经济的发展制约大于社会平均水平。不过这种制约随着北京生产性服务业快速发展有所好转,从感应系数逐渐走低可以看出。

3. 细分行业的产业关联情况

从影响力系数看,交通运输和仓储、科学研究和技术服务以及信息传输和技术服务等细分行业对制造业的辐射带动效应比较明显,相比之下,金融保险业对制造业的带动作用不显著,而且辐射带动作用在逐年减弱;从感应度系数看,交通运输和仓储、信息传输和计算机软件服务在个别年份均超过了1,表明受制造业的需求拉动作用比较明显。而科学研究和技术服务业、租赁和商务服务等服务业,感应系数都比较小,说明受制造业需求拉动作用较小,不会对制造业发展产生瓶颈效应,尤其是科学研究和技术服务业,其感应系数在生产性服务业中最低,表明受其它行业需求拉动很小,即其它国民经济部门发展几乎可以不受其制约,显然科技服务业还远没有发挥其促进国民经济发展提质增效,尤其是促进制造业发展水平提升的作用。

表3-8　　　生产性服务业各行业的影响力系数与感应度系数

年份	影响力系数			感应度系数		
	2002	2007	2012	2002	2007	2012
交通运输仓储	1.046	0.985	1.069	0.92	1.002	0.837
邮政业	0.94	0.771		0.431	0.342	
信息传输、计算机和软件	0.94	1.007	0.777	0.712	1.489	0.409
金融保险业	0.847	0.629	0.574	1.102	0.573	0.685
租赁和商务服务	0.83	0.985	0.693	0.966	0.715	0.627
科学研究事业	0.956	1.1	0.942	0.53	0.421	0.42
综合技术服务业	0.989	1.136		0.685	0.532	

注:2012年北京市投入产出表中将交通运输及仓储业、邮政业合并为交通运输、仓储和邮政一大类;将科学研究事业、综合技术服务业合并为科学研究和技术服务一大类。

无论从生产性服务业整体还是从具体行业看,其关联系数较少越过分界点1,表明北京生产性服务业与国民经济其它部门的前后向关联效应相对较弱，尤其是影响力系数，从 2002 年到 2012 年均在 1 以下，且没有发生较大变化。生产性服务业发展的这种"独立性"，意味着生产性服务业与制造业的融合程度还不够，对制造业的推动或拉动作用均不显著，未能对其发展起到有效支撑。

北京制造业对生产性服务业的利用程度明显偏低，一方面与生产性服务业本身发展水平不足有关，但可能更重要的还在于制造业本身处于中低端水平，对生产性服务业特别是一些先进生产性服务业需求不高有关，毕竟科技服务业中间投入比重竟不足 1%。其实，从全国来看，北京生产性服务业发展所揭示的问题，更多是全国一个缩影，在以下三个方面十分明显。一是生产性服务业发展更多依赖批发零售、住宿餐饮等相对低端业态，中间需求率一直处于较高水平，2012 年仍分别为 58.7% 和 49.8%，不仅远逊于同期的美国、日本、新加坡 20%—30% 的平均发展水平，即使印度的批发零售、住宿餐饮的中间需求率也仅 52.4% 和 41.3%，均低于我们。二是生产性服务业中商务与科技服务业发育迟缓，所占比重一直处于较低水平。2012 年，美国生产性服务业占其 GDP 的比重接近 30%，其中专业和商业服务业比重高达 17%。相比之下，2012 年我国生产性服务业占 GDP 的比重仅 15% 左右，金融服务业是重要组成部分，占生产性服务业比重高达 16.5%，而租赁和商务服务、科研技术等服务业合计占生产性服务业比重不足 9%。三是与制造业融合发展存在较大提升空间。数据显示，二战后美国制造业发展更多得益于生产性服务业的支持，其中间投入中生产性服务业占比从当初的 16% 逐渐上升到 2012 年的 29%，表明两者的关联性和融合程度在稳步提升。相比之下，我国制造业中间投入中生产性服务业占比自 2002 年开始一度呈现下降趋势，尽管 2007 年之后有所上升，2012 年也只有 12.8%。

四　成因分析

（一）生产性服务业内部化，追求大而全

长期以来，北京工业企业发展追求"小而全、大而全"，研发设计、检验检测、现代物流等生产性服务业内部化严重。尽管近年来国家在积极推动工业企业主副分离，鼓励工业企业将非核心的服务环节外包，然

而受思想观念、认识水平、市场环境等因素制约进展缓慢。以物流业为例，据《第五次中国物流市场供需状况调查报告》显示，目前我国生产制造企业的49%拥有自己的汽车车队、46%拥有自己的仓库、48%拥有机械化的装卸设施、9%拥有高架库或立体库、13%拥有铁路专用线，第三方物流市场占比不足25%，远低于发达国家70%的水平。内部化制约了生产性服务的专业化、市场化发展。"大而全"经营模式降低了生产性服务业总需求，致使生产性服务业市场发育滞后，总量规模偏小，生产效率不高，对北京先进制造业发展、传统产业转型升级、迈向更高水平工业化形成了严重制约。

（二）世界工厂定位，无现代服务业需求

国际代工发展模式制约。从事代工生产和加工贸易，是中国经济融入全球产业链，通过"干中学"逐步提升自我发展能力的重要途径。然而，在国际代工模式下，跨国公司为了掌握产业链的控制权，将研发、设计、营销、管理咨询等高附加值产业环节紧紧抓在手里，而本土代工企业只专注于组装、加工和生产制造环节，制造业对服务业的中间需求非常有限。以科技咨询为例，企业规模普遍较小，人才素质相对较低，大多数属于中小企业，2016年北京共有规模以上企业290家，从业人员超过4.5万，人均创造实现收入、利润、税收仅63.9万元、28.4万元、5.1万元，与麦肯锡、埃森哲等国际咨询机构实力差两个数量级，本土企业根本就没有染指高端客户机会。从国际经验看，推进工业转型升级的关键在于生产性服务业的发展，如果没有研发等生产性服务业的大发展，难以破解我国大中型工业企业研发投入占主营业务收入比重偏低难题，实现从产业链低端向中高端跃升。

（三）过早去工业化，坠入产业高级化误区

受"服务经济""微笑曲线"等理论影响，北京较早开启了去工业化进程，再加上近年来受"功能疏解"影响，服务业增加值占GDP比重已接近国际大都市发展水平。然而，2008年国际金融危机后，纽约、伦敦、巴黎等国际大都市都在大力发展现代制造业，拟通过"再工业化"重塑大城市的核心竞争力，表明在大城市现代化经济体系中，制造业仍然不可或缺，是服务业发展的必要支撑。尤其是随着互联网和人工智能技术的飞速发展，制造业与服务业融合发展日益显著，盲目排斥制造业势必

会撼动北京服务业发展基石，正所谓"皮之不存，毛将焉附"。盲目疏解"低端"业态，简单引进所谓"高大上"的汽车制造业，如果在生产方式、技术能力、组织形态上并未出现革新，简单用总部经济、服务经济、金融经济等来替换低端双高污染产业，这种不是建立在追求技术进步、专业化生产分工基础上的"腾笼换鸟"，迟早也会面临二次转移的命运。

（四）服务供给制度不完善，供给质量亟待提升

我国生产性服务业发展滞后，除了受需求因素影响外，还受供给制度约束，在服务企业市场准入、市场监管、秩序协调等方面缺乏有力规范，制约了生产性服务业发展。在市场准入方面，存在投资审批、行政许可等进入管制，如银行、保险等行业，牌照资质审批限制了民间资本进入，外资银行在华经营也要受到持股比例、分行开设、业务种类等诸多限制，由于缺少竞争，国有金融企业在服务实体经济发展方面缺少创新。在法律法规方面，现行服务业法律法规体系不健全，特别是对新兴服务业发展缺乏规划和引导，尤其是现行服务业标准内容简单、水平较低、对企业约束性不够，不能适应服务业发展需要。市场秩序方面，一方面，行业诚信体系建设滞后，商业欺诈、轻诺寡信和霸王条款等乱象不利于服务业发展；另一方面，服务业监管部门各自为政，缺乏跨区域、跨部门合作和监管信息共享机制，市场监管"短板"也制约了服务质量提升。

五 对策建议

（一）加快推动制造业服务化发展进程

深化制造业与服务业的专业分工，既可以为生产性服务业的发展提供巨大的空间，也有助于提升制造业自身的竞争力。应竭力推动制造业服务化进程，促进两者融合与互动发展，为生产性服务业发展创造广阔市场需求。在产品层面上推动由单纯代工向深度加工、研发设计和自主品牌转变；在产业层面上推动由低附加值的劳动密集型加工模式向制造业的服务化和产业结构的"软"化转变，进一步在转型中催生中高端生产性服务需求。此外，还要加快推动大型国有企业非核心业务的剥离，深化服务领域市场化改革、垄断性行业改革和服务业社会化改革，鼓励国有大型工业企业整合和重组服务流程，推动上下游服务环节外包，建立公开、平等、规范的准入制度，鼓励非公有制经济进入生产性服务领域。

（二）深化改革，营造公平竞争的体制机制

国际经验表明，在服务业快速扩张过程中，政府管制政策的调整具有重大作用，直接决定了市场进入的机会，并决定了市场结构以及竞争程度，而且公平竞争的环境一旦形成，会从供给与需求两方面激活服务业发展的内在活力。因此，应积极推进服务业综合试点改革，着力打破制约服务业发展的体制机制障碍，构建生产性服务业生存和发展的市场环境，为加快服务业发展创造必要的制度条件，放宽市场准入，强化服务市场竞争。一方面，要建立产业发展负面清单制度，把"禁入"的服务业领域写到明处；另一方面，还要积极推动服务业垄断行业的改革，在国家统一部署下，加快推进金融保险、电信、教育、文化、医疗、部分交通运输业等改革，鼓励社会资本进入生产性服务业，给各类资本平等竞争机会。

（三）健全生产性服务业发展的制度环境

一是推进服务业立法进程，加快修改完善现行服务业相关立法，研究制定电子商务、互联网、大数据和分享经济等新业态、新模式的相关立法，特别是要完善知识产权保护法，着力促进服务企业自主创新发展。二是加快服务业信用体系建设，整合工商、商务、税务和住房等多部门信息资源，将个人户籍、社保和住房等信息纳入全国统一的信用信息共享平台，推动信用信息互联互通，实现信用信息共享。三是加强服务业市场监管和联合执法。推进商务综合行政执法体制改革试点，整合执法资源，建立各部门协作配合机制，推进综合执法和大数据监管，提升监管效能。同时，推进跨地区、跨部门信息互联共享，加强对线上线下商品质量的一体化监管，完善协同监管机制，提升市场监管力度。

（四）发展服务外包，构建产业发展集群

抓住新一轮国际服务业转移的机遇，推进生产性服务业开放，积极承接国际离岸服务外包，培育一大批具备国际化水平的服务供应商，满足跨国制造业企业的生产性服务需求。在承接国际服务外包过程中，要避免出现制造业"低增值"现象（即主要承接生产制造环节，获取微薄利润），积极引导本土外包企业通过加强专业人才培养和引进、提高技术服务水平、规范服务外包流程等方式，不断增强承接服务外包的能力，逐步拓展承接国际服务外包的高端领域。同时，还要学习和借鉴国际服务企业的先进技术和管理经验，逐步提升自身的自主创新能力，培育自主品牌，增强生产性服务业在国际市场中的竞争力，着力打造一批特色生产性服务业聚集区，积极推进各类专业服务业产业园区建设。

（五）加强财税金融政策的服务支撑力度

实施生产性服务业优先发展战略目标，制定促进生产性服务业发展的中期长期规划和产业指导目录，制定服务业标准体系，并从财税、价格、投资、信贷和资金扶持等方面予以支持和适度倾斜，充分发挥财政资金"四两拨千斤"的作用，侧重支持公共基础设施、市场诚信体系以及公共服务平台等服务业发展薄弱环节建设，鼓励制造业与服务业的高度专业分工，从分工合作中寻求制造业和服务业的"双赢"。在金融政策制定方面，要着力完善多层次、多元化金融服务体系，满足不同类型生产性服务业的融资需求，为符合国家产业政策的服务企业发展提供资金支持，破解融资瓶颈。在税收政策制定方面，应适时简并部分服务业增值税税率档次，着力降低企业税收负担，切实落实国家扶持现代物流业、文化产业、会展业、金融业和软件业等税收优惠政策。

参考文献

1. 梁婧：《生产性服务业及其与制造业融合发展的中美对比》，《宏观观察》2017年第16期。

2. 李义平：《马克思的经济发展理论：一个分析现实经济问题的理论框架》，《中国工业经济》2016年第11期。

3. 路红艳：《推进服务业供给侧改革的着力点》，《中国国情国力》2017年第3期。

4. 王丽：《我国产业结构的关联效应研究》，《价值工程》2012年第7期。

5. 梁达：《做强生产性服务业为经济安上新引擎》，《上海证券报》，2015年9月18日。

6. 夏杰长：《服务业将主导经济增长和产业升级》，《浙江经济》2014 年第 9 期。

7. 高传胜：《经济服务化的世界趋势与中国悖论》，《财贸经济》2008 年第 3 期。

8. 郭向阳：《生产性服务业发展方式研究：创新、难点与突破》，《深圳大学学报》2010 年第 11 期。

北京三大科学城建设的挑战和对策研究

衣光春*

2016 年 9 月 1 日，国务院发布《北京加强全国科技创新中心建设总体方案》（以下简称《方案》），明确了北京加强全国科技创新中心建设的总体思路、发展目标、重点任务和保障措施。《方案》提出了加强北京全国科技创新中心建设的重点任务，统筹推进中关村科学城、怀柔科学城、未来科技城建设，超前部署基础前沿研究，加强基础研究人才队伍培养，建设世界一流高等学校和科研院所。2017 年 9 月出台的《北京城市总体规划（2016 年—2035 年)》更明确提出"高水平建设三城一区，打造北京经济发展新高地"。

一 三大科学城的范围和功能定位

（一）三大科学城的范围

1. 中关村科学城

2017 年 1 月以前，中关村科学城占地约 75 平方公里，主要指中关村大街、知春路和学院路周边区域。2017 年 1 月，正式将中关村科学城的地理范围扩大至海淀全域，将北部生态科技新区和"三山五园"历史文化景区全部纳入其中。扩大后的科学城以中关村大街为主脉，按照区位条件、资源禀赋、发展基础和产业特色，划分为北部、南部、东部和西

---

* 衣光春，经济学博士，中共北京市委党校教师，北京高端服务业发展研究基地研究员。

部四个产业功能区，形成核心要素集聚、服务链条完整、功能协同融合的"一城四区"产业空间格局。

北部地区包括大上地地区和北部四镇平原地区，打造成为科技创新的主要地带和标志区域，成为全国科技创新中心核心区建设的战略腹地和重要支撑；南部地区包括清河五环以南建成区、四季青地区，重点发展以国际创新理念为核心的科技服务、科技金融、文化创意等处于价值链高端的现代服务业，打造成为高端创新要素聚集区、国际化创新企业总部集聚区；东部地区包括八达岭高速以东区域，西三旗、东升城乡结合部地区，重点发展智能制造，软件与信息服务的研发、技术服务等高端环节，打造北京市智能制造创新中心；西部地区包括"三山五园"历史文化景区，以及阳台山、凤凰岭、鹫峰形成的西部历史文化带，重点发展历史文化旅游产业，高标准布局建设一批高端文化旅游项目，建设若干以生态休闲产业为主导的特色村庄。

2. 怀柔科学城

2016 年 9 月，国务院印发《北京加强全国科技创新中心建设总体方案》，提出"统筹规划建设中关村科学城、怀柔科学城和未来科技城"。同年 11 月，北京市人民政府办公厅印发《怀柔科学城建设发展规划（2016—2020 年）》。2017 年，国家发改委、科技部正式批复了北京怀柔综合性国家科学中心建设方案，明确以怀柔科学城为核心承载区进行建设。定位于打造世界级原始创新战略高地的综合性国家科学中心，怀柔科学城空间规划范围进一步由 41.2 平方公里扩展至 100.9 平方公里，并将从怀柔区延伸到密云区。其中怀柔区 68.4 平方公里（建设用地面积 27.2 平方公里），密云区内 32.5 平方公里（建设用地面积 7.2 平方公里）。

怀柔科学城是以大科学装置集群和前沿科技交叉研究平台为核心，同时建设四区。"四区"中的科学教育区将位于怀柔科学城北部，主要依托中国科学院大学建设；科研转化区位于怀柔科学城南部，主要依托雁栖经济开发区建设；综合服务配套区位于怀柔科学城西部，主要依托雁栖小镇组团建设；生态保障区则位于科学城东南部。目前，在科学教育区，中国科学院大学已有 8000 名师生入驻。科研转化区，已有中科院 12 个研究所 22 个项目，其中 15 项投入运营。

3. 未来科学城

未来科技城，位于北京市昌平区境内，于2009年7月正式启动建设。规划总面积约为10平方公里，以温榆河和定泗路为界，分为北区和南区，两区之间核心绿地3.38平方公里。北距北六环2公里，东至首都国际机场15公里，南距北五环11公里，西至立汤路6公里。目前，《未来科学城发展规划（2018年—2035年）》正在研究制订中，计划以目前17平方公里为核心区，依托朱辛庄—七里渠、巩华城、沙河高教园、国家工程技术创新基地，分别打造科技商务、科技金融、智慧人才、技术研发四个"高精尖"发展组团，将未来科学城范围拓展至160平方公里。

（二）三大科学城的功能定位

根据《北京城市总体规划（2016年—2035年）》，北京在资源要素配置和城市可持续发展方面，提出"高水平建设三城一区，打造北京经济发展新高地"，并把三大科学城和亦庄经济技术开发区一起，作为北京市优化科技创新布局的新平台。聚焦中关村科学城，突破怀柔科学城，搞活未来科学城，加强原始创新和重大技术创新，发挥对全球新技术、新经济、新业态的引领作用；以创新型产业集群和"中国制造2025"创新引领示范区为平台，促进科技创新成果转化。建立健全科技创新成果转化引导和激励机制，辐射带动京津冀产业梯度转移和转型升级。

中关村科学城：通过集聚全球高端创新要素，提升基础研究和战略前沿高技术研发能力，形成一批具有全球影响力的原创成果、国际标准、技术创新中心和创新型领军企业集群，建设原始创新策源地、自主创新主阵地。

怀柔科学城：围绕北京怀柔综合性国家科学中心、以中国科学院大学等为依托的高端人才培养中心、科技成果转化应用中心三大功能板块，集中建设一批国家重大科技基础设施，打造一批先进交叉研发平台，凝聚世界一流领军人才和高水平研发团队，做出世界一流创新成果，引领新兴产业发展，提升我国在基础前沿领域的源头创新能力和科技综合竞争力，建成与国家战略需要相匹配的世界级原始创新承载区。

未来科学城：着重集聚一批高水平企业研发中心，集成中央企业在京科技资源，重点建设能源、材料等领域重大共性技术研发创新平台，打造大型企业技术创新集聚区，建成全球领先的技术创新高地、协同创新先行区、创新创业示范城。

二　三大科学城建设情况和面临的主要挑战

（一）建设情况

1. 中关村科学城

从 2010 年北京正式作出加快建设中关村科学城的重大战略决策开始，新一轮中关村科学城规划建设在探索中迎来了历史性变革。作为全国科技创新中心核心区和北京"三城一区"的领头羊，中关村科学城成为了北京原始创新策源地和自主创新主阵地，定位是率先建成具有全球影响力的科学城。中关村科学城历经多年的创新发展和实践积淀，站在了全国科技创新的制高点和发展模式深刻转型的新起点。

中关村科学城汇聚了一大批国内顶尖的高校、科研院所、科研人员和高科技企业，是科技资源最密集、科技条件最雄厚、科研成果最丰富、内生动力最强劲的区域，参与承担涉及"核高基"、大规模集成电路、新一代移动通信、"大型飞机"等国家重大科技专项的核心任务。2010 年至 2016 年规划建设初期，中关村科学城积极探索与央企、高校院所合作共建新兴产业技术研究院、特色产业园等模式，以新一代信息技术、生命科学、航空航天、新材料、新能源等战略性新兴产业为切入点，以重大科技成果转化和产业化项目为抓手，优化整合资源，创新体制机制，推动了一大批战略性新兴产业重大科技成果转化项目落地。党的十八大以来，中关村科学城逐步加快先行先试改革，强力推动业态调整、转型升级、街区功能优化和创新生态环境提升，打造了中关村创业大街、中关村智造大街等闻名全国的特色功能街区，获批全国首批"双创"示范基地，涌现出一大批新经济、新业态、新模式和原创科技成果，初步形成了具有全球影响力的全国科技创新中心新地标。

（1）构建新型城市形态。对标全球顶尖科创中心，立足"科学"＋"城"，坚持规划引领，突出产城融合、动态平衡，综合考量各类创新要素布局和城市配套服务功能，着力打造以区域创新生态体系和现代化经济体系为支撑，集教育科研、发明创造、创新创业、生产发展、居住生活、文化交流等多维价值于一体的中关村科学城。高标准、大尺度优化调整城市空间布局，初步形成了以中关村大街"主纵轴"、北清路"主横轴"和"文化带"（西山永定河文化带海淀段、大运河文化带海淀段）为骨架，以中关村科学城南区和北区为主体区域，两轴一带相辅相成、南北两区贯通联动的城市空间发展新格局。

（2）加强基础研究布局。从聚集顶尖人才、机构和项目等高端要素入手，加强前瞻性基础研究布局。承接国家实验室和科技创新2030重大项目，实现网络空间安全国家实验室落地。在量子通信、人工智能、脑科学和类脑研究、大数据、新材料等领域，支持顶尖科学家和顶尖机构设立以市场化机制为导向，贯穿基础研究、技术创新、应用开发和产业化全链条的新型研发平台，实现全球健康药物研发中心、中科大北京研究院、大数据研究院、石墨烯研究院等研发机构落户科学城。支持百度、数码大方、中科院计算所等获批筹建国家工程实验室。在基础研究领域探索协同投入新机制，设立北京市自然科学基金——海淀原始创新联合基金，提升前沿技术研发能力。北京协同创新研究院在硅谷、香港设立分院，联合斯坦福大学、密西根大学等高校，建成柔性电子、先进材料、先进制造、水处理技术、能源材料与系统5个国际协同创新实验室，联合攻关关键核心技术。

（3）优化创新生态体系。从制度创新、释放政策红利入手，瞄准制约中关村科学城发展的"堵点"和"痛点"问题，靶向施策，精准聚焦，出台"海淀创新发展16条"，构建支撑创新发展的政策体系。组建由高校院所、创新型企业、海外专家等组成的中关村科学城共建联席会，启动实施"创新合伙人"计划，构建新型合作伙伴关系，打造区域创新共同体，形成共建共治共享合力。对标国际一流，优化营商环境，设立"一站式"服务窗口，率先落地"码上办"综合服务平台，实现"互联网＋工商登记"全行业覆盖；率先开展企业登记注册全程电子化试点和投贷联动试点，推动公安部中关村外国人永久居留服务大厅落户。丰富拓展"双创"新模式，优化完善创业生态圈，创新工场成立人工智能研究院，航天科工云网打造工业互联网创新创业平台。中关村创业大街与全球20多个国家和地区建立合作关系，涌现了引领全国的创客孵化、天使投资、创业社区、科技媒体、创业培训等典型孵化模式，形成了特色服务链条，入驻企业及项目368个，服务企业超过5000家。

（4）培育高精尖经济结构。引领高质量发展，围绕产业链部署创新链，建立产业培育、组织和选择机制，打通科技创新"最后一公里"，率先形成了具有独特内涵和价值体系的高精尖经济结构。围绕电子信息、人工智能、轨道交通、集成电路设计、生物医药、智能制造等领域提升产业自主创新能力，支持百度和数码大方等获批筹建国家工程实验室，入驻企业小米公司成功发布首款自主研发的中高端芯片"澎湃S1"，成为全球第四家手机、芯片自研"双全"企业。提升产业链深度影响力和高端价值掌控力，旷视科技、商汤科技、地平线、云知声、中科慧眼、第四范式、易捷思达等智能硬件、人工智能、文化创意产业抢占制高点，中科院理化所研发首台万瓦级氢氦低温制冷系统，打破国外技术垄断。中关村科学城聚集"独角兽"企业34家，占全国1/5强，总估值2006亿美元，占全国31.9%。以数字经济、平台经济、分享经济为代表的新经济呈迅猛发展态势，符合新经济特征企业占比达73%。探索军民深度融合创新发展新模式，搭建军民融合企业创新创业、军民技术双向转化、军民融合展示交流平台，以北理工军民融合创新园、中关村军民融合产业园、玉泉慧谷信息安全产业园"一体三园"为核心的军民融合产业示范区建设取得新成就。截至目前，中关村科学城信息业、科研业、教育业和金融业增加值占比达65%，对经济增长贡献率达76%，规模以上高精尖企业2000余家，占全市4成以上。国家级高新技术企业总数达到8992家，规模以上高新技术企业总收入超过2万亿元，占中关村示范区的40%。新时代具有全球影响力的中关村科学城建设，已初现端倪。

2. 怀柔科学城

怀柔科学城作为北京建设全国科技创新中心的"三城一区"之一，肩负着打造世界级原始创新承载区的重要使命。怀柔科学城2016年被列为北京建设全国科技创新中心的三大科学城之一。2017年，国家发改委、科技部正式批复《北京怀柔综合性国家科学中心建设方案》，重点建设大科学装置集群，同步配套跨学科交叉研究平台，搭建大型科技服务平台。同年6月，蔡奇书记、陈吉宁市长调研怀柔科学城规划建设情况，明确要求立足高点定位，把握发展规律，努力打造"百年科学城"。这为怀柔科学城规划建设各项工作指明了方向、确立了目标、规划了路径。怀柔区围绕建设"百年科学城"谋篇布局，紧紧抓住规划编制、项目落地、机构设置、配套设施建设、高端业态培育、人才引进等各项关键任务持续发力，以引领国际一流标准扎实推动怀柔科学城规划建设。

（1）坚持高点定位。怀柔科学城是集成首都科技和人才优势，以世界先进水平的重大科技基础设施群为依托，全面提升我国在交叉前沿领域的原始创新能力和科技综合实力的关键平台。在推进怀柔科学城建设过程中，始终坚持高起点规划、高水平设计、高标准建设，按照"百年科学城"的标准要求，准确把握科学城发展规律，突出大科学装置和交叉研究平台集中布局的最大特点和优势，力争实现重大科技突破，抢占世界科学发展的制高点。为充分聚焦重点科研领域、成为国家科技创新的新引擎，怀柔科学城不断汇聚高端科技人才和科技资源重大项目等创新要素，加快推进科学探索和技术变革相互融合，力争在能源、生命、地球系统与环境、材料科学等关键领域率先突破一批战略性、基础性、颠覆性、融合性技术，促进高新技术的孕育、转化和应用，开辟创新发展新空间。

（2）坚持规划引领。在推进怀柔科学城建设过程中，始终把编制一套能够引领国际一流标准的规划体系作为核心任务。2018 年初，区委区政府确立了怀柔科学城的"1＋3＋N"规划体系："1"是怀柔科学城规划，"3"是怀柔科学城科学规划、空间规划（包括总体城市设计、总体规划和控制性详细规划）和国家重大科技基础设施规划，"N"是若干专题规划和专题研究。把"世界眼光、国际标准、中国特色、高点定位"要求贯穿到规划编制全过程。打破怀柔和密云的区域界线，适时调整了科学城规划范围，由 41.2 平方公里扩展到 100.9 平方公里。充分汲取国内外先进的城市设计理念，启动怀柔科学城总体城市设计方案全球征集活动，为怀柔科学城总体规划和各类专项规划、控制性详细规划提供了重要技术支撑。

（3）坚持项目带动。大科学装置和交叉研究平台密集布局，是怀柔科学城的核心优势和最大特色。推进项目落地过程中，时间紧、任务重、涉及主体众多，怀柔区紧盯项目审批、工程建设等关键环节，提前介入、提早谋划、统筹推进，千方百计克服各种困难，全力推进重大项目早落地、早实施。首个开工的清洁能源材料测试诊断与研发平台项目，仅历时 113 天就完成"一会三函"审批流程。同时，创造了仅用 10 天时间就全部完成810个宅院、1210户宅基地签约工作的"怀柔速度",有效保证了"1+5"项目("1"是综合极端条件实验装置项目,"5"是清洁能源材料测试诊断与研发平台、材料基因组研究平台、先进载运和测量技术综合实验平台、先进光源技术研发与测试平台、空间科学卫星系列及有效载荷研制测试保障平台)如期开工。新落地的"4+11+6"项目(4个大科学装置项目、11个协同创新交叉研究平台项目和6个院市共建第二批交叉研究平台项目)将于2018年年内开工。

(4)坚持产城融合。配套设施先行是建设科学城的关键环节。怀柔区始终注重提高对科学家、高科技人才群体的服务能力,全力打造更加符合创新人群需要的城市环境、更加国际化的教育医疗服务资源,统筹推动住房、教育、医疗、交通等各项工作全面落实落地,从而持续吸引更高端、更前沿的科技创新要素在科学城聚集。坚持以需求为向导,加快推进租赁住房和共有产权房项目建设,推动高端教育、医疗资源布局落地,积极构建完善的区域交通系统,全方位打造优质的公共服务设施和高品质的生态环境,持续提升科学城的吸引力和承载力,实现建设职住平衡、智慧人文、生态优美、配套完善、科学创新氛围浓厚的"百年科学城"。根据科学城的功能定位和各项用地需求,持续加大"腾笼换鸟"的力度,依托"千人计划"的优秀人才和科技资源,积极引入新型的创新主体,筹建海创产业研究院,推动怀柔科学城创新中心建设,大力引进发展生物医药、高端医疗、人工智能等重点领域产业化项目,着力构建从基础设施、基础研究、应用研究、成果转化到高精尖产业发展的创新链。

3. 未来科学城

昌平区充分发挥未来科学城在"三城"中的连接和推动作用,自觉扛起服务国家创新战略、服务首都创新发展的历史重任,始终按照国际一流标准全力推进未来科学城建设,近期聚焦搞活、远期致力搞好,努力建成全球领先的技术创新高地。未来科学城坐落于北京市昌平区的东南,起源于中央实施的"千人计划",主体区域规划17平方公里。自2009年7月奠基以来,先后被纳入中关村国家自主创新示范区、人才改革试验区和北京全国科技创新中心"三城一区"的建设战略布局。在北京新总规中,未来科学城的目标定位为建成全球领先的技术创新高地、协同创新先行区、创新创业示范城。2017 年 2 月习近平总书记视察北京后，原未来科技城正式更名为未来科学城，开启更高水平建设、更高质量发展的新征程。截至 2018 年 4 月，未来科学城累计总投资 680 亿元，入驻国家电网、国家电投、中国商飞等 15 家中央企业，下属研究院、科技型公司 85 家。引进卫昶、郭桦等"千人计划"专家 176 名，其中常驻"千人计划"专家 60 名，高级职称以上科研人才超过 1400 名，约 9000 名科研人员进驻办公。累计认定了国家及北京市重点实验室 40 个，获得有效专利 2564 件，取得薄膜太阳能电池、可控交联聚乙烯材料等阶段性重大创新成果 38 项。落户各类企业 289 家，其中央企以外的创新型企业 204 家。未来科学城城市功能基本具备，产城融合初步形成，创新潜能加快释放，一个全球领先的技术创新高地正在加速崛起。

（1）坚持规划在建设发展中的引领作用。在规划上与北京城市总体规划、昌平分区规划紧密衔接，主动对标全球创新网络节点，突出服务国家创新战略、服务首都创新发展，突出国际一流、中国特色、首都特点。在战略定位上，着眼建成全球领先的技术创新高地，推动未来科学城实现"三个转变"，即由建设央企人才创新创业基地向全国科技创新中心主平台转变，由服务保障央企创新向促进多元主体协同创新转变，由单一功能区建设向多点支撑、全域联动转变。在要素配置上，围绕科技创新人才的工作和生活需求，统筹生产生活生态布局，优化公共服务，建设现代化绿色之城。注重引入国际先进理念、借鉴国际先进经验，突出规划的系统性和完整性，完成并实施主规划、控制性详细规划以及绿色建筑、水资源综合利用、信息化、地下空间一体化设计等 36 项规划。

（2）坚持打造多元主体、加强协同创新。盘活存量和引入增量并重，建立以研发投入为核心指标的评价机制，坚持对新引进机构设定门槛，推动研发投入强度偏低的机构加大投入。对暂无建设计划的央企项目，采取回收、合作开发等形式解决空间闲置问题。部分央企闲置楼宇得到有效盘活，陈清泉院士科创中心、中旅旅游产权交易中心等一批项目顺利落地。创造条件引进符合未来科学城发展定位的民营研发机构、转制科研院所等各类研发主体，成功落户光启国际创新基地、中俄科教创新园、福田宝沃汽车中国总部等项目，混合型的研发主体格局加快形成。深化央地协同创新合作，引导入驻央企科研机构打开围墙搞协同创新，成功建立氢能技术协同创新平台、核能材料产业发展联盟、海洋能源工程技术联合研究院等一批共性技术研发创新平台。主动服务央企，完成重型燃气轮机、压水堆 CAP1400 等一批国家重大专项，推动智能电网国家技术创新中心落地。设立未来科学城海外创新驿站，打造面向世界、开放创新的前沿阵地。

（3）坚持强化公共配套、塑造城市品质。注重运用先进理念和先进技术，建设高品质的城市公共设施和服务配套。高标准高起点建设地铁城市综合体，摒弃城市新建区域地铁站点和上盖区域各自建设的传统模式，组织实施一体化设计、一体化开发、一体化实施，实现公共交通无缝换乘、地下停车资源多方共享、土地利用率和空间使用率双提高。采用地下综合管廊集中布置各类市政管线，集热力、电力、供水、通信等功能于一体，有效提升管理运营效率。建设五套垃圾气力输送系统，利用先进的负压抽吸技术，全自动密闭收运处理生活、办公垃圾，避免垃圾的二次污染。充分借助物联网、云计算等技术，打造智能城市试验区，未来科学城成功入选首批国家智慧城市试点名单，园区能源智能监测系统、智能交通系统正在加快建设。广泛运用先进节能、环保技术，园区绿色建筑达到100%、清洁能源利用率达到100%。充分利用温榆河自然禀赋，打造以滨水公园为核心的绿地系统，搭建优美宜人的工作休憩空间。

（4）坚持政策先行先试、优化人才服务。落实改革创新政策先走一步，主动争取国务院国资委支持，推动4家央企研究院共8个股权和分红激励试点项目落地。抓住未来科学城作为首都国际人才社区建设首批试点契机，精心营造类海外人才环境，加快建设国际人才大厦、国际青年人才驿站、"一站式"国际人才服务平台、北京海外学人中心分中心、清华长庚医院国际医疗中心等项目，打造国际人才方便来、有归属的发展环境。加强人才政策配套保障，针对北京市科技创新政策无法在央企研究院适用等问题，积极开展有效沟通，突破相关政策限制，制定了人才引进暂行办法，开通科研人才落户和职称评定直通车。制定央企人才子女按照人才工作地入学政策，配套的7所公立学校全部由北京师范大学按照"一校两址"模式承办。制定共有产权房定向配售给央企人才政策，促进产城融合、职住平衡。

（二）面临的主要挑战

北京利用高端人才聚焦和科技基础宏厚的创新优势，推进三大科学城建设，是市委市政府强化首都功能定位，全面落实中央对首都发展的战略部署，积极服务国家重大战略实施的重要举措。

当前，三大科学城的建设已经取得了重要进展的同时，建设中存在的问题和挑战也是显而易见的。具体来说，三大科学城建设主要存在如下几方面的挑战。

1. 三大科学城功能性分工有一定同质化

从上述对三大科学城定位、各自进展和规划中可以看出，"三城"部分科学领域或项目存在交叉重合的现象，例如在石墨烯、生命科学、能源材料等方面，中关村科学城、怀柔科学城、未来科学城都不同程度涉及，需要进一步明确自身定位和发展特点，实现科学分工。另外，作为未来中国的"硅谷"，"雄安新区"要成为创新示范区。北京在三大科学城建设中，如何与"雄安新区"的规划和战略部署相衔接，既避免同质化，又能在区位、政策上形成互补，实现可持续发展，还需要进一步研究。

2. 发展活力仍显不足

以未来科学城为例，虽然已经进驻了若干家央企科研机构，但创新资源聚集效应并不明显，相较中关村等科学城，活力较弱，吸引力也较低。同时，社会力量参与"三城"建设力度不够，吸引民间资本进入的政策和手段不太多，还有很多需要改进和提升的空间。

3. 人才机制有待进一步完善

人才是"三城"建设的核心问题，吸引和稳定人才，需要政策倾斜和激励。尤其是新建科学城，由于园区建设不成熟、配套设施不完善，吸引力本就不高。如果缺乏特殊的政策倾斜，科研人才的薪资待遇、落户政策、生活保障等相较其他区域缺乏比较优势，科研人员难以集聚，有可能会出现"空城"现象。

4. 知识产权服务体系尚不够健全

北京全国科技创新中心的定位之一是全国创新引领者，强化原始创新是北京的一项重要任务，因此，知识产权保护和交易机制的完善意义重大。相比深圳，中关村知识产权服务业活力不足、运营模式比较落后，以传统的代理行业为主；相比上海张江、苏州、杭州高新区，开发区专利申请量小，尤其是电子信息、生物医药、装备制造和汽车产业4大主导产业尚不具备知识产权的领先优势，知识产权工作经费远低于全国平均水平。

5. 城市功能规划和建设相对滞后。新建科学城的研究中心、大科学装置和实验室等科研主体建设相继投入运行，但基础设施、公共服务配套设施等严重滞后，科研人员的居住、交通、生活、医疗、文化、子女教育等一系列问题突出，科学城无法形成一个真正的"城"。特别是怀柔科学城侧重于基础科学研究，需要吸引并聚集世界各地的科研人员，但是目前还不具备适应国际交往需求的生活服务配套。

三　北京三大科学城建设面向未来的应对之道

三大科学城建设是在全球科技革命和产业分工出现新的趋势，我国科技强国战略遭遇蓄意围堵的背景下展开的；是在落实京津冀协同发展战略，推进本市减量发展、创新发展、高质量发展的背景下展开的；是在人民日益增长的美好生活需要和不平衡不充分发展成为主要矛盾的背景下展开的。应当说，"三城"建设的形势逼人、使命催人、前景喜人。

推进三大科学城建设，要构建三重交织支撑的生态系统。一是优化"三城"内部的小生态，按照产学研用的创新链，吃住行娱的生活链，生产加生活、宜居又宜业的服务链来优化城市功能布局和政策环境；二要强化"城"与"市"互动的中生态，既要集全市之力推进"三城"建设，又要根据社会发展、城市管理、民生改善等需要交任务、压担子、促创新；三要把握全国科创中心引领、副中心和雄安两翼并振、京津冀区域协同、世界级城市群形成的大生态，推动成熟科技成果和产业的跨区域、全行业转移转化，扩展"三城一区"辐射带动空间渠道和在腹地的多轮创新。

推进三大科学城建设，要坚持两条腿走路。一方面要完善神经系统，加强政府宏观调控功能。运用"看得见的手"，推动加快人才集聚、加强资源整合、完善产业布局、开放共享设施、优化营商环境，抢占科技创新制高点，着眼长远解决好卡脖子的工程技术和工艺水平等问题。另一方面要完善循环系统，强化市场的"血液"输送功能。运用"看不见的手"推进人力资源、社会资金、科学设施、交叉学科、各类企业和组织等资源的优化配置，发挥有限资源在成果转化、市场粘性等关键部位的最大效用。

具体来说，三大科学城建设需要在以下几个方面着力加强。

1. 进一步强化功能性分工。"三城"需要在明确差异化定位的基础上，形成功能互补、联动发展的格局。尤其对于前沿科学高新技术的成果转化方面，更要加强统筹，做好适度衔接。需要考虑"三城"在空间发展的连通性，尤其是中关村和未来科学城连通发展问题。另外关注"雄安新区"发展规划和中央给予的政策，进一步调整"三城"的功能定位，整合科技创新资源。特别是未来科学城以央企平台为主，更要避免与"雄安新区"的同质化。

2. 着力提升园区发展活力。"三城"不仅要建园区，更重要的是要构建专业化的、深度整合的创新服务和孵化平台。未来科学城仅仅依托央企的创新资源是不够的，更需要大力吸引高成长性中小民营企业作为协同创新的主体，提升园区活力。同时，"三城"建设和项目引进上还需要进一步创新投融资模式，例如可设立"央地""院市"合作专项基金，吸引社会融资，运用 PPP 模式助推园区一些基础设施建设等。

3. 积极探索吸引和稳定创新人才政策。着手研究针对"三城"的一揽子专项人才支持政策。鼓励高层次人才以兼职、咨询、讲学、科研等多种方式参与怀柔和未来科学城建设发展。加强央地、院市交流，在引进海外人才方面互通有无，促进资源共享。对新建科学城加强政策倾斜，对落户怀柔科学城、未来科学城的研发单位给予特殊政策，实行经费使用宽口径管理，允许用于人员绩效，经费可跨年度使用。探索科研成果转化的股权分配，央企科研人员的股权激励和工资总额单列，给予职称评选倾斜等政策。

4. 加快健全知识产权服务体系。未来科学城需要盘活央企大量的知识产权资源，发挥央企创新资源的溢出效应。怀柔在搭建大型科学前沿研究平台的过程中，需要加强知识产权管理，避免在科学装置使用和科学家集体研究中发生知识产权纠纷。加强央地资源融合，推动中科院、央企与市、区两级的管理协同，建立定期会商和情况通报机制。加强知识产权服务体系建设的投入,引导各类知识产权服务机构进驻。如支持未来科学城建好用好全国知识产权运营公共服务平台。

5. 优先完善城市配套。尤其怀柔科学城和未来科学城,要加快基础设施和公共服务等配套设施建设,尽早把科学城建成"国际人才社区",打造"政策最优、成本最低、环境最好、办事最快、人文最浓"的发展环境,最大限度解决人才的后顾之忧。加强"三城一区"的国际交往功能,在园区文化建设上体现多元化。增强国际交往的便利性,完善交通网络,机场专线建设等。

参考文献

1. 中共北京市委、北京市人民政府:《北京城市总体规划(2016 年—2035 年)》,2017 年 9 月 29 日,北京市规划和国土资源管理委员会网站(http://www. bjghw. gov. cn/web/ztgh/ztgh002. html)。

2. 任佩文:《坚定不移　蹄疾步稳　推进"三城一区"建设》,《北京人大》2018 年第 8 期。

3. 于军、常卫等:《改革开放视野下的"三城一区"》,《前线》2018 年第 7 期。

4. 李昕:《"三城一区"应强化功能性分工》,《北京观察》2017 年第 6 期。

汤原县发展高端服务业的做法、经验、问题与对策

朱晓青　郭　浩*

一　汤原县发展高端服务业的主要做法和经验

汤原县隶属黑龙江省佳木斯市，行政区划面积为 3420 平方公里，管辖 4 镇 6 乡（汤原镇、鹤立镇、香兰镇、竹帘镇、胜利乡、太平川乡、汤旺朝鲜族自治乡、永发乡、吉祥乡、振兴乡）和 134 个行政村，驻县国有农场有 2 个（汤原农场、梧桐河农场），还有 1 个林业局（鹤立林业局），全县总人口 26.6 万人。

汤原县幅原辽阔，自然资源丰富。三山一水四分田的地貌格局，形成了优良的地理条件。汤原县北部为山区，生长有原始红松母树林、各种乔灌木以及山林特产品；中部为丘陵漫岗区，有大片荒山、牧场、草原；南部是平原，沃野连绵，地势平旷，盛产水稻、玉米、大豆及其他经济作物。

2017 年汤原县 GDP 为 92.7 亿元，年增长 7.1%。其中，第一产业增加值 42.4 亿元，年增长 6.9%，占 GDP 比例 45.7%；第二产业增加值 27.8 亿元，年增长 9.8%，占 GDP 比例 29.7%；第三产业增加值 22.8 亿元，年增长 8.3%，占 GDP 比例 24.6%。[1]

---

* 朱晓青，北京高端服务业发展研究基地首席专家，北京市委党校经济学教研部教授；郭浩，北京市委党校硕士研究生。

[1]　资料来源：汤原县统计局提供。

汤原县作为以农业为主的县，以农业科技广泛应用为驱动力，注重优化升级种植业结构，注重打造优质绿色农产品品牌，注重搭建电商服务平台体系，注重发展乡村文化旅游业，注重优化营商环境，不断提升政府治理能力和水平，有效推动了高端服务业和农业的高质量发展，取得了明显成效，有一些值得借鉴的经验。

（一）主要做法

1. 农业科技驱动，高标准建设基本农田，优化升级种植业结构

汤原县把高标准建设基本农田作为根基，把广泛开展种植业保险作为保障，紧盯市场需求，运用农业科技手段，提高农业科技应用水平，建设县级农业科技产业园4个，推广新技术项目30个，扶持种养科技示范户1200户，通过科技产业园和示范户的示范、引导作用，带动全县种植结构调整和优化升级，完成了对基本农田实施粮改饲、粮改菌、粮改杂、粮改经、品改优的主要任务，使农作物按优质高产模式运作的栽培率达到85%，农业科技贡献率达到66.5%，有效推进了农业提质增效。

2. 打造优质绿色品牌

汤原县以高标准绿色有机农产品种植基地建设为依托，健全从农田到餐桌的农产品质量和食品安全监管体系，着力打造叫得响的优质绿色农产品品牌，尤其是"维维汤旺河""万亩稻""亮子奔腾黑木耳"和"波巴布富硒木耳"四大重点品牌，形成了汤原县特定系列拳头产品和品牌优势，大大提升了优质农产品的品牌价值，为开拓市场、全产业链规模化运作、实现优质优价打下了坚实基础。

3. 运用"互联网＋农业"的模式，构建营销网络体系

汤原县为做好电商物流服务工作，一方面按照"可视化监控农田＋标准加工＋电商物流＋零售"的高标准，建设了10个全程可追溯的示范基地，确保农产品产加销全过程可查、可控；另一方面，着力建设电商产业园、"好汤原"农林产品电商交易平台、县乡村供销联社三级电商服务网络，特别是聚焦关键环节，以点带面，全力打造县级电商公共服务平台，集中改造县级大宗商品上下行物流园区，重点扩建鹤立和香兰两个中心镇的物流配送分拨中心，由此形成县乡村三级电商服务全覆盖的完整网络营销体系，有力促进了电商服务进农村、进农户，有效实现了农产品线下线上交易整合，为农村、农户产加销对接、由种得好转向卖

得好提供了极大便利。

4. 深度开发文化旅游产业

汤原县自然和人文旅游资源丰富，现有一个4A级景区（亮子河国家森林公园）和两个3A级景区（凤鸣公园、大亮子河漂流景区）。为深度开发文化旅游产业，汤原县把打造"生态文化旅游精品区"作为发展目标，全力推进全域生态旅游景区建设，全力提升文化旅游的服务品质和美誉度，主要从三个方面发力，做好重点工作。

（1）加大政策扶持力度。根据汤原县出台的《2017年乡村旅游产业发展扶持办法》规定：鼓励种植能充分体现乡土文化和地域特色且具有观赏价值的经济作物，种栽植观赏性花卉、面积在1公顷以上的，每亩补贴70元；种植彩稻，面积在1公顷以上的，每亩补贴200元。鼓励建设旅游功能性服务设施。新建水泥硬化停车场、水冲厕所、标识系统等旅游功能性服务设施，按旅游功能设施部分投入资金总额10%给予补贴，最高补贴金额不超过5万元。鼓励旅游企业利用优势资源发展乡村旅游项目，发展富有乡村特色的民宿和养生养老基地，在京扶路、汤亮路沿线，个人总投资额在3000万元以上的，经项目牵头部门和财政局联合审查后，采取"一事一议"方式给予补贴或支持。通过优惠扶持政策，调动了农户种植花卉和彩稻的积极性和主动性，也有力促进了企业投资特色乡村旅游项目及其配套服务设施的积极性和创造性。

（2）加快项目建设。汤原县按照城市建设总体规划，对接乡镇规划和振兴乡村规划，做好顶层设计，科学布局文化旅游产业及其建设项目，加大招商引资力度，引导企业选项增资，加快文化旅游建设项目及其配套设施的建设。2017年汤原县完成了一批民宿民居特色旅游村的建设，包括7个重点民宿民居特色旅游村的配套服务设施的建设，尤其是汤旺乡朝鲜族特色村镇的建设成效显著，形成了朝鲜族风情游的独特线路。利用社会资本，大力推进大亮子河国家森林公园冰雪乐园、凤鸣公园冰雪梦幻儿童乐园、丽水温泉二期寒地温泉等冰雪旅游项目的建设，填补了冬季旅游项目的空白。投资5000万元，推进花海综合体项目建设。投资3000万元，实施街路改造以及公园、停车场、水冲厕所等服务设施建设。投资200万元，完成愿海寺和释心谷公厕改造以及相关旅游公路东线导览系统的建设。

（3）加大旅游宣传营销力度。2017 年汤原县与中央电视台合作，制作播出了《生态汤原》的专题片，成功举办了"第八届鹰山登山节"和"首届大亮子河杯自行车挑战赛"等赛事活动，采取路桥广告、"互联网＋文化旅游"等多种推介形式，广泛宣传生态文化旅游品牌，有效提升了汤原县的生态文化旅游美誉度和品牌影响力。

5. 全力做好招商引资工作

汤原县坚持县级领导挂帅，各乡镇、各主管部门为主，驻外分队协作的招商引资工作模式，通过专业招商、以友招商、以情招商、中介招商、定点招商、以商招商等各种方式，整合资源，主动出击，完善激励政策，努力扩大招商引资成果。

就招商激励政策而言，2018 汤原县进一步完善了有关政策内容，出台了《汤原县 2018 年招商引资优惠政策及奖励办法（试行）》，共 37 条，从土地政策、行政收费、奖励政策、金融政策、人才政策、审批服务、安商政策、引荐人奖励八个方面，进一步加大了优惠和奖励力度（见附录）。其中，对高端服务业的优惠政策强调：对固定资产投资 3000 万元以上的商贸业、服务业企业，自企业营业年度起，第一年、第二年、第三年分别按企业缴纳企业所得税地方留成部分的 30%、20%、10% 奖励企业；鼓励高校、院所、企业等法人单位及有实力的个人建设孵化器、众创空间，对建筑面积 500 平方米以上的，按 200 元/平方米给予补助，最高额度不超过 30 万元；对新注册设立独立法人的地区总部及财务中心、采购中心、结算中心等功能性机构，企业所得税额地方留成部分年度实现 200 万元以上的企业，按实际地方留成税收部分的 10% 比例，为其办公场所、经营设施、开办费用等给予奖补，并视其纳税总额采取"一事一议"的办法给予奖励；在主板、创业板或新三板上市的企业，在省政府奖励 1000 万元的基础上，一次性追加主板上市的企业 1000 万元奖励、创业板上市的企业 600 万元奖励；在"新三板"挂牌的企业，在省政府奖励 200 万的基础上，一次性追加 50 万元奖励。

就完善招商生态环境而言，汤原县在完善激励政策，鼓励企业技术创新、产品创新和商业模式创新的基础上，坚持发展为要、企业为基、环境为重的理念，着力完善维护企业家精神的法制环境和市场环境，努力形成爱商、亲商、重商和护商的社会氛围，落实精准服务，搭建项目建设"绿色通道",对落户项目的前期手续实现全程领导督办制,用"保姆式"服务赢得投资者的信赖。同时,按照政府搭台、银企合作、利益共享的思路和工作流程,促使金融机构为民营企业提供信贷支持,有效缓解民营企业融资难的问题。

就招商项目和成果而言,汤原县以农副产品深加工、绿色食品加工和文化旅游为重点,按照"谁引进、谁跟进、落责任"的原则,对签约项目实行定领导、定责任单位、定责任人、定进度的要求,切实做到签约落地、立项审批、开工建设、竣工投产"一条龙"服务。2017年汤原县引进5000万元以上项目20个,实现了向国蓝莓农副产品加工、盛世凯达乳业产业园液态奶生产、亮子河烤鸭蛋等项目的投产。

(二)主要经验

1. 高度重视政府与企业"亲"的关系,竭诚为企业服务

汤原县各级领导在处理与企业"亲、清"辩证关系中,勇于担责,主动采取"放管服"等改革措施,放开市场准入,完善激励优惠政策,热忱为企业服务,通过办实事,拉近与企业"亲"的关系,不忌讳与企业"清"的界线。县领导认为,发展是第一要务,发展要靠企业,与企业讲"清"的规矩,并不等于疏远与企业"亲"的关系。恰恰相反,企业靠企业家精神支撑,企业家是创新者、艺术家和破坏者,不仅有独到的营商理念,而且有冲破藩篱、独步天下的践行需求,这就需要尊重企业家的首创精神,通过深化改革,破除阻碍发展的陈规,营造良好的爱商、亲商的社会氛围,敢于担当政府应负的职责,为企业排忧解难,为企业家竭诚服务。为此,县政府专门设立"项目领办办公室",每个招商引资项目都有县领导挂帅,由"项目领办办公室"具体负责操办,打通"绿色通道",为企业提供高效、便捷服务。

2. 发挥资源优势,打造绿色循环农业

汤原县最大资源优势是基本农田及其种植业生产。2017年汤原县水稻种植面积75.2万亩,大豆种植面积18.6万亩,杂粮杂豆、饲料饲草、烤烟、蔬菜等经济作物种植面积13.7万亩,总体绿色农作物种植面积高达150万亩,种植业产值48.4亿元,粮食总产量70.3万吨,食用菌产量

1.6 亿袋。① 要把这种种植业资源优势转换为实实在在的农户收入，汤原县就致力于打造绿色循环农业，按照"绿色农田 + 绿色加工 + 电商物流"模式，搭建绿色产业链和网络营销体系，聚焦电商发展和农村、农户上线，靠绿色农产品品牌和电商物流，打开消费市场，实现优质优价和农户增收。同时，依托绿色循环农业，着力发展乡村文化旅游业，打造"一村一品"的特色，完善公共服务配套设施，形成体验式、参与式和多业融合发展的新格局。

二　汤原县发展高端服务业存在的主要问题与对策

汤原县作为国家级贫困县，实际处于低收入水平自我经济循环状态，产业以农业为主，一方面农业生产成本不断提高，主要受种子、化肥、农业机械、燃油等农资涨价影响，实际农产品收益水平很低；另一方面，受农业免税政策影响，发展农业无法带来财政收入增长，导致公共财力不足，公共服务水平难以有效提升。2017 年汤原县一般预算收入仅为 2.2 亿元，实际财政支出却高达 14.1 亿元，要靠外部转移支付，维持政府和公共服务运转。这种低水平的自我经济循环系统，无法形成知识财富积累，无法大幅度提高农户收入水平，无法留住人才，无法吸引大规模外来社会资本，无法真正实现农业高质量发展，也难以摘掉贫困县的"帽子"。这就是说，汤原县缺失内生发展动力机制和基础，必须依赖外部大规模注资，培育内生核心竞争力，形成"虹吸效应"，才能根本解决自我经济循环系统提质增效、不断迈向中高收入水平的问题。

（一）存在的主要问题

汤原县现在正处于由传统农业向现代农业转型阶段，高端服务业发展虽然取得成效，但总体质量水平不高，存在以下突出问题。

1. 农业科技服务队伍较弱、服务质量水平较低

种业是农业高质量发展的引擎，汤原县没有专职的稻种、玉米种、蔬菜种的研发机构和育种基地，土豆繁育基地规模不大，食用菌繁育基

---

① 资料来源：汤原县统计局提供。

地的质量水平也不高，总体上缺乏高质量的种业研发能力。农业科技推广应用的服务队伍建设，存在服务功能弱化、专业技术和人员老化、不适应国内外新技术应用的新要求、新技术和新品种推广应用较慢等方面的问题。农业质检设备设施更新换代建设，农业标准化、可视化、融合化和特色化建设，亟待加大投入、提升质量水平。

2. 电商规模效益和农产品品牌知名度不高

汤原县没有与大型知名电商共建广覆盖的网络交易平台，自身搭建的电商交易平台尚处于初步发展阶段。2017 年汤原县规模最大的"好汤原"农林产品电商交易平台，开设店铺只有 798 家，年交易额仅为 1.5 亿元，覆盖市场范围很小，品牌知名度也不高，致使很多绿色优质农产品难以通过电商平台推向国内外市场，也难以获得互联网金融的有效支持，即整体产业链局限于"绿色农田 + 绿色加工 + 电商物流"，而不是"绿色农田 + 绿色加工 + 电商物流 + 互联网金融"的模式，缺失互联网普惠金融的支持，C2B（Customer to Business 简称）链接不完整，规模效益和产业融合度大受影响。

3. 土地流转政策有待完善

汤原县绝大部分土地为基本农田，建设用地储备不足，农村集体建设用地流转也存在规制障碍，这是制约汤原县经济发展的一大不利因素。

4. 缺少普惠性金融保险政策

汤原县缺失为"双创"者服务的种子基金和风险投资，政府没有财力设立普惠性、政策性的发展基金和担保基金，用于扶持中小微民营企业的发展。农业受自然灾害、疫病和市场营销等因素影响，属于高风险产业，商业银行、乡镇银行不愿为农户提供优惠贷款，保险公司不愿为农户提供优惠保险，互联网普惠金融的渠道没有与农户对接，农户的养老、医疗保险水平也很低，结果导致农户融资难、增收难的问题无法彻底解决，农户生产的积极性、主动性和创造性受挫。

5. 存在谁来种地的隐患

汤原县现有公共服务设施配置不足，没有三甲医院，没有大学或职业学院，村镇道路基础设施质量不高，乡村公共服务设施建设滞后，农户住宅简陋，务农收入水平又很低，这导致年轻人不愿意呆在农村务农，也不愿意在县城打工。2017 年汤原县的高考本科升学率为 65.5%，大学生毕业后极少有人返乡就业，其结果必然产生谁来种地的隐患，动摇农业发展的根基，严重制约高端服务业的发展。

（二）对策建议

汤原县发展高端服务业的基础是农业，而农业发展收入水平低，相应财富积累少、公共服务水平差、人才流失严重，导致汤原县缺失内在发展动力和核心竞争力，对高端服务业发展产生了负面影响，引发了一些突出问题。要解决问题，关键是追加外部财政资金和社会资本的投入，培育内生发展动力，以形成中高收入水平的自我经济循环系统。

1. 完善公共服务设施

汤原县作为国家级贫困县有其特殊性，要真正实现脱贫目标，以农业为基础，发展高端服务业，自身财力十分有限，无法依托自身资本积累，完成完善公共服务设施建设的重任，这就需要国家和省政府追加财政投入，一方面建设一所三甲医院和一所农学院，并通过对口支援的方式，与有关三甲医院和农学院合作，提升医疗和教育服务水平，以便利就医和培育农业人才；另一方面，建设村镇道路基础设施和乡村公共服务设施，资助农户住宅升级改造，为建设美丽乡村，为发展特色农业和文化旅游业，为留住农户务农奠定坚实基础。

2. 加强农业科技队伍建设

国家或省政府应拨专款、定员定编，在汤原县设立专职种业研发机构及其与之相关的种业繁育基地，吸引社会资本参与种业繁育基地建设，共建共享。汤原县要加强农业科技推广应用的服务队伍建设，相应机构为农服务的职能必须强化和提升，国家或省政府要出资，定期组织对相关人员进行专业技术知识的更新培训。国家或省政府应设立专项基金，对汤原县的农业质检设备设施更新换代建设，农业标准化、可视化、融合化和特色化建设，提供资金支持。

3. 按照 C2B 模式，构建完整产业链

汤原县要更加积极主动招才引智，与大型知名电商共建"绿色农田＋绿色加工＋电商物流＋互联网金融"的网络交易平台，自身搭建的电商交易平台也要按照 C2B 完整产业链的模式进行升级改造，补上直接对接农户手机端的互联网普惠金融的关键环节，即农户可以先获得电商的无息贷款，然后用农产品网上销售收入抵扣无息贷款。同时，要借力

C2B 电商交易平台，打造优质绿色农产品品牌，拓展国内外市场，提升品牌美誉度。

4. 大力推行普惠性金融保险政策

国家或省政府应设立专项基金，支持保险公司对农作物自然灾害和疫病灾害实行全额赔付，支持商业银行、乡镇银行为农户提供优惠贷款，支持汤原县设立普惠性、政策性的发展基金和担保基金以及风险投资公司。国家或省政府应提高农户养老、医疗的统筹保险标准。电商要开辟互联网普惠金融的渠道，为汤原县农户解决融资难的问题。

5. 完善土地流转政策

国家应授权汤原县开展土地流转综合试点改革，允许农村集体建设用地转变为农产品加工业、节能环保工业、商业和公共服务业的用地，允许工业用地与商业用地自由转换，增加建设用地储备，盘活农户宅基地，开辟建设用地定向协议市场，有效解决建设用地供给不足的问题。

附录：汤原县 2018 年招商引资优惠政策及奖励办法（试行）

一　总　则

第一条　为了鼓励投资者在我县投资创业，促进我县经济又好又快发展，根据有关法律法规，结合我县实际，特制定本优惠政策和奖励办法。

第二条　本政策及办法适用于在汤原县行政区域内注册、纳税、投资建设并符合国家产业政策和环保要求的企业（不含房地产开发、库房仓储、种植养殖业、矿产资源开发、特许经营性公共事业项目）。文化、体育、商贸、旅游、养老等产业项目可参照本办法。

第三条　本政策及办法所称引荐人不含本县的机关事业单位工作人员。

第四条　本政策及办法如遇国家和省、市对有关政策予以调整的，按国家和省、市新出台的有关政策执行。

二　土地政策

第五条　对列入《黑龙江省优先发展产业目录》且用地集约的工业项目，在确定土地出让底价时可按不低于所在土地等别相对应的工业用地最低价标准的70%执行。

第六条　对列入《黑龙江省农林牧渔初加工目录》以农、林、牧、渔业产品初加工为主的工业项目，在确定土地出让底价时可按不低于所在土地等别相对应的工业用地最低价标准的70%执行。

第七条　已出让的工业用地，在符合土地总体利用规划、城市规划、不改变土地用途的前提下，增加建筑容积率或利用地下空间的，不增收土地价款。

第八条　新工业项目用地中，生产服务、行政办公、生活服务设施建筑面积占项目总建筑面积不超过15%的，经国土部门会同规划部门论证后，可仍按工业用地管理。

三　行政收费

第九条　项目建设过程中发生的行政事业性收费采取先缴后补的方式，由企业先向收费部门缴纳，县财政参照缴纳额度给予奖励；办理相关手续和各种证照时，除收取工本费和向省、市交纳的费用外，所有行政事业性收费采取先缴后补的方式由企业先向收费部门缴纳，县财政参照缴纳额度给予奖励。项目建设期内，经营性收费按市场最低标准执行。

四　奖励政策

第十条　对于固定资产投资1亿元以上的企业，县财政给予投资总额5%的供电、供排水、供热、供气、场地硬化生产要素配置等基础设施配套奖励资金。对于固定资产投资5000万元—1亿元的企业，县财政给予投资总额4%的供电、供排水、供热、供气、场地硬化生产要素配置等基础设施配套奖励资金。对于固定资产投资3000万元—5000万元的企业，县财政给予投资总额3%的供电、供排水、供热、供气、场地硬化生产要素配置等基础设施配套奖励资金。

第十一条　对工业园区内新建的生产加工型企业，固定资产投资在1亿元以上的，自企业投产年度起，第一年、第二年、第三年分别按企业缴纳企业所得税地方留成部分的50%、40%、30%奖励企业；固定资产投资在5000万元—1亿元的，自企业投产年度起，第一年、第二年、第三年分别按企业缴纳企业所得税地方留成部分的 40%、30%、20% 奖励企业；固定资产投资在 3000 万元—5000 万元的，自企业投产年度起，第一年、第二年、第三年分别按企业缴纳企业所得税地方留成部分的 30%、20%、10% 奖励企业。

第十二条　入驻工业园区、固定资产投资 3000 万元以上，经有关部门认定的高新技术企业，且年纳税额度地方留成部分超过 200 万元的产业项目，协商提供满足生产需要的标准化通用式主体厂房。企业在实现纳税前，需每年按市场价格先行交纳土地、厂房租金，待企业年纳税地方留成部分实现 200 万元后，对企业交纳的土地及厂房租金进行返还。土地及厂房租金一年一交，连续返还五年，之后按市场价格收取租金。企业回购厂房时，以评估价值为准。

第十三条　对经有关部门认定投资额度 5000 万元以上，龙头带动作用强的高新技术项目入驻工业园区，实行"一事一议、一企一策"的办法给予更加优惠的政策。

第十四条　对固定资产投资 3000 万元以上的商贸业、服务业企业，自企业营业年度起，第一年、第二年、第三年分别按企业缴纳企业所得税地方留成部分的 30%、20%、10% 奖励企业。

第十五条　鼓励现有生产加工类企业扩大再生产，合同外新增项目享受本办法各项优惠政策；鼓励投资人收购、续建、盘活原有停工的招商引资产业项目，凡盘活原有停工招商引资产业项目的，继续执行原项目的招商引资优惠政策。

第十六条　鼓励高校、院所、企业等法人单位及有实力的个人建设孵化器、众创空间。对建筑面积 500 平方米以上的，按 200 元/平方米给予补助，最高额度不超过 30 万元。

第十七条　鼓励国内外知名企业到我县投资，世界 500 强企业在我县投资 1 亿元以上项目，除享受正常奖励政策外，一次性给予 500 万元投资奖励；国内 500 强企业在我县投资 1 亿元以上项目，除享受正常奖励政策外，一次性给予 300 万元投资奖励。同一企业取最高奖励，只享受一次优惠政策。

第十八条　对在我县新注册设立独立法人的地区总部及财务中心、采购中心、结算中心等功能性机构，企业所得税额地方留成部分年度实现 200 万元以上的企业，按实际地方留成税收部分的 10% 比例为其办公场所、经营设施、开办费用等给予奖补。并视其纳税总额采取"一事一议"的办法给予奖励。

第十九条　新建项目或原有企业升级改造，达到规模以上企业标准（主营收入实现 2000 万元），在省奖励 10 万元基础上，一次性奖励 5 万元。

第二十条　对投资 3000 万元以上的产业项目，在建设期内，为项目投资方提供两间临时办公用房，投资方可无偿使用一年。

第二十一条　鼓励外向型企业发展，扩大出口创汇，年出口创汇达到 300 万元以上的企业，一次性奖励 10 万元。

第二十二条　实施品牌战略，对新创国家级驰名商标的企业一次性奖励 30 万元；获得国家地理标志产品认证的，奖励 20 万元。

第二十三条　对符合国家产业政策的项目，在享受我县支持政策同时，县委、县政府还将依据政策为项目积极申请国家、省、市相关产业扶持政策。

第二十四条　投资企业投产达效后，向招商局提出申请，经财政局、审计局、市场监督管理局、工信局、统计局、住建局等部门联合审核确认后，由招商引资领导小组认定，财政一次性兑现奖励资金。

五　金融政策

第二十五条　建立投资项目融资需求资源库，定期组织开展银企对接活动。依托省工业企业助保金贷款平台、市中小工业企业贷款周转金平台，帮助符合条件的企业申报助保金贷款或贷款周转金。

第二十六条　在主板、创业板或新三板上市的企业，在省政府奖励 1000 万元的基础上，一次性追加主板上市的企业 1000 万元奖励、创业板上市的企业 600 万元奖励；在"新三板"挂牌的企业，在省政府奖励 200 万的基础上，一次性追加 50 万元奖励。

六　人才政策

第二十七条　投资 5000 万元以上的企业，企业高管人员年薪 10 万元以上，可享受县级医院每年一次的全方位免费体检待遇。其子女需要在我县入学的，按其居住地及本人自愿享受当地学生同等待遇，不得收取任何额外费用。企业年纳税总额地方留成部分达到 200 万元以上的，至完成税收之日起一次性奖励企业 3 套 90 平方米左右高管住房；企业年纳税总额地方留成部分达到 400 万元以上，至完成税收之日起一次性奖励企业 6 套 90 平方米左右高管住房。

第二十八条　县人社部门建立熟练产业工人、技术人员信息库，根据投资企业用人需求，免费为企业在县内、县外组织招工。

第二十九条　以县职业学校为载体，实行厂校挂钩、定向培训，培训经费政府按比例予以补贴。

七　审批服务

第三十条　招商局成立"项目领办办公室"（简称：项目领办办），由专人负责代办项目所有手续。对符合条件且提供的证件及有关资料齐全的，属汤原县职权范围之内的，各部门在 5 个工作日内办结；需报上级主管部门批准的，材料备齐后在 5 个工作日内完成审核、转报手续。

第三十一条　有关单位在办理招商引资投资企业的审核、审批事项时，未按规定时限办结或转报的，或因故意刁难、推诿、拖延造成不良影响和后果的，将追究相关人员责任。

八　安商政策

第三十二条　建立重点项目领导包保责任制度。对投资 3000 万元以上的项目，建立县级领导包保制度，并实施包保项目领导包立项、包审批、包征拆、包开工、包建设、包服务的"六包"推进机制，强力推进投资项目建设。

第三十三条　实行"首次不罚"制度。对企业或个人非主观故意的一般违规行为，以帮助整改为目的限期整改。对在规定期限内整改到位的，原则上不予处罚；对逾期未改确需实施处罚的，一律按规定的下限标准执行。

第三十四条　县委、县政府环境办接受所有企业对破坏发展环境及相关行为的举报。

九　引荐人奖励

第三十五条　对引荐人引进的固定资产投资 1000 万元—3000 万元的项目，按固定资产投资额的 1‰给予一次性奖励，项目竣工投产后兑现奖励。对引荐人引进的固定资产投资 3000 万元—5000 万元的项目，按固定资产投资额的 1.5‰给予一次性奖励，项目竣工投产后兑现奖励。对引荐人引进的固定资产投资 5000 万元—1 亿元的项目，按固定资产投资额的 2‰给予一次性奖励，项目竣工投产后兑现奖励。对引荐人引进的固定资产投资 1 亿元以上（含 1 亿元）的项目，按固定资产投资额的3‰给予一次性奖励，项目竣工投产后兑现奖励。

第三十六条　引荐人必须获得由投资人签署的委托证明，并持有效身份证明到县招商局确认登记手续。投资人自身也可作为引荐人。

第三十七条　外来客商在我县投资额度较大、投资年限长、拉动作用强、有突出贡献的，授予一定的荣誉称号或名誉职务。

创新发展现代农业

——北京市通州区国际种业科技园区

钟 勇[*]

一 建立通州国际种业科技园区的必要性

（一）发展种业是国家战略需要

农业作为基础产业，是一个国家生存的基础，极为重要。我国是一个农业大国，但并不是农业强国。随着现代农业的发展，种业作为一个行业已经独立出来，占据农业产业链的高端，成为农业的核心行业。可以说，谁掌控了种业，谁就掌控了农业。因此，种业对于一个国家而言非常重要，属于国家发展战略的范畴。目前，全球种业十强已全部进入中国。这些公司投入巨资进行农作物新品种开发与营销。与之相比，我国种业发展的状况不尽人意。我国农作物种业发展目前仍处于初级阶段，商业化的农作物种业科研体制机制尚未建立，科研与生产脱节，育种方法、技术和模式落后，创新能力不强。在种业发展、研发资金、研发人员和研发平台搭建等方面与这些种业巨头有很大差距。国家对于种业的发展非常重视。2011 年 4 月 10 日，国务院发布了《关于加快推进现代农作物种业发展的意见》，明确指出"种业是国家战略性、基础性的核心产业，是促进农业长期稳定发展、保障国家粮食安全的根本"。要求在种业发展中坚持自主创新的原则。加强农作物种业科技原始创新、集成创新

---

* 钟勇，北京市委党校经济学教研部主任、副教授。

和国际合作。加快培育具有自主知识产权的农作物种业科研成果，提高农作物种业核心竞争力。到 2020 年，显著提高优良品种自主研发能力和覆盖率，确保粮食等主要农产品有效供给。2012 年中央一号文件再次提出要"加快发展现代种业"，科技部也发布了《生物种业"十二五"科技发展重点专项》。2012 年国务院办公厅印发《全国现代农作物种业发展规划（2012—2020 年）》，明确提出了国家种业发展的时间表。现代种业发展目标分为 2015 年和 2020 年两个阶段。"到 2015 年，初步形成科研分工合理、产学研结合的育种新机制……主要农作物良种覆盖率稳定在 96% 以上……前 50 强企业的市场占有率达到 40% 以上……通过考核的种子检验机构年样品检测能力达到 40 万份，例行监测的种子企业覆盖率达到 30%。到 2020 年，形成科研分工合理、产学研紧密结合、资源集中、运行高效的育种新机制……建成一批标准化、规模化、集约化、机械化的优势种子生产基地，主要农作物良种覆盖率达到 97% 以上，良种在农业增产中的贡献率达到 50% 以上，商品化供种率达到 80% 以上……前 50 强企业的市场占有率达到 60% 以上；健全国家、省、市、县四级职责明确、手段先进、监管有力的种子管理体系，通过考核的种子检验机构年样品检测能力达到 60 万份以上，例行监测的种子企业覆盖率达到 50% 以上。"[1]

（二）发展种业是北京创新驱动发展的需要

习近平总书记 2014 年视察北京的时候，指出北京要明确城市战略定位，坚持和强化首都全国政治中心、文化中心、国际交往中心、科技创新中心的核心功能。要求把北京建设成为国际一流的和谐宜居之都。2016 年 9 月 11 日，国务院关于印发北京加强全国科技创新中心建设总体方案的通知【国发〔2016〕52 号】中，对于北京的科技创新建设进一步提出了明确要求。要求坚持和强化北京全国科技创新中心地位，在创新驱动发展战略实施和京津冀协同发展中发挥引领示范和核心支撑作用。塑造更多依靠创新驱动、更多发挥先发优势的引领型发展，持续创造新

---

① 《国务院办公厅关于印发全国现代农作物种业发展规划（2012—2020 年）的通知（国办发〔2012〕59 号）》（http：//www.gov.cn/gongbao/content/2013/content_2307051.htm）。

的经济增长点，为把我国建设成为世界科技强国、实现"两个一百年"奋斗目标提供强大动力。

按照中央对北京的定位，创新驱动成为北京经济未来发展的唯一方向。北京市十一届十二次次党代会提出，要以建设具有全球影响力的科技创新中心为引领，着力打造北京发展新高地。要实施创新驱动发展战略，全面实施《北京加强全国科技创新中心建设总体方案》。要构建"高精尖"经济结构，坚持做"菜心"、不做"白菜帮子"。北京的种业科技资源高度聚集，全国80%以上的国家级种业科研力量集中在北京，而且种业企业实力较强，北京的种子交易规模约占全国的10%以上。根据这一优势，顺应创新发展的趋势，北京将现代种业定位为农业调结构、转方式的重要发展形式之一。北京市政府与国家相关部委合作，提出"十二五"期间打造"种业之都"。

早在2001年，科技部等六部委就开始了国家农业科技园区的试点建设工作。2010年8月16日，科技部与北京市政府签约共建国家现代农业科技城（北京农科城）。计划通过5至10年时间，把农业科技城打造成全国农业科技创新中心和现代农业产业链创业服务中心，为全国现代农业发展提供技术引领和服务支撑。2011年，为贯彻中央一号文件，科技部提出启动121工程（"一城两区百园"），采取"一城两区百园"结盟的方式，用管理公司的方式统一结盟，跨越行政区划，超越仅仅靠出卖土地来带动发展的方式。"一城"就是指北京国家现代农业科技城。科技部建"城"的目的，旨在突破一般农业科技园区的技术示范、成果转化、生产加工功能，通过科技和服务的结合，从产业链创业的层面统筹"三农"发展，拉近城乡距离，实现产业、村镇、区域整体功能的突破与升级。通过资本、技术、信息等现代农业服务要素的聚集，形成"高端研发、品牌服务和营销管理在京，生产加工在外"（两端在内，中间在外）的服务模式。经过7年建设，北京农科城已成为国家"一城两区百园"农业科技协同创新体系的龙头，并被列入《北京市"十三五"时期加强全国科技创新中心建设规划》。

北京农科城采取"一城多园"的建设模式。目前有六个园区，分别是通州园、昌平园、顺义园、大兴园、密云园、房山园。每个园区各有特色。如顺义园以鲜花为主，密云园以生态休闲农业为主，房山园以现代都市农业示范为主，而通州园则以种业为主。

通州园全称是"北京国家现代农业城通州国际种业园"，由科技部与北京市政府共同建设。于 2012 年 7 月 13 日挂牌，定位为北京"种业之都"的"种业硅谷"。2012 年 5 月北京市人民政府与农业部签订了《共同建设现代农作物种业战略合作备忘录》，共同推进北京现代种业建设。通州种业园先后被国家科技部、农业部确定为国家级农业科技园区、现代农作物种业示范区核心基地和全国农村农业信息化示范基地，并纳入中关村国家自主创新示范区建设体系，成为中关村唯——个农业科技园区。目前已基本确立全国"三中心一平台"（全国种业创新中心、交流交易中心、企业聚集中心、种业发展服务平台）的地位。

二 科技园区基本发展情况

园区位于通州区南部，以于家务为中心，覆盖通州南部张家湾镇、马驹桥镇、漷县镇、永乐店镇等乡镇。北至凤港减河；东临张采路，紧邻聚富苑民族工业园；西至于家务乡域边界；南至化渠路。规划面积 5 万亩，目前已完成 4.2 万亩，完成投资约 3.5 亿元。园区大力投入基础设施建设，先后完成景观绿化、道路硬化、河道生态治理、雨洪利用等建设工程。目前基础设施基本成型。同时，帮助园区企业完善联动温室、种苗车间等生产配套设施，使企业规模化生产能力进一步提升。园区的综合服务能力不断加强，为育种企业及科研院校搭建了高端、高效的育种研发平台，基本实现了育种技术研究、科研成果展示、籽种加工装备科研、高科技含量品种中试展示等功能，初步形成对全国种业产业的辐射带动作用。

目前园区内聚集了法国利马格兰、北京德农、北京联创、神舟绿鹏及中国农大、中国农科院、北京市农林科学院等种业企业和科研院所 60余家，其中包括已上市企业 6 家，准备上市企业 2 家，各企业投入资金已累计达到约 30 亿元，与廊坊大厂、天津武清及山东东阿等地区签订合作协议，促进种业领域交流合作与资源共享。带动全乡及周边乡镇 3000 多名农民就业，提高农民年收入共计 7500 多万元。

下一步，园区将继续依托国家现代农业科技城各项优势资源，围绕

《京津冀协同发展规划纲要》以及北京城市副中心发展规划，全面打造全国种业科技产业的集聚区。同时，还将积极协调科技部、农业部等部委向国务院申请建设"国家现代种业创新试验示范区"，进而形成北京市都市型现代农业发展的重要抓手及国家种子"硅谷"建设的核心，真正发挥园区对全国种业产业发展的示范引领作用。

三　科技园区的主要做法

作为全国第一个种业科技园区，缺少可资借鉴的经验，开拓创新成为通州区国际种业科技园区的唯一出路。建园以来，园区按照"创新驱动，集聚发展"的指导思想，在种业体制改革创新、种业创新能力提升、商业化育种体系构建、种业管理服务优化等方面开展先行先试，探索出了一条创新驱动、产出高效、资源节约的现代种业发展之路。初步形成了北京农业科技产业的新业态，国家种子"硅谷"建设也已初具雏形。

（一）采用"政府搭台企业运作"的管理模式

2012 年 2 月批复成立北京通州国际种业科技园区管理委员会（科级）。成立北京通州国际种业科技有限公司，形成"政府搭台，企业运作"的发展模式。其中管委会主要负责园区组织、领导和协调工作，有限公司负责园区基地建设、基础设施、项目投资建设。这种以企业经营为主体、以行政指导为保障的双轨管理机制，利用市场机制引导专业化的服务企业为现代种业服务，逐步形成以现代服务业引领现代种业发展的长效机制。

（二）搭建公共服务平台

为了园区企业能有更好的发展环境，在对园区企业需求调研和分析的基础上，根据种业发展特点，园区管委会搭建了一系列公共服务平台，初步实现了育种研发、企业孵化、展示推荐、交易交流等功能。

1. 现代农作物育种研发服务平台

园区建立了现代农作物高通量育种研发服务平台。该平台汇集了顶端的育种研发设备，以社会化的运营模式为种业企业和科研机构的作物新品种培育提供了快捷高效、高通量的分子检测检验服务。目前已建立了番茄 SSR/SNP 指纹图谱库，开发了番茄 9 种常见病虫害的分子标记，已完成 500 多份育种材料共计 10000 多个分子标记的检测工作。

目前，园区正在现代农作物高通量育种研发服务平台的基础上建设一个种业创新平台——通州国际种业科技园区研发中心，将于 2018 年底开始运行。该中心建设占地 75 亩，建设规模为 8 万平方米。该中心将集种子技术孵化器、国家级种子实验室、种业品种实验基地、种子检测实验室、先进育种技术人才培育基地等于一体。着力打造农业信息技术研究中心、种苗健康检测中心、作物品种权认证中心和高通量育种研发服务平台，满足园区企业和科研机构研发、办公的需求，承接国家级农业科技成果的转化应用。

2. 物联网技术集成与应用服务平台

该平台能实现智能化识别、描述、分析、监控、管理和控制种业"育—繁—推"过程。目前一期工程已完成，实现种业科技园区 GIS 管理系统、农业远程智能专家系统、作物育种综合管理平台、设施农业云、典型生态区种业基地网络展示共享平台等功能。二期工程还在建设中。将对环境、视频监测控制进行完善和改进，并扩大项目建设领域。通过采用物联网、云计算、大数据、移动互联网等技术手段，结合管理手段的创新，实现对研发、生产全过程的智能化管理和对工作人员的有效监管。在核心示范区及企业、外阜基地等安装"智能水肥一体化系统"、开发用于实际生产的"病虫害防治系统"和"作物生产信息追溯系统"，用于作物精准化管理以及各个农产品各生产环节的信息查询，实现"精准化农业"。达到节约能源、精确控制、绿色环保、科学决策、提高效率的目的。

3. 建设农作物种质资源交流共享平台

建立种质资源库。通过制定农作物种质资源共享机制，为种质资源基因挖掘和规模化开发提供全程服务。

4. 农作物品种权展示交易平台

该平台引导鼓励企业和社会机构开展新品种联合测试，育种新技术、新装备展示。2015 年至 2016 年投资 800 万元，已完成了交易平台网站搭建工作。同时，国家种业科技成果产权交易平台正式落户园区。通州种业科技园依托该平台，通过种业科技成果公开交易，促进科研院所和高等院校与种子企业更加紧密地结合。目前已完成品种展示大棚15000平方米，展示交易大厅已建成并正式运行。同时，园区筹建园区子基金，通过交易平台和种业基金的业务融合，加快形成种业企业交易总部和结算总部。

（三）建设科研基地，引进专家人才

自建园来，园区一直以"引进与培育有效结合"为宗旨，充分利用科研技术力量，加强与高等院校、科研院所的农作物种业相关学科、重点实验室和研究中心联系。先后与中国农科院、中国科学院遗传与发育生物学研究所、植物研究所、中国林科院林业研究所以及北京市农林科学院签订入驻协议，在园区建设国家重点工程试验室和科研基地。并先后成立北京博士后（青年英才）创新实践基地、2个院士专家工作站以及4个博士后工作站。共引入种业高端科技人才151名，其中博士后16人、博士35人、硕士100人。这些人才组建成以分子标记技术为核心的开放实验室和专家团队，为企业、科研单位提供育种检验、测试服务。

（四）组建专家顾问团队

为了帮助园区企业发展，园区管委会利用园区人才优势，组织了专家顾问团队，为园区企业提供咨询和指导服务。专家团队成员包括战略规划、农业经济、项目管理、作物育种、分子生物、知识产权、法律等领域的专家。

（五）坚持打造品牌，提高园区业内认可度

在北京市相关委办局以及相关高校、院所的大力支持下，园区每年举办现代种业博览会。目前已成功举办五届，累计展示农作物新品种1.2万余个，吸引6000余人次的种业企业、经销商等参会。博览会正逐渐成为具有国际影响力的农业品牌盛会。园区还通过定期举办良种展、学术论坛等，有效提升了园区在业内的影响力和知名度。对于园区引进种业高端要素起到了很好的推介作用。

四　经验与启示

通州国际种业科技园区作为我国第一个种业科技园，经过几年的发

展，初步形成了北京农业科技产业的新业态，国家种子"硅谷"已初具雏形。回顾园区的发展过程，有以下几点经验可供参考。

（一）抓住机遇，定位准确

园区建设能够获得成功，可以说是天时地利人和的结果。园区的独特定位契合了我国农业转型升级的痛点，顺应了国家种业发展和北京创新发展的大势，也充分利用了北京种业研发科技力量雄厚的地域优势，使得园区建设得到了各方的大力支持。同时，作为第一个种业科技园区，有明显的先发效应，吸引了大批优质资源。在国家政策支持下，成为国家"种子"硅谷，在全国种业产业体系中占据领先地位。

（二）科学规划，开拓创新，大胆实践

建园之初，园区就确定了"创新驱动、集聚发展"的指导方针，在北京市科委指导下组建国家级专家团队，结合种子"硅谷"发展战略，编制了《国家种子"硅谷"发展战略研究》和《北京市通州区国际种业科技园区建设规划（2014—2020）》。明确园区发展主导产业为北方作物及蔬菜、林果制种业、籽种交易和结算服务业、国际会展业、籽种加工物流业、观光休闲旅游业。将园区打造成为国际化种业企业总部、科研总部、交易总部和结算总部，成为民族种业企业孵化器，实现出企业、出品种、出人才、出机制和出效益五大目标，建成国家种子"硅谷"核心区。同时，园区坚持开拓创新，先行先试，打造"四化同步"核心区。成立"四化同步"改革试验区核心区建设领导小组，负责核心区建设的统筹协调和宏观指导，同时积极与中国农科院展开对接，加快中国农科院"通州农业科技创新中心"建设，共建科研企业科技成果转化孵化基地。扎实的工作使得园区规划得到了很好的落实。

（三）构建了一个园区主导的研发转化生态系统

园区在北京市科委指导下，推进园区"育繁推"一体化商业育种体系建设，挑选相关优质机构入驻。入驻单位既有企业也有科研院所，既有大企业，也有研发型小企业。这些入驻机构从产品形态上构成一个从基础研究到品种研发的全产业链。园区通过建立研发中心、物联网集成与应用服务平台、作物品种权展示交易平台、专家团队服务支持等措施，一方面，发挥园区规模优势，搭建服务园区机构的公共服务平台，另一方面促进机构之间共享资源，相互合作，构建了一个管委会主导的入驻机构参与的从研发、管理到成果转化的封闭的园区生态系统。这个系统显著提升了园区综合公共服务能力和种业生产管理水平，而且随着入驻机构的增多不断发展强大，会吸引更多优质企业入驻，构成园区的独特竞争力。

北京建筑垃圾资源化利用产业发展问题研究

王　昊[*]

一　北京建筑垃圾资源化利用产业发展现状

（一）我国城市建筑垃圾资源化利用产业发展总体滞后

建筑垃圾是指建设单位、施工单位或个人对各类建筑物、构筑物、管网等进行建设、铺设或拆除、修缮过程中所产生的渣土、弃土、弃料、余泥及其他废弃物。根据中国科学院的研究报告，我国每年产生建筑垃圾为 24 亿吨左右，占到城市垃圾总量的 40%。

建筑垃圾的快速增长源于我国工业化和城市化的跨越式发展。1994年我国的分税制改革，对地方政府土地财政的形成产生了重要影响；1998 年住房福利制度转向住房商品化；加上 1985 年以来逐步得到完善的 GDP 考核机制的作用以及中国入世、北京申奥成功等重大事件的影响，新世纪之初成为中国第二次重工业化浪潮的起点，这次重工业化的浪潮，以房地产业、汽车产业、高铁、航空航天、能源化工、建筑材料等为代表，工业化发展迅速，带动城市化发展进入一个新阶段。工业化和城市化的迅猛发展，使得城市建筑垃圾生产量快速增加，每年增速约为 8%—10%。根据中国建筑垃圾资源化产业技术创新战略联盟发布的《中国建筑垃圾资源化产业发展报告（2014 年度）》，我国建筑垃圾 2014 年度产生

* 王昊，北京高端服务业发展研究基地研究员，北京市委党校经济学教研部教授，经济学博士。

量超过 15 亿吨。根据中华研普行业调研报告，我国国内建筑垃圾产量，2015 年至 2020 年逐年增长，到 2020 年时为 39.66 亿吨。[①]

不断积累的建筑垃圾危害巨大。主要表现在以下四方面。一是威胁安全。为了方便，施工场地附近多成为建筑垃圾的临时堆放场所，一旦出现恶劣天气或其他因素，建筑垃圾堆极易发生崩塌，进而阻碍道路、损毁建筑物甚至人员伤亡。在坑塘沟渠堆放建筑垃圾，既降低了水体调蓄能力，也降低排水和泄洪能力。垃圾堆放场所产生的气体对环境危害很大，1 吨固体垃圾在完全厌氧条件下大约产生 300—400NM^3 的气体，其中 CH_4、和 CO_2 分别占 50% 和 40%，CH_4 对温室效应的影响比 CO_2 高 22 倍。当垃圾堆放场周围的甲烷达到足够浓度时还可能引起火灾和爆炸。2015 年 12 月 20 日，深圳光明新区红坳村余泥渣土受纳场突然发生爆炸，百米高的渣土倾泻而下，3 个工业园 33 栋建筑损毁或被掩埋。[②] 发生滑坡的受纳场，主要堆放物正是渣土和建筑垃圾。二是占用土地。传统的建筑垃圾处置方式主要为填埋和露天堆放，按堆高 5 米计算，1 万吨建筑垃圾将会占地约 2.5 亩。24 亿吨垃圾，至少需要 60 万亩土地。建筑垃圾体量大、增速快。拿简易堆放来说，一旦堆放垃圾的土地被开发，将面临着二次腾挪。二次腾挪产生的费用也相当大，如果运费每吨 30 元，北京每年没有被资源化利用的 4000 万吨建筑垃圾仅运输费就需要 12 亿元。三是造成污染。大量垃圾堆放和填埋场处理设施简陋，一方面会散发有害气体，污染空气；另一方面还污染地下水、地表水和土壤，致使生态环境进一步恶化。四是影响人们生活和健康。建筑垃圾的堆放，不仅有碍景观，还会产生危害人们身体健康的有害病源体，有毒气体，受污染的水，粮食和蔬菜等。[③]

我国处理和综合利用建筑垃圾产业发展相对滞后。据有关部门统计，我国建筑垃圾存量已达到 200 多亿吨。我国建筑垃圾资源化利用率不足 5%，远远低于欧盟的 90%、日本和韩国的 95% 等发达国家和地

---

① 兰聪、卢佳林、陈景、高育欣：《我国建筑垃圾资源化利用现状及发展分析》，《江西建材》2018 年第 8 期。

② 钱敏：《北京的建筑垃圾哪里去》，《人民周刊》2016 年第 2 期。

③ 李丽：《城市垃圾资源循环利用问题探讨》，《科技信息》2014 年第 3 期。

区。《中国建筑垃圾资源化产业发展报告（2014 年度）》指出，我国约有 20 多家相对专业建筑垃圾再利用企业，主要生产再生砖，应用范围有限。韩国年产建筑垃圾 6000 多万吨，却有 373 家建筑垃圾处置企业。[①]

根据国内一些权威机构已有相关的调研和技术鉴定，如果仅从技术角度考虑，我国现阶段要实现建筑垃圾资源化率达到或超过国际水平是完全可行的。建筑垃圾的资源化利用，既可以减少对自然资源的过度依赖，还可以创造新的价值。按照全国推广联盟的技术路线，如果中国的建筑垃圾资源化率达到 100%，每年可减少碳排放 4.8 亿吨。[②] 根据有关研究报告估算，我国的建筑垃圾如果能够转化为生态建材，可以创造价值 1 万亿元。

（二）北京建筑垃圾资源化利用产业发展形势紧迫

根据《北京市关于进一步加强建筑垃圾治理工作的通知》，建筑垃圾是指建设单位、施工单位新建、改建、扩建和拆除房屋建筑和市政基础设施等以及居民装饰装修房屋过程中所产生的弃土、废料及其他废弃物。

在 20 世纪 90 年代之前，北京市的垃圾基本是采用简易堆放的方式进行处理。从 1991 年开始建成大屯转运站和阿苏卫填埋场，北京市的垃圾处理才进入无害化阶段。在此后的十几年时间里，大批的垃圾填埋场陆续建成，填埋成为北京处理城市垃圾的主要方式，填埋量占垃圾总量的 90% 以上。在此所说的垃圾既包括生活垃圾，也包括建筑垃圾和其他垃圾。填埋虽然优于简易堆放，但危害依然严重，填埋越多，积累的危害越大。既要占用大量土地资源，又污染土壤、地下水及周边环境，还严重影响空气质量和人体健康。垃圾填埋处理也同样逐渐不适应首都社会经济发展对宜居环境的需要。

目前，北京建筑垃圾的绝大部分仍然采用堆放、填埋方式处理。根据市城管委的数据，北京年产生 4000 万吨至 5000 万吨建筑垃圾，70% 不

① 兰聪、卢佳林、陈景、高育欣：《我国建筑垃圾资源化利用现状及发展分析》，《江西建材》2018 年第 8 期。

② 张红：《建筑垃圾资源化亟待突破三大瓶颈》，《江西建材》2015 年第 12 期。

能回收利用，15％集中填埋，15％可以再生利用。① 随着《京津冀协同发展规划纲要》和《北京城市总体规划（2016 年—2035 年）》实施，北京通州城市副中心建设、河北雄安新区建设和北京中心城区功能疏解等重大工程逐步推进，北京建筑垃圾产生量将持续高位，2020 年预计达到5200 万吨，年均增加 300 万吨。

《中国建筑垃圾资源化产业发展报告（2014 年度）》提出了我国建筑垃圾资源化的目标和重点任务：至"十二五"末，即 2014—2015 两年时间，实现全国大中城市建筑垃圾资源化利用率达到 30％，其他城市建筑垃圾资源化利用率达到 15％；在"十三五"时期，充分发展建筑垃圾资源化产业，同时不断完善对建筑垃圾处置利用的法律法规和制度体系，大中城市建筑垃圾资源化利用率预期达到 60％，其他城市预期达到 30％；在"十四五"期间，非大中城市成为建筑垃圾资源化产业的主要市场，到"十四五"末，全国建筑垃圾资源化利用率达到发达国家水平，建筑垃圾资源化技术和企业管理处于世界先进水平，产业良性发展。对照这一发展目标，北京市建筑垃圾资源化利用产业发展形势十分严峻。

北京建筑垃圾资源化利用产业起步较晚，发展滞后。国内部分城市相继开展了建筑垃圾资源化处置试点，深圳、许昌、沧州、邯郸等城市在建筑垃圾处置方面走在了前列。北京市于 2011 年出台了《全面推进建筑垃圾综合管理循环利用工作意见》，制定并发布了一系列建筑垃圾资源化处置政策、再生产品行业质量标准及应用技术规范，同时在"十二五"期间，市政府立项规划，在大兴、房山、朝阳、海淀、丰台、石景山等区规划建设 6 座建筑垃圾资源化处置厂作为首批示范项目，但由于政策保障不力，监督机制不完善，各行为主体自觉意识不足，这些示范项目建设总体进展缓慢。2017 年 7 月 13 日，作为北京市第一个正式规划建设、手续齐全的建筑垃圾处置厂，大兴建筑垃圾处置厂正式投产运营。②

---

① 《大兴建筑垃圾处置厂正式投入使用》，2017 年 7 月 14 日，搜狐网（http：//www. sohu. com/a/157258035_ 717779）。

② 同上。

二　北京建筑垃圾资源化利用产业发展面临的问题及成因

（一）建筑垃圾资源化利用产业发展面临的问题——以大兴区建筑垃圾处置厂为例①

大兴区建筑垃圾处置厂是北京都市绿源环保科技有限公司的一个项目，该公司隶属北京市政路桥集团，位于庞各庄镇庞各庄桥东侧，厂区整体规划 223 亩。计划项目年处理 100 万吨建筑垃圾，主要包括破碎筛分生产线、混凝土的搅拌站（年产 60 万立方）、无机料站（年产 70 万吨），建筑垃圾资源化利用率不低于 90%，项目总投资约 2 亿元。

自 2008 年 6 月起产业调研到 2017 年 7 月建成试运营，大兴区建筑垃圾处置项目前后历时 9 年。项目建成后，生产能力如果全部释放出来，则不仅能够承担大兴区、丰台区西部区域、通州区西部区域及南部城区的建筑垃圾处置任务，还将对整个北京建筑垃圾资源化利用的产业化发挥重要作用。但就目前试运营后的表现来看，仍然存在几个迫切需要解决的问题。

一是原料来源难以保证。建筑垃圾填埋场、非环保简易处理设备长期形成低价竞争，违法消纳成本低，责任风险小，导致正规资源化处置企业的建筑垃圾原料得不到保障。

二是处置补贴难以得到。项目建设规模及环保控制的高起点、高标准，使得企业的运营成本较高，加之非正规企业的低价竞争以及建筑垃圾市场监管不力，处置企业难以得到应有的处置补贴，直接影响企业的生存和可持续发展。

三是产品销路难以拓展。建筑垃圾处置企业生产的产品属于再生产品，再生产品质量的认证同样需要客观公正的质量认证标准，需要政府的相关政策加以鼓励和引导。由于缺乏再生产品的质量认证标准和相关政策，现实中建筑施工企业对建筑垃圾再生产品存在认知、质量、安全

---

① 本文参考了北京市委党校第 51 期中青班学员高宇的研修报告《有效推动北京市建筑垃圾资源化的对策建议》中的部分资料，在此深表感谢。

和价格等多重因素的担忧，难免产生抵触思想，从而直接影响到再生产品的使用和推广。

（二）建筑垃圾资源化利用产业的问题成因

建筑垃圾资源化利用出现以上的问题和困境，主要原因有三。

一是法律法规的不完善和执行力度不足。缺乏法律制度的保障，市场主体自发行为得不到有效监督和规范，政府相关部门也难以实施有效管理。产生建筑垃圾的企业是追求自我利益最大化的市场主体，法无限制皆可为，只要没有法律约束或约束力不足，企业甚至居民就会毫不犹豫地把垃圾以最简单、成本最低的方式处理掉。政府相关部门作为管理主体，没有法律法规的支持，就不可能做到依法治理。尽管我国和北京市已经出台《大气污染防治法》《固体废物污染环境防治法》《城市市容和环境卫生管理条例》《城市建筑垃圾管理规定》《北京市大气污染防治条例》《北京市市容环境卫生条例》《北京市建设工程施工现场管理办法》《北京市人民政府办公厅关于印发全面推进建筑垃圾综合管理循环利用工作意见的通知》（京政办发〔2011〕31号）等法律法规文件，但由于针对建筑垃圾管理的法律法规和配套政策没有形成一个完整的体系，在已有的规章规范中，针对建筑垃圾管理的环境控制标准缺乏，导致建筑垃圾管理工作中的法律效力和处罚力度不够。

二是建筑垃圾资源化利用管理体制不健全。垃圾处置领域涉及土地、环保、建设、市政、规划、财政、交通等多个部门，垃圾管理模式存在主管部门不明确、职责不清、协调困难、职能错位等问题，致使管理无序、监管不力。

三是建筑垃圾再生产品的质量认证及相关鼓励引导政策不到位。建筑垃圾资源化产业发展涉及到居民生活、环境保护、公共卫生等许多公共利益，其经济的外部性显著，这种经济外部性会显著影响该产业的发展，单纯依靠市场自发作用，可能会发生市场失灵问题，在市场经济体制还很不完善的情况下，市场失灵更容易发生。因此，该产业的顺利发展，政府政策扶持和引导不能缺位。目前，政府部门在建筑垃圾再生产品的质量标准认证、推广应用制度以及鼓励引导政策方面，迫切需要进一步加强和完善。

三　北京建筑垃圾资源化利用产业发展对策及建议

建筑垃圾资源化利用既是一个具有长远经济效益的产业，也是一个复杂的系统工程，涉及法律、政策、技术、管理、经济、环境、社会等众多领域。只有政府、企业、社会机构和居民共同努力，共同监督，严格执行建筑垃圾处置制度与政策，才能加快我国建筑垃圾资源化利用产业的发展进程，真正实现建筑垃圾减量化、资源化和无害化。针对大兴区建筑垃圾处置厂项目推进过程中遇到的一些问题及北京市建筑垃圾资源化利用产业发展的困境，结合先进国家或地区在建筑垃圾资源化利用产业发展过程中的经验，我们认为北京建筑垃圾资源化利用产业发展还需加强以下几个方面的工作。

（一）建立健全建筑垃圾资源化利用的法律法规体系

要进一步完善建筑垃圾管理的相关立法、程序规定和监管范围。要明确建筑垃圾产生、运输、处置的责任主体及其责任与义务，严格履行"谁产生谁负责"的基本规则，对建筑垃圾产生企业实施征税，从源头实现减量化。通过税收减免，处置费补贴等方式，支持建筑垃圾资源化利用企业，促进其提高效益和技术研发。通过政府采购、绿色产品标识等，鼓励政府及建筑企业积极使用再生产品，拓宽再生产品应用渠道和应用范围。要从法律上明确规定，对建筑垃圾的排放、运输、资源化处理和再利用等实施全程监管。要不断健全建筑垃圾资源化管理的配套管理法规体系。随着乡村振兴战略的实施和城乡一体化建设，农村建筑垃圾问题日益严重，农村建筑垃圾的资源化利用也应逐步纳入到国家的法律法规体系之中。

（二）构建建筑垃圾多部门共同监督管理的平台机制

城市管理、城管执法、住房城乡建设、交通运输、公安交管、环境保护等各管理部门共同构建建筑垃圾管理的平台机制，统一制定相关政策，统一协调管理，进一步明确各部门从建筑垃圾产生、堆放、运输、处置到再利用全过程的职责分工，落实建筑垃圾的料源监管、运输监管、处置费补贴收付监管及再生用品应用监管。建立健全建筑垃圾资源化实施的配套政策法规及监管办法，加大监督执法力度，提高各类违法成本，维护建筑垃圾市场公平竞争秩序。十九大后，随着"疏解整治促提升"专项行动的进行，北京建筑垃圾的资源化利用开始提速。北京市住房和城乡建设委员会于2018年3月23日发布《关于进一步加强建筑垃圾治理工作的通知》，对发挥市建筑垃圾综合管理循环利用领导小组的组织协调作用、加强建筑垃圾产生源头管理、运输治理、末端处置治理、明确相关管理部门重点职责、完善执法衔接机制等各个方面作了明确规定，该通知自2018年4月1日起实施；2018年4月10日，北京市发展改革委会同市住建委等10个部门联合发布《关于进一步加强建筑废弃物资源化综合利用工作的意见》，该文件明确规定，建筑废弃物在拆除现场存放时间不得超过半年；鼓励使用移动式建筑废弃物资源化处置设施，对建筑废弃物现场资源化处置，应实时监测重点污染物；疏解整治促提升专项行动资金将予以支持，建筑垃圾处置费用标准试点按不高于现行建筑垃圾处理费标准150%执行。① 这些重要法规和政策，将为北京建筑垃圾的治理保驾护航。

（三）加大建筑垃圾资源化利用的政策引导和扶持力度

通过制定并不断完善相关标准、绿色标识、相应补贴、财税奖励等，有序推进建筑垃圾资源化利用产业的顺利发展。

一要建立健全再生产品行业质量标准和应用技术规范。再生产品要广泛使用，就必须达到相应的质量标准。只有达到规定质量、满足现行应用场合的功能要求和施工要求，才有可能不断拓展再生产品的应用领域。例如，新加坡建设局规定，任何一个建筑项目如果希望使用超过20%限额的混凝土再生材料，所使用的混凝土质量必须达到建设局的要求标准。再如，为了确保再生材料在建筑结构中的应用安全，日本、美国、德国、荷兰、英国等发达国家利用各种机械设备，对建筑垃圾的分选程度进行试验，收集分析数据信息，在此基础上制定了再生材料的应用规范和指南。

二要逐步完善再生产品应用推广政策。在满足技术规范和质量标准条件下，可以把建筑垃圾再生产品纳入新型建材推广目录和政府采购目

---

① 何佳艳：《北京提速建筑垃圾资源化处理》，《投资北京》2018年第6期。

录。还可以采用税收、补贴或其他方式，鼓励设计单位、施工单位在设计环节及使用环节能优先使用建筑垃圾再生产品，鼓励政府工程、重点工程中要优先使用建筑垃圾再生产品，在有条件的地区或工程中可以规定再生产品的应用比例。

（四）切实加强建筑垃圾的源头控制

一要加强建筑垃圾分类、回收、利用方面的宣传教育。建筑垃圾资源化利用涉及生产、运输、处置的各类企业，涉及政府管理部门和日常生活的居民，涉及面广且影响巨大，需要全社会积极参与，共同监督实施。尤其是建筑垃圾处置企业和政府有关管理部门要积极行动起来，做好宣传教育工作。建筑垃圾处置企业要充分利用自身的便利条件，采用各种方式开展针对性的宣传教育，例如，可以专门设立接待中心，自制环境保护宣教手册，录制宣传教育片，培养专业环保宣传队伍，积极开展建筑垃圾产业和循环经济的宣传教育工作。还可邀请社区居民、大中小学生等到公司现场参观，让大家近距离地观察建筑垃圾处置的全部流程，了解学习建筑垃圾分类回收和资源再利用等相关知识。政府管理部门更要发挥自身优势，把宣传教育工作落到实处，例如，邀请公众人物开展公益广告宣传；走进大中小学开展公益活动、设立相应讲座和专题；和企业一起召开研讨会等。

二要在源头上对建筑垃圾进行分类。进一步规范施工单位的现场管理，从源头对垃圾实施分类管理，可资源化利用的统一送往建筑垃圾处置厂，不可利用的渣土送往填埋场。按照建筑垃圾类别收费，利用价格杠杆促使施工单位从源头重视对建筑垃圾的分类回收和管理。

从合作创新到自主创新

——北斗星通的创新之路

杨东德[*]

卫星导航产业被认为是继移动通信和互联网之后第三大 IT 经济增长点。当前全球有四大卫星定位系统，分别是美国的全球卫星导航定位系统 GPS、俄罗斯的格罗纳斯系统 GLONASS、欧洲的"伽利略"系统和中国的北斗卫星导航系统，国际卫星导航产业已形成较为完备的产业体系，导航服务性能不断提升，应用范围不断扩大，市场规模快速增长。我国卫星导航产业起步较晚，尚处于产业的初期阶段（见附件）。目前我国从事导航与位置服务产业的相关公司超过 6800 家，从业人员数量约为 15 万人—20 万人，总投资规模 500 亿元左右，但整个产业仍呈现"小、散、乱"局面。[①] 其中，北斗星通公司通过不断地创新，成为我国卫星导航产业的领跑者之一。截至 2017 年底，累计获得授权专利 246 项，累计取得软件著作权 197 个，参与技术标准制定 12 项[②]，公司自主研发的北斗芯片被国家博物馆收藏。本文在介绍公司基本情况的基础上，探讨北斗星通公司的创新之路，以期对我国众多的此类公司提供借鉴。

---

* 杨东德，北京市委党校经济学教研部副教授。

① 刘永刚、朱禁弢、尹建权：《北斗的商业地图》，《中国中小企业》2013 年第 3 期。

② 数据来自北斗星通公司 2017 年年度报告。

一 卫星导航产业的领跑者——北斗星通

（一）公司简介

北京北斗星通导航技术股份有限公司（简称"北斗星通"）成立于2000年，是在原国防科工委京惠达新技术公司的基础上创建的，并于2007年在深交所上市，是中国最早从事卫星导航定位业务的专业公司之一，也是我国卫星导航产业首家上市公司。公司自创立伊始便把推动中国卫星导航产业化发展作为己任，曾先后承担"北斗一号信服系统""北斗二号地面系统"论证和建设，专业从事卫星导航定位产品、基于位置信息系统应用和位置运营服务业务。公司集聚了"千人计划"、"万人计划"、科技部创新人才推进计划、北京市科技领军人才等一批业内一流人才，通过不断创新，取得了一批高水平研发成果，掌握了卫星导航领域的核心技术，其卫星导航芯片、板卡、天线等基础产品在各行业得到广泛应用，目前，公司在进一步加大技术和产品研发力度，推动业务向中高端、大体量客户转型，积极打造"端/IC＋云"的新业务生态。

经过多年"内生＋外延"的发展模式，公司现已具有基础产品、国防业务、汽车电子、行业应用及运营服务四大业务板块，涵盖军用及民用领域，公司践行四大业务板块协调发展，并不断完善和深化"产品＋系统应用＋运营服务"的业务模式，主营业务实现从天线、芯片、板卡、模块、终端到运营服务的全产业链覆盖，为我国北斗导航产业发展做出了卓越贡献。

北斗星通公司在海洋渔业安全生产应用领域和军事指挥应用领域，市场份额远高于国内同行；测绘领域的高精度接收机核心部件占有90%以上的市场份额；在国内机械控制的港口集装箱作业领域，北斗星通目前也有90%以上的市场占有率。近年来，公司业绩稳步提升，营收和净利润水平在国内同行业上市公司中名列前茅。2017年，公司营收22.04亿元，同比增长36.30%；归母净利润1.05亿元，同比增长102.99%。①

---

① 数据来自北斗星通公司2017年年度报告。

2018 年 5 月 18 日，"第八届中关村创新论坛"召开，北斗星通董事长兼总裁周儒欣获评中关村创新发展 40 年杰出贡献奖。在他的带领下，今天的北斗星通已经成为我国北斗产业的领军企业，总资产超 60 亿元，员工人数逾 4300 人，经营机构覆盖亚洲、欧洲、北美的国际化产业集团。

（二）公司发展历程

公司大体经过了三个发展阶段。

第一阶段：艰苦创业阶段（2000.9—2007.8）

2000 年 9 月 25 日，前身"北京北斗星通卫星导航技术有限公司"成立。

2000 年 10 月，成为国际知名全球卫星导航系统（GNSS）板卡制造商加拿大 NovAtel 公司在中国唯一战略合作伙伴。

2001 年 6 月 15 日，规划北斗七星系列产品，北斗天权行车记录仪、北斗玉衡 e 图通 2000 导航软件、北斗开阳及北斗摇光数字地图正式开始研发。

2001 年 11 月 26 日，与原信息产业部电子第十研究所签订了"WAAS 技术服务合同"，为中国卫星导航增强系统提供 WAAS 参考站设备并参与系统建设。

2002 年 4 月 22 日，与北斗主管部门正式签订"北斗一号信息服务系统"研制项目合同，并于 2003 年 1 月 17 日"北斗一号信息服务系统"项目成功通过验收评审。

2002 年 9 月，北斗运营服务中心建成并投入使用，卫星导航运营服务开始全面展开。

2003 年 2 月，通过国标、国军标质量管理体系认证。

2004 年 8 月 5 日，与天津港集装箱码头有限公司签定了"集装箱码头生产过程控制、可视化管理系统"项目合同，港口信息化建设的业务启动。

2004 年 12 月 30 日，公司取得首个"'北斗一号'卫星导航定位系统分理服务"资质。

2005 年 9 月 5 日，第一家全资子公司海南北斗星通信息技术服务有限公司成立。主要从事与海洋渔业安全生产相关的位置综合信息服务。

2005 年 12 月 30 日，由公司承担的国家 863 计划课题"北斗卫星海洋渔业综合信息应用服务"项目通过了国家科技部组织的专家组验收，形成了具有自主知识产权的北斗卫星海洋渔业应用核心技术。

2006年3月28日，通过与NovAtel的合作创新，北斗星通推出具有自主品牌的BDNAV GNSS新产品。

2006年4月，公司更名为为"北京北斗星通导航技术股份有限公司"。

2006年8月21日，第二家全资子公司（香港）北斗星通导航有限公司成立。

2006年9月8日，与农业部南海区渔政渔港监督管理局签订"南沙渔船船位监控指挥管理系统项目"合同，推进北斗规模化应用。

第二阶段：转型升级阶段（2007.8—2013.12）

2007年8月13日，北斗星通A股股票在深圳交易所挂牌上市，成为卫星导航定位行业内首家上市企业。

2008年6月20日，入选中关村科技园区第二批百家创新型试点企业。

2009年3月13日，控股子公司和芯星通科技（北京）有限公司成立。专业从事以北斗为核心，高集成度芯片设计和高精度GNSS核心产品开发。

2010年9月25日，发布国内首款具有完全自主知识产权的多频多系统高性能SoC芯片NebulasTM。

2010年10月09日，设立北京航天视通光电导航技术有限公司，专业从事光电导航业务。

2010年10月31日，控股深圳市徐港电子有限公司，进入汽车电子应用领域。

2011年4月8日，控股北京星箭长空测控技术股份有限公司，进入惯性导航应用领域。

2011年8月26日，发布国内首款北斗车载导航终端，加速北斗民用化进程。

2011年12月，成立海淀园博士后科研工作站企业分站。

2012年4月28日，江苏北斗星通汽车电子产业园开园仪式在江苏省宿迁市举行。

2012 年 12 月 28 日，入选中关村国家自主创新示范区"十百千工程"。

2012 年，荣膺"2012 中关村十大卓越品牌"。

2013 年 5 月 15 日，发布北斗最小芯片：55nm 超低功耗 GNSS SoC 芯片蜂鸟 HumbirdTM。

2013 年 9 月 15 日，北京北斗星通永丰导航产业基地竣工并投入使用。并成立北斗星通管理学院。

2013 年 12 月 23 日，成立北斗星通研究院。

第三阶段：规模化发展阶段（2014.1—　）

2014 年，联合发起成立中关村北斗股权投资基金——北斗资本。

2014 年，设立北京北斗星通信息装备有限公司。

2014 年，设立南京北斗星通信息服务有限公司。

2015 年 1 月 21 日，与挪威 Sensonor 公司签署战略合作及中国唯一代理协议。

2015 年 5 月 13 日，发布全球首款全系统多核高精度 GNSS 导航定位芯片 NebulasTM II。

2015 年 6 月，收购深圳市华信天线技术有限公司及嘉兴佳利电子有限公司，快速切入卫星导航天线等基础产品的研发与制造领域。

2015 年 8 月，收购东莞市云通通讯科技有限公司。

2015 年 9 月，收购石家庄银河微波技术有限公司。

2016 年 1 月 8 日，芯片项目获得国家科技进步奖二等奖。

2016 年 7 月 1 日，引入国家集成电路产业投资基金。

2016 年 5 月 18 日，发布全球首款多系统多频点高精度 GNSS 模块 UM332。

2016 年 5 月 18 日，发布 40nm 国内最小基带射频一体化芯片 MockbirdTM。

2016 年 4 月 14 日，收购广东伟通通信技术有限公司。

2017 年 2 月 17 日，设立北京北斗星通定位科技有限公司。

2017 年 5 月 23 日，发布中国首款 28nm 北斗/GNSS 最小芯片 UFirebird。

2017 年 8 月 1 日，收购加拿大 RX Networks 公司，为全球用户提供辅助定位服务。

2017 年 9 月 21 日，收购德国 in-tech，切入汽车工程服务领域。

二　从合作创新到自主创新——北斗星通的创新之路

由于我国卫星导航产业起步较晚，产业技术处于跟随阶段。因此，卫星导航产业的自主创新不能一蹴而就。北斗星通公司走了一条从起步阶段的合作创新，到具有一定技术水平后的引进消化吸收再创新，再到自主创新之路。

（一）北斗星通公司的研发体系

北斗星通的研发体系是由中央研究机构（北斗星通研究院）和事业部、子公司研发机构组成的企业技术中心。2013 年 12 月 23 日成立的北斗星通研究院是北斗星通技术创新体系的核心，也是北斗星通技术进步和技术创新的主要依托，研究院拥有以"科技北京百名领军人才工程"入选者为代表的一大批中青年科技专家，并聘请了多名国内导航领域的著名院士和专家作为技术指导。它不但是集团公司满足近期市场需求的技术成果孵化器、支撑相关技术积累的高级技术人才孵化器、技术推动下新业务的孵化器，也是北斗星通的技术创新平台、产学研合作平台、军民融合研发平台、跨业务合作技术平台，如图 3-9 所示。

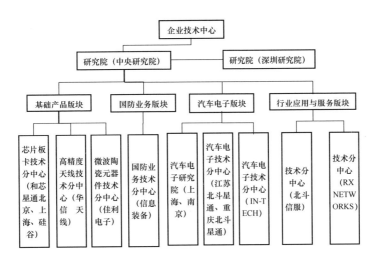

图 3-9　北斗星通公司的研发体系

（二）以合作创新实现公司技术积累

北斗星通作为中国最早从事卫星导航定位业务的专业公司之一，公司采取了"合作多赢"的策略。公司整合了世界先进技术，借助社会各方力量，一面为用户提供基于卫星导航定位技术的解决方案和产品，一面提高自己的服务水平和核心竞争力，为中国卫星导航定位产业化的发展开辟出了一个全新的应用模式和商业模式。

首先，与国际技术领先公司进行合作创新。

2000年10月，公司与国际知名GNSS板卡制造商加拿大NovAtel公司开展战略合作。北斗星通采集和研究国内GNSS的需求，再将需求准确地传递给NovAtel，双方协作深度开发专项产品。2000年，他们一起成功策划了满足中国卫星导航增强系统需要的MINI-WAAS；2003年，他们一起成功推出了RT2S产品；2006年3月28日，根据中国自然环境和中国市场需求，通过与NovAtel的合作创新，北斗星通推出具有自主品牌的BDNAV GNSS新产品。适用于水上测量、施工测量、GIS采集等领域，能够满足包括高精度控制测量、重点项目的工程测量以及石油、铁路、电信等行业基于精密定位的集成需求。

其次，与国内用户合作，根据客户的需求进行创新。

从2002年起，北斗星通就开始着力研发北斗海洋渔业安全生产信息保障系统（又称"船联网"），先后投入资金超过1亿元进行研发。2005年12月30日，由公司承担的国家863计划课题"北斗卫星海洋渔业综合信息应用服务"项目通过了国家科技部组织的专家组验收，形成了具有自主知识产权的北斗卫星海洋渔业应用核心技术。2006年9月8日，与农业部南海区渔政渔港监督管理局签订"南沙渔船船位监控指挥管理系统项目"合同，共同推进北斗规模化应用。为在南海作业的渔船安装公司自主研发的BDG-MF-07型海洋渔业船载终端，到目前为止已有约3万条船安装了该终端。借助北斗系统定位和双向通信功能不仅切实为渔民解决出海通信难问题，同时也解决了渔政部门对渔船的集中管理难题，在远洋救援、台风预警等领域作用突出，为远洋渔船起到了保驾护航的作用。随着入网用户的不断增加，北斗星通精心打造的"船联网"战略正悄然形成。

2005年3月31日，由天津港集装箱码头有限公司与北斗星通共同研制的国内首个应用全球卫星定位技术的"集装箱码头生产过程控制、可视化管理系统"在天津港正式投入运营。同时，北斗星通与天津港集装箱码头有限公司结成了长期的合作伙伴关系，以深度挖掘码头生产作业工艺流程。之后，公司以其专业的服务、先进的产品、精湛的技术先后中标深圳赤湾集装箱码头、上海盛东国际集装箱码头、上海洋山深水港区二期工程码头等营运系统项目。在此基础上，北斗星通又研制出了港口 LBS（基于位置的信息服务）业务集成系统，并遵照国家质量体系的标准、参照国际项目管理惯例，制定出了相应的港口 LBS 业务技术规范与技术标准，成为了该领域的领头羊。

2012 年 8 月，北斗星通与北京市国土资源局共同启动了"北京市地质灾害监测预警示范工程"项目的研发，即在密云地质灾害多发区建设 32 个监测点，应用于滑坡、崩塌、泥石流、地裂缝、地面塌陷和沉降等地质灾害的监测和预警示范。

（三）以自主创新奠定行业领先地位

北斗星通从 2009 年就加快了自主创新的步伐。

首先，公司通过引进消化吸收再创新成功开发了拥有完全自主知识产权的多系统、多频率卫星导航高性能 SoC 芯片等基础类产品以及导航终端产品、移动通信基站及其天线产品、物联网终端软硬件产品等。

北斗星通公司不仅是国内最早开拓北斗民用市场的企业，也是最早进入到导航芯片领域的企业，公司于 2009 年 3 月 13 日，成立了子公司和芯星通科技（北京）有限公司，专业从事以北斗为核心的高集成度芯片研发。2010 年 9 月 25 日，公司首次发布了国内首款具有完全自主知识产权的多频多系统高性能 SoC 芯片 NebulasTM。自此以后，公司芯片的研发速度进入了快车道，2013 年 5 月 15 日，发布北斗最小芯片：55nm 超低功耗 GNSS SoC 芯片蜂鸟 HumbirdTM；2015 年 5 月 13 日，发布全球首款全系统多核高精度 GNSS 导航定位芯片 NebulasTM II；2016 年 5 月 18 日，发布 40nm 国内最小基带射频一体化芯片 MockbirdTM；2017 年 5 月 23 日，发布中国首款 28nm 北斗/GNSS 最小芯片 UFirebird，该芯片在功耗、性能等方面达到国际先进水平，未来在可穿戴设备、车载导航以及手机应用方面前景广阔。目前，北斗星通公司已经成为卫星导航芯片国内领先者，自主研发的 Nebulas、Humbird、UFirebird 等系列北斗芯片产品作为我国建设新时代中国特色社会主义事业方面的典型成就被国家博物馆收藏。截至 2017 年 4 月,北斗导航型芯片模块销量已突破 3000 万片,高精度板卡和天线销量已占据国内市场 30% 和 90% 的市场份额,并输出到 70 余个国家和地区,其中"一带一路"沿线国家和地区已达 30 余个。[①]

除了芯片之外,北斗星通公司通过引进消化吸收再创新,在模块和板卡、导航定位天线及微波陶瓷介质元器件等基础类产品、导航终端及相关产品、移动通信基站及其天线产品、物联网终端软硬件产品等众多领域也不断有许多创新产品推出。如研制生产了"北斗天矶系列"集团用户中心设备产品、"北斗天漩系列"GNSS 接收机、面向行业应用的终端产品及"北斗玉衡系列"应用软件产品。

其次,北斗星通公司作为我国北斗系统运营服务分理单位,通过集成创新,自主建设了以位置信息提供为核心的信息服务平台——"北斗天枢"运营服务中心。该平台以北斗卫星导航系统为核心,整合移动通信网络和互联网,构建海、天、地一体化的服务网络,为海洋渔业、港口作业、环境监测及智慧城市等领域的注册用户提供卫星导航定位、短报文通信服务和基于位置的增值信息服务,并为客户提供基于位置的信息系统应用解决方案,提升其管理水平和管理效率。

借助此平台,公司先后完成了港口集装箱码头作业监控管理系统、舰船(飞机、特种车辆)高精度 GPS 航迹测量系统、基于北斗的指挥控制系统、军事交通信息化保障系统、渔船导航/监控/救援系统、基于北斗的高精度监测系统、基于北斗的驾考系统等多种基于位置的应用项目。其中,基于北斗的高精度监测系统,利用自主研发的 UR370 高精度接收机,同时可集成多种传感器,通过物联网技术,构成一个高精度、自动化、智能化的监测预警系统。可广泛应用于存在安全隐患的滑坡地址灾害监测、坝体变形监测、矿区地表沉降监测、尾矿坝变形坍塌监测、桥梁变形监测和建筑物变形监测等领域的物联网应用系统;基于北斗的驾考系统,采用北斗星通基于自主创新的快速定向算法的高精度定位定向

① 鲸鱼研究院:《北斗星通:公司背景强大,芯片技术全国领先》,2018 年 6 月 8 日,雪球网(https://xueqiu.com/4995345747/108577405)。

接收机，可实现厘米级的定位精度和 0.2 度/1 米基线的定向精度，完全满足驾考需求，目前已经批量应用并得到主管部门和驾校的普遍好评，具有非常显著的市场前景。

三　北斗星通公司创新之路的启示

（一）选择一条适合企业自身特点的创新之路

对于国家而言，由于每个国家自身自然禀赋、经济和科技的发展水平不同，创新之路也不同。以美国为首的发达国家开展卫星导航产业化比较早，掌握了该行业领先的高端技术，因此，走自主创新之路是他们必然的选择。我国进入该行业比较晚，在技术上还处于跟随阶段，因此，应该选择具有后发优势的创新之路。后发优势是指在自然禀赋既定的情况下，后发国家要实现赶超，只有通过引进和模仿先发国家的技术、制度和管理经验，提高全要素生产率促进经济增长，这样既可以节约成本又避免走弯路。

对于企业而言，后发优势理论同样适用于企业的技术创新。后发企业可以选择学习和模仿先发企业的技术，达到后来者居上的目的。"一般来说，技术引进的成本只有技术创新的 1/3，模仿成本大大低于创新成本。"[1] 后发企业可以通过技术模仿和技术引进实现快速的技术积累，进而掌握本行业的先进技术，提高本企业的创新能力，并适时地将企业创新模式由模仿创新、合作创新为主转变为以自主创新为主，从而为企业获得牢靠的竞争优势和良好的经济利益奠定牢固的基础。

北斗星通公司在创业之初选择了与国际知名 GNSS 板卡制造商加拿大 NovAtel 公司合作创新的模式，通过合作创新提高了公司的技术水平，掌握了部分关键技术。在此基础上，公司开始选择了引进消化吸收再创新和集成创新的自主创新模式，在 GNSS 芯片、微波陶瓷介质通信元器件、高精度天线、汽车电子、"北斗 + 通信"方向进行了重点研发，2017 年公司研发投入 1.89 亿元，占营业总收入的 8.57%；研发人

---

① 林毅夫：《"后发优势"与"后发劣势"——与杨小凯教授商榷》，《经济学（季刊）》2003 年第 3 期。

员 875 人，占比 21.16%。目前，公司在研项目有 9 项，其进展状况和研发意义如表 3-9 所示①。随着研发力度的加大，公司也取得了辉煌的成就，如国内首发 28nm 工艺 GNSS SoC 芯片、高精度天线在小型无人机市场占有率稳居前列、高精度天线、板卡和激光雷达等产品进入自动驾驶领域、LTCC 和汽车电子部分产品市场需求旺盛等。随着公司在基础研究领域的继续投入，相信在不久的未来，公司在原始创新方面也会有实质性的突破。

表 3-9　　　　　　　　北斗星通公司在研项目进展状况及研发意义

项目类别	项目进展	对公司未来发展的影响
基于云计算的定位增强与辅助平台系统研发——精密单点定位技术和服务	完成了原型系统设计、总体技术方案设计与评审、外购设备选型、持续长时间运行和维护原型系统以及数据下载及预处理分析。	完善公司"端/IC＋云"（提供辅助 GNSS 的和高精度增强 GNSS 服务）核心支撑业务，为"北斗＋"新业态的构建和完善提供支撑。
面向低功耗应用的北斗 GNSS SOC 单芯片研制	完成了面向车载导航等应用的多种封装芯片（Firebird I）的量产和面向手机应用芯片（Firebird II）部分功能的验证（MPW）流片。	进一步巩固公司在车载导航领域的优势地位，支持开辟和拓宽智能移动终端（含手机）、监控、自动驾驶、可穿戴设备等市场。
面向高精度高性能应用的北斗 GNSS SOC 芯片研制	完成了针对北斗全球信号的预研、抗干扰芯片流片，基本确定了 Nebulas III 芯片工艺，为该芯片正式研发奠定了基础。	满足高精度应用领域小型化、低功耗、高性能、低成本的需求（民）和满足特种应用的新信号体制的要求，为高精度和特种应用业务的发展奠定基础。

① 数据来自北斗星通公司 2017 年年度报告。

项目类别	项目进展	对公司未来发展的影响
智能座舱电子（A sample）平台	完成了总体方案设计、硬件设计开发和软件设计开发 Release2）。	为公司重点发展的汽车电子业务板块顺应"集成化、智能化、网联化"发展趋势、实现向中高端产品/中高端客户转型升级奠定技术和产品基础。
中端 IVI 平台	完成了总体方案设计、硬件设计开发和软件设计开发 Release2）。	
全液晶仪表平台	完成了原型机开发、商务推广样件开发和 DV1（设计验证）样件主要功能开发。	
天通增强型手持终端	完成终端的研制，进入设计鉴定/定型试验阶段。	使公司国防业务实现了"北斗 + 通信"、向卫星通信领域的拓展，同时为海上、边远地区的移动卫星通信及其与北斗 RDSS 的结合应用技术/产品和解决方案奠定了基础。
基于 LTCC 技术的超小型器件和无源模组研制	完成项目研制工作，相关产品成功导入联发科芯片设计，并取得联发科芯片 MT7668 等的 QVL；开发出多规格的射频基板、无源模组；相关产品申请了多项发明专利。	全面提升 LTCC 产品的系列化，增强市场竞争力，为产品大规模推向消费类市场和国防业务奠定了基础。
中小快递物流业务管理系统	完成了物流快运系统的上线并开发维护了系统上线后 200 余个新需求的开发维护。	为公司在竞争激烈的物流行业内，更顺应客户需求多元化、个性化的发展趋势，确保了公司在物联网行业的先进优势。

（二）技术引进要与提高自主创新能力相结合

技术引进的目的从来都是为了提高企业自身的技术创新能力，而不是为了扩大生产规模。技术引进虽然可以在短期内缩小与发达国家的差距，但不可能实现超越，只有自主创新才能实现真正意义上的赶超。自主创新是经济保持永久发展的唯一动力，也是克服后发劣势的有效途径。

日本和韩国发展的历史已经证明，作为后发国家、后发企业引进先发国家、先发企业的技术虽然是不得不为之，但技术引进必须与提高企业自主创新能力相结合，必须坚持走引进、消化、吸收、再重新之路，必须以提高企业自身创新能力为目的，而决不能以提高产量为目的，走"引进—落后—再引进—再落后"之路。为此，我国企业必须纠正"重技术引进，轻消化吸收"的现状，加大消化吸收环节经费的投入力度。日韩用于技术引进与消化吸收经费的比例在1：3左右、部分重点领域甚至高达1：7，而我国2011年仅为1：0.45，① 相差悬殊。

（三）并购要注重创新能力的提高

企业要做大做强，并购无疑是一条捷径。综观国内外企业，并购后企业增强了核心竞争力、经济效益日益提高的案例很多，同样，并购后企业走向下坡路、甚至倒闭破产的案例也很多。这里面有错综复杂的原因，但并购的目的是否明确是重要原因之一。

笔者认为，并购的目的重在做强而不是做大。在"创新是引领发展的第一动力"的当代，要通过并购把企业做强，必须把创新能力放在首位，也就是说，要把并购后能否提高企业的创新能力，作为并购时优先考量的指标。

2017年，北斗星通公司完成了两笔海外并购案。第一笔是收购了加拿大Rx Networks公司100%股权，之所以并购Rx Networks公司，是因为该公司拥有成熟的A-GNSS（辅助卫星导航系统）专业技术、基础设施和运营服务经验以及优质的国际客户资源，通过与北斗星通现有基础产品业务板块核心技术和市场资源融合，有利于增强公司的创新能力，从而，加速公司实现"端/IC＋云"的业务模式，为企业用户、行业用户和大众消费者提供快速、精准的定位服务产品和解决方案；第二笔是完成了德国in-tech公司部分股权收购与增资，实现对其控股57.14%，之所以控股in-tech公司，是因为该公司是国际知名的汽车工程服务提供商，掌握了该领域的国际尖端技术，并主要为宝马、奔驰、奥迪等汽车厂商提供汽

---

① 赵定涛、邓闫闫、袁伟：《技术引进与消化吸收经费比例失衡研究》，《中国国情国力》2015年第5期。

车电子电器测试与验证的工程服务。通过本次收购，公司获得了国外先进的汽车电子技术及人才，对于加深与国内汽车厂商的合作，提升汽车电子与工程服务板块的技术实力和业务规模，对推进公司的国际化发展进程具有重要的意义。

（四）抓住机遇及时转型升级

几乎所有成功的企业都善于抓住机遇。机遇总是会有的，就看你能不能抓住。首先，要抓住工业革命的机遇。我们所处的时代，是科学技术爆炸式发展的时代，新的工业革命正在来临。以云计算、大数据、物联网、人工智能等为代表的新技术正在改变甚至颠覆我们现有的产业形态，传统产业不可避免地受到冲击。要抓住工业革命的机遇，就要积极融合新技术改造传统企业，打造新技术下的新业态，完成企业转型升级。其次，要抓住国家以及地方政府产业政策的机遇。国家和地方政府的产业政策是导向标，企业要抓住产业政策提供的机遇，积极布局政府鼓励的行业和领域，主动退出政府要淘汰或限制的产业，及时完成企业的转型升级。

伴随着我国北斗卫星导航系统建设的步伐，北斗星通公司也在适时地转型升级。在2015年第六届中国卫星导航学术年会上，北斗星通公司率先提出了"北斗＋"的概念。"北斗＋"就是沿着上下游进行并购整合，谋划芯片、板卡、天线、终端、运营全产业链布局的模式，最终，转型升级为北斗导航系统的集成商。具体而言，一是充分发挥北斗星通核心产品（IC等）和已构建的"位置云"平台优势，打造"云＋IC"核心支撑平台，对汽车电子、智能终端、机器人、智慧城市等基于位置的应用业务提供支撑；二是顺应汽车电子集成化、智能化、网联化、电动化等发展趋势，加大研发投入，开发智能驾驶座舱等中高端产品；三是针对技术融合发展趋势，着力推进北斗与通信、物联网等技术的融合，扩大垂直行业应用业务。最终，通过构建"北斗＋"新业态，北斗星通公司将逐步形成1个基础支撑业务（云＋IC）、1个大体量业务（汽车电子）以及多个隐形冠军业务（基于RDSS的运营服务、位置芯片、天线、陶瓷器件、军工等）相互协同的业务格局。展望未来，北斗星通将紧抓北斗全球系统建设和国家经济转型升级等重大机遇，顺应用户需求、商业模式、技术融合和国际化的发展趋势，积极构建"北斗＋"新业态，加快公司"上规模、上水平、国际化"的发展步伐，矢志成为客户信赖、员工自豪、受人尊重、国际一流的百亿级产业集团。

附件：卫星导航产业简介（试行）

卫星导航产业被认为是继移动通信和互联网之后第三大 IT 经济增长点，是我国国家重点发展的战略性新兴产业。国际卫星导航产业已形成较为完备的产业体系，导航服务性能不断提升，应用范围不断扩大，市场规模快速增长。卫星导航技术的应用已成为发达国家经济社会发展不可或缺的重要手段，对资源利用、环境保护、公共服务、人民生活等方面产生了深刻影响。据欧盟全球卫星导航系统管理局发布的数据，2017 年，全球在用 GNSS 设备数量为 58 亿部，预计到 2020 年，其数量将达到 80 亿部，其中，智能手机占全球 GNSS 设备数量近 80%。①

目前全球有四大主要的卫星导航系统：美国（GPS）、中国（BDS）、俄罗斯（GLONASS）、欧盟（GALILEO），见表 3 - 10。其中，美国的 GPS 是目前唯一全面运行的卫星导航系统，占据全球定位市场 95% 的份额，在系统的成熟性、服务精度等方面都处于全球最领先水平。

我国北斗卫星导航系统 1994 年正式立项，以"质量、安全、应用、效益"的总要求，遵循"三步走"战略实施：第一步，2003 年建成由 3 颗卫星组成的北斗卫星导航试验系统（北斗一号）；第二步，2012 年左右建成由 16 颗卫星组成的北斗区域卫星导航系统（北斗二号），2012 年左右形成覆盖亚太大部分地区的服务能力；第三步，2020 年建成由 35 颗卫星组成的北斗全球卫星导航系统。2000 年 10 月，北斗导航系统的第一颗卫星正式送入轨道，2011 年 12 月 27 日提供试运行服务。2012 年 12 月 28 日，北斗二号系统正式开通运行，服务区域覆盖亚太地区。2017 年 11 月 5 日，我国成功发射北斗三号第一、二颗组网卫星，开启了北斗系统全球

---

① 欧洲全球卫星导航系统管理局：《全球卫星导航系统（GNSS）市场报告（第五版）》，2017 年 5 月 17 日，搜狐网（http://www.sohu.com/a/141273353_335896）。

组网的新时代。此后，我国迎来新一轮北斗卫星高密度发射期，2018 年底前将发射 18 颗北斗三号组网卫星，覆盖"一带一路"沿线国家；2020 年完成 35 颗组网卫星发射，实现全球服务能力。

表 3 - 10　　　　　　　　　　全球四大卫星导航系统

	中国	美国	俄罗斯	欧洲
系统名称	BDS	GPS	GLONASS	GALILEO
频段	采用频分多址体制，卫星靠频率不同区分（占据次优频段）	固定频段（占据最优频段）	采用频分多址体制，卫星靠频率不同区分（占据最优频段）	采用频分多址体制，卫星靠频率不同区分
开发历程	2000 年建成北斗一代，2012 年北斗二代投入运营	20 世纪 70 年代开发，1994 年全面建成，现在开发第三代	20 世纪 80 年代开发，1995 年投入使用	20 世纪 90 年代提出，2002 年批准，2008 年开始建设，2013 年，4 颗卫星组网运行成功
卫星数量	35（静止轨道、中低轨道等多轨道结合）	28（其中 4 颗备用星）	24（其中 3 颗备用星）	30（其中 3 颗备用星）
定位精度	军用 < 1m，民用 < 1m	军用 < 1m，民用 < 10m	军用 < 1m，民用 < 10m	军用为主 < 1m
计划覆盖	亚洲——全球	全球	全球	全球

　　"北斗"系统主要有三大功能，即快速定位，为服务区域内的用户提供全天候、实时定位服务；短报文通信，一次可传送多达 120 个汉字的信息；精密授时，可向用户提供 20—100 纳秒时间同步精度。与其他三大卫星导航系统相比，北斗作为自主研发设计的系统，除了具有安全、可靠、稳定、保密性强以及适合涉及国家安全的重要部门和行业应用这些优势以外，单纯从技术的角度来看具有四大优势：一是同时具备定位与通信功能，无须其他通信系统支持；二是 24 小时全天候服务，无通信盲区；三是特别适合集团用户大范围监控与管理，以及无依托地区数据采集用户数据传输应用；四是独特的中心节点式定位处理和指挥型用户机设计，

可同时解决"我在哪儿"和"你在哪儿"。另外，北斗系统另一大特点是它与别的卫星导航系统之间具有兼容性。北斗应用终端在设计之初就考虑到与 GPS 等其他系统的兼容，这也就意味着使用 GPS 终端的用户可以单独使用北斗，也可以使用北斗和 GPS 兼容使用的终端。

卫星导航产业市场参与者大致分为上中下游三类公司：上游的零部件制造商、中游的系统集成商、下游的增值服务提供商。每一类全球排名前十大公司如表 3-11 所示（基于 2015 年各公司收入情况）。在全球市场中，美国拥有领先的零部件制造商、系统集成商和增值服务提供商，一直在全球卫星导航产业市场中领先。欧洲 2015 年的收入占全球收入的 1/4，排名第二。中国卫星导航产业增长迅速，占 2015 年全球收入的 11%。[①]

表 3-11　　　　　　**全球卫星导航产业市场参与者 10 大公司排名**

零部件制造商	系统集成商	增值服务提供商
高通（美国）	丰田（日本）	谷歌（美国）
博通（美国）	通用汽车（美国）	Here Global（荷兰）
联发科（中国台湾）	佳明（美国）	先锋（日本）
天宝导航（美国）	福特（美国）	电装（日本）
Hexagon（瑞典）	中国一汽（中国）	微软（美国）
U-box（瑞士）	大众（德国）	波音（美国）
意法半导体（新加坡）	三星电子（韩国）	爱立信（瑞典）
科巴姆（英国）	苹果（美国）	佳明（美国）
古野电气（日本）	日产（日本）	歌乐（日本）
拓普康（日本）	本田（日本）	Tomtom（荷兰）

当前我国卫星导航定位产业已经形成了分工明确、层次清晰的完整产业链，在基础设施领域包括卫星导航系统及相应的增强系统（地基增强系统和星基增强系统），上游的芯片、板卡、核心软件、天线，中游的

---

①　欧洲全球卫星导航系统管理局：《全球卫星导航系统（GNSS）市场报告（第五版）》，2017 年 5 月 17 日，搜狐网（http://www.sohu.com/a/141273353_335896）。

定位终端和应用软件以及下游的行业应用解决方案和运营服务。从整个产业链分布来看，大部分产值集中在终端集成与系统集成等中游环节，下游运营服务的产值占卫星导航产业的比重仅有30%，而美欧则接近60%，上游的芯片设计、板卡设计等领域，我国差距更大，正如表3-11所示，在全球10大公司中少见中国公司的身影，这表明我国卫星导航产业尚处于发展初级阶段。随着我国北斗卫星导航系统建设步伐的加快，北斗产业链已经初具规模，国内厂商逐步突破芯片、板卡等上游核心技术环节。中国军队的导航和授时方式已经逐步由GPS向北斗转换，北斗应用领域持续拓展深化，相关产品在交通运输、气象预报、海洋渔业、民政减灾等GNSS传统应用领域得以大量应用，在驾考驾培、机械控制等新兴应用领域亦得到快速发展。在大众消费市场，已有大量终端厂家参与北斗/GPS车载导航仪的生产，数十个品牌的北斗/GPS车载导航仪已经正式走向市场。随着芯片小型化、低功耗、低成本的发展，北斗芯片正在走进规模庞大的手机市场。2016年度《中国卫星导航与位置服务产业发展白皮书》显示：2016年我国卫星导航与位置服务产业总体产值已突破2000亿元大关，达到2118亿元，较2015年增长22.06%。其中，包括与卫星导航技术直接相关的芯片、器件、算法、软件、导航数据、终端设备等在内的产业核心产值达到808亿元，北斗对产业核心产值的贡献率已达到70%，国内行业市场和特殊市场中，北斗兼容应用已经成为主流方案，大众市场正在向北斗标配化发展。

根据国务院办公厅印发的《国家卫星导航产业中长期发展规划》，到2020年我国卫星导航产业规模将达到4000亿元，北斗卫星导航系统对国内卫星导航市场贡献率超过60%，即市场规模有望超过2400亿元。从市场结构上看，普通精度应用的道路交通（包括PND、汽车前装/后装导航以及行业市场中的车载导航监控等）与LBS（移动终端及相关位置服务）占了市场绝大部分比例，达到了91.2%，而高精度应用则占其中的8.8%。

目前卫星导航系统在国民经济关键领域、行业、公共服务及大众市场的应用快速发展，未来融合5G通信、互联网和物联网技术、大数据、增强现实、移动医疗、智慧城市、智能汽车的位置服务应用、多式联运物流等，将有力推动卫星导航应用产业结构升级，导航及相关产业未来发展空间和潜力巨大。

绿色技术创新推动环保产业发展

——桑德集团

李诗洋*

　　随着生态环境的日益恶化，保护环境已成为全人类的共识。在中国这样一个典型的新兴国家，环境问题已经不再只是鲸类灭绝的问题，不再只是"孩子的孩子"需要面对的问题，而是与当下每个人每次呼吸、饮水和进食密切相关，迫在眉睫。根据环境保护部的资料和公报，在空气方面，全国338个地级以上城市中，78.4%的城市空气恶劣程度超标；在水源方面，水质监测点较差级占比42.5%，极差级占比18.8%，中国七条最大河流中的一半以上水资源已经无用；在土壤方面，土壤侵蚀总面积占普查范围总面积的31.1%，超过三分之一的土地有酸雨，可居住、可使用土地在过去50年中已经减半。大众消费、城镇化、中产阶级崛起等社会消费增长现象从经济发展的角度令人兴奋，但同时也给城市的环境治理带来了巨大的生态压力。

　　2015年，中共中央、国务院印发《生态文明体制改革总体方案》。环保部2016年7月印发了《"十三五"环境影响评价改革实施方案》（以下简称《方案》）。《方案》表示，环评改革以改善环境质量为核心，以全面提高环评有效性为主线，以创新体制机制为动力，以"生态保护红线、环境质量底线、资源利用上线和环境准入负面清单"（"三线一单"）为手段，强化空间、总量、准入环境管理。《方案》表示，环评改革将与排污许可制相融合，实现制度关联、目标措施一体。坚持构建全链条无缝

　　* 李诗洋，北京高端服务业发展研究基地研究员，中共北京市委党校经济学教研部副教授。

衔接预防体系，明确战略环评、规划环评、项目环评的定位、功能、相互关系和工作机制。

如何向绿色生态发展转型是 21 世纪最大的危和机。转型一方面需要政府指导社会各界制定清晰的环保目标；另一方面需要绿色产业不断创新绿色技术，借助市场化的手段让绿色产业发展在未来大有作为。桑德集团就是中国绿色技术创新的大型综合环保产业的典型代表。

一　桑德集团：大型综合绿色环保企业

桑德集团始建于 1993 年，是生态型环境与新能源综合服务商，投资和控股了启迪桑德、桑德国际、桑顿新能源、湖南意谱电动系统有限公司、桑德新能源汽车等数十家企业，业务覆盖水资源、水生态、固废处理、环卫、再生资源、新能源、环境规划影响评价、环境检测等。在中国投资建设、运营自来水、污水处理、城市生活垃圾处理厂、餐厨垃圾处理厂、工业废弃物处理厂百余个，运营和在建的乡镇污水处理厂 600 余个，第三方专业化运营的环境设施近百个，承担国内外各种环境系统建设项目近千个。

目前，桑德集团已经成为国内大型专业性环保、新能源企业。业务覆盖水务、固废处理、环卫、再生资源、新能源等领域。在水务、固废领域拥有集投资、研发、咨询、设计、设备制造、建设、运营于一体的完整产业链。拥有国内规模最大的企业设计研发团队，近四百项专利技术，业内规模最大之一的设备制造厂，规模最大的 EPC 队伍。可以为各地政府、企业、乡镇、农村提供个性化、一体化的水务、固废及新能源解决方案。是中国环境领域技术水平最高、综合实力最强的企业之一。

桑德集团是国家重点骨干环保企业，国家重大专项研究课题的承担企业，全联环境商会荣誉会长单位，中国环保机械协会副会长单位。桑德始终引领中国环保产业发展方向，是中国环保企业代表和民营环保企业代言人和标杆，在中国环境市场具有独特地位。

二　桑德集团在环保领域的产业实践

作为中国环保产业的引领者，桑德集团在专业治理环境方面主要有以下做法。

（一）逐步明确专业发展战略，开拓环境治理综合领域

桑德集团从最开始的废水处理发展到如今业务覆盖水务、固废处理、环卫、再生资源、新能源等综合领域，经历了业务发展逐步明确的过程。

1993 年，京桑德环境技术发展公司（桑德集团有限公司前身）正式注册成立。1994 年，桑德拿下创立以来的第一个项目——锦州啤酒厂废水处理项目的设计和技术支持。1996 年，桑德率先提出工程总包 EPC（交钥匙工程）模式。1999 年，桑德创新性推出"中华碧水计划"，开创了中国市政污水处理市场化的先河。2000 年"两会"期间，文一波在《经济日报》上刊登名为《一个中国公民的环保建议——城市污水的全面解决方案》的整版文字广告，引起政府高层注意，此举被认为开创了中国政治广告的先河。2000 年，北京肖家河污水处理厂正式开工建设，是为中国第一家由民营环保企业投资建设的污水处理项目。

2002 年，收购国投原宜，借壳上市成立"合加资源"（后更名为"桑德环境"），进入国内资本市场，涉足固体废弃物处理领域。2003 年，桑德扭转中国城市垃圾处理的传统方式，推出了高水平的垃圾综合处理思路。

2006 年，桑德旗下水务公司"伊普国际"（后更名为"桑德国际"）正式登陆新加坡证券交易所，成为国内唯一同时拥有境内、外上市公司的环保企业。2007 年，桑德首倡成立全国工商联环境服务业商会，并被推选为会长单位。2009 年，桑德中标沙特阿拉伯第九污水处理厂升级改造项目，迈出国际市场的第一步。

2009 年，桑德中标海南省八市县污水处理委托运营项目，开启城市污水处理专业化运营新篇章。2010 年，桑德投资 50 亿建设湖南静脉产业园，开创区域固废和资源综合利用园区化综合处理的新模式。2010 年，桑德国际在香港主板上市。2011 年，桑德开创村镇污水治理新模式，提出 SMART 小城镇污水处理系统解决方案。2012 年，桑德承担"十二五"重大水专项课题，技术领域再次突破。

2013 年，桑德集团控股的桑顿新能源公司一期项目——锂电池及其机电一体化产品，在湖南省湘潭市正式量产。

2014 年，桑德环境注资成立桑德新环卫公司，正式进入环卫机械制造领域。2014 年，桑德环卫一体化云平台建立。桑德结合"互联网＋"理念，将数字化引入垃圾分类、收运、处理处置的全过程，在国内首次提出智慧环卫产业模式。2015 年，桑德集团将旗下桑德环境 29.8% 的股权转至"清华系"企业，退居第二大股东，新的大平台战略浮出水面。2015 年，桑德环境注资成立桑德再生资源公司，拓展再生资源回收产业。

经过多年努力，桑德集团在自己的业务领域曾获得中国环境保护产业骨干企业、中国企业技术进步与创新成就奖、中国水工业行业十大民族品牌、中国水业十大影响力企业、中国固废产业十大影响力企业、中国清洁技术 20 强、中关村国家自主创新示范区"十百千工程"企业、"水之星"水务旗舰企业、国家火炬计划产业化示范项目单位、中国最有价值品牌 500 强、中国绿公司百强等荣誉称号。

（二）在技术和商业模式领域持续创新

创新是桑德的缘起要素，是桑德持续发展的永恒主题，创新就像血液一样流淌在桑德人的身体里。桑德以博大的胸怀接受一切先进的知识和经验，点滴积累，持续创新，引领行业潮流，努力营造有利于创新的组织氛围与机制。创新作为桑德企业文化的核心，包括技术创新、管理创新和商业模式创新等，这些始终是企业赖以生存的根本。

1. 商业模式创新

1999 年，桑德以 BOT 模式投资了北京市肖家河污水处理厂，这是第一个由民营企业投资运营的城市污水处理厂。虽然前期过程曲折，但是在各方面的努力下，经过两年多的时间，最终建成投产。桑德的勇于尝试，不但迅速激活了国内的水务市场，为公司后续带来了南昌象湖、包头南郊等 BOT 项目，还协助并促使政府有关部门认识到，环保产业市场化是解决中国环境问题的唯一解决方案，国家为此逐步出台了一些政策，环保行业开始以较快的速度解禁，最终促进了环保产业市场化的发展。

而将衍生业务发展成盈利点，是桑德集团另一成功的商业模式。从传统意义上看，环卫行业及废品回收行业都是劳动密集型且较低端的行业。粗放管理、作业不规范、经营零散，并且广大农村地区缺乏基本服务，保障不足，这些都在制约我国环卫产业发展。目前环卫产业市场规模较小，增长速度比较慢。环卫市场参与者较多，但普遍规模较小。而桑德集团却是以环卫为产业入口，这意味着桑德环境的资金投入会大幅增加，收入却廖廖无几。桑德的定位是把环卫作为公司整个产业的入口。公司不是以环卫服务为盈利点，长期来看，前五年环卫业务基本上不赚不赔。公司相对于竞争对手就有了成本优势。通过这种方式，公司避开一些新的进入者。通过规模化、互联网提升效率，在发展到一定阶段后，公司的环卫业务的盈利能力会很强。从整个产业来看，公司未来的盈利相当可观。公司的项目通过再生资源回收、物流、广告，第一年就实现了盈利，预计到 2020 年，公司市场占有率扩大到 6%，桑德新环卫的收入达到 239 亿元。

随着人们对环境卫生越来越重视，环卫产业正在持续发展，未来市场前景广阔，预计到 2025 年市场规模将达到 4900 多亿元。桑德环境在这一领域早有布局，自 2014 年来，桑德环卫陆续签约湖北宜昌市、河北宁晋县、湖南永兴县、安徽蚌埠市等环卫项目，在全国成立近 30 家项目公司，清扫保洁面积超过 5000 万平方米，服务人口超过 300 万人。

2. 技术创新

桑德集团现拥有环境工程设计甲级，一、二类压力容器设计与制造甲级，市政公用行业设计乙级，土建施工二级，污染治理设施运营等资质，并在全国环保产业中率先取得综合进出口贸易资质。在同行业中最早获得 ISO9001 国际质量体系认证、ISO14001 环境管理体系认证以及英国皇家皇冠标志认证。

二十年来，桑德人在专业技术领域孜孜不倦地探求，研发和攻克了众多难题，并一直引领行业技术的前行。桑德率先推出的焦化废水治理工艺——SDN，彻底解决了焦化废水处理这一世界级难题，为焦化废水领域确立了具有世界领先水平的典型达标工艺。今天，桑德投资的水处理项目已超过 60 个，为中国环保产业留下了许多典范工程。

2012 年，桑德自主研发的 SMART 村镇水环境治理系统化解决方案成功在湖南长沙县 18 个乡镇应用。桑德创造性提出打捆治理、特许经营的理念，通过集约化、模块化及集群化管理，大大简化了操作管理，节约了运营成本，提高了系统的稳定性、可靠性和处理效果，为中国农村环境治理探索出一条经济可行的道路。

在固体废物处理领域，桑德开创性提出了静脉产业。静脉产业是以保护环境为目的，运用先进的技术，将生产和消费过程中产生的各类废弃物转变为可重新利用的资源，并将再生资源转变为产品，实现废物再生利用与资源化的产业。静脉产业园是指建立以静脉产业为主导的生态工业园，尽可能地把传统的"资源—产品—废弃物"线性经济模式，改造为"资源—产品—再生资源"闭环经济模式，将城市固废变废为宝、循环利用，实现环保"零排放"，积极发展再生资源产业和新能源产业，形成区域性"城市矿山"，有效降低工业原料对原始矿产的依存度，促进工业文明向生态文明发展，建设美丽中国。桑德环境于2010年投资建立的全球最大的静脉产业园，集固废处理和资源利用于一体，打破区域和业务分割，开创了区域固废和资源综合利用园区化综合处理的新模式。

3. 理念创新

进入"互联网＋"时代后，桑德品牌坚持创新完美的同时，更注入了创新思维、有容乃大、兼收并蓄的新理念，提升了新高度、新境界。

桑德结合"互联网＋"理念，将数字化引入垃圾分类、收运、处理处置的全过程，在国内第一个提出智慧环卫产业模式。桑德新环卫由三部分构成，包括作为产业实体的基础环卫运营，在此基础上形成虚拟大数据的互联网平台，同时利用环卫运营形成城乡全覆盖的网络衍生出废旧物资回收、物流、广告等产业。桑德环卫云平台是基于物联网、大数据，面向环卫领域的综合性平台。核心基础是环卫，以智慧环卫为核心，协同废旧物资回收、物流、广告，以多产业协同及多产业提供的相关数据，通过对数据的分析，数据产业化，与其他产业进行衔接，产生更多的商业机会。随着这套系统覆盖范围扩大，桑德建立起一个超级互联网环卫渠道，这个超级渠道将覆盖垃圾收集、分类、运输、归纳、处理，甚至可以包括社区终端广告。而这一渠道的大数据价值一旦被发掘，将可以开发出无数的创新衍生业务。

以环卫为产业入口，是因为桑德环境看到了环卫服务背后的商机。依托桑德环卫云平台，公司开启物流、回收、广告、交易、运营五大业务板块。

桑德集团"掌门人"文一波曾说，"环卫车每一天有规律地若干次去一些固定地点，形成了一个城乡全覆盖的环卫多功能运输体系，可以解决最后一公里的物流难题和废品回收运转难题。"环卫工人在做环卫的同时，还可变身快递员和废品回收员，提升了快递业"最后一公里"的运送效率，并且加大再生资源回收力度。中国城乡一体的电商遇到最大的挑战，就是农村物流成本过高。过去农村的物流基本上只有邮政有固定渠道，而环卫车每天会从县城走到农村，这正好是桑德可以做的。目前公司已经在一些县开始实施，并与一些物流公司进行合作，很多物流公司表示了极大的兴趣。在再生资源回收方面，桑德环境进行了全面布局。目前，桑德环境已经推出易再生 O2O 平台以及与云平台智能连接的物资回收、物流订单处理的平台。

（三）树立勇担责任、诚实守信等企业文化品牌

桑德集团的经营目标是树立中国环保产业的世界品牌，为改善人类的工作、生活环境质量，为人与环境和谐共处贡献全部的力量，用专家级的服务，为客户度身定制全方位环境问题解决方案；为社会提供认真负责的环境治理服务，诚信经营，为政府排忧解难。

1. 环保既是事业也是责任

勤智可托，勇担责任。桑德各级组织和员工要持续学习，依靠自身的勤劳和智慧，不断提高承担社会责任、企业责任、个人责任所需的能力。

2003 年，桑德技术商务组有几个人在做服务，而且分土建、安装、电气等不同专业。如若驻外项目部的经理一个长途打进来，问有关电气的问题，碰上土建专业的可能会说："这个事情不归我管，你找谁谁去吧。"这本来也没有什么不对，但是他很可能打几个电话都找不到人。针对这一情况，公司出台了"首问负责制"，就是不管是谁接到了电话，对于你所了解的这个情况都要尽力解决，直到找到切实的解决办法为止。这个问题倘若是你解决不了的，没关系，你要说："我马上去找谁谁，再给你答复。"直到找到能解决问题的人，待他们双方联系上了，你才能脱手。

2. 遵守诚信

以信用做事，以真诚合作。桑德崇尚讷于言而敏于行，言必行、行必果的诚信准则，这也是桑德员工的行为和道德准则。

桑德始终秉持对客户、对员工、对合作伙伴的诚信与责任，不做出尔反尔、朝令夕改的无良企业。公司成立之初，曾经有一家用户购买了桑德的二氧化氯设备，由于使用不当，导致设备损坏。桑德高层决定换一台新的，往返运费、安装费全部由桑德支付，用户很感动。事也凑巧，这过程恰恰被一个地区的消毒设备考察团见到，于是成了诚实信誉的口碑。该团认识了"桑德"，并由此把当地的消毒设备市场给了这家老老实实的公司。

3. 追求完美

追求完美可视为桑德文化的目标及态度，追求完美意味着从高起点、以高标准、向更高的目标无限接近。完美意味着要以更大的责任和诚信，以孜孜以求、尽善尽美之心，把能力发挥到极致，不断寻求人才、技术和组织等资源配置的最佳组合。

追求完美意味着高起点。桑德成立至今承担了合成药废水、煤气废水、精细化工废水、糖蜜、酒精废水等多种公认的高难度废水治理项目。一些环保企业怕承担风险，不愿经营此类项目。而桑德却采取了知难而上的战略，专门选择一些难度大、有影响的项目进行工程攻关。文一波说："难度大的项目中蕴藏着巨大的市场商机，桑德就是要以自己的技术优势占领这些领域中的市场。"

三　桑德经验给绿色产业发展的启示

（一）注重技术研发

桑德虽为企业，却有着浓厚的学术氛围。桑德研发中心以其强大的技术实力，被认定为北京市企业技术中心，承担了国家水体污染控制与治理科技重大专项及多项省部级课题研究。桑德集团已经拥有100多项国家专利、4项国家级新产品、21项北京市自主创新产品，13项"国家重点环境保护实用技术"或"示范工程"，4项国家级火炬项目及多项专有技术。这些技术和设备已经应用于焦化、造纸、纺织、石油、酿造、制革、啤酒、发酵、采油、屠宰、淀粉及城市生活污水等多个领域，产品和工程遍及20多个省（自治区、直辖市），其中部分产品出口东南亚和香港地区。2010年，桑德的污水处理技术成功打入国际市场，对国外的大型污水处理厂进行升级改造，技术的发展终将使桑德跨入世界先进水平行列。

2012 年桑德集团承担了"城镇污水处理厂高效填料和载体产业化"这一"十二五"国家水体污染控制与治理科技重大专项课题,这是桑德集团首次承担"十二五"国家重大专项课题,标志着桑德集团的科研水平与成果转化能力得到了国家政府相关部门的高度认可,课题的实施将显著提升桑德集团的技术开发实力与产业化推广水平。

(二) 产学研合作提升企业核心竞争力

桑德集团充分发挥自主创新的优势,强化公司科研和技术的集成与引导作用,精心构建产学研合作平台,围绕企业技术瓶颈攻关和核心新产品开发,有效地提升企业核心竞争力。采取企业博士后工作站、设立奖学金、联合培养研究生、共建实验机构等多种形式,先后与清华大学、同济大学、天津大学、湖南大学、兰州交通大学、兰州大学、中国农业大学等多所高校合作,在废水处理与回用技术、饮用水安全保障技术、固体废物处理处置与资源化技术、清洁能源技术等多个领域,开展了产学研合作。

1. 设立博士后工作站

2008 年,同济大学与公司联合建立博士后工作站;2009 年,公司又被中国博士后管委会批准为中关村科技园的博士后工作站点,吸引国内外优秀博士毕业生来我公司从事环境保护领域内的高新技术研发工作,研究方向包括废水处理与回用技术、饮用水安全保障技术、固体废物处理处置与资源化技术、清洁能源技术等多个领域。博士后工作站目前已培养博士后 3 人,出站后均留在公司工作,并成为各自岗位上的骨干力量。在公司设立博士后工作站,有助于推动产学研结合,加速科研成果的产业化,为企业创造显著的经济效益。

2. 在高校设立奖学金

桑德集团于 1998 年首次在兰州交通大学设立了"桑德环保奖学金";2006 年在上海同济大学设立了该奖项;2007 年与天津大学进行合作,在天津大学设立"天津大学—桑德奖学(教)金"及"天津大学—桑德创新奖励基金";2009 年与湖南大学合作设立了"湖南大学—桑德环境奖奖学金"。公司总裁文一波表示,在未来几年内还要在全国十多所著名高校建立"桑德环保奖学金",以鼓励中国年轻一代投身于环境保护事业,协助国家培养更多的优秀环保人才，加强桑德公司与高校之间的交流与合作。

3. 与高校联合培养研究生

2004 年，公司与兰州交通大学达成协议联合培养研究生，并在公司建立了北京桑德环境工程有限公司与兰州交通大学研究生联合培养基地；2006 我公司与同济大学达成协议联合培养研究生，公司总裁文一波和总工王凯担任联合培养研究生的指导教师；2012 年公司与安徽理工大学地球环境学院达成联合培养研究生协议。这种培养方式能吸引高校优秀的学生来公司完成学业，而公司结合自身的技术发展需要，为这些学生提供实际的研究课题和优越的研究条件。既培养了学生，又为企业解决了技术难题，是一种高校和企业双赢的产学研合作模式。至 2010 年底已经有近 20 名硕士研究生顺利完成硕士论文并毕业，并且其中约四分之一留在了公司各技术部门。2011 年毕业硕士研究生 3 人，目前在读硕士研究生 2 人。联合培养研究生一般在公司学习 2 年时间，期间所有费用均由公司承担。

4. 与高校合作共建实验基地

2010 年，公司与清华大学合作，在公司下属的肖家河污水厂建设中试实验基地——"城市污水处理系统模拟优化实验平台"。通过将模型模拟、污水净化机理与本公司丰富的城市污水设计运营经验相结合的方式，更有力地推动研发工作深入开展。该实验平台对于相关理论的验证和污水处理工艺的开发有着非常重要的作用。

同年，公司与北京清华城市规划设计研究院在桑德集团本部联合建立"排水管网试验平台"，该平台依托国家水重大专项环太湖项目集成课题，可用于模拟排水管网系统的不同运行状态，并进行数字化管理技术的验证，研究探索排水管网系统数字化运营管理的新模式，提高我国排水管网运行效率及安全性。

（三）注重以人为本的管理理念

员工是企业生存和发展的宝贵资源，企业与员工是互相尊重、互相信任、互相勉励、共同成长的关系。桑德坚持"以人为本"的管理理念，努力为员工提供优越的工作环境，成就员工价值、实现共同成长，是公司战略发展目标之一。

桑德认为：制度不可能做到规范员工的每一个行为，还要靠企业文化去弥补，靠提高员工的责任心和敬业精神来发挥人的主观能动性。当企业做到一定规模时，金钱的推动作用就会逐渐衰退，这时就需要一种有高度的信念来推动了，精神的力量就会焕发出来。如果员工对企业多了解一些，领导跟员工之间建立通畅的信息渠道，很多问题就会迎刃而解。所以桑德要求每一位部门经理，都要积极主动地与部门员工沟通，每个季度至少与员工谈一次话，倾听他们的心声，让他们能够感到自己是公司的一分子，只要把工作做好就能得到公司的认可，给大家创造一个能者多劳、劳者多得的良好环境，员工的主动性就自然而然地被调动起来了。

桑德"掌门人"文一波说："桑德是纯草根出身，一个小的民营企业，在创业初期没有任何退路，没有任何资源支持，往后退就是万丈悬崖，所以迫使我们不断地探索和思考，只有善于学习、勇于创新、追求完美，我们才可能生存和发展，才可能走在行业的前列。"

简单来说，在管理理念方面，桑德坚信"天人合一"的和谐自然相处哲学，坚持"持续创新追求完美"的精神主张，在改善环境的长征路上一步一个脚印的前行，从未止步。这些理念蕴涵着桑德执着的理想、缜密的技术解决方案、现实可行的商业模式，它撬动着、指引着中国环保产业向前的一大步发展。

参考文献

1. 陈宗兴、祝光耀：《生态文明建设（理论卷/实践卷）》，中国金融出版社 2016 年版。

2. 韩义雷：《大潮交响曲：打响生态保卫战》，《科技日报》2013 年 8 月 12 日第 7 版。

3. 郭涛：《科技支撑首都生态文明建设　中关村企业在行动》，《中国高新技术产业导报》2013 年 4 月 15 日第 A04 期。

4. 乔露：《我国城市生活垃圾分类回收激励机制研究》，硕士学位论文，西南科技大学，2017 年。

5. 《桑德环境打造"互联网＋环卫"产业》，《中国证券报》2015 年 9 月 14 日第 A10 版。

6. 国务院：《水污染防治行动计划》（国发〔2015〕17 号）。

7. 宋煜：《生态文明》，化学出版社 2016 年版。

8. 中国工程院"生态文明若干战略问题研究"项目研究组：《中国生态文明若干战略问题研究》，科学出版社 2016 年版。

打造具有公信力的中国信用评级机构

——以大公国际资信评估有限公司为例

薛文平*

一 为什么要打造具有公信力的中国信用评级机构

(一) 政策背景

根据党的十八大提出的"加强政务诚信、商务诚信、社会诚信和司法公信建设",党的十八届三中全会提出的"建立健全社会征信体系,褒扬诚信,惩戒失信",《中共中央 国务院关于加强和创新社会管理的意见》提出的"建立健全社会诚信制度",以及《中华人民共和国国民经济和社会发展第十二个五年规划纲要》提出的"加快社会信用体系建设"的总体要求,2014 年国务院出台了《社会信用体系建设规划纲要(2014—2020 年)》(以下简称《纲要》)。

《纲要》指出,培育和规范信用服务市场、发展各类信用服务机构。逐步建立公共信用服务机构和社会信用服务机构互为补充、信用信息基础服务和增值服务相辅相成的多层次、全方位的信用服务组织体系。

推进并规范信用评级行业发展。培育发展本土评级机构,增强我国评级机构的国际影响力。规范发展信用评级市场,提高信用评级行业的整体公信力。探索创新双评级、再评级制度。鼓励我国评级机构参与国

---

* 薛文平,北京市委党校经济学教研部讲师。

际竞争和制定国际标准，加强与其他国家信用评级机构的协调和合作。

《纲要》要求：完善信用服务市场监管体制。根据信用服务市场、机构业务的不同特点，依法实施分类监管，完善监管制度，明确监管职责，切实维护市场秩序。推动制定信用服务相关法律制度，建立信用服务机构准入与退出机制，实现从业资格认定的公开透明，进一步完善信用服务业务规范，促进信用服务业健康发展。

推动信用服务机构完善法人治理。强化信用服务机构内部控制，完善约束机制，提升信用服务质量。加强信用服务机构自身信用建设。信用服务机构要确立行为准则，加强规范管理，提高服务质量，坚持公正性和独立性，提升公信力。鼓励各类信用服务机构设立首席信用监督官，加强自身信用管理。

加强信用服务行业自律。推动建立信用服务行业自律组织，在组织内建立信用服务机构和从业人员基本行为准则和业务规范，强化自律约束，全面提升信用服务机构诚信水平。

（二）信用评级机构的社会定位和现状

社会信用体系是社会主义市场经济体制和社会治理体制的重要组成部分。它以法律、法规、标准和契约为依据，以健全覆盖社会成员的信用记录和信用基础设施网络为基础，以信用信息合规应用和信用服务体系为支撑，以树立诚信文化理念、弘扬诚信传统美德为内在要求，以守信激励和失信约束为奖惩机制，目的是提高全社会的诚信意识和信用水平。

加快社会信用体系建设是全面落实科学发展观、构建社会主义和谐社会的重要基础，是完善社会主义市场经济体制、加强和创新社会治理的重要手段，对增强社会成员诚信意识，营造优良信用环境，提升国家整体竞争力，促进社会发展与文明进步具有重要意义。

信用评级机构作为信用服务体系的主要部分，在社会信用体系中，起着支撑作用，其发展状况直接影响着社会主义市场经济体制和社会治理体制的完善。我国社会信用评级机构以及信用体系建设虽然取得一定的进步，但与经济发展水平和社会发展阶段不匹配、不协调、不适应的矛盾仍然突出。存在着信用服务市场不发达，服务体系不成熟，服务行为不规范，服务机构公信力不足的问题。

（三）评级市场开放

2017 年 6 月 28 日，发改委、商务部发布了《外商投资产业指导目录（2017 年修订）》，在服务业领域取消了"资信调查与评级服务"的外资准入限制，为评级行业对外开放提供了制度基础。2017 年 7 月 3 日晚间，中国人民银行正式发布 2017 年第 7 号公告，对符合条件的境内外评级机构进入银行间债券市场开展业务予以规范，这意味着我国债券信用评级市场将逐步向境外评级机构开放。惠誉国际、标准普尔、穆迪三大国际评级机构在内的境外评级机构也能进入中国市场，此外，其他国内机构进入评级业也有了明确的标准。

信用评级是债券市场重要的外部约束机制安排，国内在发展之初就采取了政府主导的模式，各部门将评级作为债券发行或投资的必要条件。由于此前我国债市违约一直较少，评级质量得不到有效检验，也没有建立优胜劣汰和市场出清机制，对评级机构形不成有效约束。市场主体对高评级的诉求通过强制评级安排转化为市场整体的非理性行为，导致评级行业为迎合市场开展级别竞争，造成了评级虚高。在级别泡沫之下，本应以信用资质定价的融资市场失去了辨识依据。

引入更多评级机构进入市场，并将信用评级行业的发展纳入债市全局考虑，应该尽快补齐本土信用评级行业发展短板。本土评级机构通过适当引入境内外评级机构进入市场，有助于强化优胜劣汰，进一步推动债券市场的发展。评级行业的有序开放能够推动评级行业的包容式发展，有利于促进境内外评级方法和技术的碰撞，推动评级标准体系趋于一致，提高评级结果的可比性和参考性，进一步完善信用评级行业管理机制。

随着国际评级机构的进入，本土评级行业也将面临更加激烈的竞争。由于国际评级机构短期内在中国债市的业务范围有限，国内评级业暂时不会出现洗牌。但从长期来看，债券市场的互联互通必然伴随着评级行业的逐渐接轨，倒逼国内评级机构抓紧提升自身评级技术和综合竞争力。

（四）评级话语权事关国家经济利益和金融安全

长期以来，国际信用评级领域被国际上最具影响力的三家信用评级机构所把持，它们分别是标准普尔、穆迪和惠誉。由于上述三大机构长期压低中国的国家主权信用评级和中资机构的信用评级，导致中国政府和中国企业对外融资需要付出更大的成本，同时也严重影响中国政府和中资企业的形象。

随着一系列金融领域对外开放举措的实施，一个比以往更加开放的中国金融市场呈现在世人面前，人民币国际化的脚步也更加临近，外资银行、证券公司、其他机构投资者以及个人投资者将和国外评级机构一道比以往更加方便的进出中国金融市场。外资的进入不仅带来了增量资金、新的投资技术和投资理念，还可能带来一些意想不到的新挑战，这些新挑战是针对整个中国金融市场所有参与者的，包括市场管理者政府、内资投资机构，也包括评级机构。拿股票市场来说，外资自由进出前，尽管有外资可以通过 QFFI 进入中国证券市场，但其规模和话语权受限，市场的估值或者说涨跌，主要受内资大的机构投资者或者政府管理者影响；外资可以自由进出后，解除了后顾之忧后，外资进入中国市场的规模可能增大，影响力增大，话语权也会增大，对于市场走势的判断，很可能与内资机构以及政府管理者的判断不一致，对于以中小散户为主的中国股票市场来说，谁争取到了散户的认可和支持，谁就可能获益，尤其在极端市场条件下，大多数散户跟风造成的羊群效应，引领者往往短时间就能获得暴利，市场的大涨大跌受损害的是市场本身以及看错了方向的投资者。问题的关键在于谁能掌握市场的话语权谁就可能成为引领者，话语权的背后是公信力，无论对于内资和外资来说，还是对于机构投资者和市场管理者来说，市场对其所作所为都会有记忆，谁透支了公信力，谁就会在关键时刻失去话语权。

有了话语权，也就有了某种程度的定价权，这是金融市场的运行特点决定的。金融产品的定价受很多因素的影响，由于信息不对称，投资者往往倾向于参考公信力强的投行机构意见，股票市场投资者是这样，债券市场投资者也是如此。因此有话语权的投行的股票投资评级以及债券的投资评级往往直接影响相关证券的定价以及价格走势，在特殊时期，评级机构的主权债务评级可能影响到相关国家国债是否能够发行以及发行利率，可见，在开放的市场里，金融产品包括股票、债券以及货币评级的话语权事关国家金融安全，对于逐渐开放的中国金融市场，国家金融安全呼唤有公信力进而掌握市场话语权的监管者、投资银行、评级机构。

（五）大公资信受罚事件让本土评级机构公信力受挫

1. 大公国际曾被寄予厚望

大公国际资信评估有限公司（简称"大公资信"）成立于1994年，是我国唯一获得中国人民银行和原国家经贸委共同批准成立的全国信用评级机构，拥有政府监管部门认定的全部评级资质，能够对中国资本市场除国债外所有债务工具和参与主体进行信用评级。

作为新型国际信用评级标准的创建者，大公资信是第一家向全球提供国家信用风险信息的非西方国家评级机构，财政部推荐参加亚洲债券市场建设的评级机构，是参与国际信用评级体系改革，争取国际评级话语权的中国信用评级机构的代表。

独树一帜的评级方法引领大公资信在国际信用评级舞台占据重要地位。大公评级方法以大公信用评级原理为基础构建，区别于以违约率为核心的只重验证不重预警的西方和其他评级方法，大公评级方法以发行人偿债来源对真实财富创造能力的偏离度为出发点衡量其偿债安全度，能够揭示发行人的真实风险，具有完整严密的内在逻辑和预警信用风险的能力。

其公司官网称，大公评级先后对30个省市自治区、70多个行业的万余家企业进行信用评级，债券融资总额度逾万亿元。大公评级目前拥有银行间和证券业两大债券市场，四个国家政府部门认定的中国全部债务工具类信用评级资质。

从被赋予的众多资质和承揽的业务量上可以看出，政府相关管理部门和市场对大公资信寄予厚望。

2. 被两机构处罚，大公资信评估受多方质疑

经中国银行间市场交易商协会2018年第8次自律处分会议初审、2018年第9次自律处分会议复审，决定给予大公资信严重警告处分，责令其限期整改，并暂停债务融资工具市场相关业务一年。

交易商协会披露，经查，2017年11月—2018年3月，大公资信在为相关发行人提供信用评级服务的同时，直接向受评企业提供咨询服务，收取高额费用。同时，在交易商协会业务调查和自律调查工作开展过程中，大公资信向协会提供的相关材料存在虚假表述和不实信息。

信用评级机构作为债务融资工具市场的重要中介机构，应当恪守

独立、客观、公正的基本原则，发挥好资本市场"看门人"的应有作用。信用评级机构直接为受评企业提供咨询服务，严重背离独立原则，为银行间债券市场相关自律规则所禁止。大公评级的违规行为，违反行业规范、业务规则和合规运行基本要求，对市场造成了严重的不良影响。

2018 年 8 月 17 日，中国证监会决定给予大公资信严重警告处分，暂停大公国际证券评级业务一年。证监会新闻发言人表示，证监会在检查中发现了大公资信四项严重违规：一是大公资信与关联公司公章公用，内部管理混乱；二是为多家发行人发行服务的同时，开展咨询服务收取高额费用；三是委员资格不符合要求；四是部分评级项目底稿缺失。

证监会和银行间市场交易商协会先后发布针对大公资信的处罚公告，一时间引起广泛关注，舆论哗然。8 月 20 日晚间，中国保险业资产管理协会（下称"中资协"）在其官微头条位置发布了一则提示函。这篇名为《关于关注大公国际资信评估有限公司评级质量的提示函》发给各保险公司和保险资产管理公司。中资协警示函明确表示持续关注大公资信在评级质量方面存在的问题。同时提出，从中资协历年评级质量评价结果来看，大公资信评级质量整体呈下滑趋势，并且因重大信用评级事故、人员或机构违规等因素被扣减的分数逐年增加，2017 年度评级质量评价大公资信最终得分在 10 家受评机构中排名第 8。中资协在警示函中要求，保险资金运用坚持稳健审慎与安全至上原则，下一步，中资协将以问题为导向，继续优化外部信用评级机构评价方法，持续跟踪评估信用评级机构评级质量；并将积极发挥监管部门与市场机构的桥梁和纽带作用，整合内外部信评资源，不断提升行业信用风险管理能力，协助监管和行业防范保险资金运用信用风险，维护保险资产安全稳健运行。

3. 大公资信受罚为本土评级机构公信力建设敲响警钟

信用评级机构是金融市场重要的服务性中介机构，国内很多机构对外号称公正、独立的第三方信用评级机构，实际是评级标准人为干涉非常严重，几乎是客户要什么评级就给什么评级；大公资信一些分析师人为先出评级结论，再调整评级模型。评级机构是靠信誉生存，结果却因为利益守不住自己的信用，实在令人啼笑皆非。近年来，我国债券市场违约事件频发，一些高评级的企业或债券不断爆雷，其背后就是评级机构丢了信用的缘故。"大公被罚"事件暴露出国内信用评级机构存在的公信力问题亟待解决。

二　大公资信的实践

（一）大公资信的前世今生

1992年，邓小平南巡后，中国迎来下海潮，在航空工业部财务司担任处长的关建中也是其中之一。

当年，关建中远赴美国考察项目并加以探索实施。而由于历史背景因素与当时较今日更为严重的中美摩擦问题，关建中牵头的中航卫星、造纸项目均以失败告终。

和关建中一起下海的还有航空航天工业部审计室主任刘继忠，刘当时创建了两家企业，一家是深圳中诚会计师事务所（深圳同人会计师事务所前身），另外一家就是大公国际。

1994年，通过中国航空科学技术委员会、国务院发展研究中心、中国社会科学院等8家社团发起，大公国际资信评估有限公司成立。

成立之初，大公资信对评级行业比较陌生，想出去学习国际先进经验，于是在关建中的运作下，刘继忠带着总经理助理王文灵相继访问了美国的标准普尔和穆迪。

回国之后，刘继忠和王文灵就合作写了《资信评估概论》，该书是国内第一部综合论述资信评估理论和实务的学术专著。

然而，当时的评级行业还找不到合适的盈利方法，在很多年里，大公资信一直处于亏损状态。王文灵选择出走光大信托，之后一路升迁，如今已是全国社会保障基金理事会副理事长。而刘继忠的精力更多的放在会计师事务所上，对大公资信的关注度并不高。

1998年，在美国郁郁不得志的关建中选择回国，在美国的经历让他看到了信用评级对整个金融市场健康发展和资本市场安全运行的重要意义，于是他加盟大公资信。

关建中出售了位于北京的房屋，将大公资信从王文灵、刘继忠手中私有化。从此以后，大公资信进入了关建中时代。

1999 年，大公资信与穆迪开展评级合作，关建中付费 60 万美金将穆迪的评级专家邀请到大公资信，向其学习评级标准和研究方法，时任中国人民银行副行长的尚福林亲自出席了合作仪式。

（二）大公资信的主要做法

1. 民族品牌国际化

1996 年，《世界是平的》作者弗里德曼说过："我们生活在两个超级大国的世界里，一个是美国，一个是穆迪。""美国可以用炸弹摧毁一个国家，穆迪可以用债券降级毁灭一个国家。有时候，两者的力量说不上谁更大。"这是因为国家主权信用评级的存在。

信用评级关乎相关国家的国债在全球金融市场的价格，有影响力的评级公司对相关国家债券的主权评级可以一夜之间决定某个国家的外债生死，欧债危机时的"欧猪五国"被三大评级公司连连降级，导致五国国债发行成本大幅提高甚至个别国家国债发行失败就是生动例子，因而争夺信用评级的话语权，的确有其政治意味。

大公资信提出民族品牌国际化战略。民族品牌，即大公资信作为本土评级机构首先要研究中国信用风险的形成规律，运用揭示风险的服务能力维护本国经济社会安全发展，保障中国海外债权资产安全，承担起民族复兴赋予的评级责任。国际化，即作为中国的评级机构有责任把大公资信在评级领域的智慧贡献给世界，为全球信用经济的可持续发展履行应尽的责任。

大公资信的名声大噪，正是始自 2010 年敢于与美国三大评级机构的公开叫板。那年 7 月 11 日，大公资信发布了一份"50 国信用评级报告"，是第一个非西方国家评级机构首次向全球发布国家信用风险信息，石破天惊，从此声名鹊起。当时市场哗然，大公资信的评级结果和美国三家评级机构穆迪、标普和惠誉的评级结果差异明显，但大公资信的解释是："根本原因则在于它反映了大公资信不以意识形态划界，平等维护国家信用关系各方利益的根本立场。"

举个例子，穆迪、标准普尔、惠誉等给予美国的国家主权信用评级，当然都是 AAA 级，而大公资信只给了美国 AA 级，而给予中国 AA＋级。

一个月后，处于动车事故舆论漩涡的铁道部发行短融，大公资信给予了 AAA 的主体信用级别，高于中国国家信用 AA＋，又一次超越了信用评级体系约定俗成的基本法。要知道，在评级之前的三年里，铁道部负债高企，总债务增至原有水平的三倍，达到 2.091 万亿元人民币。对此，《21 世纪经济报道》当时的评价称，大公资信的 AAA 评级非但没有让人们对铁道部放心，反而令人对其自身的可信度产生了疑虑。

关建中独辟蹊径，杀出一条"民族评级"血路。这也是为什么大公资信的头顶始终环绕着毁誉参半的"风格激进"头衔。

打着"为国家而战"的旗号，大公资信隔三差五就要下调美国评级。甚至直到 2018 年 1 月，大公资信仍在下调美国主权信用评级，从 A－下调至 BBB＋，评级展望负面。大公资信的理由是"美国政治体制缺陷形成的政治生态使政府难以有效执政"。

2. 注重理论研究

大公资信注重理论研究，体现为著书立说、出版刊物，代表著作有《信用思想选集》《中国信用体系建设蓝图》《大公信用评级原理》《信用管理社会化　社会管理信用化》《西方信用评级思想研究》《论信用危机》，创刊于 2008 年的《大公信用》每月一期，至 2018 年 8 月已经出版 120 期。

"2008 年爆发的全球信用危机，实际上是长期以来世界财富创造与分配失衡或者世界性生产和消费的极端表现形式。"在大公资信董事长关建中看来，2008 年世界金融危机其实是信用危机，而国际信用评级机构正是引发信用危机的关键。穆迪、标准普尔、惠誉是评级市场上的巨头，三家公司占据了世界 90% 以上的资本市场评级业务。然而，三家公司并不客观、公正和权威。在多次金融危机中，它们不仅没起到预防和制止危机的作用，反而屡屡失误，不断错判。比如：在美国次贷危机爆发前，国际评级公司对有问题的金融产品给出了 AAA 评级，严重误导了投资者；危机爆发后，三大评级机构又急速降级，加剧了危机的破坏性。

对此，关建中指出，现行国际评级体系存在诸多不足。第一，主导国际评级体系的评级机构具有鲜明的主权特征，这决定了它不可能站在人类社会共同利益的立场设定国际评级标准，因此它向市场提供的评级信息是不准确的。第二，它的评级标准缺乏全球一致性，这使其评级信息难以实现全球流动，甚至不能比较。第三，它是一种竞争模式，因此评级机构不会把社会公众利益放在首位，只是通过市场竞争的方式满足自身利益需要。第四，它是一个单一评级体系，其评级技术和标准存在自身难以解决的缺陷。

关建中在《大公信用评级原理》中提出："信用评级是人类认识信用世界的一种思想方法，是在评级理论指导下通过揭示债务人偿债风险进行社会信用风险管理的方法实践。因此，评级理论决定着评级方法正确与否，评级方法则攸关以评级为媒介建立起来的社会信用体系安全。从根本上说，2008 年爆发的全球信用危机是西方评级理论和方法失败导致的国际信用体系大破坏，证明已有的评级思想成果完全不能保障人类社会安全发展，人类必须重新探索信用经济和评级发展规律，构建体现这一规律的评级理论和方法，大公信用评级原理掀开了这一历史新篇章。""大公信用评级原理是人类对信用经济和评级发展规律的探索成果，它的诞生将产生以下三个方面的积极意义：填补了世界评级理论空白，具有划时代意义。有利于评级作为信用经济逆周期力量的角色定位，具有现实意义。改变人们对评级的认识和理解，有益于正确评级理念的广泛应用，具有社会意义。"

3. 说一套做一套，犯行业大忌招来处罚

除了自成一体的评级技术体系，大公资信的管理体系看似也比较完备，评级管理线、技术管理线、数据管理线、评审管理线和风控管理线一应俱全，评级制度看似也很细致。依据国际证券组织、美国证交会、亚洲评级协会和我国监管政策的要求和大公资信实际情况，大公资信针对信用评级共计 60 多项专业制度、业务流程、操作规范和技术标准进行了重新设计和细化，形成了完整的评级管理系统：规范评级业务流程、从内部管理体制上建立防火墙、从制度建设上预防操作风险和道德风险。

大公资信是中国主要的信用评级机构之一。评级机构是债券市场的重要参与者，对债券发行人的偿债能力和意愿出具报告，某种程度上决定发行价格。大公资信所犯之错，最严重的一点是，在 2017 年 11 月至 2018 年 3 月，为多家发行人提供信用评级服务的同时，直接向受评企业提供咨询服务，收取高额费用。这很有可能是收费帮客户争取/提高评级。其他指控以内控居多，例如向监管部门虚假陈述、不实消息；与关联公司公章混用；高管资质不符合要求；底稿资料缺失、模型计算数据遗漏等等。

三 大公资信实践的启示

大公资信的实践对打造有公信力的本土信用评级机构带来了诸多启示。

（一）打造有公信力的本土评级机构离不开政府的扶持

尽管大公资信违规受罚，辜负了政府的期望和扶持，但是，这不代表政府不应该大力扶持本土评级机构，原因在于：首先，评级需要权威，离不开政府的背书，表现为各种认证，三大评级机构的权威也离不开美国联邦政府的认可，美国证券与交易委员会（SEC）于 1975 年认可"三大"评级机构——穆迪、标准普尔、惠誉为"国家认定的统计评级组织"（NRSRO），并明确地将 NRSRO 评级结果纳入到美国证券交易法规体系；其次，中国的评级机构是伴随着中国的市场经济成长起来的，历史都不长，至今不过二十几年历史，自身从经营到管理都还有不够完善的地方，需要市场参与各方尤其是政府的帮助和包容，包括对待像大公资信这样犯了严重的错误评级公司，不可一棍子打死，一方面，政府严格执法，对违规行为实施零容忍处罚，让大公资信接受教训，净化评级市场环境，另一方面，还是要从保护稀缺资源的角度，给大公资信"重新做人"的机会；第三，政府要站在国家金融安全的角度看待本土评级机构的角色定位，三大评级机构的进入，客观上给国家金融安全带来新挑战，唯有大力扶持本土评级机构，使其尽快壮大，迎接挑战，以公信力赢得市场和话语权，才能在关键时刻捍卫国家利益。

（二）对于三大评级机构的强大要有警觉，本土评级机构尽快成熟要有自觉

穆迪、标普和惠誉是世所公认的国际三大评级机构，市场上其他评级机构的规模和品牌影响力十分有限，而且这三大机构的评级，尤其对相对安全的债券的评级有高度的正相关性。而因为其权威性，三大机构在资本市场和经济界掌控了一定的话语权。

三大机构都具有近百年的历史，他们主要业务所占市场份额都在95%以上，并通过在世界各地开设分支机构，对其他评级机构或控股、或收购。"百年基业"也使他们拥有了丰富的公司和各类债券产品的历史数据，包括债权人能从破产公司收回多少投资（回收率recovery rate），对投资者非常有价值。与此同时，投资者和市场对他们的信任是这些评级公司最重要的"资产"。

三大评级机构的进入，本土评级机构的真正对手出现了，直面自身短板，本土评级机构要在公信力上下功夫，应把脉债券市场对外开放与评级需求的潜在市场，加强自身建设，以技术体系、人才资源等方面的积累树立核心竞争力，接轨国际标准，开拓全球市场。

（三）本土评级机构的健康成长离不开严格的监管

相比标普、穆迪等发展了上百年的国外评级机构，我国的评级机构可能还处在婴儿阶段。国际评级机构三足鼎立的局面，与我国评级机构遍地开花，形成了一定程度的对比。国际评级市场，仅有几家可以发挥规模经济的优势，更好地招揽人才，更好地实施整体管理，并且利于评级标准的制定。而且，少量评级机构的存在，使得他们可以真正地为评级而评级，而不是为了自身发展而评级。

由于我国市场上存在相对过多的评级机构，使得其更容易引发与企业的"合谋"行为。若某评级机构不能为"金主"利益着想，企业可以选择其他评级机构。这样一来，评级机构为了公司的市场占有率可能会牺牲其独立性。这在一定程度上说明，我国评级市场发展得不充分，并没有哪家公司可以做到脱颖而出。

当然，发展不充分并不能完全解释国内评级市场的乱象，公司债发行的硬性指标也起到推波助澜的效果。严格的发行规定无可厚非，可AA级的严苛程度让很多公司失去了债务融资的机会。如此一来，企业迫于发行压力，机构迫于企业压力，将评级变成达到目的的一种手段，并非作为一种投资价值指标而存在。

评级机构评级失真，不得不引起社会关注。要解决评级市场问题，应脚踏实地，对症下药。评级市场的寻租行为亟待解决，首当其冲的是解决公司报复行为的存在（即寻求其他评级机构，减少某评级机构的市场份额）。一方面，政府应成立专门的评级监管部门，不定期地抽查公司债的情况，若真实情况与评级机构报告有严重不符，对评级机构进行停业整顿或处罚金。另一方面，债券市场可自发组织监管机构，为债券评级机构打分，如此一来，评级机构迫于名誉和影响力的考虑，也会在今后的评级及事后追踪中尽职尽责。

科源飞机公司追梦
通用航空研究

刘铭铭[*]

刘铭铭[*]

一 引言

(一) 研究领域

本文研究的产业领域是低空通用航空业,聚焦的研究对象是具有典型代表性的民营航空企业。

就低空通用航空业而言,它属于通用航空业的范畴。所谓通用航空业就是指通用航空服务业的简称。按照我国颁布的《国民经济行业分类》(GB/T 4754—2017),通用航空业是指使用民用航空器从事公共航空运输以外的民用航空活动,包括从事农业、林业、牧业、渔业、工业和建筑业的作业飞行活动,以及医疗卫生、抢险救灾、气象探测、海洋监测、科学实验、航拍、教育训练、医疗救助、观光旅游、文化体育等方面的飞行活动。依据 2007 年我国颁布的《中华人民共和国飞行基本规则》,通用航空业的飞行高度实行从 600 米开始到 12500 米,8400 米以下每隔 300 米、8400 米以上每隔 600 米设一个高度层的管理办法。根据此规定,通用航空业中的低空通用航空业,通常是指飞行高度大多在 1000 米以下的空域。低空空域如同陆地和海洋一样,是国家重要的战略资源,是通用航空的主要活动区域,蕴藏着极大的经济和社会价值。低空通用航空业是国家确立的战略性新兴产业之一,也是新时代增

---

 * 刘铭铭,北京金剑之星科技发展有限公司研究员。

加优质供给的朝阳产业。由于我国国情的特殊性，国内低空空域管理及其产业化发展水平与欧美等发达国家相比，差距很大，尚处于初级阶段。2010 年，我国出台《关于深化我国低空空域管理改革的意见》，为低空空域管理改革划定了路线图，制定了时间表。2016 年，我国颁布《关于促进通用航空业发展的指导意见》和《通用航空发展"十三五"规划》，要求开放低空空域，理顺低空空域管理机制，大力培育低空经济。

目前，我国把低空空域分为三大类，实行分类管理。一是管制空域。通常划设在飞行比较繁忙的地区，包括大型机场起降地带、空中禁区、空中危险区、空中限制区、地面重要目标、国（边）境地带等区域的上空。在此空域内的一切空域使用活动，必须经过飞行管制部门批准，并接受飞行管制。二是监视空域。通常划设在管制空域周围。在此空域内的一切空域使用活动，空域用户必须向飞行管制部门报备飞行计划，经批准后，可以自行组织实施飞行计划，承担飞行安全责任。而飞行管制部门则要严密监视空域使用活动，并提供飞行情报服务和告警服务。三是报告空域。通常划设在远离空中禁区、空中危险区、空中限制区、国（边）境地带、地面重要目标以及飞行密集地区、机场管制地带等区域的上空。在此空域内的一切空域使用活动，空域用户要报备飞行计划，自行组织实施，飞行管制部门则负责核准飞行计划，并根据空域用户需要提供航行情报服务。在此空域分类管理体制下，通用航空的飞机飞行及机场归民航管理，航线和空域资源由空军审批。这就导致了空域划分不合理、飞行计划审批报备程序繁琐复杂、低空空域使用限制条件多、低空空域资源开发无规划及其利用效率低等方面的突出问题。与之相联系，低空通用航空业的发展也遇到了"瓶颈"，包括机场数量少、基础设施保障不完善、产业投资门槛高、回报周期长、产业乘数效应低、民营航空企业少、通用航空人才匮乏等，致使我国低空通用航空业的发展严重滞后。究其"痛点"，关键是没有把低空空域当作资源向市场开放，片面强调市场准入的安全管制性。要解决问题，首先就必须扩大低空空域的开放，即实施"放管服"的深化改革，解除部分航空器在某些低空空域活动的封锁、禁令和限制飞行措施，以及完善报告类飞行的管理办法，加强事中和事后监管，做好政府配套服务，使之能够满足空域用户的便利化需求。其次，要广开门路，充分发挥市场对资源配置的决定作用和政府的引导作用，做好低空空域资源配置规划和机场网络体系建设规划，构筑多元市场主体结构，支持和鼓励民营航空企业创新发展，让低空通用航空业接"地气"，圆梦人民对航空的各种需求。

（二）国内外研究现状综述

1. 国内外研究现状

根据对知网和有关外文网站的查询，国外没有专门针对国内低空通用航空业发展的研究论文。国内有关的研究文献主要集中在综合研究、专项研究和借鉴研究三个方面，现概述如下。

（1）综合研究。这类研究文献主要是从总体上，综合论证我国通用航空业发展的现状、问题、模式和路径。杨勇等（2010）认为应规划设立和逐步开放低空空域，改进航空服务保障体系，加强法规和人才建设。佟刚等（2011）认为应加强宣传，政府主导，加快专业人才培养。康永等（2012）认为应着力在西部地区发展通用航空业。高启明等（2013）认为应推进通用航空业的市场化运作。夏慧永等（2014）认为应完善专业人才培训体系，强化市场监管。李堃（2014）认为应大力发展主要用于勤务、商务、公务旅行的通勤航空。杨正泽（2015）认为应推进改革，完善通用航空领域的硬件配套设施，确保空域有效利用。徐伟等（2016）认为应扩大低空空域开放，培育通用航空市场。易晓英（2016）认为应完善通用航空的规制，简化通用航空飞行的审批手续。高林照（2016）认为应建设全国低空空域改革试验区，打造集群，推进通用航空业的全产业链发展。林琳（2017）认为应鼓励和扶持企业开发高技术、高附加值的航空科技产品，打造通用航空业的领军企业。许冀威（2017）认为，低空通用航空业一方面基础设施不完善、专业人员缺乏、安全监管体系不健全、空域资源不足等问题依然存在；另一方面通过产业结构调整和规制改革，也促进了低空通用航空业的快速发展。高启明（2017）认为提高关键领域的创新能力、推进供给侧结构性改革，是通用航空业发展面临的主要问题。改革的思路是：以市场化改革构建发展动力机制，以重点突破推动前沿领域自主创新，以信息化治理实现产业跨界融合，以结构改革推动现代化产业体系建设。张亮（2017）认为通用航空业供给侧结构性改革有五大方向，即简化审批流程，降低企业运营成本和减税减负，提升企业市场竞争力和自主创新发展能力，创新人才培养模式，完善规制。于一（2018）认为我国通用航空产业市场前景广阔，机场建设应先行，走自己发展路径。

（2）专项研究。这类研究文献主要是从某一重点领域，具体论证我国通用航空业发展的问题和对策。张欣（2016）认为应完善安全管理规制。唐卫贞（2017）认为应加快通用航空飞行服务站的建设。冯广东（2017）认为通用航空机场建设应走全过程专业化发展之路。高启明（2017）认为通用航空制造业存在关键领域自主创新能力不强的突出问题，必须依托创新驱动，在前沿科技领域加快布局，大力推进产业转型升级，以实现从全球价值链的低端向高端的跃升。匡婧（2017）认为应转换企业经营管理的格局与模式，拓宽融资渠道，做好经营管理人才的培养和储备工作。陆二（2017）认为应采取"放管结合，以'放'为主"的改革思路和管理办法。

（3）借鉴研究。这类研究文献主要是借鉴美国的经验和做法，以探求启示和发展新思路。陈蓓蓓等（2012）认为应借鉴美国的经验，解除低空空域限制，优先发展空中应用，大力发展公务飞行，促进飞行培训，加大政策扶持力度，推进通用航空基础设施建设。王静（2013）认为美国通用航空业发达，政府管理和行业自律机制完备，通用航空业与航空制造业互相促进发展，航空教育普及率高，政府扶持力度大。李寿平等（2015）认为美国通过政策与法律体系建设，促进了航空制造业的发展，通过逐步开放低空空域并加强监管，建立了完善的通用航空保障体系，扩大了通用航空飞行员队伍。我国应积极借鉴美国的法治经验，通过政策与法律体系建设，力促通用航空业的发展。陈达等（2015）认为美国通用航空业的产业链集群网络，实际包含三个网络层次：第一层次是在某一空间区域内形成的单一产业链集群的价值网络，第二层次是由单个产业链集群之间相互连接形成的互动网络，第三层次则是在第一层次的价值网络和第二层次的互动网络的基础上与外部环境（包括制度环境及产业环境）之间形成的社会网络。这三个层次的网络相互交织、相互渗透、相互作用，可以形成广覆盖的通用航空产业链的网络系统，有力促进外界适应力和内部创新力。借鉴美国经验，我国也应统筹布局通用航空业的蝉联集群网络。郭荣海（2017）认为借鉴美国经验，我国应做好行业宏观调控，大力发展航空制造业。

2. 对研究现状的简要综合述评

国内对通用航空业的研究，实际涵盖了对低空通用航空业的研究内容，成果丰富，可以成为本课题研究的基础，借鉴意义重大。但具体分析，现有研究文献聚焦于行业，对民营航空企业的研究成果很少。这就需要"脚踏实地"，抓住最有代表性的典型民营航空企业，"解剖麻雀"，深入探讨如何充分发挥市场主体的作用和企业家精神，大力推进我国低空通用航空业的发展。

（三）研究目的和意义

北京科源轻型飞机实业有限公司（以下简称科源飞机公司），1993年成立，是我国首家民营飞机制造企业，并投资建设了北京海淀通用机场。1996年，科源飞机公司拿到轻型飞机生产许可证；2000年和2015年，先后取得空军、民航局等部门对低空空域使用的批复，成为我国首家同时拥有飞机制造能力和经营通用航空机场能力的民营企业。科源飞机公司是我国民营航空企业中最典型的代表，历经20多年发展，虽然高投资、无回报，从未盈利，但科源飞机公司始终坚守在飞机制造和通用航空机场经营的领域，充分展现了民营企业家的创业精神和推进低空通用航空业发展的坚定意志。根据现有研究文献资料，祁建（2001）和梁毅菲（2012）认为科源飞机公司是靠企业家精神支撑的，餐馆老板改做航空业，的确不易，是为我国通用航空业做出贡献的星星之火。这种研究虽然讴歌了企业家精神，值得借鉴，但对科源飞机公司发展的现状、机遇、挑战、目标、前景及其与之相关的规制完善和政策扶持等方面内容，都没有做深入研究，也没有由此引申出怎样通过市场力量和发挥民营航空企业的作用，推进我国低空通用航空业发展的对策建议。

有鉴于此，本文采取"解剖麻雀"的方式，对科源飞机公司的现状、主要问题、未来发展目标和思路做全面分析，并借鉴有关理论和经验，遵循目标导向与问题导向、战略思路与实操措施相结合的原则，有针对性地提出解决问题的对策建议。这种研究是一个新视角，以往研究成果不能替代本文研究。这种研究的目的和意义在于提炼有一定学术价值和使用价值的新观点、新经验和新做法，用于指导我国低空通用航空业的发展。研究成果可供有关决策部门参考。

二　科源飞机公司发展历程、现状、主要问题及其成因分析

（一）科源飞机公司发展历程

科源飞机公司位于北京市海淀区苏家坨镇，是一家集飞机制造和机场服务为一体的民营企业，发展历程涉及飞机制造与机场服务两个方面，主要内容概述如下。

1. 飞机制造的发展历程

原永民是科源飞机公司的创始人，最初在中关村开酒楼，经营餐饮业。1993 年春节期间，中国科学院的一个朋友给他出主意，制造飞机、经营机场大有发展前途，并介绍南京航空大学有专家研发出了轻型固定翼飞机，专利费只有 340 万元，加上模具等其他费用，总投资约 1000 万元。原永民从小就酷爱飞机，梦想从事航空业发展。在朋友的帮助下，原永民以酒楼做抵押，向中关村信用社借贷 500 万元，到南京航空大学购买了轻型固定翼飞机的专利和设计图纸。之后，原永民申请注册飞机制造公司，选址建设厂房和机场。当时，海淀区长非常支持原永民的做法，认为飞机制造是高科技的好项目，经区政府协调，北安河乡政府决定与他合作，签订了提供建设用地的协议。原永民就再次以借贷为主，筹资 880 万元，买了 145 亩地，规划建设机场和厂房。1993 年 8 月，原永民高薪聘请原航空部的几位退休老专家，到科源飞机公司报到，并网罗沈飞、哈飞、成飞、南飞等全国各大飞机制造企业的退休专家，共同研制飞机生产和质量管理体系。与此同时，科源飞机公司建设了生产车间，在南昌飞机制造厂定制了生产模具，从奥地利进口了活塞式发动机，购买了生产设备和材料，组织起生产队伍，摸索生产 2 座轻型固定翼飞机。1995 年 5 月，科源飞机公司生产出原型机或样机，即 2 座轻型固定翼飞机，命名为蓝鹰 AD - 200，从此结束了北京不能生产飞机的历史，原永民也成为中国取得超轻型飞机生产许可证的第一人。1995 年底，中国民航总局

先后两次对科源飞机公司"人、机、料、法、环"的生产状况进行审核检查，提出了80多条改进意见。对此，科源飞机公司依托老专家，逐项进行生产工艺的改进，探索出一套高标准的质量保证和工艺流程体系。1996年1月，中国民航总局最后一次到科源飞机公司审核检查，认为蓝鹰AD-200的达标率为100%。同年1月26日，中国民航总局在人民大会堂给科源飞机公司颁发了蓝鹰AD-200的生产许可证、设计审批书和许可生产项目单。同年，科源飞机公司还获得了生产热气飞艇的生产许可。

1996—1998年，科源飞机公司卖出了9架蓝鹰AD-200和6架热气飞艇。1998年，科源飞机公司代表中国参加世界热气飞艇锦标赛，在23个参赛国家中，夺得第12名。同年，科源飞机公司参加了在珠海举办的中国航空展，蓝鹰AD-200获得中国轻型飞机俱乐部的亚军。2000年，科源飞机公司根据用途，对蓝鹰AD-200的使用性能进行了有效改进，形成了飞机生产的序列型号，有运动型（用于飞行表演）、教练型（用于培训飞行员和和航空爱好者）、农用型（用于喷洒农药）和遥感型（用于快速获取小空域遥感影像数据信息）。同年，科源飞机公司参加国际联航和中国航协共同举办的"2000年中国环太湖特技飞行大奖赛"，2架运动型蓝鹰AD-200贴着水面，双机平列飞行，同时穿越太湖主、副桥孔，成功完成了飞行极限的挑战，给中国轻型飞机史留下了辉煌印记。1996—2017年，科源飞机公司共生产蓝鹰AD-200系列飞机40架，实际销售32架。

由于国内通用航空业发展刚刚起步，所以科源飞机公司生产的飞机，市场销路很不理想，生产能力大量闲置，始终没有赚到一分钱，反倒借贷1000多万元。为了还贷，科源飞机公司把酒楼拆迁款全部用上，最终在2000年解除了债务负担。在此情况下，科源飞机公司早在1999年就开始转产，探索用现有的飞机生产技术生产节能环保旅游观光船。原永民的想法是以造船和其他产品养飞机生产线，有了钱再更新完善蓝鹰AD-200轻型飞机技术，并按照市场需求重新组织生产。1999年，原永民抓住北京开发昆玉河，需要大量旅游观光船的机遇，利用已有飞机制造车间和技术专家，调整生产队伍，开始组织生产以LPG能源为动力的绿色环保旅游观光船。1999—2007年，科源飞机公司共生产销售各尺寸旅游观光船 200 余艘，形成了以造船为主的现有生产格局。并于 2007 年开始至今，研发生产全铝合金的巡逻艇和游钓艇，2018 年初开始研发纯电动环保船。①

2. 机场服务的发展历程

1993 年，科源飞机公司在建设飞机制造车间时，把机场建设当作飞机试飞场所，同步投资建设了北京海淀机场（以下简称机场）。机场占地 100 亩，飞行区域等级组合属于 1A②，只有一条长 550 米、宽 30 米的跑道和 3000 平方米的办公楼，最初用途主要是试飞测试蓝鹰 AD - 200 的起降性能，没有建设机库。1996 年，科源飞机公司取得蓝鹰 AD - 200 生产许可证之后，就有了开展低空通用航空运营服务的想法。随后，按照空军对飞机起降点的规范要求，科源飞机公司配套建设了一座机库和 600 多平方米的接待中心（服务大厅）。2000 年，经过科源飞机公司多年不懈努力，在确保飞行空域安全的前提下，机场取得空军临时起降点和低空空域报告类使用权的批复，开始从事飞机起降服务，开创了民营企业办机场的先例。之后，伴随漫长的低空空域向民用开放的改革进展和审批等待，以及对原有航空运营服务设施的更新改造和安全飞行优良记录，最终在 2015 年，科源飞机公司正式取得中国民航总局颁发的机场使用许可证，由此开启了科源飞机公司开展机场运营服务的新篇章。服务内容包括飞机停放服务、飞行申请服务、航材配件存储服务、油料存储服务、航空气象服务和办公服务等。

（二）科源飞机公司发展现状

2014 年，空军批复了科源飞机公司旗下机场空域为东西 8 公里、南北 7 公里、高度 900 米以下的空域使用权。机场占地 100 亩，有一条长 550 米、宽 30 米的混凝土跑道。机场建有候机楼、气象站、指挥塔台、

---

① 资料来源：根据科源公司提供的数据资料整理。

② 按照我国规范的飞行区域等级组合，机场跑道长度小于 800 米，属于 1A 类，只能起降轻型固定翼飞机；800—1200 米，属于 2B 类，可以起降小型固定翼飞机，如 SH360 机型；1200—1800 米，属于 3C 类，可以起降中型固定翼飞机，CRJ、ERJ 机型；大于 1800 米，属于 4C、4D、4E 和 4F 类，可以起降大型固定翼飞机，如 B737、A320、B767、A300、B777、A340、A380 机型。

机库、停机坪、车库、油库、机场办公和保障用房等配套机场保障设施，可以保障起降各类直升机和轻型固定翼飞机以及动力伞、热气飞艇、热气球、三角翼、无人机航模等小型飞行器。

科源飞机公司现拥有一支资质齐全、技术过硬、经验丰富的空中管制、飞行签派、通信导航和机场的经营管理队伍，人员主要来自民航、空军、体委和通用航空服务机构等领域。现有员工40人，其中，拥有专职热气球飞行员1名，兼职飞机飞行员3名。员工中拥有中高级技术职称的工程技术和研发人员占比25%。

科源飞机公司现有库存飞机6架，生产线设计产能每年100架。生产机型是蓝鹰AD–200，飞机经济巡航时速为每小时130公里，发动机为进口奥地利造的活塞式发动机，售价为70万元。现由于发动机技术及其相关航电设备更新换代快，市场销量路有限，载人飞机生产能力暂时处于半停产状态。鉴于市场需求，科源飞机公司现已开始研发大载荷无人机。

科源飞机公司旗下机场，现有机库一座，建筑面积2500平米，可以同时停放8架中型直升机。借助机场平台，科源飞机公司现为通用航空运营公司提供停机机库服务、飞行申请服务、办公场地服务、气象信息服务等通用航空机场的服务业务。机场收入来源是通用航空运营公司支付的服务费。2017年，机场年收入为300万元，年飞行量为300小时。

科源飞机公司现在生产绿色能源为主（发动机为燃气或用电）的铝制公务艇和游钓艇，年产量30—40艘。单艇售价一般为30万—1000万元。

科源飞机公司现在主营业务收入全部来源于绿色环保旅游观光船，飞机制造没有收入，机场服务收入有限。2017年，科源飞机公司营业收入1500万元，税收100万元，负债3400万元，总资产6800万元，研发投入600万元（主要用于智能无人艇的开发）。从研发投入占营业收入比例高达45.8%的维度看，科源飞机公司属于高科技类的公司。①

---

① 资料来源：根据科源公司提供的数据资料整理。

（三）科源飞机公司发展面临的突出问题

25 年来，由于我国低空空域资源的开发政策和通用航空业的产业政策与实践需求始终存在偏差，严重滞后，导致科源飞机公司发展受内外资源环境的影响，实际面临许多突出问题。这些问题可以归结为企业外部层面的问题和企业内部层面的问题两大部分。其中，企业外部层面的问题最为突出，是科源飞机公司发展的主要障碍。

1. 企业外部层面问题

从通用航空业完整产业链的维度分析，科源飞机公司面临的外部层面问题，主要集中在以下几个方面。

（1）民用飞机制造技术相对落后。民用飞机制造业是投入高、回报周期长的实体产业，需要有高投入的研发能力作支撑。但我国现有民用飞机制造技术相对落后，研发投入能力明显不足，总体制造技术水平尚处于初级发展阶段。现有国产自主研发的通用航空飞机不足 10 款，且以固定翼的涡桨和活塞发动机为主，直升机和喷气机主要采取从国外直接引进生产线的方式进行组装，款式也只有 20 余种。在此条件下，大型国有航空制造企业，即使采取合资和引进装配的办法，也难以摆脱高投入、低回报的生产困境。例如，2013 年，我国中航工业集团从美国引进西瑞飞机生产线，大约花了几亿美元，至今尚未收回投资成本。对于民营企业而言，要想自主研发民用飞机制造技术，更是难上加难，既无从获取技术来源，也无法持续获得高额的外源投资，仅靠自有资金搞研发，很难跟上技术更新的步伐，也扛不住持续高额投入的巨大压力。科源飞机公司从 1993 年开始，靠购买技术专利、借高息贷款进行研发，生产轻型固定翼民用飞机，至今已有 25 年，始终处于赔钱状态，并能坚守研发和制造的"阵地"，实属不易，精神可嘉。但从生产经营维度讲，这种赔钱的买卖是不可持续的。民营企业搞民用飞机制造，应该获得政府研发基金扶持。

（2）没有形成机场网络体系。低空通用航空业发展的基础，是机场建设及其网络体系的形成。没有机场，只有飞机，就如同没有公路、只有汽车一样，飞机再多也无法有效运营。截至 2018 年 7 月底，北京现有取证通用机场只有 5 个，全国也仅为 170 余个。① 如此少的机场，根本无法形成空运服务的网络体系，使低空空域的飞机起降，只能就地盘旋，难以实现空运便捷服务目标，与满足客户服务需求相距甚远。

（3）缺失市场分类扶持政策。我国通用航空市场有明显收入差别的分类特征。就高收入市场需求而言，伴随我国经济发展和高收入人群的不断扩大，完全可以依托市场化运作，以公务机市场需求为主，机型高端，机场规模大，设施完备，吸引高收入人群加入，使之呈高增长态势。这也就是为什么大型民营企业和国有企业都愿意花重金，从国外引进公务机生产线，拼命抢占公务机市场的原因。就中等收入市场需求而言，尽管我国中低收入人群规模庞大，但投资和财力毕竟有限，缺失承担高额航空费用的能力。这就需要有小型机场和较为低端的机型做支撑，逐步在中低收入人群中普及和培育航空文化，大力拓展大众飞行市场。发展大众飞行市场，需要有中小型民营企业的广泛参与，这是加快小型机场建设和生产较为低端机型的有效路径。但中小型民营企业的资金和技术实力有限，既无法有效适应飞机制造技术的更新换代，不断推出新机型，也无法有效扩建或改造原有机场基础设施，不断扩大市场份额。因而中小型民营企业广泛参与的大众飞行市场，是一个需要政府提供一系列的优惠扶持政策，鼓励和支持中小型民营企业发展的市场，而不是仅凭中小型民营企业一己之力就能迅速崛起的市场。从实践中看，确实存在政府"缺位"的问题。科源飞机公司作为高科技企业在发展大众飞行市场中，从未获得政府的"青睐"。科源飞机公司想征地延长机场跑道、扩大用于教育培训和办公的建筑规模，都遇到行政审批的重重障碍，也无法获得政府科技创新基金的扶持和税收优惠，严重制约了科源飞机公

---

① 根据中国民航局提供数据显示：2017 年，我国境内民用航空（颁证）机场共有 229 个（不含香港、澳门和台湾地区），其中定期航班通航城市 224 个。全年旅客吞吐量超过 11 亿人次，比上年增长 12.9%。年旅客吞吐量 1000 万人次以上的机场达到 32 个，较上年净增 4 个，完成旅客吞吐量占全部境内机场旅客吞吐量的 81.0%，较上年提高 1.9 个百分点，其中北京、上海和广州三大城市机场旅客吞吐量占全部境内机场旅客吞吐量的 24.3%。但这些数据没有具体指明通用航空业的发展情况，本文引用的取证通用机场数量，是实际调研的结果。参见《2017 年民航机场生产统计公报》，中国民航网，2018 年 3 月 7 日公布。

司的发展。

（4）空域管理程序繁琐。科源飞机公司现在只做机场服务业务，在办理飞行申请中遇到管理程序繁琐的突出问题。科源飞机公司旗下机场距离天安门广场和西郊军用机场都很近，空域安全管理十分严格。尽管科源飞机公司有自我安全意识和能力，能够确保各项飞行安全制度的有效落实，但在机场上空办理空域飞行申请，一般情况下要事先打 20—30个电话，最顺利的时候每次飞行也要提前两天打 16 个电话。同时，在飞行前一天必须向相关军民航空管理部门提出正式申请，飞行前一小时还要再次确认起飞申请，起飞后要立刻报告，落地后也要立即报告。这种完全管制式的空域管理办法，给机场飞行服务业务带来极大不便，科源飞机公司根本没有在所属空域自由报备飞行的权利，航空爱好者也难以想象飞行申请如此复杂，以至于严重影响了大众飞行市场的发展。

2. 企业内部层面的问题

科源飞机公司凭创业者的满腔热情，进入低空通用航空业，发展根基不牢，缺失技术研发能力，筹资能力有限，规划布局不周，导致科源飞机公司的发展至今仍步履维艰，存在不少内部层面的突出问题。

（1）没有建立独立的技术研发机构。科源飞机公司造飞机，最初是靠购买技术专利，虽然有一支较少的技术人才队伍，但始终没有足够的财力和招才引智渠道，建立专职的技术研发机构。由于缺失独立的专职技术研发机构，科源飞机公司没有占领通用航空业的价值链高端，既无法把握小型飞机制造发展的新方向，开拓诸如无人机、小型公务机等新的生产领域，也难以在原有生产基础上不断对轻型固定翼飞机的生产进行技术更新换代，最终导致科源飞机公司的飞机制造技术落后，跟不上市场需求快速变化的步伐，使之现有飞机制造生产线处于半停产状态。

（2）机场规划建设缺乏前瞻性，现有空域范围小，机场跑道短。科源飞机公司当初筹划机场建设时，一方面受财力有限的制约，无力大规模征地；另一方面，机场规划设计有严重缺陷，没有考虑起降 6 座以上固定翼飞机至少需要 800 米跑道和 300 平方公里以上空域的问题。其结果，就是建成后的机场空域辖区只有 56 平方公里，跑道长度只有 550 米，只能飞中小型直升机、2 座轻型固定翼飞机、热气飞艇、动力伞、滑翔伞、三角翼、热气球等轻小型航空器，根本无法起降大型直升机、公务机和 6 座以上其他类型的固定翼飞机，以至于严重阻碍了机场利用效能，使科源飞机公司无法有效开展形式多样、需求广泛的低空通用航空服务业务，尤其是需求量很大的公务机业务。

（3）没有建立航空运营公司。机场运营服务涉及内容广泛，包括飞行培训、航空物流、航空维修、航空安全、航空办公、航空服务大厅管理、航空数据资料管理、航空协调管理、航空营销、航空结算等，必须要有专业航空运营公司统筹运作。设立航空运营公司有两种基本模式：一是合作模式，即机场拥有者与专业航空运营公司合作，共同开展机场运营服务；二是自营模式，即机场拥有者自己组建航空运营公司，独自开展机场运营服务。科源飞机公司早在 1996 年，就打算采取自营模式，建立航空运营公司，但鉴于低空空域使用权的审批程序非常复杂，取证时限长达近 20 年，到 2015 年，科源飞机公司才获得中国民航总局颁发的机场使用许可证，致使科源飞机公司始终没有建立起自营的航空运营公司。在没有设立自营航空运营公司的条件下，科源飞机公司开展机场服务业务，只能采取租赁场地、提供航空申请服务的办法，与有关企业合作开展航空运营服务业务，实际航空运营的绝大多数服务工作皆由第三方完成，科源飞机公司只起辅助作用，实际业务量和收入水平都很少，没有充分发挥机场应有的功效。

（4）人员结构老化。科源飞机公司是第一代创业者设立的。现有技术和管理人员平均年龄高达 40 岁。科源飞机公司的老技术专家都到了退休年龄，其中 4 位 70—80 岁的老专家仍在工作。科源飞机公司的中层管理人员平均年龄 40—50 岁。科源飞机公司新招聘的技术和管理人员很少，也无财力留住人才，整体人员结构亟待年轻化和高智力化，这也是科源飞机公司近年来飞机制造和航空服务"不景气"的主要原因之一。

（四）科源飞机公司突出问题的成因分析

科源飞机公司在发展实践中所面临的突出问题，包括企业外部层面的问题和企业内部层面的问题，虽然在很大程度上，是受我国低空通用航空业的技术水平落后、空域开放进展迟缓、管制程序繁琐等宏观发展背景的制约，但从企业作为市场主体的维度，运用市场供求关系的基本理论，做归纳分析，科源飞机公司既没有正确把握市场需求方向，也没有实现有效供给，开拓市场需求，这是科源飞机公司面临突出问题的症结所在或根本原因。

1. 没有正确把握市场需求方向

就把握市场需求而言，实际存在"乘坐飞机"和"驾驶飞机"两个不同的市场需求方向。乘坐飞机（以下简称乘机）无需掌握飞行驾驶技术，只要有一定的收入保障，即使是低收入者，也有乘机出行和游览的需求。我国现实通用航空业的总体市场需求方向（包括低空市场）是乘机，这一点可以从通用航空客运量高速增长的统计数据得到印证，也可以从首都国际机场客运量大大超过设计承载能力的现实得到充分印证。与之相比较，驾驶飞机（以下简称驾机）的市场需求就非常小。原因在于驾机市场需求，不仅仅取决于消费者是否有足够大的资产实力和学习掌握飞行驾驶技术的意愿，而且取决于是否具备其他方面的主客观条件，包括空域面积较大、飞机性能优越、有值得架机的服务需求和自然景观等。正是由于驾机的主客观约束条件较多，所以我国现实驾机市场需求，主要集中在农业生产方面和地域广袤的西部地区，并且处于停止增长现状。有学者认为，欧美国家是通用航空业发展的标杆，公务和私人飞行占通用航空飞行总量的50%，作业飞行仅占通用航空飞行总量的10%—20%，教练飞行占通用航空飞行总量的20%，其他飞行占通用航空飞行总量的10%；而我国自2015年以来，农林业和工业的作业飞行就已基本停止增长了。[①] 同时，我国城市居民和高收入人群对驾机的消费需求也不高，再加上我国民用飞机的生产技术落后，致使我国驾机市场需求在相当长的时期内很难有效开发出来。当然，有学者质疑，为何美国的驾机市场需求那么大，美国59%的通用飞机为私人拥有，私人飞机飞行占通用航空飞行总量的32%，[②] 而我国驾机市场为什么就做不大？这种差异实际是由多种因素造成的。

美国作为西方发达国家，从18世纪就步入工业社会，社会财富增长很快、居民收入水平较高，为通用航空业的发展奠定了稳固的社会物质基础。尤其是早在1903年美国莱特兄弟就成功试飞了飞机，率先打开了

---

① 于一：《中国通用航空发展路径与模式研究》，中国民航出版社2018年版，第29、31页。

② 同上书，第29页。

应用航空领域，让美国政府及民间很早就认识到通用航空业对经济社会发展的重要作用，不断加大对通用航空业的投资，使之逐步形成了种类非常丰富的通用航空机场和通用航空飞行器，确保了通用航空飞行的便捷化和普及化。根据 2014 年的统计数据显示，美国拥有通用航空飞机 21万多架，总数占全球通用航空飞机总量的 70%，每年飞行时间超过 2800万小时，飞行员总数约 59 万人，驾驶飞行年运营量超过 1660 万人；机场总数为 19299 个，其中公共机场 5145 个，私人机场 13868 个，军用机场286 个；美国通用航空业提供的就业机会超过 127 万个，每年给美国经济带来的收益超过 1500 亿美元，使之成为美国社会经济发展的重要支柱产业，不仅充分展示了通用航空业作为重要交通运输工具的价值，也有效满足了民众驾机飞行的社会需求。① 与之相比较，我国对通用航空业的审查管理非常严苛，通用航空机场建设、飞机制造业和飞行培训业的发展都严重滞后，开发驾机市场需求的条件非常差，根本不能与美国同日而语。截至 2016 年底，我国通用航空机场只有 64 个，通用航空飞行员只有5672 人，通用飞机只有 2096 架，年飞行时间只有 76.5 万小时，通用航空产值只有约 16 亿美元。② 这些数据，不仅进一步说明我国通用航空业的发展水平很难与美国相比，而且也说明我国通用航空资源非常有限，严重制约了我国驾机市场的发展。

正是基于对我国驾机市场需求的理性认识，判定进入该市场领域的企业必定面临巨大风险。而科源飞机公司没有意识到这种风险，片面认为我国驾机市场的潜在需求能够在较短时期内获得释放。因为伴随我国中高收入人群的迅猛增长，当家用汽车普及之后，中高收入人群就有意愿购买价格低廉的轻型固定翼飞机，学习和掌握驾机技术，迅速打开驾机市场。这种对我国驾机市场需求的误判，是导致科源飞机公司忽视乘机市场需求，只想投资生产轻型固定翼飞机和建设小型机场，以至于陷入发展不景气的根本原因之一。

---

① 郭容海：《美国通用航空领先发展的原因及启示》，《空运商务》2017 年第387 期。

② 朱茜：《通用航空拉动千亿规模经济，通用航空有望成为新风口》，2017 年12 月 20 日，前瞻产业研究院网站。

2. 没有实现有效供给

就低空通用航空业的有效供给而言，实际涉及飞机制造和机场建设两个层面。科源飞机公司作为开饭馆起家的民营企业，既没有飞机制造的技术积累和机场建设的经验，也没有足够的资金实力，投资较为高端的飞机制造和较大规模的机场建设。有鉴于此，科源飞机公司仅仅从自身财力出发，排除股权融资方式，依托适度贷款，把制造低端的轻型固定翼飞机及其与之相配套的小型机场作为投资方向，没有考虑适应未来市场需求的公务机、直升机、无人机等机型的投资和较大规模的机场建设。

应当承认，科源飞机公司当初不搞公务机制造及其机场运营，是有一定道理的。因为科源飞机公司自有资金实力不足，实际市场需求也十分有限。有研究资料表明，我国现在喷气式公务机潜在拥有者的商务资产规模要求在 30 亿元左右，低于此门槛的高收入人群很难承担公务机的消费，即使实行公务机产权共享，资产规模要求也在 10 亿元以上，现在私营公务机运营的年托管费用高达 1000 万元左右。[①] 但科源飞机公司不搞中小型的直升机和无人机的研发、制造是缺乏供给有效性的表现。因为中小型的直升机和无人机的研发、制造成本较低，市场需求量大，实际用途广，也不需要较大规模的机场建设。

科源飞机公司的机场规划建设也缺乏有效性和前瞻性。一方面科源飞机公司建设的机场规模太小、跑道短，使用用途不符合 6 座以上固定翼飞机起降的需求；另一方面，也没有考虑周边区域是否有其他机场建设的问题。因为机场建设如同高速路建设，需要有互联互通的机场网络体系支撑，才能充分发挥功效。在周边区域没有其他机场建设的前提下，科源飞机公司独立建设机场，无异于搞"断头路"，无法形成空域协作和飞机起降的运营网络，这种供给方式必定影响机场的利用效能，难以开拓有效市场需求。目前，国内有些地方搞通用航空产业基地的建设，主要建设目标就是形成机场网络体系。例如，辽宁省沈阳通用航空产业基地，报告类空域面积高达 3000 多平方公里，建有 800 米长、30 米宽的跑

---

① 于一：《中国通用航空发展路径与模式研究》，中国民航出版社 2018 年版，第 30 页。

道、70000 平方米停机坪、5000 平方米航站楼以及联络滑行道、管制塔台、机库等基础设施。周边 200 公里范围内有 21 个可供民用飞机起降的机场，报告类空域面积高达 6000 多平方公里以上，并设有 7 个训练空域，分别用于驾照培训、飞行训练和观光旅游等。由此形成空域和机场互联互通的网络体系，大大提升了沈阳通用航空产业基地的运营效益。① 与之相比，科源飞机公司的机场规划建设差距明显，不仅规模小、跑道短，而且周边区域至今没有可供起降的民用机场，无法实现通用航空运营的网络体系，机场运营效率和收益水平都非常低。这进一步说明，科源飞机公司当初对机场的规划投资缺乏前瞻性和供给有效性。

三　科源飞机公司未来发展的目标、思路和主要战略措施

（一）有关产业发展理论和航空小镇建设经验的借鉴

科源飞机公司作为民营企业，在发展低空通用航空业的过程中所遇到的问题，实际是发展中的问题，很有必要借鉴有关理论和实践经验，把握未来发展的方向，努力探求根本解决问题的新思路和新对策。

1. 有关产业发展理论借鉴

英国经济学家李嘉图在 1817 年出版的《政治经济学及赋税原理》一书中，提出了著名的比较优势原理，强调产业发展必须依赖自然条件比较优势、生产产品比较优势和区位比较优势。这一原理具有很强的实用价值和经济解释力，并被后来的学者逐步衍生为资源比较优势理论或产业比较优势理论。产业比较优势理论强调，产业比较优势上的差异，既可以是有形的，也可以是无形的；既可以是静态的，也可以是动态的；既可以是单项的，也可以是综合的；既可以是交互集聚的，也可以是辐射扩散的。要充分发挥产业比较优势，就必须抓住关键性的比较因素，即自然资源禀赋因素、集聚经济因素和转移成本因素，通过这三大关键因素的比较，明确产业发展的比较优势所在。事实上，我国《史记》记

---

① 沈殿成：《全国最大低空空域在沈阳通用航空产业基地开放》，2018 年 1 月 25 日，中国新闻网。

载的田忌与齐王赛马的故事，即田忌用没有优势的下马对付齐王有优势的上马，再用拥有相对比较优势的上、中马对付齐王的中、下马，从而善用自己的长处对付对手的短处，在竞技中获胜。这一成功范例，实际也是对产业比较优势理论的最好注释。

美国经济学家熊彼特在 1912 年发表的《经济发展理论》一书中，提出了创新理论。他认为，创新就是生产要素和生产条件的重新组合。这种组合可以创造性地破坏原有的系统，创新出新的生产方式、组织方式和市场领域。同时，他也强调创新活动无所不在，具体形式多种多样，既可以是产品、技术、组织、制度等方面的创新，也可以是经营理念、投资思考等思维方式的创新。这样，创新活动实际构成了社会进步和经济发展的本质特征。[①] 之后，许多学者对创新理论又进行了拓展，主要观点如下。一是强调创新要立足于供给侧改革，充分发挥科技和管理创新要素的作用，而不是短期的需求拉上。创新内容可以不断丰富，创新形式可以多种多样。包括技术创新及其规模化、产业化，组织创新与公司治理和产业联盟组建，商业模式创新与要素重组、新型业态形成，企业购并、重组、技术垄断、知识产权保护等。二是强调技术创新要有方向性，选择实用性技术路线，实现产业化发展。例如，诺基亚是最早发明智能手机的，销量曾连续 14 年位居世界首位，但它没有研发触屏手机，结果倒闭，被微软兼并。柯达曾最早发明数码相机，但它没有推进数码相机的产业化，固守原有胶片生产，结果破产倒闭。松下只注重等离子电视的研发，没有研发液晶电视，结果成本高，被三星击垮。三是强调创新必须充分发挥创客、极客、痛客和创业团队的作用，构筑创新生态链，发展天使投资和风险投资，全力支持种子企业和初创企业的发展，促进企业变革，实现资源共享和利他主义，培育真正的企业家，而不是唯利是图的商人。

美国经济学家波特在 1990 年发表的《国家竞争优势》一书中，提出了产业竞争力理论。他认为，企业竞争有两种基本模式：一是低成本规模扩张。企业进入门槛低，没有资源、技术和文化的垄断地位，很容易

---

①　［美］熊彼特：《经济发展理论》，商务印书馆 1990 年版，第 73—75 页。

形成同质恶性竞争，即使有政府补贴，也难逃产业衰败的厄运；二是差异化、特色化发展。企业掌控资源、技术和文化垄断地位，形成核心竞争力和排他效应，这类产业能够持续发展，做大做强。产业发展的最佳路径是跨过要素和资本大量投入的阶段，进入以创新为主导的阶段，构筑拥有排他性的、不可复制的核心竞争力。由此说明未来产业发展必须探索差异化、特色化之路，不能搞低成本规模扩张，靠拼成本、拼价格、拼资源、拼政府补贴是没有出路的。他同时指出，有四大基本因素（即生产因素、相关和支撑产业、市场需求状况、企业战略与结构）和两大辅助因素（即政府和机会）是决定竞争力的关键，由此建立起竞争力理论的"钻石模型"。该模型实际是对产业竞争力的刻画。为提高产业竞争力，他认为，产业发展一般要经过四个阶段，第一阶段是生产要素占主导的阶段，第二阶段是投资占主导的阶段，第三阶段是创新占主导的阶段，第四阶段是财富资本积累达到顶峰的富裕阶段。这四个阶段，既可以由前向后跨越，也可以由后向前折返。其中产业最有竞争力的阶段是创新占主导的阶段。因此，他强调竞争力的核心是创新，产业竞争力的核心乃至国家竞争力的核心也是创新，否则，失去创新，即使产业发展达到顶峰的富裕阶段，也会停止不前或掉头折返。①

德国经济学家李斯特在 1841 年发表的《政治经济学的国民体系》一书中，系统地提出了幼稚产业保护理论。主要观点是：对于国家的某一新兴产业，在其处于适度规模的初创期时，往往经不起外国同类产业的竞争，这就需要对该产业采取适当的过渡性保护政策和扶植政策，以提高其产业国际竞争力，待该产业较国际有比较优势之后，再取消相应的扶持政策。判定幼稚产业有三大基本标准：一是该产业尚未发展成熟，属于新兴产业，如果对该产业实施过渡性保护政策，能够达到未来预期的利润贴现值大于保护成本的目的；二是该产业具有较大的产业乘数效应或产业关联度，即该产业与国内很多相关产业的发展息息相关，对相关产业的发展有正的外部效应；三是该产业在初创阶段缺乏资金实力的支撑，发展动力不足，任由市场自由竞争，不利于企业渴求知识和技术

---

① ［美］迈克尔·波特：《国家竞争优势》，华夏出版社 2002 年版，第 38—138 页。

的学习过程，无法实现规模化的创新发展。①

综合上述有关理论，具体分析民营企业在我国低空通用航空领域的发展，它的竞争力优势主要集中在三个方面。一是聚焦特色的优势。我国低空通用航空业涵盖公务航空飞行、工农业作业飞行、应急救援飞行、私人飞行、空中游览飞行、无人机飞行、通勤航空运营和飞行员培训等多种业态，各种业态的机型选择、运营条件、保障支持等方面也存在较大差异，这就需要聚焦某一领域或若干个领域，深耕细作，充分发挥民营企业的低成本优势和灵活经营方式的优势，走集聚特色的创新发展之路。二是快速成长的优势。民营企业通过细分低空通用航空业市场，一般能够抓住市场发展的"痛点"，掌控独特的正式或非正式的客户渠道，使之能够在产品类别、供给数量和供给时机等方面提供精准服务，可以做到快速成长。当然，现实中民营企业快速成长，也存在实力弱、投机性强、同质恶性竞争、扰乱低空通用航空市场的问题，但这种情况仅在少数区域存在，不是现实市场的主流，绝不能因此就否定民营企业所具有的快速成长的优势。三是灵活适应市场的优势。我国低空通用航空市场发展潜力巨大，市场需求变化和供给方式的变化很快。民营企业自身组织结构松散和扁平化，投资趋利性敏感，更具有市场适应能力，可以在多变的市场环境中或新型运营生态中，围绕运营平台建设，开展区域性、低成本、专业化的低空通用航空业的创新服务。这三个方面的优势，集中体现的"关键词"是机场及其运营服务，而非是飞机制造。这就是说，在我国民用飞机制造业非常落后的现实条件下，民营企业没有进入民用飞机制造业的资本和技术实力，只能让位于国有企业。如果民营企业想搞飞行器制造，也只能进入无人机、教练机等投资相对较少的生产领域。此外，对于民营企业发展机场及其运营服务而言，依据幼稚产业保护的理论，政府应对有发展潜力、预期盈利水平超过保护成本的民营企业，提供优惠扶持政策，包括税收优惠、研发基金注入、机场用地及其相关基础设施建设纳入规划、资助小型机场建设、简化航空运营服务的行政审批手续等，以激励民营企业发挥优势，创新发展。

---

① 李薇佳等：《浅谈幼稚产业保护理论及其应用》，《现代商业》2008 年第 2 期，第 181 页。

具体到科源飞机公司，资源比较优势和竞争力优势就是拥有机场，而不是轻型固定翼飞机制造。科源飞机公司在机场利用方面，应找准集聚特色的业态和快速成长的路径，有效适应市场需求的变化，努力寻求政府的扶持政策，根本改变现有的靠出租机场盈利的模式。

2. 航空小镇建设经验

在有机场的条件下，发展低空通用航空业的有效方式，不是建设诸如工业类或商务类的产业园区，而是建设职住合一的航空小镇，即所谓"拥有飞机跑道的住宅小区"，使机场运营服务能够与人们的生活紧密相连、融为一体。

航空小镇（airpark）最早兴起于美国。第二次世界大战后，美国出现了大量废弃的军用机场，飞行员人数也由于战争结束的原因导致过剩。这种机场资源充足和飞行员过剩的条件，促进了美国航空小镇的诞生与发展。根据美国航空小镇名录和资源中心网站（Living With Your Plane）的统计，2017年全球大约有600多个航空小镇，其中美国有将近500个，其余则分布在欧洲、澳洲、南美等地区。在美国，佛罗里达州的航空小镇最多，约有70个。航空小镇虽然大都不建在市中心，但它首先是一个生活家园，不是商业性的产业集聚区，房价比无机场住宅区的房价就高出10%—30%。居民在此安居就像普通住宅区一样，步行或开车几分钟便能到达附近的超市、餐厅、购物中心、医院、学校等。但不同于传统的住宅区，航空小镇除了要提供日常生活所需的服务设施之外，还必须建有飞行所必需的各类设施，包括机场、跑道、滑行道、停机库、停机坪、飞行俱乐部、飞行培训学校等，使飞行成为在此生活的人们不可或缺的一部分。在美国佛罗里达州的一片风景优美、安静隐秘的别墅住宅区内，坐落着风格各异的房屋，而每一栋房屋门前都停放着1架或1架以上的飞机。房屋门前的大道整齐宽阔，并直通毗邻小区的一条修葺完整的飞机跑道，跑道上不时的会有飞机起飞或降落。而这些飞机都是这片别墅小区业主们的私人座驾，业主们每天就是从自家门前驶出飞机，进入共用机场跑道起飞后，飞往其目的地。返程后亦在家门口的共用机场降落，飞机存放在自家的机库。这就是美国最著名的航空小镇云杉溪（Spruce Creek）的日常生活场景。云杉溪机场原为海军机场，在第二次世界大战后移交地方政府，20世纪70年代又转售私人所有，经过商业性开发，机场现有一条 1214 米长、54 米宽的跑道，2 家固定运营基地（FBO），600 余栋带有机库并与机场跑道相连的别墅，一个锦标赛级的高尔夫球场，多家飞行俱乐部，每天约有 68 架次飞机起降。整个云杉溪社区设有围界，与外界隔离，并有 24 小时巡逻。云杉溪也被称为"飞行员之家"。这里共有 1300 个住户，具有非常浓厚的飞行氛围及飞行文化。住在这里的人们，由于有飞行这个共同的爱好和专长，邻里关系非常友好。邻里们可以在周末一起驾机前往某个旅游胜地，也可以在下午茶时间或社区活动中分享各自的飞行经验与故事，并在飞行技巧、飞机维修、飞行安全等方面互相给予建议和帮助。而飞机引擎发出的轰鸣声，对于一般社区的人们来说可能是噪音，而在云杉溪则不会造成很大的困扰。因为对于那些热爱飞行和飞机的人们来说，云杉溪唯一的"噪音"恰恰是一种享受。云杉溪还组建了飞行队（Gaggle），飞行队成员每周六的早上都会聚集在一起，列队飞到附近的机场吃一顿早餐，并会在一些节日时进行公开列队表演，很受当地居民的喜爱。①

近年来，随着我国低空通用航空业的改革开放，航空小镇的理念也引入国内，各地航空小镇的建设热情空前高涨。但我国航空小镇的建设，与美国的航空小镇建设有所不同。美国的航空小镇突出飞行住宅社区的建设主旨，采用内生驱动发展模式（即靠居住需求拉动，形成航空小镇），有以下突出特点。一是先聚集后发展。即先把相同爱好的群体聚集起来，再考虑航空小镇后续的发展问题，即所谓"先上车后买票"。二是先功能后产业。即根据目标群体的需求特征，优先定位机场功能，然后再不断拓展与之相配套的产业，逐步形成规模化的产业特色。与之相比较，我国航空小镇建设绝大多数是以产业发展为目的，不是真正意义上的飞行住宅社区建设，通常采用外生驱动发展模式（即由外部驱动因素，形成的航空小镇），有以下突出特点。一是先设想后规划。即由地方政府或投资开发商主导，在国内没有可借鉴航空小镇的前提下，凭借地方政府或投资开发商的想象，具体规划建设航空小镇的产业结构形态。二是先产业后生活。即依据产业及其空间规划，招商引资，优先推动产业项

① 唐宏亮：《走进美国住宅型航空小镇》，2016 年 10 月 28 日，搜狐网站。

目的实施，以实现产业收益为主，然后再配套建设住宅项目，不注重飞行住宅社区的打造，以至于产业色彩浓厚，类似于建设产业园区，只要有企业愿意进入产业园区，什么航空项目都可以做，最终造成"设想、规划、功能、产业、模式"的前后不统一，使绝大多数航空小镇建设的效果并不理想。当然，国内也有一些充分利用自然资源、规划严谨、产业特色突出的航空小镇，其建设经验值得借鉴。以下以建德航空小镇为例，做简要介绍。

浙江省建德市把"产业＋旅游"作为发展航空小镇的主旨，发挥区位条件和资源优势，以"省级通用航空示范小镇、国家级通用航空产业综合示范区、国际知名通用航空休闲旅游目的地"为目标，打造通用航空制造业、通用航空服务业和通用航空休闲旅游业三大板块。基本发展状况如下。

建德航空小镇坐落于省级建德市经济开发区，2006 年开始规划建设，规划面积 3.1 平方公里，其中水域 70 亩，山地 50 亩，预算总投资 56 亿元。建德航空小镇的机场占地 580 亩，其中飞行区域占地 175 亩，建有一条长 500 米、宽 18 米的跑道，飞行区域等级为 1A 类。机场的停机坪可以停放 17 架航空器，机库可以停放 15—20 架航空器。机场拥有全国通用机场中最大的低空报告空域，高度为 1200 米以下、面积为 4500 平方公里。在大面积低空空域范围内，以机场为核心布局有 100 公里、200 公里和 300 公里的三大飞行圈，连接了浙江省内外的 10 多个机场，从机场出发到黄山机场或横店机场只要 35 分钟，到衢州军民两用机场更近，只要 25 分钟。航空小镇在通用航空制造业方面，围绕"产业引领，航空驱动"的发展思路，以"飞行器组装、地面援助设备制造、特种飞行器制造和研发"为主要产业，通过招才引智，引进国家"千人计划"人选 4 人，开辟自贸区，吸引行业龙头企业和 50 多家专业厂家入驻，集中生产能耗低、业态好、科技含量高的航空零部件，在国内外市场销售，并与杭州电子科技大学合作，建设产学研基地，推进军民融合产业深度发展。在通用航空服务业方面，着力打造航空飞行服务、应急救援服务、航空停保服务和航空俱乐部四大特色航空服务品牌，吸引了 11 家通用航空运营服务单位入驻，具体服务项目，包括通用航空飞行器运营、飞行培训、飞机托管、飞机保养等，并与中航油集团所属的油料公司达成协议，建成了机场供油基地。在通用航空休闲旅游业方面，以培育"航空文化"为主旨，建设了航空主题公园、航空科技馆、航空博物馆以及航空联盟俱乐部等项目。其中航空博物馆，从世界各国引进了50架以上具有收藏价值的老飞机，供游客参观；航空科技馆，由老旧厂房和仓库改造而成，配置航模、大型游戏机、高仿动感模拟机和全自动模拟机，可以实现航空科技博览与模型展示、航空科技培训以及航空运动五小类（飞行、滑翔、热气球、航空模型和跳伞）的真实体验或模拟体验；航空主题公园，则是集航空科技博览、航空展示和航空互动体验于一体，配置酒店、餐馆、影院、康体理疗中心等休闲服务设施，连接机场空域下的千岛湖国家5A级景区以及周边的新安江玉温泉、古楠木森林、灵栖洞、江南悬空寺、新叶古民居、新安江大坝等知名景点，共同组成航空旅游景观圈，由此合力打造的航空主题公园，吸引了大批了解航空、热爱航空、参与航空、支持航空的"铁杆粉丝"。

总之，通用航空制造业、通用航空服务业和通用航空休闲旅游业三大板块的发展，预示着建德航空小镇已经形成了较为完整的航空产业链，涵盖航空器组装、航空器贸易、特种飞行器研发、飞机零部件供应保税区、航空器飞行保障、飞机驾驶执照培训、航空器维修托管、航空休闲旅游、航空人才培训和航空体育赛事等生产服务内容，取得显著成效。2017年，建德航空小镇累计完成固定资产投资19.4亿元，实现企业总产值160.6亿元，实现税收7902万元，接待国内外游客40多万人次，实现旅游收入8000万元，有200多人经过在此培训拿到飞行驾照，培养享受国务院津贴人员8人和新世纪百千万人才工程国家级人选1人，并建有院士工作站2家，博士后科研工作站5家。建德航空小镇先后获得国家第一批低空旅游示范区、航空飞行营地示范工程、国家青年信用小镇和第二批特色小镇四个"国字号"的荣誉。①

总结上述国内外航空小镇的建设经验，可以得出一个基本结论，即形成一个航空小镇，必须具备三大因素：一是区位上必须依托民用机场，功能上必须关联低空通用航空业的核心业务；二是要具备形成集生产、

---

① 根据建德航空小镇网站提供的数据资料整理。

生活、商务、培训和休闲为一体的新型城镇化聚集区的能力；三是要形成有特色的产业主攻方向，例如，旅游文化、休闲、会展、航空体验等。概括讲就是"航空基础＋人气集聚或相关产业"，这里航空基础是指机场及其航空运营服务的主体业务，而人气集聚则体现于"文化＋旅游＋休闲＋餐饮＋保健＋教育＋住宅＋研发＋制造＋N"的多种产业组合。

具体对科源飞机公司而言，实际也具备打造航空小镇的一定条件。在航空基础方面，科源飞机公司拥有 1A 类等级的机场，机场跑道比建德航空小镇机场要长，航空运营服务设施较为完备，还有机场运营租赁服务的基础。在人气集聚或相关产业方面，科源飞机公司位于中关村国家自主创新示范区的腹地，招才引智特别是吸引高端科技人才极为便利，周边中高收入人群住宅小区众多，蕴藏着巨大的潜在"航空文化"需求。旗下的机场位于北京西山风景区，三山五园（即香山、玉泉山、万寿山、静宜园、静明园、畅春园、颐和园、圆明园）、百望山、阳台山、凤凰岭、鹫峰、承泽园、极乐寺、胜果寺、定慧寺、兴隆寺、大觉寺、关帝庙、黑龙潭及龙王庙、七王坟景区、上庄水库及稻香湖景区等，皆在机场空域景观范围内。这些人气聚集或产业集聚的要素优势，有助于科源飞机公司围绕航空运营服务和科技创新服务，理清产业发展主攻方向，注重发挥产业乘数效应和融合效应，打造"文化＋旅游＋休闲＋健身＋救助＋培训＋科普＋研发＋双创＋N"的多项组合的、有特色的产业集群。因此，科源飞机公司很有必要借鉴国内外建设航空小镇的经验，立足现实，谋划长远，把握规律，发挥优势，统筹规划，创新路径，多方合作，按照"航空基础＋相关特色产业"的基本运作模式，把建设有特色的航空小镇作为未来发展的主攻方向。

（二）科源飞机公司发展目标

借鉴有关理论和经验，针对问题症结，科源飞机公司必须充分发挥竞争优势，立足优质高效发展，明晰发展主攻方向，设定中长期发展目标，力求以创新为主动力，根本解决发展中的问题。

1. 中期发展目标（2018—2020 年）

科源飞机公司现有最大竞争力优势就是拥有民用机场。利用这一优势，借鉴有关理论和实践经验，科源飞机公司发展的长远目标可以定位于航空小镇。但要实现这一长远发展目标，科源飞机公司不仅需要拓展建设用地面积，延长机场跑道，投资新建商务楼宇，改造升级多项服务设施，而且需要组建航空运营服务公司，全方位拓展航空运营服务。如此繁重的建设和经营任务，必须统筹规划，分阶段实施，这就需要立足现实航空基础，制定2018—2020年的中期发展目标，集中精力，按照航空飞行营地的模式，先建设好航空运营核心区，配套发展相关产业，使之与长远发展目标有机结合，久久为功，逐步实现长远发展目标。

科源飞机公司的中期发展目标可以设定为集中建设航空飞行营地。具体命名为"苏家坨航空飞行营地"。所谓航空飞行营地，简单讲，就是航空体育运动的集中活动场地。按照国家体育总局颁布的《航空飞行营地及设施标准》，在八大类飞行项目中，科源飞机公司现有机场跑道，可以满足其中六大类的飞行标准要求，即气球与飞艇项目、悬挂滑翔翼项目、滑翔伞项目、动力伞项目、航空模型项目以及动力悬挂滑翔机、初级飞机、直升机和自转旋翼机项目。① 同时，依据相关规定，航空飞行营地可以发展体育业、文化旅游业、住宿餐饮业、飞行培训业和开展青少年航空知识科普等服务项目，这说明航空飞行营地也是一个"航空基础＋相关特色产业"的综合体，具有类似航空小镇的一些特征，但不像航空运输服务，不受多个机场相互配合运营的约束，本质上属于初级的、单体独立运作的"准航空小镇"。所以，科源飞机公司有必要先建设航空飞行营地，再打造航空小镇。

按照"航空基础＋相关特色产业"的运作模式，航空飞行营地的建设必须把安全飞行放在首位，突出航空体育运动的主业特色，稳扎稳打，分步推进，绝不能急于求成。具体航空基础建设主要涉及提供飞行器、组建航空运营服务公司、设立航空器材维修中心、保障油料供给等内容。具体相关特色产业或业态的发展主要涉及四个方面的内容。一是配合航空体育运动的主业，可以提供滑索、皮划艇、激光射击等多种可参与性的体育活动，也可以提供飞行培训、住宿餐饮、航空器材装备和运动装备的零售等教育生活服务。特别是与飞行相关的教育、培训的活动，不

---

① 滑翔机项目，要求长800米以上的机场跑道；特技飞行项目，要求600米以上的机场跑道。科源公司现有机场跑道不符合这两个项目的要求，从发展维度看，科源公司很有必要将机场跑道延长至800米以上。

仅有助于培育航空文化、形成与文化创新内容相结合的衍生品，而且通过青少年航空知识的普及和相关技能的训练，可以有效奠定通用航空业发展的坚实基础。二是结合场地景观，开展低空旅游服务，并把低空旅游服务与地面景观旅游服务有机结合起来，共同打造趣味性、体验型、丰富多样的航空运动消费产品。三是开展与飞行相关的节庆、婚庆和赛事活动。尤其是婚庆讲究浪漫，乘坐热气球飞向蓝天，应当成为青年男女最美的婚礼仪式之一。因而，婚庆业可以成为航空飞行营地发展相关产业的重点。四是打造无人机研发、制造服务平台。无人机产业是新兴产业，我国与发达国家在总体技术水平上处于同一起跑线，发展潜力巨大。航空飞行营地可以通过引进双创人才、提供飞行试验场地和提供办公生活设施等办法，有效打造无人机的全产业链服务平台。

基于对航空飞行营地运作模式和建设经验的认识，科源飞机公司打算以飞行安全为前提，以渐进发展的财力和管理能力为基础，先做好航空飞行营地的详细规划，充分利用现有区域内的生态环境，打造体育运动与城市旅游功能相结合的、集多种特色产业于一体的航空飞行营地。航空飞行营地规划建设的重点是航空核心运营区，该区不搞生产实体，集中发展服务业，总体规划建设方案是对现有楼宇进行改造升级，既满足建设航空飞行营地的服务功能需求，也要为将来建设航空小镇留足拓展空间（见图3-10）。

图3-10 苏家坨航空飞行营地运营核心区规划方案图

在航空基础建设方面，科源飞机公司打算利用现有生产能力提供热气球、飞艇、滑翔伞、动力伞和悬挂滑翔翼飞行器，购买2架中小型直升机，组建航空运营服务公司，建设航空器材维修中心，改造升级游客服务中心，完善油料供给系统。在相关特色产业发展方面，科源飞机公司打算建设飞行培训俱乐部、青少年航空文化科普基地、无人机研发平台、航空器材零售店、住宿餐饮店、停车场等，着力发展飞行培训业、低空旅游业、航空文化业、无人机研发业，以及与飞行相关的节庆、婚庆和赛事等产业。特别是要依托现有资源优势，尽快开展相关产业的运营服务，包括发挥现有环保培训基地、禅意茶苑、喜来登西山酒店的作用，利用阳台山的现有起降平台，开展飞行体育运动项目等。总之，通过实施"航空基础＋相关特色产业"的运作模式，科源飞机公司力争到2020年基本建成以航空体育运动为主业的苏家坨航空飞行营地（见图3－11）。

图3－11　苏家坨航空飞行营地发展目标建设方案构想图

2. 长期发展目标（2020—2025年）

科源飞机公司在2020年基本建成航空飞行营地之后，2020—2025年的长期规划建设目标就是航空小镇，具体命名为"苏家坨航空小镇"，采用的发展模式是"航空基础＋人气集聚或相关特色产业"。科源飞机公司打算集中建设运营核心区、商务文化区、研发制造区、保税物流区、娱乐生活区和主题乐园区六大板块，由此形成航空小镇的基本发展格局。

在航空基础方面，科源飞机公司打算新征商业用地 500 亩，延长跑道至 800 米，进一步改造升级游客接待中心和航空器维修中心，使航空小镇的总体空间布局以跑道为核心，根据相关业务与跑道联系的紧密程度，从空间上把机场分为机场运营区、紧邻区、相邻区和辐射区，从产业与机场相互依存的维度上构建机场核心层、紧密层和关联层，通过生产要素的有效配置，把业务层次和空间布局有机结合起来，形成"扩建机场 + 相关特色产业"的总体有序、高质量发展的大格局。

在人气聚集或相关特色产业发展方面，科源飞机公司打算以合资方式引入中小型直升机生产线，改造升级飞行俱乐部、航空器材装备零售店和青少年航空科普基地，建设航空培训学校、航空"双创"产业基地、无人机产业园、航空主题乐园和航空服务生活区等建设项目，努力形成航空文化旅游、无人机研发和航空培训学校三大特色品牌。

在规划建设重点方面，科源飞机公司打算聚焦航空运营核心区和航空未来发展区的建设。航空小镇的航空运营核心区建设与航空飞行营地不同，规划占地 60 亩，改造升级的规划建设项目主要是：游客接待中心的建筑面积为 4000 平方米、停车位 1000 个，飞行培训俱乐部的建筑面积为 2000 平方米，航空器材装备零售店（5S 店）的建筑面积为 2000 平方米，航空器维修中心建筑面积为 2000 平方米。航空小镇未来发展区的建设，规划占地 400 亩，主要改造升级和新建的规划项目是：青少年航空科普基地、无人机产业园、直升机产业园、通用航空产业"双创"基地、通用航空服务培训专业院校和航空主题乐园（见图 3-12）。

图 3-12　苏家坨航空小镇运营核心区规划方案图

通过高质量规划建设，科源飞机公司力争到 2025 年基本建成苏家坨航空小镇（见图 3－13、图 3－14）。

图 3－13　苏家坨航空小镇发展目标建设方案构想图

图 3－14　苏家坨航空小镇建设方案效果图

（三）科源飞机公司发展的基本思路

根据中长期发展目标的构想，科源飞机公司必须调整升级原有的产业发展路径，努力探求新的发展思路，以根本解决源于自身的发展中的突出问题。

1. 制定科学规划方案，纳入政府制定的城市规划或乡镇规划

科源飞机公司中长期发展目标，确立了建设苏家坨航空飞行营地和航空小镇的构想，但这种构想只是粗线条的，带有一定的主观想象。要使构想落地，具有科学严谨性和实操性，科源飞机公司就必须同当地政府有关部门充分协商，经当地政府有关部门许可，找专业规划单位或专业咨询公司，对苏家坨航空飞行营地和航空小镇的构想做出总体规划和详细规划的方案，上报当地政府有关部门，使之能够纳入海淀区的城市规划或苏家坨镇的发展规划。否则，科源飞机公司的中长期发展目标，就没有可行性。所以，科源飞机公司不能"闭门造车"，必须千方百计做好规划编制和与当地政府及其有关部门的协商沟通工作。

2. 以服务为中心，转变发展方式

科源飞机公司原有的产业发展模式是以轻型固定翼飞机制造为主，机场服务为辅。即使轻型固定翼飞机制造遇到市场需求的"瓶颈"，转而以生产旅游观光船为主，"机场＋服务业"的功能始终未能充分发挥，与航空相关的服务业始终处于边缘化的地位，这导致科源飞机公司实际是生产型企业，而非是以低空服务业为主导的服务型企业。针对这种现实情况，依据中长期发展目标的构想，科源飞机公司必须充分发挥产业竞争力优势，根本转变发展方式，以服务为中心，把低空服务业作为主业，调整组织结构，招才引智，变生产型企业为服务型企业，逐步确立低空服务业的主导产业地位，现实旅游观光船的生产、轻型固定翼飞机制造以及将来构想的无人机和直升机生产，只能处于辅助地位。这是科源飞机公司发展的基本思路。

3. 打好航空基础

科源飞机公司现有的航空基础很薄弱，既存在规模小的问题，包括机场面积小、跑道短和游客服务中心面积小，也存在缺项的问题，包括缺失通用航空运营公司和航空器材维修中心等。要适应发展方式转变，有效落实中长期发展目标，科源飞机公司就必须强化安全质量标准，切实打好航空基础。对于缺项的问题，要立足于现实自身人力和财力的可供性，兼顾现实与未来发展的需要，采取独资、合资和合作的有效方式，尽快加以解决。对于扩大规模的问题，要注重可行性方案的充分论证。凡是通过合作和自身努力方式能够解决的，例如，建设航空器材维修中

心和飞行俱乐部，就尽快加以解决；凡是需要纳入城镇规划、必经政府严格审批的，就必须做长期打算，逐步解决或探求新的替代方案。科源飞机公司打好航空基础，实际是一项长期任务，并存在诸多不确定因素，绝不能有一厢情愿和一蹴而就的想法，要确立持之以恒、久久为功、勇于创新、多方案抉择的大思路。

4. 聚焦特色产业

低空通用航空业是乘数效应和融合效应很高的产业。科源飞机公司利用机场优势建设苏家坨航空飞行营地和航空小镇的发展目标，必然会带来相关产业的发展。在发展相关产业进程中，科源飞机公司必须立足于自身资源优势、环境优势，针对乘机市场和驾机市场，做好深入细致的市场调查，把握长期市场需求的方向和增长潜力，以乘机市场为主，科学论证不同相关产业的特点和发展规律，找准符合自身特点的、有特色、有长期高收益性的产业，特别是航空体育运动产业和相关航空文化旅游产业，作为产业发展的主攻方向，力求把特色产业做优、做大、做强，绝不能什么产业都发展，迷失乘机市场的主攻方向。这就是说，苏家坨航空飞行营地和航空小镇的建设，绝不能搞成毫无特色产业支撑的、以制造业为主的所谓航空产业园，也不能忽视周边缺失民用机场网络体系，片面追求以驾机市场为主的所谓美国式航空住宅社区的建设。

5. 开拓融资渠道

科源飞机公司在发展初期曾向金融机构贷款。贷款偿还之后，科源飞机公司的发展全靠内源融资，没有再涉足外源融资。这种仅靠内源融资的发展模式，只适用于投资规模小的小型民营企业。科源飞机公司实施建设苏家坨航空飞行营地和航空小镇的发展目标，必然要增加投资，企业规模也必然要扩大，仅凭内源融资，难以满足投资需求。这就需要科源飞机公司摒弃传统的内源融资方式，开拓外源融资的新渠道。现实中外源融资的方式很多，主要涉及政府优惠政策融资渠道和市场融资渠道两大类。科源飞机公司必须千方百计寻求政府优惠政策融资渠道，以获取政策性资金支持和降低融资成本。对于市场融资，最佳方式是发行企业长期债券，但科源飞机公司规模小，不具备发债的资质条件。有鉴于此，科源飞机公司可以选择合作方式，也可以选择股权融资的方式，对公司进行股份制改造，精心设计股权结构和股权融资比例，有效选择股权融资对象，防止出现外源股东不作为、乱作为的问题，切实发挥好股权融资的正效应。

（四）科源飞机公司发展的主要战略措施

在明晰企业发展目标和基本思路基础上，科源飞机公司需要制定企业发展战略规划，进一步明确企业发展战略的主攻方向、竞争力优势、建设重点、时序安排和面临的挑战，果断采取有效战略措施，扬长避短，逐步实现既定发展目标和战略构想。

1. 把握"亲清"关系，获取政府支持

新时代，我国政府与企业的关系，按照习近平总书记的提法，就是亲与清的辩证关系。从政府维度讲，我国政府既要采取"放管服"等改革措施，放开市场准入，主动为企业提供服务，通过办实事，拉近与企业亲的关系，也要制定激励优惠政策，扶持战略性新兴产业和中小型科技创新企业的发展，通过对"幼稚产业保护"和对中小型科技创新企业的扶持，加深与企业亲的关系。

具体到低空通用航空业发展层面，我国政府应当深化改革，一方面要简化空域管理程序和报备手续，赋予机场所属空域自由报备飞行的权利，以利于机场大力开拓大众飞行市场；另一方面，要实施市场分类管理，针对大众飞行市场，不仅要放开对1A类飞行区域建设通用航空机场的种种限制，而且要扶持民营企业搞1A类飞行区域的通用航空机场建设，以便尽快解决"断头路"的问题，有效形成机场网络体系。否则，没有机场网络体系的支撑，民营企业再好的航空小镇规划建设，都无法发挥应有的效益。

在政府扶持方面，我国政府可以借鉴美国的经验。在美国，土地是私有的，企业或个人买地，建设小型通用航空机场，不仅没有繁琐的行政审批手续，而且可以获得政府基金资助。美国政府通过向联邦航空公司收取机场改善项目基金（Airport Improvement Program），用于资助小型通用航空机场或向公众开放的私人机场的建设，资助项目可以涵盖机场建设与修复的全部内容，包括规划研究、环境研究、土地征收、跑道建设、停机坪建设、排水系统建设、照明和标示系统建设等，资助金额可以覆盖建设成本的90%—95%。① 当然，我国现实情况特别是土地开发利用规制与美国有很大差异，但在扶持低空通用航空业大发展方面，我国政府应当有所作为，可以设立"机场体系完善基金"，向航空公司征收形成基金收入的来源，专门用于资助小型通用航空机场的建设。

具体对科源飞机公司而言，科源飞机公司作为从事低空通用航空业的中小型科技创新企业理应获得政府的扶持，科源飞机公司作为苏家坨航空小镇的规划建设者也需要政府的扶持和机场网络体系的尽快形成。科源飞机公司当初建设机场就曾获得当地政府的大力支持，收效显著。现在科源飞机公司处于发展方式转变的关键期，按照中长期发展目标，需要办理扩建机场、建设商务楼宇、打造无人机研发基地、开办航空学校等事项，更迫切需要获得政府多方面的大力支持，包括土地供给、建设项目纳入规划、减少行政审批环节、创新基金投入、税收优惠等。因此，当地政府及其相关部门要有勇于担当发展责任的亲和力，主动为科源飞机公司排忧解难，办实事。

从企业维度讲，科源飞机公司要主动拉近与政府亲的关系，一方面学习和掌握政府规制的要点，凡法定不可违的事，绝不做；另一方面，要主动建立与政府多方位沟通的网络渠道，凡法无禁令即可为的事，要及时向政府反映，争取政府的大力支持。特别是对征用土地和建设项目审批的事项，科源飞机公司必须做好与当地政府及其相关部门的协商工作，换位思考，主动帮助政府解决征地拆迁的困难，主动承担部分公共服务基础设施建设的社会责任，协助政府解除后顾之忧，真心实意求得政府的理解与支持。

2. 优化企业组织结构和人员结构

科源飞机公司属于家族式的独资企业。企业实行直线职能制的组织结构，部门管理主要面向生产，技术和管理人员数量不多、老化严重。这种组织结构和人员结构，很难适应科源飞机公司转变发展方式的内在要求，亟待优化重组。优化重组的主要办法有三。一是根据股权融资的要求，实行总公司与子公司相分离的企业集团制。企业集团作为总公司

---

① 正阳通用航空机场发展有限公司：《借鉴经验美国机场改善项目（AIP）概览》，2015年6月24日，民航资源网。

主要掌管资本运作和企业发展重大决策，子公司对外是法人，可以灵活设置。按照这种企业集团制的组织模式，科源飞机公司可以把现有组织生产飞机、旅游观光船的业务职能分设出来，单独设立生产型的子公司，同时依据服务业务职能的拓展，科源飞机公司可以采用合资或合作的方式，组建新的专职于某一服务业务的子公司。例如，航空运营服务子公司、航空文化旅游子公司、航空教育培训子公司、无人机研发子公司等。二是招才引智。科源飞机公司现在处于发展方式由生产型向服务型转变的关键期和窗口期，亟待引入高端科技人才和管理人才，以实现中长期发展目标。要做好这项工作，科源飞机公司必须拿出初创期高薪聘用离退休高科技人员的勇气和智慧，广开门路，多方求贤，舍得合资合作分股权，用事业发展和真心实意打动人才、留住人才。三是招聘年轻服务人员。科源飞机公司以服务为中心的发展方向，要求科源飞机公司必须招聘大量的年轻服务人员，科源飞机公司可以选择诚信度高的专业人力资源机构予以解决，无需事必躬亲，以达到事半功倍的效果。

3. 合作建立通用航空运营公司

科源飞机公司要实现中长期发展目标，当前最紧迫的主要任务之一，就是组建通用航空运营公司。按照我国现行《通用航空经营许可管理规定》，通用航空运营服务共分为甲、乙、丙、丁四大类，① 只有取得相应资质，才能从事通用航空运营服务。科源飞机公司构想的通用航空运营服务的主要内容涵盖了规定要求的全部四大类，但科源飞机公司没有取得任何一类的资质。如果临时抱佛脚，想要取得全部四大类的资质，3—5 年之内都难以办到。有鉴于此，考虑到科源飞机公司现有财力十分有限的情况，科源飞机公司只能采取合作的方式，组建通用航空运营公司。对科源飞机公司而言，国内拥有资质的通用航空运营公司有上百家，找

---

① 甲类，通用航包机飞行、石油服务、直升机引航、医疗救护、商用驾驶员执照培训。乙类，空中游览、直升机机外载荷飞行、人工降水、航空探矿、航空摄影、海洋监测、渔业飞行、城市消防、空中巡查、电力作业、航空器代管、跳伞飞行服务。丙类，私用驾驶员执照培训、航空护林、航空喷洒（撒）、空中拍照、空中广告、科学实验、气象探测。丁类，使用具有标准适航证的载人自由气球、飞艇开展空中游览；使用具有特殊适航证的航空器开展航空表演飞行、个人娱乐飞行、运动驾驶员执照培训、航空喷洒（撒）、电力作业等经营项目。

一家合作伙伴并不难，难的是怎样有效对接科源飞机公司的中长期发展目标和资源优势，以充分满足科源飞机公司的发展需求。这就需要科源飞机公司依据合作方向，精细选择合作伙伴。依据打造苏家坨航空飞行营地和航空小镇的构想，科源飞机公司组建通用航空运营公司的主要合作方向是：青少年科普基地、飞行培训俱乐部、航空器销售中心、航空器维修中心、航空专业培训院校、飞行主题乐园、航空产业"双创"基地等。按照这种合作方向，科源飞机公司打算尽快合作建立航空运营公司，依托航空运营公司和自身财力，以服务中小型直升机为主，计划在2019年，先完成航空器材装备零售店（5S）、航空器材维修中心和飞行培训俱乐部的建设。其中，飞行培训俱乐部建筑面积高达1万平米，以符合相关规定的要求。

4. 打造航空体育运动、航空文化旅游、无人机研发和航空培训学校四大品牌

航空体育运动是健身、吸引航空竞技观众、培育航空爱好者的高收入产业，科源飞机公司不仅有能力和资质生产多种航空运动器材，而且有自然资源条件和空域条件，开展航空体育竞技活动，包括滑翔伞、动力伞、热气球、飞艇、航空模型和悬挂滑翔翼飞行器等方面的航空体育运动项目，使之能够成为科源飞机公司的特色主导产业，并能够拉动住宿餐饮、娱乐、购物等相关产业的发展，可以产生品牌效应和乘数效应。航空文化旅游是高收益产业，科源飞机公司所在地也具有低空自然景观和人文景观的资源优势，能够成为科源飞机公司的特色产业，很有必要做成品牌。无人机研发是高科技新兴产业，科源飞机公司可以利用作为中关村国家自主创新示范区腹地的优势，吸引相关人才，建立无人机产业园或"双创"基地，打造无人机研发的品牌。航空培训学校具有高收益性，现在获取直升机驾驶执照的培训费一般为24万元，同时航空培训学校属于建设苏家坨航空小镇的必备服务设施，也需要做成品牌。科源飞机公司要致力于航空文化旅游、无人机研发和航空培训学校三大品牌的打造，就必须以诚信为本，精心设计全产业链的精准服务平台，有效制定和严格执行服务标准、收费标准和投诉处罚措施，以为客户提供优质、高效、便捷、满意的服务，最终靠服务赢得口碑、信誉和品牌。

5. 主攻乘机市场，大力宣传航空文化

科源飞机公司打造苏家坨航空飞行营地和航空小镇的构想，瞄准的市场主攻方向，不是驾机市场，而是乘机市场。科源飞机公司聚焦的特色主导产业也主要针对乘机市场。要有效培育和挖掘乘机市场，适度兼顾开拓驾驶员培训市场和驾机市场，科源飞机公司就必须大力宣传航空文化。可以采取的主要措施有如下三方面。一是组建航空文化社团，广泛联系周边单位和居民社区，积极开展航空文化宣传活动。二是请进来，通过建设飞行俱乐部、青少年航空科普基地和航空主题乐园，以及举办航空表演和赛事活动等方式，让人们切身体验航空文化。在这种体验式宣传中，科源飞机公司既要注意配置有代表性的老式飞行器，也要配置新型的航模、大型游戏机、高仿动感模拟机、全自动模拟机和模拟驾驶舱等，以使人们能够直观感受、体验、享受航空文化的演进和丰富多彩。三是走出去，通过制作航空文化的广告宣传片、纪录片、动画片、宣传画、宣传手册等方式，广泛对外宣传航空文化。尤其是在"互联网＋"的时代，科源飞机公司有必要申请设立航空文化宣传网站，并使之与移动通信和手机相连接，以扩大宣传覆盖面、提升宣传效果。总之，宣传航空文化有多种方式和渠道，科源飞机公司可以依据需要与可能的综合评估，做出有效选择。

6. 千方百计维护好航空安全

科源飞机公司旗下机场距离天安门广场不足 60 公里，距离西郊军用机场不足 30 公里，如果存在飞行安全隐患，不仅有可能威胁人的生命，而且有可能引发不堪设想的严重政治、经济和社会后果。同样，科源飞机公司的航空基础设施、厂房和办公楼宇出现安全事故，科源飞机公司的低空空域使用权将受到严重影响甚至被取缔。有鉴于此，科源飞机公司的经营方略必须把安全作为前提和关键，制定安全责任清单和负面清单，建立有效保险理赔机制，经营什么，生产什么产品，发展什么产业，都不能越过安全"红线"，都要有安全应急措施和保险理赔机制作保障。绝不能为图一时之利，就放松安全准入门槛或疏忽安全生产责任。宁可不盈利、不发展相关产业，也要确保航空安全。正可谓"小心驶得万年船"，谋大势，看长远，想周全，慎行动，立恒心，保安全。

四 科源飞机公司发展的经验教训及其对
我国低空通用航空业发展的启示

科源飞机公司发展之路，在我国低空通用航空领域具有代表性和典型性，其发展经验与教训，值得总结和借鉴，可以为我国低空通用航空业的大发展提供有益的启示。

（一）科源飞机公司发展的经验与教训

科源飞机公司自1993年成立以来，历经艰辛，始终致力于低空通用航空业的发展，有成功的经验，也有值得吸取的教训，现归纳总结如下。

1. 成功经验

科源飞机公司的成功经验可以归结为四条，即敢为人先的企业家精神，持之以恒的坚韧毅力，多角经营的市场适应能力，家族默契互助的凝聚力。现简要说明如下。

（1）敢为人先的企业家精神。科源飞机公司是我国民营企业中率先进入飞机制造业和建设小型机场的企业，在我国飞机制造业和机场建设史上留下值得敬佩的足迹。1993年，原永民以独资方式，创办科源飞机公司，目的不是为了获利，而是为了创新发展，这充分体现了敢为人先的企业家精神。因为，真正的企业家不是唯利是图的商人，而是勇于创新的先行者。当初创办科源飞机公司时，原永民完全有资金实力搞房地产开发，建设楼宇，赚大钱，之所以放弃赚大钱机会，转而投身于飞机制造业，按照原永民的说法，是有驾驶飞机的情怀和追求"奇特新"的想法。所谓奇特新，就是生产别人没干过的奇异产品、特色产品和新型产品，这种追求奇特新的想法与干事业的情怀相结合，恰恰是创新发展、差异化发展和特色化发展的集中体现，也是企业家精神的最好注释。可以想象，原永民涉足飞机制造业之初，一没有设计图纸和研发人员，二没有厂房和技术工人，三没有自有资金和土地资源，完全是在一张"白纸"上，呕心沥血描绘奇特新的发展画卷，这需要怎样的勇气和情怀！只能用企业家精神加以解释。

（2）持之以恒的坚韧毅力。科源飞机公司造飞机、建机场，遇到的实际困难非常多，每走一步，步步惊心。如果没有持之以恒的坚韧毅力，科源飞机公司早就垮了。这种坚韧毅力，首先来源于科源飞机公司的创始人。原永民把造飞机、建机场，走创新发展之路，当作终生奋斗的事业，使企业创新发展能够与自身奋斗理想紧密结合起来，办企业成了干事业，再苦再难，也有了"铁杵磨成针"的坚韧毅力。其次，来源于原永民的儿子原伟超。原伟超留学英国学成后，2014年回国接手科源飞机公司的业务，成为科源飞机公司的第二代"掌门人"。原伟超用新思维看待科源飞机公司的发展，力求适应大众飞行市场的需求，转变科源飞机公司的发展方式，充分发挥机场的资源优势，谋划打造苏家坨航空飞行营地和航空小镇的构想，确立了干事业的新方向，并且承传了"愚公移山"的坚韧毅力。

（3）多角经营的市场适应能力。科源飞机公司造飞机、举办航空赛事活动，只赔钱，始终未能盈利。要延续"航空事业"的发展，避免企业倒闭，科源飞机公司就本着奇特新的想法，另辟新径，利用造飞机的生产能力，增加研发投入，转而生产绿色环保的旅游观光船，靠旅游观光船的盈利，弥补造飞机、举办航空赛事活动的亏损。这种经营方式，一方面反映了科源飞机公司发展"航空事业"的创新精神和坚韧毅力，另一方面，也说明科源飞机公司的市场适应能力和创新开拓能力非常强，能够谋大局，瞄准奇特新产品生产，及时捕捉市场需求和有效调整内部生产组织结构，开展多角经营。事实上，多角经营和"船小好掉头"是中小型民营企业的一大优势。这一优势在制造业中的体现，是以研发资金大量投入为前提的，科源飞机公司为提高市场适应能力，每年用于旅游观光船的研发资金占营业收入的比例都高达20%以上，能够确保按照客户定制需求，随时改进产品的设计、规格和类型，使之成为科技创新型企业，这进一步体现了科源飞机公司的创新精神。

（4）家族默契互助的凝聚力。科源飞机公司是原永民独资设立的，注册资本金只有1500万元，要造飞机、建机场，这点注册资本金显然不够。如果向金融机构贷款，不仅利率高，而且必须按期还本付息，无法长期占用。为解决长期资金来源问题，原永民就向亲属借钱。现在科源飞机公司长期负债3400万元，来源就是亲属借款；旗下机场管理公司注册资本金500万元的40%，也是来自亲属借款。这两笔借款都没有利息。这说明科源飞机公司是靠家族财力支撑的，体现了家族默契互助、不计利益得失的凝聚力。如果没有这种凝聚力，科源飞机公司的"航空事业"就办不成。可见，家族齐心协力是科源飞机公司得以幸存与发展的"秘诀"之一。

2. 值得吸取的教训

科源飞机公司值得吸取的教训主要有两条，即造飞机不能只讲情怀、缺乏市、区两级政府的支持。现概述如下。

（1）造飞机不能只讲情怀。科源飞机公司造飞机的创新情怀很浓，但科学精神不足。这表现在诸多方面，包括没有意识到我国民用飞机研发与制造的总体水平落后，没有在企业内部设立专职飞机研发机构，没有进行飞机更新换代的生产，没有前瞻性规划建设飞机跑道，没有正确判断驾机市场发展趋势等，以至于生产的飞机销路不畅，长期处于亏损状态。这说明造飞机不能只讲情怀，不讲科学，只有脚踏实地，把创新精神与科学精神有机结合起来，才能取得好的创新成果。也就是说，造飞机关键在研发能力的提升和市场需求的对接，如果没有研发能力和市场需求，这种飞机制造只能是理想情怀的产物，而不是科学生产的结晶。与之相对照，科源飞机公司生产旅游观光船之所以能够盈利，恰恰是具备研发能力，对接市场需求，定制生产，没有情怀的光环，只有科学精神的体现。

（2）缺乏市、区两级政府的支持。科源飞机公司创始人原永民是讲情怀、跑关系的人物。所谓跑关系，主要是指主动找政府办事，求得政府支持。原永民通过跑海淀区政府的关系，1993年，购买了145亩地，解决了建设用地的问题；通过跑中国民航总局的关系，1996年，拿下了飞机生产许可证；通过跑空军的关系，2000年，获得了飞机起降点和空域使用权的批复。这一路，反映了原永民的情怀、睿智与艰辛，也反映了政府及其相关部门对科源飞机公司发展的大力支持。但科源飞机公司二代"掌门人"原伟超不会跑关系，建设苏家坨航空飞行营地和航空小镇的构想，始终没有获得市、区两级政府的支持，购买土地、新建楼宇的问题无法解决，科源飞机公司以服务为中心的转型发展面临很大的不确定性，机场利用效益难以提升，相关产业发展受阻。由此说明，我国低空通用航空业的发展实际是以政府支持为前提的，如果没有政府的支持，企业再努力勾画发展前景、开拓市场，也只能是"画饼充饥"。同时，企业也应认识到，争取政府支持，不是一蹴而就的短跑冲刺，而是坚持不懈的久久为功，企业必须具备耐力和毅力，花时间向政府做深入细致的解释说服工作，花精力根本解决不符合政府规制要求的自身问题，就像原永民跑空军关系、拿下飞机起降点批复那样，既按要求改善机场设施，又有耐心，历时17年主动向空军主管部门做大量说服工作。

（二）对我国低空通用航空业发展的启示和对策建议

1. 启示

科源飞机公司的发展历程及其经验教训表明了两点重要启示。

（1）民营企业是我国发展低空通用航空业的生力军。民营企业资金实力有限、科技研发能力较弱、技术管理人员不足，只能造小型飞行器、建小型机场、开拓大众飞行市场及其相关的特色产业。但民营企业创新力强、市场适应力强、承受市场竞争压力的韧性强，是我国开发低空空域资源，发展低空通用航空业、完善机场网络体系、拓展大众飞行市场及其相关产业不可或缺的重要力量和生力军。如果没有这支生力军的力量，就不可能在低空空域资源开发中，形成奇特新的航空产品和服务的有效供给，我国民众对美好航空生活的向往就无法实现。

（2）政府必须大力支持民营企业发展低空通用航空业。民营企业在发展低空通用航空业中实际面临诸多困难，包括低空空域资源开发范围、土地供给、机场和楼宇建设、资金筹集、科技研发、人才配置、从业资质等。要解决问题，单凭民营企业自身之力难以办到，必须依靠政府大力扶持才能有效解决。这就是说，政府必须发挥好激励创新、"保护幼稚产业"的职能作用，深化"放管服"改革，划定低空空域资源的开发边界，放开边界内的市场准入制，完善相关事中事后监管规制和产业政策，创造良好的开发低空空域资源的政策生态环境，鼓励和扶持民营企业发展低空通用航空业，帮助民营企业有效解决实际问题，而不是让民营企业费时、费力跑关系，用不合理的规制政策和繁琐的行政审批手续阻碍民营企业的创新发展。

2. 对策建议

从支持民营企业、推进我国低空通用航空业发展的维度，提出以下对策建议。

（1）做好低空空域机场网络体系建设规划。低空空域机场网络体系建设，类似于公路网络体系建设，必须先有规划，划定低空空域资源的开发范围、开发边界、开发网络节点衔接体系及其相应土地供给范围的空间布局，才能有效实施。我国现在没有低空空域机场网络体系建设规划，这是制约低空通用航空业大发展的主要障碍。要解决问题，就需要国家发改委、自然资源部、中国民航总局和空军等部门携手，组织专家充分论证，详细划定低空空域资源的开发范围、开发边界、开发网络节点衔接体系，有效编制国家层面的低空空域机场网络体系建设规划，明晰全国范围内的机场网络连接体系和建设用土地供给及其空域使用权限的总体布局。在此基础上，各省级区域也要对接国家层面的低空空域资源开发范围、开发边界、开发网络节点衔接体系和机场网络体系建设规划，制定本地区的低空空域机场网络体系建设的详细规划，明晰本地区的低空空域资源开发范围、网络节点衔接体系和机场建设用土地供给及其空域使用权限的详细布局和节点联系。通过制定国家层面的总体规划及其与之相衔接的地方层面的详细规划，我国低空空域机场网络体系建设就有了科学依据和基本蓝图，能够为我国低空通用航空业的大发展指明方向，也有助于根本解决小型机场新建、扩建难的问题和航空运营服务存在"断头路"的问题。

（2）实施市场分类管理，优先扶持大众飞行市场。在通用航空领域，按照我国现行飞行区域等级划分，4C、4D、4E 和 4F 类属于大型机场，3C 和 2B 类属于中型机场，1A 类属于小型机场。大中型机场主要承担运输服务功能，旅客流量大，国家通过允许向旅客征收机场建设费的方式，对大中型机场建设特别是大型机场建设予以扶持。但小型机场的主要功能不是客运服务，而是发展以机场为基础的相关产业，很难收取机场建设费，使之建设费用只能由建设者自己承担，得不到任何政府资助。在低空通用航空市场方面，小型机场是供给主体，属于大众飞行市场。小型机场的建设和经营者主要是民营企业，通过"机场＋相关产业"的运营服务模式，可以向广大民众提供丰富多彩的航空服务，满足民众对美好航空生活的需求。针对上述情况，我国政府就应对航空市场实行分类管理，优先扶持大众飞行市场。具体扶持的措施主要有两条：一是借鉴美国扶持小型机场建设的经验，设立"机场体系完善基金"，按照低空空域机场网络体系建设规划，专门全额资助小型机场的新建和改扩建，以利于尽快形成低空通用航空机场网络体系；二是设立"航空产业发展基金"，专门针对在大众飞行市场开展科技研发和教育培训的项目进行资助，资助覆盖成本的比例，可以根据项目的不同情况设定不同的比例，最高比例可以设定为100%，以激励民营企业在大众飞行市场开展科技研发和教育培训活动，加快提升民间的航空科技研发水平和推进航空教育文化在民间的普及。

（3）简化空域管理程序。我国空域管理程序复杂的主要原因是通用航空运行种类繁多，执行标准不统一，存在诸多飞行隐患。包括在飞行繁忙空域，同时运行公共航空和通用航空，导致飞行冲突增多和飞行管制指挥难度加大；存在一定的飞机监管漏洞，常有"黑飞"的空防压力；飞机机载设备性能各异、没有统一的通用航空服务机构，飞行员很难获取必要的飞行数据和飞行服务信息，存在飞行安全隐患等。其结果就是"因噎废食"，无法有效简化空域管理程序。要解决问题，我国必须完善低空空域管理法律和通用航空相关政策法规，对通用航空实施统一标准管理，只有建立了统一运行标准，才能确保低空空域的安全运行，有效简化低空空域管理程序。具体到简化措施层面，可以采取的主要办法：一是制定高质量的机场建设和服务标准，使之起降平台、导航设备、监视系统、空中管制服务水平等，都能达到质量标准要求，不存在客观的、技术上的安全隐患；二是组建联合的低空空域管理部门，制定统一执法的标准和规制，增设自由报告空域（高度1000米以下），使之与报告空域相区别，允许在自由报告空域内的低空飞行，实行自由报备制，以满足民众对低空通用航空飞行活动的需求。这就是说，要激活市场需求，必须打破现有条条框框，放松私人飞行管制，简化私人飞行审批程序，充分释放市场需求，促进低空空域向私人飞行开放，扩大试点范围，合理布局和建设飞行服务网点，满足飞行体验、商务出行、私人出行、休闲观光等私人飞行业务的需要。

五　结论

通过对科源飞机公司的发展历程、现状、主要问题及其成因分析，本文认为，企业内部的问题，科源飞机公司可以通过创新发展自行解决；

企业外部环境的问题，只能靠政府帮助解决。科源飞机公司发展的基本经验是：敢为人先的企业家精神，持之以恒的坚韧毅力，多角经营的市场适应能力，家族默契互助的凝聚力。科源飞机公司发展的主要教训是：造飞机追求情怀，缺失科学精神和政府扶持。要实现高质量创新发展，一方面科源飞机公司必须借鉴有关产业理论和航空小镇建设的经验，充分发挥资源和竞争力优势，按照"航空基础＋相关特色产业"的模式，制定打造苏家坨航空飞行营地和航空小镇的中长期发展目标，明晰规划方案纳入城市规划或乡镇规划、以服务为中心、打好航空基础、聚焦特色产业、开拓融资渠道的基本发展思路，采取求得政府支持、优化企业组织和人员结构、合作建立通用航空运营公司、主攻乘机市场、大力宣传航空文化等战略措施，根本解决发展中的问题；另一方面，政府也要采取做好低空空域机场网络体系建设规划、优先扶持大众飞行市场和简化空域管理程序等有力措施，鼓励和扶持像科源飞机公司之类的民营企业的创新发展。由此得出的基本结论如下。

第一，民营企业创新力强、市场适应力强、承受市场竞争压力的韧性强，是我国开发低空空域资源，发展低空通用航空业、完善机场网络体系、拓展大众飞行市场及其相关产业、提供奇特新的航空产品和服务的不可或缺的重要力量和生力军。科源飞机公司作为典型代表，就是例证。科源飞机公司按照"航空机场＋相关特色产业"的模式，打造苏家坨航空飞行营地和航空小镇的中长期发展目标，是正确选择，发展前景广阔。

第二，政府必须发挥好激励创新、"保护幼稚产业"的职能作用，深化"放管服"改革，完善相关事中事后监管规制和产业扶持政策，创造良好的开发低空空域资源的政策生态环境，鼓励和扶持民营企业发展低空通用航空业，帮助民营企业有效解决实际问题。本文提出的对策建议，包括编制低空空域机场网络体系建设规划、设立"机场体系完善基金"和"航空产业发展基金"、实行航空市场分类管理、优先扶持大众飞行市场、增设自由报告空域、实行自由报备制等，若能被政府有关决策部门采纳，科源飞机公司的外部生态环境必定能够根本改善，科源飞机公司的发展前景更加光明。

这两条基本结论，有充分的理论研究依据和较高的实用价值，对指导科源飞机公司的创新发展和我国低空通用航空业的大发展具有重要意义。

参考文献

1. 祁建：《天空飘满黄金——中国民营飞机制造业的梦想》，《中国商业》2001年第6期。

2. 梁毅菲：《还记得那个造飞机的餐馆老板吗?》，《中国机电工业》2012年第8期。

3. 中国民用航空局：《通用航空发展"十三五"规划》，2016年12月，中国民用航空局网站。

4. 杨勇等：《我国低空空域改革和通用航空事业发展有关问题的思考》，《南京航空航天大学学报》（社会科学版）2010年第12卷第2期。

5. 佟刚等：《通用航空产业发展途径探讨》，《沈阳航空航天大学学报》2011年第28卷第6期。

6. 康永等：《通用航空发展现状、趋势和对策分析》，《现代导航》2012年第5期。

7. 高启明等：《我国通用航空产业发展特征、关键问题及模式选择》，《经济纵横》2013年第4期。

8. 夏慧永等：《低空开放对通用航空发展影响分析》，《滨州学院学报》2014年第30卷第3期。

9. 李堃：《加快我国通用航空发展的建议》，《宏观经济管理》2014年第12期。

10. 杨正泽：《我国通用航空的发展现状及对策》，《宏观经济管理》2015年第11期。

11. 徐伟等：《通用航空产业发展现状研究》，《科技资讯》2016年第35期。

12. 易晓英：《低空开放下我国通用航空经济发展研究》，《财务与金融》2016年第5期。

13. 高林照：《我国通用航空发展面临的难题及对策建议》，《郑州航空工业管理学院学报》2016年第34卷第6期。

14. 林琳：《关于我国通用航空产业发展的思考分析》，《中国交通观察》2017年第8期。

15. 许冀威：《基于数据分析的中国通航发展情况研究》，《中国民航飞行学院学报》2017年第28卷第5期。

16. 高启明：《通用航空产业的"困境摆脱"及其下一步》，《改革》2017年第

12 期。

　　17. 张亮：《新常态下通用航空产业供给侧改革方向研究》，《科技经济导刊》2017 年第 9 期。

　　18. 张欣：《通用航空安全管理体系建设的思路探索》，《科技风》2016 年第 15 期。

　　19. 唐卫贞：《飞行服务站对通用航空发展的保障作用研究》，《交通企业管理》2017 年第 1 期。

　　20. 冯广东：《关于我国通用机场规划建设的思考》，《中国工程咨询》2017 年第 9 期。

　　21. 高启明：《创新驱动我国通用航空制造业转型升级的实现路径》，《经济纵横》2017 年第 2 期。

　　22. 匡婧：《通用航空企业经营管理体系的构建策略》，《中国商论》2017 年第 28 期。

　　23. 陆二：《简化审批流程强化分类管理》，《中国民航报》，2017 年 2 月 22 日第 1 版。

　　24. 陈蓓蓓等：《国际通用航空发展比较及我国通用航空发展策略》，《南京航空航天大学学报》（社会科学版）2012 年第 14 卷第 2 期。

　　25. 王静：《美国通用航空发展现状分析》，《综合运输》2013 年第 7 期。

　　26. 李寿平等：《美国通用航空产业发展的法治经验及对中国启示》，《时代法学》2015 年第 13 卷第 1 期。

　　27. 陈达等：《美国通用航空产业链集群网络化发展的启示》，《商场现代化》2015 年第 21 期。

　　28. 郭荣海：《美国通用航空领先发展的原因及启示》，《空运商务》2017 年第 387 期。

　　29. 吕人力等：《中国通用航空蓝皮书——中国通用航空产业研究报告（2018）》，中国民航出版社 2017 年版。

　　30. 于一：《中国通用航空发展路径与模式研究》，中国民航出版社 2018 年版。